경인교육대학교 특성화사업단
T-멘토링 총서 6

수학 문제해결 지도의 이해

정동권 · 김수미 · 김지원 공저

M E N T O R I N G

학지사

머리말

문제해결이 전 세계 수학교육 종사자들에게 본격적인 주목을 받기 시작한 지도 어언 30년이 흘렀다. 국내에서는 1980년대에 일부 사범대학이 중심이 되어 수학교육 강좌에 문제해결을 포함시키기 시작하였으며, 오늘날에는 전국 대부분의 사범대학과 교육대학에서 문제해결 관련 강좌를 수학과 교육 심화과정의 필수 혹은 선택 과목으로 개설하고 있다.

문제해결은 수학에서 진정한 문제란 무엇이며, 교사는 학생들에게 이를 어떤 방식으로 지도해야 하는가에 대한 수많은 논의를 불러일으켰다. 그리하여 문제에 대한 새로운 관점과 다양한 분류 기준이 세워졌으며, 사고 과정을 중시하는 참신한 문제들이 대량으로 개발되었다. 지도와 관련하여서는 교사 중심의 전통적 설명식 수업에 대한 비판이 제기되면서, 학생들이 문제를 이해하고 해결 계획을 구상하여, 실행에 옮기고 풀이 과정을 되돌아보는 일련의 문제해결 과정을 독자적으로 운영하는 학생 중심 수업이 한층 지지를 받게 되었다. 이와 같이 문제해결은 수학수업에서 교사와 학생의 역할에 대한 새로운 비전을 제시해 주었는데, 학생은 더 이상 교사의 설명을 듣고 풀이를 이해하는 수동적인 존재가 아니라 문제해결의 전 과정에 주도적으로 참여하여 풀이를 이끌어 가는 능동적인 존재라는 점이 강조되고 있다. 마찬가지로 바람직한 교사의 역할은 학생들에게 풀이를 설명해 주는 것이 아니라, 학생들이 문제를 이해하고 풀이 계획을 실행하는 데 적절한 도움과 안내를 제공하는 안내자이며 조력자로서 인식되고 있다.

그러나 학생이 문제를 포기하지 않고 스스로 풀이 과정을 주도해 가도록 하는 데 '적절한' 도움이란 도대체 어느 정도의 어떤 것을 말하는가? 이는 George Polya(폴리아)가 지적했듯이, 대단히 중요하면서도 어려운 문제이다. 주어진 문제에 따라, 또는 문제를 푸는 학생 개개인의 특성에 따라 도움의 '적절성'은 언제든지 변화될 수 있는 주관적 가치를 가진다. 문제해결은 교사가 수업에서 한 발 물러나 학생들이 문제 푸는 것을 그저 관망하라는 것이 아니라, 학생들의 수준에 알맞은 문제를 제시해 줌으로써 문제해결 욕구를 자극하고, 유추적 사고나 귀납적 사고 등과 같이 풀이 계획을 구상하는 데 도움이 되는 수학적 사고 및 발문을 제공하며, 문제해결이 마무리되는 시점까지 목표와 방향을 상실하지 않도록 관리해 주는 식의, 보다 정교하고 세련된 교수 · 학습방식을 요구하는 것이다.

이렇게 볼 때 문제해결 지도는 교사들에게 고도의 전문성을 요구한다고 볼 수 있는데, 이러한 이유에서인지 많은 교사들이 수학수업에서 가장 자신 없는 영역으로 문제해결을 꼽고 있다. 특히 경력이 많은 교사들의 경우 대학에서 문제해결과 관련된 강좌를 수강한 적이 없기 때문에 어려움이 더욱 크다. 최근에는 교사연수에서 문제해결 관련 프로그램들을 제공하고 있지만, 문제해결 지도는 단기간의 교육으로 그 효과를 보기 어려운 복잡한 과제이다. 또한 인터넷의 보급으로 관련 자료를 비교적 손쉽게 구할 수 있는 환경이 마련되었지만, 단편적인 정보들을 통해 문제해결의 거대한 몸통을 보기는 어려울 것이다. 따라서 이 책은 문제해결이란 무엇이고, 문제해결을 어떻게 지도하면 좋을지를 고민하는 교사들을 위해 고안되었으며, 가능한 한 문제해결의 여러 모습을 담으려고 시도하였다. 또한 교육대학이나 사범대학에서 문제해결 관련 과목을 지도하는 교수들의 입장을 고려하여 초·중등 영역을 포괄하는 다양한 이론과 수학적 사례들을 제시하고자 하였다.

이 책은 크게 9개 장으로 구성되며, 각 장의 내용을 간략히 소개하면 다음과 같다.

제1장에서 수학의 교육적 가치는 무엇이며, 문제해결이 수학교육에서 차지하는 위상과 그 역할은 무엇인지 살펴본다. 이를 위해 문제해결교육의 역사를 고찰하고, 이를 통해 미래사회에서 필요한 능력으로서의 문제해결이 무엇을 의미하는지에 대해 언급한다.

제2장은 문제해결의 의미와 중요성을 다시 한 번 확인하고, 문제해결에서 문제의 의미는 무엇이며, 문제해결을 성공적으로 수행하기 위해 필요한 요인은 무엇인지 살펴본다. 또한 여러 학자들이 구분하고 있는 문제의 여러 가지 유형들을 상세하게 소개한다.

제3장은 문제해결교육에서 가장 중요한 위치를 차지하고 있는 Polya에 대하여 그의 생애와 수학관 및 수학교육관을 소개한다. 또한 문제의 이해, 계획의 구상, 실행, 반성으로 진행되는 문제해결 과정을 살펴보고 그것의 특징과 교육적 의미를 정리한다.

제4장은 문제해결 과정에서 발생하는 학습자의 인지적 혹은 정의적 요인과 관련된 심리학적 이론 및 지도 방법을 소개한다. 구체적으로는 문제해결 과정에 중요한 역할을 하는 통찰과 발견적 사고, 정보의 저장과 처리 그리고 이 과정에서 발생하는 학습자들의 정서, 메타인지, 창의성 등 여러 주제들을 수학적 보기와 더불어 제시한다.

제5장은 문제해결의 핵심이라 할 수 있는 수학적 사고와 태도에 대

해 살펴본다. Polya는 수학교육의 목적이 수학적으로 사고하는 것을 가르치는 것이라고 하였다. 그렇다면 '수학적으로 사고한다.'는 것은 무엇을 의미하는 것일까? 이 장에서는 수학적 사고와 태도의 본질 및 문제해결에서의 의미를 일본의 수학교육자 片桐重男(카다기리)의 이론을 바탕으로 알아본다. 또한 구체적인 사례들을 통해 수학적 사고와 태도의 유형을 소개하고, 수학적 사고와 태도를 기르기 위한 지도 방법을 제시한다.

제6장에서는 문제를 해결하는 데 도움이 되는 문제해결 전략에 대해 살펴본다. 교육과정에서 제시하고 있는 실제로 해 보기, 그림 그리기, 식 만들기, 단순화하기, 거꾸로 풀기, 표 만들기, 예상과 확인, 규칙성 찾기, 논리적 추론과 같은 다양한 문제해결 전략의 의미와 그것을 가르치기 위한 방법을 구체적인 사례와 함께 소개한다.

제7장에서는 문제설정에 대해 알아본다. 문제설정은 학자에 따라 문제 만들기, 문제 제기, 문제생성, 문제형식화(problem posing, problem generation, problem formulation) 등 다양한 용어로 표현하고 있다. 이 장에서는 문제설정의 의미와 가치, 유형, 문제설정 전략 및 단계 지도 등에 대해서 알아본다.

제8장에서는 문제해결 지도에 관련된 이론들을 살펴본다. 학습자를 위한 문제해결 단계 모형 및 교사들을 위한 문제해결 지도 모형을 구체적으로 제시하고, 문제해결을 평가하기 위한 척도 및 그 활용을 소개한다. 또한 문제해결 수업을 성공적으로 이끌어 나가기 위한 교실 문화를 소개한다.

마지막으로 제9장에서는 그동안 현장에서 개발 및 적용된 사례를 수집하여 제시한다. 초등학교와 중학교에서 직접 적용된 바 있는 여러 사례를 교수·학습 과정안과 함께 소개한다. 이 자료의 대부분은 지난 20여 년간 저자와 경인초등수학교육연구회 회원들이 수학적 사고 육성이란 목표 아래 고민하고 실천해 온 결과들로서, 이 책의 독자들이 수학문제해결 지도를 하는 데 실제적인 도움이 되기를 기대한다.

이 책은 수학 문제해결에 관한 국내외의 여러 학자들의 이론을 소개하기 때문에 곳곳에 많은 인명이 등장한다. 수학교육을 처음 공부하기 시작하는 학부 학생들도 쉽게 읽을 수 있도록, 학자의 이름이 처음 등장할 때에는, 예컨대 George Polya(폴리아)와 같이 전체 이름을 영어로 표기하고 괄호 안에 한글로 음을 병기하며, 이후 등장할 때에는 Polya와 같이 표기하기로 하였다.

이 책이 나오기까지 많은 분들이 진심어린 충고와 격려, 실제적인 도움을 주셨다. 특히 경인교육대학교 수학교육과 식구 전원이 책의 구상부터 출판까지 내내 함께해 주셨다. 임재훈 교수와 권석일 교수는 수학적 사고 및 문제해결 전략과 관련하여 특유의 참신하고 재치 있는 아이디어를 아낌없이 제안해 주셨다. 3학년 신유진, 성나래 학생은 본문의 그림과 표를 작성하고, 참고문헌과 색인을 기록하는 수고를 마다하지 않았으며, 원고의 처음부터 끝까지 여러 번 다시 읽으며 오탈자를 교정하는 일도 함께해 주었다.

이 책은 2008년 수도권 대학 특성화 지원사업의 재원을 받아 출판되었다. 이처럼 저자들의 생각을 모아 한 권의 책으로 엮어 작은 결실을 볼 수 있도록 도와주신 경인교육대학교 특성화사업단과 학지사 김진환 사장님을 비롯한 편집진 여러분께 심심한 감사의 말씀을 드린다.

끝으로 이 책이 수학, 수학교육을 사랑하는 모든 이에게 다소나마 보탬이 되고, 이로 인해 우리나라 수학교육 발전에 이바지할 수 있기를 소망한다.

2009년 2월

저자 일동

차 례

제3장 Polya와 문제해결 / 75

제4장 문제해결의 심리학적 배경 / 97

제5장 수학적 사고 · 태도와 문제해결 / 153

제6장 문제해결 전략 / 205

제9장 문제해결 지도 사례 / 353

제 1 장

수학교육의 목표와 문제해결

제 1 장

수학교육의 목표와 문제해결

1. 수학의 교육적 가치

인류는 언제부터 '수학'이라는 정신 활동을 시작했는가? 아무도 모른다. 인류가 최초로 다룬 수학 내용은 무엇이었는가? 역시 아무도 모른다. 그러나 수학이 지금까지 수천수만 년 동안 인류 역사와 더불어 그들의 일상생활 영위에 필수적 도구로 그 기능을 해 왔다는 것을 짐작하기는 어렵지 않다. 그리고 수학은 인간의 정신을 도야하는 훌륭한 교재로서뿐 아니라 중요한 문화유산으로서의 가치도 굳건히 지켜 왔다. 수학이 지닌 이와 같은 목적과 역할, 특유의 방법, 그리고 그 내용 때문에 인류는 오랫동안 수학을 가르치고 배워 왔다. 사람들은 어떤 현실적 사상(事象)에 대한 추상화 · 일반화를 시도하고, 이에 따라 그 개념을 명확히 규정하였으며, 이를 바탕으로 그 개념이 지니는 성질을 밝혀내고 개개의 성질을 통합 · 발전시켜 보다 높은 수준의 수학적 개념으로 확장시키는 등의 수학적 활동 과정을 지속해 왔다.

이와 같은 일련의 과정에서 대부분의 활동은 수학적 문제의 형태로 제기되고 이에 대한 해결이 필수적으로 수반되었다. 인류가 수학을 학습하고 발전시켜 온 역사 속에서 그야말로 헤아릴 수 없이 많은 수학 문제가 생성 · 소멸되는 과정을 거쳤다고 할 수 있다. 이와 같은 엄청난 수의 수학 문제 중에서도 오늘에 이르기까지 그 본질을 지탱해 온 일부 문제들이 존재한다. 이런 문제들이야말로 인간의 사고력을 연마하기에 적절하고 수학적 개념의 발전에 필수불가결의 가치를 지닌 것들이었으리라.

이렇듯 인류가 수행한 모든 수학적 활동의 중심에는 '문제'가 있었고 이와 함께 그 '해결'이 있었다. 즉, 수학은 인간에게 '문제'를 제공하였고, 인간의 의식과 아이디어가 수반된 행동은 그에 대한 '해결'을 산출하였다. 틀림없이 가치 있는 문제는 좋은 해결을 기대하게 만들고, 아울러 훌륭한 해결은 더 좋은 문제를 요구하였다. 바로 여기에 수학과 인간, 인간과 수학의 접점이 있으며, 이런 의미로 수학 문제해결의 장에서 수학은 인간의 정신을 다듬고 인간은 수학의 정신을 풍요롭게 만들어 왔다. 그래서 문제와 해결은 인간의 지혜를 키우는 도구이며 방법이라 할 수 있다.

오늘날 초 · 중등학교에서 수학을 주요 교과로 다루고 있는 것은 수학의 학습 지도를 통해 학생들이 수학의 내용을 바르게 체득하도록 하는 것뿐만 아니라, 그들의 수학적 사고 능력을 기르고 수학적인 태도를 견지하게 하기 위함이다. 그리고 학생들이 수학의 유용성을 바르게 인식하고 보다 합리적으로 행동하며, 고도의 정보화 사회에서 수학적 지식을 원만히 활용하여 생활에서 부딪히는 문제를 합리적으로 해결해 나갈 수 있게 하려는 것이다. 이와 같은 목적을 추구하는 수학 교실은 점차 문제해결을 중요하게 생각하는 모습으로 변화하고 있다. 수학교육자뿐만 아니라 현장 교사들도 문제해결을 수와 연산, 도형 등과 같은 수학의 내용적 지식의 범주를 뛰어넘어 모든 수학의 내용에 적용할 수 있는 방법으로서 인식하기 시작하였다. 그리하여 수업의 주제나 토픽에 상관없이 모든 수업에서 문제해결을 지향하고 있다. 학생들은 해결 방법이 미리 알려지지 않은 과제와 맞닥뜨리게 되면, 자신이나 동료가 알고 있는 지식을 기반으로 하여 적극적으로 해법을 발견하기 위한 탐구 활동에 참여하게 된다. 이러한 과정을 통해 학생들은 수학을 새롭게 이해하고 수학을 이용하는 능력을 기르게 되는 바, 이는 바로 지금껏 인류가 수학을 대해 온 방식이기도 하다.

문제해결이 구체적으로 어떻게 수학 학습을 도울 수 있는가? 문제해결의 교육적 가치를 짚어 보면 다음 몇 가지로 정리할 수 있다.

첫째, 적절히 설계된 문제 상황은 주어진 범위 내에서 학생들이 이미 알고 있는 것을 공고히 다지고 새로운 것으로 확장해 나갈 수 있는 배경을 제공한다. 예를 들어, 중학교 수학의 주요 아이디어 중 하나인 비율 개념을 생각해 보자. 이 아이디어는 학생들에게 서로 다른 과일 주스 처방(약간의 물과 주스)을 하고 어느 쪽이 더 진한가 물어보는 확장된 조사를 통하여 도입될 수 있다. 두 가지 처방이 같은 양의 주스를 만드는 것이 아니기 때문에 비율을 이해하지 못하는 학생들에게는 이 문제가 어렵다. 여러 다른 아이디어를 통해 시도해 봄으로써 결국 학생들은 비율에 집중하게 된다. 이 아이디어는 다른 개념을 포기할 때 생겨나며, 또 비율에 대한 서로 다른 사고 방법을 고려하고 서로의 생각을 공유할 때 생겨난다.

둘째, 문제해결은 수학 내외의 상황을 형식화하고, 표현하고, 추상화하며 일반화하는 성향을 개발한다. 예를 들어, 포물선 ax^2+bx+c에서 두 상수는 고정되어 있고 다른 하나는 변할 때, 이 포물선의 꼭짓점이 어떻게 되는지를 탐구하는 고등학교 교실을 가정해 볼 수 있다(예를 들어, a, b는 고정되어 있고 c가 변한다면, 그 꼭짓점은 직선을 따라 움직인다.). 새로운 문제를 형식화하려는 경향이 있는 학생은 포물선 문제를 푼 것에 만족하지 않고, 다음과 같은 질문을 던질 수 있을 것이다. "만일 이것을 3차 곡선에 똑같이 적용하여 극소값에 주목하였을 때, 어떤 일이 일어날까?" 이 학생은 2차원에서 3차원으로 문제의 상황을 확장하면서 꼭짓점 대신 극소값에 주목해야 한다는 사실을 간파한 것이다. 이처럼 수학적 성향을 지닌 사람들은 생산적인 방식으로 행동하려는 경향이 있다. 그들은 주어진 문제의 해결에 만족하지 않고 보다 큰 범위에서 만족하는 보다 일반적인 패턴이나 원리, 더 나아가 구조를 탐구하려고 한다. 또한 복잡한 것을 시도하기 전에 보다 간단한 해결 방법이 있는지를 찾아보려고 한다.

셋째, 문제해결은 학습자로 하여금 자신의 수학적 사고를 조정하고 반성하게 한다. 학생들이 문제해결에 실패하는 것은 수학 지식의 부족 때문이 아니라, 그들이 알고 있는 것을 효율적으로 사용하지 못하기 때문임을 보여 주는 연구가 있다 (Lester, 1985; Schoenfeld, 1987). 효율적인 문제해결자는 자신이 하고 있는 것을 계속 감시하고 조절한다. 그들은 문제를 이해한다고 확신한다. 쓰인 문제는 신중하게 읽는다. 말로 문제를 제시하면 그 문제를 이해할 때까지 질문을 던진다. 효율적인 문제해결자는 계획을 자주 세운다. 그들은 자신이 추진하고 있는 방향이 옳은지를 주기적으로 점검한다. 진전이 안 되면 멈춰 서서 대안을 고려하며, 머뭇거리지 않고 하고 있는 것을 완전히 바꾸기도 한다. 따라서 문제해결 과정에서 교사의 다음과 같은 발문은 학생들로 하여금 자신의 사고 과정을 점검하고 통제하는 습관을 갖게 하는 데 도움이 된다. "계속하기에 앞서 이것을 이해하고 있다고 확신하니?" "선택한 것은 무엇이지?" "계획을 세웠니?" "진행이 계속 잘되고 있니? 아니면 하고 있는 것을 다시 고려해 봐야 하니?" "왜 이것이 참이라고 생각하니?" 등.

이외에도 문제해결을 통해 얻을 수 있는 교육적 가치는 상당히 많다. 여러 가지 해법을 탐구하고 새로운 문제를 만들어 보는 경험을 통해 사고의 유연성과 창의성을 함양할 수 있다. 문제를 해결하기 위해 동료들과 의견을 교환하고 협상하는 경험을 통해 수학적 의사소통 능력과 민주시민으로서의 자질과 태도를 키울 수 있다. 그리고 오랜 탐구 끝에 발견한 간결한 해법을 통해 수학의 아름다움을 느끼고 수학에 대한 긍정적인 태도를 고취할 수 있다. 그러나 이 모든 것은 '충분히 잘 지도된다면'이라는 가정을 전제로 하고 있음을 잊지 말아야 할 것이다.

2. 문제해결에 대한 역사적 고찰

1) 수학교육에서 문제해결의 대두

20세기 초반 현대수학의 급속한 발달과 동서 간의 냉전 체제 속에서 고급 과학기술 교육의 필요성이 제기되었고, 1960년대에는 소위 '새수학(New Math)'이라 일컬어지는 운동이 일어났다. 새수학 운동은 현대수학의 내용을 과감하게 학교에 도입하며 엄밀하고 형식적인 방법으로 수학을 전개해 나가는 것을 골자로 한 수학교육 개혁 운동이었다. 그러나 충분한 준비 없이 무리하게 추진하는 과정에서 오히려 학생들의 학력 저하를 초래하였다. 그리하여 1970년대는 다시 기초, 기본에 충실하자는 의미에서 '기초 · 기본 복귀(back to the basics)' 운동이 일어났다. 이로 말미암아 수학 학습에서의 기초 · 기본이란 무엇인가에 대한 문제가 제기되었으며, 교육자들은 복잡한 사회의 변화상에 부응하기 위해 기초 · 기본의 개념을 확장시켜 나갔다. 예를 들면, 미국의 NCSM(National Committee of Supervisors of Mathematics, 1977)은 기본적 기능을 어떻게 보아야 할 것인가에 대한 입장을 표명하였는데, 그 첫 번째로 들고 있는 것이 문제해결이었으며, 두 번째 것이 일상의 장면에 수학을 사용하는 것이었다.

그 결과, 1980년대는 수학 학습의 기초 · 기본의 하나인 문제해결에 관심이 집중되었다. 미국 NCTM(National Council of Teachers of Mathematics; 전미수학교사협의회)은 *An Agenda for Action Recomendation for School Mathematics of the 1980's* (『1980년대의 학교수학을 위한 권고』)(1980)에서 8개 항목의 권고와 그 각각에 대한 해설을 하고 있는데, 여기서도 첫 번째로 "문제해결은 1980년대 학교수학의 초점이 되어야 한다."고 강조하였다. 이러한 아이디어는 *Priorities in School Mathematics, Executive Summary of the PRISM Project*(NCTM, 1981)의 연구 결과에 의해서도 강력하게 뒷받침되었다. 이 프로젝트는 초 · 중고 교사와 교장, 대학교수, 각종 교육위원회의 장, 학부모, 기타 수학교육자들을 대상으로 설문조사를 실시하였는데, 모든 그룹에서 높은 비율로 문제해결을 지지하는 결과를 얻어 내었다. 그리하여 문제해결은 사회 전반의 광범위한 지지를 받으며 지금까지 줄곧 학교수학의 목표인 동시에 방법이 되어 왔다.

문제해결이 1980년대 이후 학교수학의 중심이 된 배경은 수학교육의 내적 차원을 넘어 사회 전반의 변화에서 그 근원을 찾아야 할 것이다. 컴퓨터로 인한 정보공학의 혁명적 발전으로 초래된 정보사회의 도래로 교육은 그에 적응할 수 있는 인간을 길러 내지 않을 수 없게 되었으며, 교육의 중심이 정보의 습득이 아닌 문제해결 능력의 개발에 놓이게 되는 것은 필연적인 귀결이라고 볼 수 있다(우정호, 1998, p. 70). 이처럼 20세기 후반에 문제해결이 수학교육 분야에서 관심을 받게 된 이유는 사회적 요구에 부응하기 위함이었으나, 그 이면에는 George Polya(폴리아)가 이룩해 놓은 문제해결에 대한 학문적 성과가 뒷받침되어 있었다.

Polya는 20세기 중반부터 우리들에게 거의 잊혀 가던 발견술(heuristics)을 교육적 측면에서 부흥시키고자 노력한 수학자다. 발견술이란 답을 구하는 문제이건 증명하는 문제이건 실제적인 문제해결 과정에서 보편적으로 적용할 수 있는 해법의 발견 및 발명 전략이라 할 수 있다. Polya는 이러한 발견술을 정리하여 소위 발견술 소사전을 편찬하였는데, 그것이 바로 문제해결 분야에서 가장 널리 알려진 책 중의 하나인 *How to Solve It*(Polya, 1945)이다. Polya는 이 책에서 문제해결에 전형적으로 유용한 사고 조작을 추출하여 이를 '상식적' 질문과 권고의 형태로 제시하였는데, 이것은 Polya 자신의 연구와 교수 경험에 대한 반성, 그리고 Pappus(파푸스), René Descartes(데카르트), Gottfried Wilhelm Leibniz(라이프니츠), Bernhard Bolzano(볼차노)에 걸쳐 연구되어 온 발견술에 대한 기록을 체계적으로 탐구한 결과에서 비롯된 것이다.

어떤 문제에도 보편적으로 적용될 수 있는 해결 전략을 찾는 일은 수학자들의 오랜 염원이며 꿈이다. 이런 면에서 볼 때, *How to Solve It*은 '수학적 발견은 어떻게 이루어지며 문제는 어떻게 해결되는가'라는 문제를 교육적 입장에서 접근함으로써, 수학을 연구하는 사람들과 수학을 지도해야 하는 사람들의 갈증을 동시에 해소시켜 주었다. 그리하여 *How to Solve It*의 발간은 수학자나 수학교육자들로 하여금 문제해결 교육에 관심을 가지도록 만든 계기가 되었다. 일례로 1980년대 문제해결 연구에 합류한 Alan H. Schoenfeld(쉔펠트)는 발견술에 대한 관심이 이 책으로부터 비롯되었음을 실토한 바 있다. 그는 Polya가 제시해 놓은 발견술의 가치를 높이 인정하였으며, 이전의 교육에서 그러한 발견술을 학생들에게 다루어 주지 않았던 점을 매우 애석하게 생각하였다.

이 책에 대한 내 첫 반응은 순수한 즐거움 그 자체였다. 만약 천재 수학자에 의해 기술된 그와 같은 문제해결 전략을 내 스스로 발견했다면, 나는 진정한 수학자임에 틀림없다. 그러나 얼마 후, 내 기쁨은 불쾌함으로 바뀌었다. 이러한 종류의 전략들은 내 학창시절 동안 결코 언급된 바가 없다. 왜 내가 대학교 1학년이었을 때 이런 책을 소개받지 못했던가? 만약 그랬다면 내 스스로 전략을 발견하기 위해 그렇게 힘들어하지 않아도 되었을 텐데(Schoenfeld, 1985, p. xi).

물론 발견술에 대한 연구가 Polya에 의해 처음으로 시작된 것은 아니다. 발견술에 대한 연구는 그리스 시대까지 거슬러 올라가는 오랜 역사를 가지고 있다. 수학적 발견술 가운데 가장 강력하면서 가장 오래전부터 사용되어 온 방법이 분석법이다. 분석법은 기원전 6세기경에 피타고라스 학파의 수학자들에 의해 사용되었고 Plato(플라톤)에 의해 그 중요성이 강조되었으며, Pappus에 의해 그 내용이 체계적으로 정리되었다. 그리고 현대에 와서 Polya에 의해 그 중요성이 재조명된 것이다. 분석법에 대해 Pappus가 정리한 내용은 다음과 같다.

분석은 요구되는 것으로부터 시작하며 요구되고 있는 것이 옳다고 가정하고 그 결과로부터 다시 결과를 이끌어 내어 종합에서 출발점으로 사용할 수 있는 점에 도달할 때까지 계속한다. 분석에서는 하도록 요구되고 있는 것을 이미 이루어진 것처럼 가정한다. 선행하는 어떤 것으로부터 바라는 결과가 유도될 수 있는가를 묻고 다시 그 선행자의 선행자는 무엇인가를 묻기를 계속하여 결국 이미 알려져 있거나 참인 것으로 가정한 것에 이르게 된다. 이러한 절차를 분석 또는 거꾸로 풀기 또는 역행적 추론이라고 부른다(Polya, 1986, p. 298).

인용문에 진술된 바와 같이, 분석법은 우선 구하고자 하는 것을 이미 구한 것처럼 가정하고 그로부터 유도될 수 있는 명제를 도출한 다음 다시 그로부터 유도될 수 있는 명제를 도출하기를 계속하여 이미 알고 있는 명제에 도달하는 방법이다. 반대로 종합은 분석의 과정을 거꾸로 하여, 분석에서 마지막에 도달한 지점, 곧 이미 알려져 있거나 참인 것으로 가정한 명제로부터 출발하여 분석 과정을 거꾸로 되밟아 감으로써 마지막에 요구하는 명제에 도달하는 연역 과정이다. 즉, 분석은 풀이 계획을 발견하는 과정이고, 종합은 그 계획을 실행하는 과정이다.

그리스 시대 이후 분석법과 종합법은 발견술에 관한 거의 모든 저서에 나타나며 수학뿐만 아니라 모든 종류의 문제해결에 적용되는 일반적인 방법이 되었다. 그러나 수학 문헌에서는 분석법이 거의 나타나고 있지 않다. 이는 제1원리인 공리, 공준으로부터 그에 함의된 정리를 엄밀하게 연역해 나아가는 유클리드원론의 전개 양식을 수학, 나아가 학문의 전형으로 여겼기 때문일 것이다(우정호, 1998, p. 78). 그리고 이러한 전통이 오늘날에도 여전히 남아 있다. 대부분의 수학 문헌은 풀이 계획을 실행하는 과정으로서의 종합법은 제시하고, 그 풀이 계획을 어떻게 발견하였는지를 알려 주는 분석법은 제시하지 않는다. 예를 들어, 중학교 논증기하에서 어떤 특정 지점에 보조선을 그으면 간단히 해결되는 일반적인 문제를 생각해 보자. 수학책에 제시된 문제의 풀이를 보면 어느 지점에 보조선을 그으라는 지시는 있으나, 수학자들이 그러한 아이디어를 어떻게 얻게 되었는지에 대해서는 전혀 언급이 없다. 따라서 그와 유사한 문제에 부딪혀도 그 이전에 문제를 풀어 본 경험이 별로 도움이 되지 않는다. 이로써 학생의 입장에서는 수학은 놀랍고 신비로운 대상일 뿐, 자신이 만들어 갈 수 있는 대상은 아니라는 인식을 가지게 되는 것이다. 바로 이러한 점이 Polya가 가졌던 문제의식이었다.

Polya에게 있어 훌륭한 교육이란 학습자로 하여금 수학자들이 발견해 놓은 해결 과정을 답습하게 하는 것이 아니라 스스로 문제에 도전하게 하여, 독자적인 탐구 과정을 통해 스스로 해결 방법을 발견해 보는 기회를 체계적으로 제공하는 것이다. 따라서 교사의 가장 중요한 역할은 세련된 풀이 계획을 학생들에게 전달하는 것이 아니라, 세련되지 못한 풀이 계획일지라도 학생들이 스스로 세울 수 있도록 자연스럽게 돕는 것이 되어야 한다. 이런 일이 가능해지기 위해서는 무엇보다도 수학자들이 풀이 방법을 발견하는 데 도움이 되었던 일반적인 전략, 즉 발견술이 학생들에게나 교사들에게 공개되어야 함은 이론의 여지가 없다. 그리하여 1980년대에는 발견술이 문제해결 전략이라는 보다 친근한 용어로 대체되어 더욱 집중적으로 연구되었으며, 문제해결 전략 가운데 시행착오, 표 만들기, 그림 그리기, 거꾸로 생각하기, 단순화하기 등의 일부 전략을 학교 교육과정에 포함하여 직접적으로 지도하기에 이르렀다.

문제해결이 새수학 운동이나 기초 · 기본 복귀 운동과 달리 단명하지 않고 오늘날까지 수학교육에서 중요한 위상을 차지할 수 있었던 데는 1990년대부터 집중적으로 조명을 받은 구성주의와 수학자의 사고 활동을 그 결과물보다 더 중요하게 여기는 새로운 수학관의 영향이 컸다. Polya는 수학적 지식을 '명제적 지식(know that)'과 '방법적 지식(know how)'로 분류하고, 후자가 전자보다 중요하다는 것을 강조하면서 이를 중점적으로 지도해야 한다고 주장하였는데, 바로 이러한 사상이 20세기 후반의 수학교육 사조와 매우 잘 맞아떨어진 것이다. 구체적으로 Polya의 지식관에 따라 수학과 그에 상응하는 수학교육을 분류하여 정리하면 〈표 1－1〉과 같이 나타낼 수 있다.

표에 제시된 바와 같이 수학은 수학자들이 이룩해 놓은 산물로서의 기성수학과 그러한 산물을 만들어 내기까지의 사고 활동 그 자체로서의 실행수학이라는 양면을 가지고 있다. 그러나 전통적인 교실에서는 수학이 기성의 논리적 체계인 산물로서만 가정되기 때문에 수학적 엄밀성과 논리적 형식을 지나치게 강조하게 되어, Hans Freudenthal(프로이덴탈)이 지적한 바와 같이 수학교육이 미래에 수학자가 될 1%의 학생을 키우기 위해 99%의 학생들을 희생시키고 있다는 비난을 면치 못하게 되는 것이다. 우정호(2004)는 Freudenthal의 수학화 이론의 등장 배경으로, 기성수학의 형식성과 논리적 엄밀성에 집착하려는 경향, 기성수학의 전달에서 비롯되는 의미 없는 적용문제의 학습, 사고 활동으로서의 수학을 구조주의적 입장에서 지도하려는 경향 등을 꼽은 바 있다. Freudenthal은 이러한 문제점을 극복하기 위해

〈표 1-1〉 수학의 양면성과 수학교육

	실행수학 (Acted out Math)	기성수학 (Ready-made Math)
수학	• 구성 도중에 있는 실험적 · 귀납적인 과학 • 수학적 활동 과정 그 자체 • 수학적 이론을 창안 · 수정 · 발달시키는 사고 활동	• 체계적 · 연역적 과학 • 수학적 활동의 결과로 얻어진 산물 • 정의(Definition) · 공리(Axiom) · 정리(Theorem) · Algorithm 등과 이들의 연역체계
↕	↕	↕
수학교육	• 방법적 지식(know how) 중시 • 학습자 중심 활동(발견학습 · 문제해결 학습) • 자주성 · 판단력 · 독창성 · 창조성을 요구하는 문제해결 능력 신장	• 명제적 지식(know that) 중시 • 교수자 중심 활동(설명식 · 주입식) • 과거 지적 활동의 산물인 수학의 내용 전수
	활동주의	형식주의

서는 수학 수업에서 학생들의 직관, 통찰, 이해, 사고의 원천을 열어 놓고, 그로부터 점진적인 형식화가 이루어지도록 해야 한다고 생각하였다. 결국 Freudenthal의 아이디어는 지식의 방법적 측면을 강조했던 Polya의 아이디어와 일맥상통하는 면이 있는 것이다.

이상으로 살펴본 바와 같이, 1980년대부터 시작되어 오늘날까지 지속되는 문제해결에 대한 관심은 사회의 변화된 요구와 수학교육의 진정한 목표에 대한 학자들의 숙고와 연구 노력에 의해 뒷받침된 것이라 하겠다.

2) 우리나라 교육과정에서의 문제해결

해방 이후 1946년부터 오늘에 이르기까지 우리나라는 교수요목을 포함하여 모두 9차례에 걸쳐 교육과정을 개정하였다. 최초 '교수요목'을 제외한 제1차 교육과정기부터 제7차 교육과정기까지의 수학과 교육과정 문서의 목표에는 '문제해결'

이 항상 등장하고 있다. 특히 생활에서 일어나는 문제의 해결을 목표로 하던 제1~3차 교육과정기와는 달리 제4차 교육과정기에 이르러서는 수학교육의 세계적인 조류를 반영하여, 비로소 진정한 의미의 문제해결력 신장을 강조하기 시작하였다.

- 수학의 초보적인 지식과 기능을 익혀, 일상생활의 여러 가지 문제를 합리적으로 해결할 수 있는 능력과 태도를 기른다(제4차 수학과 교육과정, 1981. 12. 31. 고시).
- 수학의 초보적인 지식과 기능을 배우고 익히며, 이를 활용하여 합리적으로 문제를 해결할 수 있는 수학적 능력과 태도를 기른다(제5차 수학과 교육과정, 1987. 6. 30. 고시).

제4차 교육과정에서 관계 영역에 문장제를 통한 문제해결 항목이 처음으로 등장하고, 교과서에 '여러 가지 문제' 단원을 신설하여 문제해결 지도를 강화하였다. 그러나 문제해결에 대한 사전 연구와 문제해결을 교수 · 학습에 반영하기 위한 구체적 방안이 마련되지 못해, 교육과정이 의도하는 것만큼 문제해결을 교수 · 학습에 충분히 반영하지 못하였다.

제5차 교육과정에 이르러서는 발문의 역할과 문제해결에 대하여 '지도상의 유의점' 항목에서 처음으로, 또 정의적 목표의 평가와 문제해결력의 평가에 대해서도 '평가상의 유의점' 항목에서 최초로 언급하였다.

제6차 이후의 교육과정에서도 문제해결은 계속 강조되고 있다. 제6차 교육과정은 제5차 교육과정을 부분적으로 개정한 것으로, 제5차 교육과정을 바탕으로 초등학교 수학의 내실을 기하는 방향으로 개정되었다. 따라서 수학과 목표 역시 제5차 교육과정과 유사하였으나, 전반적으로 볼 때 기초 학습 능력의 강화와 문제해결력을 중시하는 것이 그 특징이라 할 수 있다(교육부, 1994). 제6차 교육과정에서는 문제해결이 수학과 내용 영역 중 '관계'의 하위 영역으로 설정되었으며, 각 학년별 내용에서 문제해결 지도와 관련하여 지도목표와 문제해결 전략을 구체적으로 제시하였다. 또한 교육과정에는 언급되어 있지 않지만, 교육과정 해설서에는 학생들이 사용할 수 있는 문제해결 전략으로 '식 만들기' '그림 그리기' '표 만들기' '규칙성 찾기' '예상하고 확인하기' '거꾸로 풀기' '수형도 그리기' '단순화하기' '문제를 발전적으로 만들기' '문제를 재구성하기' 등을 제시하고 있다(교육부, 1994).

제7차 교육과정은 제6차 교육과정을 큰 폭으로 개정하였다. 특히 학습자 중심의 단계형 수준별 교육과정을 구성하고, 수학적 사고력과 창의력을 강조하였다. 수학과의 목표는 다음과 같다.

> 수학의 기본적인 지식과 기능을 습득하고, 수학적으로 사고하는 능력을 길러, 실생활의 여러 가지 문제를 합리적으로 해결할 수 있는 능력과 태도를 기른다(제7차 교육과정, 1997. 12. 30. 고시).

제7차 교육과정은 제6차에서 '관계' 영역이었던 것을 '확률과 통계' '문자와 식' '규칙성과 함수'로 세분하였으며, 문제해결은 이 가운데 '문자와 식' 영역에 포함되었다. 문자와 식 영역에서는 '식 세우기' '그림 그리기' '표 만들기' '규칙성 찾기' '예상하고 확인하기' '거꾸로 풀기' '단순화하기' '논리적 추론' 등의 구체적인 전략이 제시되었으며, 문제해결력 향상을 위해 계산기나 컴퓨터를 적극 활용하도록 한 것도 특징적이다.

한편 문제설정이 교육과정에 들어온 것은 제6차부터다. 제6차 교육과정은 주로 식에 알맞은 문제설정에 초점을 맞추었다. 그러나 제7차 교육과정에서는 그것을 넘어 '문제의 조건을 바꾸어 새로운 문제 만들기' '자료를 보고 문제 만들기' '생활 장면에서 소재를 찾아 문제 만들기'를 더 요구하고 있다.

제7차 초등학교 수학과 교육과정에 제시된 문제설정 관련 내용은 〈표 1－2〉와 같다. 표에서 알 수 있듯이, 제7차 교육과정에서 문제설정은 주로 심화 과정에서 취급되고 있으나, 제6차 교육과정과 비교해 볼 때 상당히 강화되었다고 볼 수 있다.

〈표 1-2〉 제7차 교육과정에 포함된 문제설정 내용

단계	과정	내용
1-나	심화	간단한 덧셈식이나 뺄셈식에 적합한 문제 만들기
2-가	기본	식에 알맞은 문제 만들기
	심화	식에 알맞은 일상생활과 관련된 문제 만들기
2-나	심화	식에 알맞은 문제 만들기
4-가	심화	간단한 혼합 계산과 관련된 문제 만들기
5-나	심화	문제의 조건 바꾸어 새로운 문제 만들기
6-가	심화	자료를 보고 문제 만들기
6-나	심화	생활 장면에서 소재 찾아 문제 만들기

2007년에는 수준별 교육과정 및 교과 내용 체계 개선을 중심으로 제7차 교육과정의 문제점을 수정 · 보완한 수학과 교육과정이 고시되었다. 2007년 개정교육과정에 제시된 수학과 목표를 보면 수학적 의사소통 능력과 수학에 대한 긍정적인 태도가 새롭게 추가되었으나, 문제해결은 여전히 수학과의 목표로 남아 있음을 알 수 있다.

> 수학적 지식과 기능을 습득하고, 수학적으로 사고하고 의사소통하는 능력을 길러, 여러 가지 현상과 문제를 수학적으로 고찰하고 합리적으로 해결하는 능력을 기르며, 수학에 대한 긍정적 태도를 기른다(2007년 개정교육과정, 2007. 2. 28. 고시).

이상의 내용을 정리해 보면, 문제해결은 우리나라 수학과 교육과정에서 가장 오래되고 기본이 되는 교육의 목표이며 수단 가운데 하나임을 알 수 있다. 그리고 앞으로도 그 중요성이나 교육적 가치는 오래도록 인정받을 것이라 여겨진다.

3. 미래사회와 수학, 그리고 문제해결

우리는 모든 것이 급변하는 시대에 살고 있다. 컴퓨터와 인터넷의 보급으로 각종 정보의 홍수 속에 살고 있으나 그 정보의 가치는 오래가지 못한다. 과학 문명의 발달로 인류가 고된 노역에서 어느 정도 해방되었지만, 환경오염과 지구온난화 등 지구 생존을 위협하는 또 다른 중대 문제에 직면하게 되었다. 이념의 대립으로 지구 곳곳에서 전쟁이 일어나고 있으며 지구의 어느 한편에서는 아직도 기아에 허덕이고 있다. 그러나 인류의 역사를 통틀어 볼 때, 문제가 없었던 시대는 없었고 인류는 어떠한 방식으로든 그러한 문제를 해결하기 위해 부단히 노력해 왔으며, 그 결과 오늘에 이르고 있다.

미래사회는 지식 정보화 사회이고, 그 주요 특징으로는 지식의 엄청난 양산과 함께 그 수명이 매우 짧아진다는 것을 들 수 있다. OECD의 한 보고서는 앞으로 생산되는 지식의 양이 급증하여 2050년이 되면 현재 지식의 약 1%밖에 사용할 수 없게 될 것임을 예고하고 있다. 미래사회로 접어들면서 우리 인간은 지금까지의 학교중심학습시대에서 점점 평생학습시대로의 전환을 피할 수 없게 될 것이다. 이와 같은 평생학습시대에 대비하기 위해서는 학습하는 방법의 학습, 가치 있는 지식의 선별 및 그 습득 방법의 학습이 무엇보다 중시되어야 한다. 이런 입장에서 보더라도 폴리아의 지식관에 따른 '방법적 지식'의 중요성을 충분히 알 수 있다. 이는 곧 수학적 사고의 함양과 문제해결능력의 신장, 이에 따라 자기주도적으로 판단하고 처리하는 능력의 육성이 미래를 지향하는 수학교육의 핵심임을 잘 말해 주는 것이다.

오늘날과 같이 급변하는 세상에서 어떤 사람들이 성공할 수 있을까? 미래 학자 Alvin Toffler(엘빈 토플러)는 정보화 시대를 지식이 창출하는 가치가 만들어 내는 시대라고 하면서, 곧 다가올 미래사회에는 지식을 독점하는 자들이 부를 독점하게 될 것이라 예언한 바 있다. 예전의 산업 시대에는 생산 제품 자체의 물량이 사회의 수요를 따라가기 어려웠기 때문에 일정 품질 이상의 제품을 대량생산만 하면 성공하였다. 그러나 지식 정보화 사회가 도래하면서 소비자들의 요구가 다양해짐에 따라 다품종 소량 생산 시대로 접어들게 되었다. 결국 학교교육이 사회의 이와 같은 변화된 요구에 부응하기 위해 과거와 같이 표준화된 텍스트를 암기하는 것을 강요하기보다는 창의력 향상에 보다 높은 관심을 보여야 할 때가 온 것이다.

NCTM은 전 세계의 수학교육에 가장 큰 영향을 미치고 있는 단체 가운데 하나이다. 오늘날 세계 여러 나라에서는 그들의 수학과 교육과정을 조직하는데 NCTM이 2000년에 발행한 *Principles and Standards for School Mathematics*(『학교 수학을 위한 원리와 규준』)을 유력한 지침으로 채용하고 있다. 이 규준집은 다가올 21세기를 대비하여 수학교육을 향상시키는 데 지도적인 역할을 수행하기 위한 노력의 일환으로, 10여 년간의 연구 결과에서 비롯되었다. 이 규준집에서는 일상생활과 직업 현장에서 수학을 이해하고 사용할 수 있어야 한다는 필요성이 지금보다 절실히 요구된 적이 없고 이는 앞으로도 계속될 것이라 내다보았다. 이 규준집은 또한 학교 수학의 위상을 삶을 위한 수학, 문화유산의 일부로서의 수학, 작업 현장을 위한 수학, 과학 · 기술을 위한 수학으로 구분하였으며, 구체적인 내용은 다음과 같다.

- **삶을 위한 수학**: 수학을 안다는 것은 개개인의 측면에서는 만족스럽고 강력한 힘이 될 수 있다. 일상생활은 점점 수학적이고 공학적이 되고 있다. 예를 들어, 물건을 구매하고, 생명보험이나 의료보험을 선택하며 현명하게 투표하는 데에는 양적인 능력이 필요하다.
- **문화유산으로서의 수학**: 수학은 인류의 가장 위대한 문화적, 지적 성취물의 하나다. 사람들은 심미적이고 유희적인 측면을 포함하는 그러한 성취를 보다 잘 음미하고 이해할 수 있어야 한다.
- **일터를 위한 수학**: 지적인 시민이 되는 데 필요한 수학 수준이 엄청나게 높아지고 있는 것만큼 작업 현장이나 건강관리에서부터 그래픽 디자인에 이르는 전문 분야에서 필요로 하는 수학적 사고와 문제해결의 수준도 높아지고 있다.
- **과학 · 기술을 위한 수학**: 모든 직업이 기본적인 수학적 지식을 요구하지만 몇몇 직업은 더 강도 높은 수학을 필요로 한다. 학생들이 수학자, 통계학자, 공학자

그리고 과학자를 평생 직업으로 택할 수 있도록 준비시킬 필요가 있다(NCTM, 2000).

NCTM(2000)은 수학적 능력이 생산적인 미래를 열어 줄 것이라 확신한다. 즉, 변화하는 세상에서 수학을 이해하고 잘할 수 있는 사람들은 자신의 미래를 만드는 데 보다 많은 선택권과 기회를 갖게 될 것이라고 본다. 더불어 수학이 선택된 소수만을 위한 것이 아니라는 가정에 도전하고자 한다. 모든 사람들이 수학을 이해할 필요가 있으며, 수학을 깊이 있게 배우고 이해하는 데 필요한 적절한 지원과 기회를 가질 수 있어야 한다. 따라서 교육은 기회균등과 수월성을 동시에 추구하여야 한다.

시간이 감에 따라 수학의 필요성이 더해 갈 것이라는 가정을 전적으로 받아들인다 해도, 과거에 요구되었던 수학과 미래에 요구될 수학에는 거리가 존재한다는 것은 쉽게 짐작할 수 있다. 단적인 예로 계산 기능은 과거의 학교수학에서 가장 중요한 위치를 차지했으나, 오늘날에는 그 위상이 상당히 약화되었다. 왜냐하면 1980년대 중반부터 전자계산기의 가격이 인하되면서 대중이 쉽게 전자계산기를 손에 넣을 수 있게 되었고, 오늘날에는 간단한 계산조차 전자계산기에 의존하는 사람들이 늘고 있기 때문이다. 우리나라에서도 제6차 교육과정부터 초등수학 교과의 명칭을 '산수'에서 '수학'으로 바꾸었는데, 이는 초등수학의 범위를 산술적인 측면에서 보다 고차적인 것으로 확장해 가겠다는 의지를 표명한 것이라 생각된다.

이처럼 학교수학의 내용은 사회의 변화와 더불어 바뀌어 가는 것이 마땅하다. 그렇다면 수학을 학습하는 방법에는 어떠한 변화가 있어야 하는가? 이에 대한 답을 얻기 위해서는 NCTM의 『학교수학을 위한 원리와 규준』을 참고할 만하다. 여기서는 내용 규준과 더불어 과정 규준을 제시하고 있다. 과정 규준에는 문제해결을 비롯하여, 추론과 증명, 의사소통, 연결성, 표현 등이 제시되어 있다. 과정 규준은 수학의 내용에 접근하는 방법으로서, 기본적으로 수학자나 학생이나 수학에 대해 동일한 방식의 사고 활동을 한다는 전제가 깔려 있다. 그런데 여기 제시된 5가지 유형의 사고 활동은 개별적으로 발생되는 것이 아니라 문제해결이라는 활동에 유기적으로 연결되어 있음을 알 수 있다. 성공적인 문제해결을 위해서는 추론과 증명, 의사소통, 연결성, 표현 등의 모든 기능들이 제 역할을 수행해야 하기 때문이다. 따라서 학교에서 문제해결의 장을 잘 활용하면, 다른 요인들을 아울러 연습할 수 있는 기회를 제공할 수 있게 된다. 이는 문제해결이 모든 수학의 핵심적 부분이라 기술한 NCTM(2000)의 기본 아이디어와도 부합한다. 구체적으로 NCTM(2000)에서 문제해결에 대해 요구하는 사항은 다음과 같다.

학생들은 수업에서

- 문제해결을 통해 새로운 수학적 지식을 만들어 낼 수 있어야 한다.
- 수학 또는 다른 맥락에서 발생하는 문제를 해결할 수 있어야 한다.
- 문제를 해결하기 위하여 여러 가지 적절한 전략을 적용하고 채택할 수 있어야 한다.
- 수학 문제해결 과정을 관찰하고 반성할 수 있어야 한다.

위의 내용들을 살펴보면 문제를 해결하는 것이 수학 학습의 목표일 뿐만 아니라 목표에 도달하는 데 이용될 수 있는 수학 학습의 주요 수단임을 알 수 있다. 수학 학습은 단지 수학자가 만들어 놓은 산물로서의 기성수학을 전수받는 과정이 아니라, 학습자가 스스로 문제를 인식하고 그것을 해결하기 위해 부단히 노력하는 과정에서 수확되는 사고 활동과 그 부산물이 되어야 한다. 이를 위해서는 문제해결이라는 수단 그 자체만이 아니라, 좋은 문제와 훌륭한 교사가 필요하다. 문제가 좋으면 학생들의 사고를 자극하고, 학생들이 가지고 있는 개념을 확장할 기회를 제공하게 된다. 또한 교사의 적절한 발문과 안내는 학생들을 도와 문제를 이해하고, 계획을 수립하여 문제의 해결에 이르게 하는 데 결정적인 역할을 하게 된다. 따라서 앞으로 우리가 해야 할 일은 학생을 자극하고, 수학적 개념에 대한 이해의 폭을 확장하며, 새로운 지식을 탐구하는 데 도움이 되는 좋은 문제를 개발하는 것이다. 또한 교사 교육에서 문제해결을 한층 더 강조하고 강화시켜 나감으로써 학생에 앞서 교사가 먼저 문제해결의 본질을 이해하고 훌륭한 문제해결자가 되도록 뒷받침해 주어야 할 것이다.

세상을 수학적으로 바라보는 사람은 소위 '수학적 성향'을 가진 사람이라 불린다. 일반적으로 훌륭한 문제해결자는 수학적 용어로 상황을 주의 깊게 분석하려는 경향을 가지고 있으며, 자신이 이해하는 상황에 기초하여 문제를 제기하는 성향을 가지고 있다. 또한 보다 간단한 해법을 생각하는 동시에 복잡한 분석도 시도해 보고자 한다. 이와 같은 수학적 성향은 하루 아침에 얻게 되는 것이 아니라 개방적이고 자율적인 분위기에서 오랫동안 학습하면서 점진적으로 형성되는 것이다. 그러나 전통적인 학교교육을 장기간 받게 되면 이와 같은 수학적 성향이 오히려 억제되고 수학에 대한 부정적인 태도가 형성되는 것이 일반적인 현상이다. 특히 대만, 일본, 우리나라와 같이 입시 경쟁이 치열한 동양의 몇몇 국가에서는 학생들에게 과도하게 기계적인 암기식 학습을 강요한 나머지, 학생들의 수학에 대한 태도는 매우 부정적이 되어 버렸다. 이러한 나라의 학생들은 수학을 입시를 위한 것, 성공하기 위해 마지못해 하는 것으로 여길 뿐, 수학의 필요성을 느끼지 못하며 수학을 하는 즐거움은 더더욱 느끼지 못하는 것이 현실이다. 학생들은 조금이라도 더 생각해야 하는 문제는 외면하고, 공식이나 알고리즘을 대입해서 즉각적으로 해결할 수 있는 문제를 선호한다. 이러한 상황에서는 문제해결 교육이 제대로 이루어지기가 거의 불가능하다. 수학교육의 궁극적인 목적을 생각해 본다면, 학생들에게 자신감을 앗아 가고 불행감을 느끼게 만드는 교육은 그것이 제아무리 사고력 함양이라는 그럴듯한 목표로 포장되어도 교육의 장에서 용납되어선 안 된다. 결국 문제해결 교육도 이러한 맥락에서 연령이나 성취 수준에 상관없이 모든 학생들이 수학하는 참다운 즐거움을 느낄 수 있는 방향으로 고안되어야 할 것이다.

학습에 대한 즐거움이나 책무감을 느끼게 하는 가장 좋은 방법 중의 하나가 학습자 중심의 수업 운영이다. 전통적인 교실에서는 교사가 학습의 내용을 선정하고, 지도하고, 평가하는 모든 일을 수행했다. 이러한 수업 운영을 교사 중심 수업이라 하는 반면, 과거 교사가 했던 많은 일들을 학생들에게 위임하고 교사는 수업의 관리자 혹은 조정자 역할을 하는 형태의 수업을 학생 중심 수업이라 한다. 물론 이전에도 모둠 활동의 형식을 빌린 협동학습이 있었으나, 학습자 중심 수업은 소그룹 협동학습 이상으로 학습자에게 많은 선택권과 책임감을 부여한다. 이는 구성주의의 대두와 더불어 시작된 수학 수업의 새로운 패러다임으로, 당분간 이에 대한 관심과 연구가 지속될 것으로 보인다. 그리고 이와 같은 새로운 수업 방식에서 문제해결이 결정적인 역할을 할 것은 자명하다. 학생들은 스스로 문제를 제기하고 탐구 방식을 결정하며, 문제를 해결하고 이를 평가하는 활동을 통해 문제해결력 자체뿐만 아니라, 문제에 대한 책임 의식과 수학 학습에 대한 긍정적인 태도를 아울러 함양할 수 있을 것이다.

결론적으로 문제해결은 수학교육의 본질적인 목표 가운데 하나이며 다른 여러 가지 목표를 이루기 위한 주요 수단으로서, 미래 수학교육에서 중심적인 위치를 계속 영위할 것으로 보인다.

제 2 장

문제와 문제해결의 본질

1. 문제해결의 의미와 중요성
2. 문제해결의 성공 요인
3. 문제해결에서 문제의 의미
4. 문제의 유형
5. 문제의 난이도 요인

제 2 장

문제와 문제해결의 본질

1. 문제해결의 의미와 중요성

문제해결(problem solving)은 1980년대를 대표하는 수학교육의 주요 사조라 할 수 있다. 수학교육의 역사는 10년을 주기로 큰 변화를 겪어 왔는데, 1980년대의 문제해결은 1970년대의 기초 · 기본으로의 복귀 운동(back-to-the basics movement)의 실패로 더욱 가속화되었다. 뿐만 아니라 사회적으로는 과학 기술이 발달하고 정보의 양이 급속하게 늘어남에 따라, 계산 기능이 뛰어난 인재보다는 문제를 분석하고 해결하기 위한 수단을 찾는 능력이 뛰어난 인재가 더욱 필요하게 되었다. 이러한 시대적 요구에 부응하기 위해 전미수학교사협의회(National Council of Teachers of Mathematics: NCTM)는 문제해결이 1980년대 학교수학의 초점이 되어야 한다고 권고하였으며, 이 분야에 대한 관심과 연구 노력을 촉구하였다. 이러한 시대적 배경하에 1980년대는 이른바 문제해결의 시대라 불리면서 수많은 연구가 수행되었다.

문제해결은 틀에 박힌 계산 연습과 상반되는 개념으로, 학생들에게 문제해결 방법과 관련된 크고 작은 발견의 경험을 제공하는 독자적인 사고 과정이라 할 수 있다. 문제해결 연구 분야의 독보적인 존재인 Polya(1962)는 지식을 정보와 방법적 지식(know-how)으로 구분하고, 수학에서 '방법적 지식'이 정보의 단순한 소유보다 훨씬 중요하다고 주장하였다. 여기서 '방법적 지식'이란 즉각적으로 해결되지 않는 문제, 즉 자주성, 판단력, 독창성, 창조성 등을 필요로 하는 문제를 해결하는 능력이다(pp. vii-viii). 실제로 많은 학생들이 문제를 해결하는 데 필요한 수학적 지식을 가지고 있으면서도 문제를 해결하지 못하는 것은 지식의 내용적 측면 이외의 요인이 문제해결에 작용하고 있음을 명백하게 보여 주는 예이다. 지식의 방법적 측면은 지식의 구성적 측면과도 연결된다. Polya(1971)는 수학은 연역적인 측면과 구성적인 측면의 두 얼굴을 가지고 있는데, 이 중에서 구성적인 측면이 학생이나 교사, 더 나아가 일반 대중에게 공개되지 않은 점을 다음과 같이 지적한 바 있다.

> 문제해결의 방법을 연구하는 가운데, 우리는 수학에 또 다른 얼굴이 있음을 깨닫는다. 그렇다. 수학은 두 얼굴을 갖는다. 수학은 유클리드 식의 엄밀한 과학이지만 동시에 그와 다른 무엇이기도 하다. 유클리드 식으로 제시된 수학은 체계적이고 연역적인 과학으로 보인다. 그러나 구성 도중에 있는 수학은 실험적이고 귀납적인 과학으로 보인다. 수학의 이 두 가지 측면은 모두 수학이라는 학문 그 자체만큼이나 오래된 것이다. 그러나 두 번째의 측면은 어떤 관점에서 본다면 새로운 것이다. 즉, 그것은 '발생 상태 그대로의(in statu nascendi)' 수학, 발명되고 있는 과정에 있는 수학이 바로 그 방식 그대로 학생에게 또는 교사 자신에게 또는 일반 대중에게 제시된 일이 지금까지 결코 없었다는 점에서 그러하다(Polya, 1971, p. vi).

Polya는 수학이 만들어지는 과정은 실험적이고 귀납적임에도 불구하고, 실제로 학생들이나 교사들에게 이러한 생생한 과정이 제시되지 않은 채 그 최종 산물인 연역체계만을 제공하고 있음을 비판한다. 실제로 이와 관련된 경험은 수학 학습

국면에서 비일비재하다. 수학 문제집에 제시된 특정 문제의 해법을 보고 그 아이디어에 놀라며, 수긍을 하는 경우가 흔히 있다. 그러나 그 해법이나 아이디어가 나오기까지의 착상이나 발상을 생각해 보면 도저히 헤아려지지 않는 경우가 더 많다. Polya는 이에 대해 '발생 상태 그대로의' 수학, 즉 수학의 구성 과정이 공개되어야 한다는 점을 역설하고 있다. 그는 특히 수학자들이 문제를 해결하는 데 사용해 온 실제적인 방법, 일명 발견술(heuristics)이라 부르는 것을 학생들에게 공개해야 한다고 생각했다.

> 발견술에 따른 추리의 본질이 보다 잘 이해되고 그 장점과 한계 모두가 솔직하게 인정되며 교과서가 발견적 논증을 솔직하게 제시한다면 어떤 내용의 지도, 특히 공학자와 물리학자에게 미적분을 가르치는 것은 본질적으로 개선될 것이다(Polya, 1971, p. 172).

Polya(1971)에 의하면 발견술이란 발견에 도움이 되는 방법이나 전략을 뜻하는 것으로, 발견술에 따른 추리는 최종적이고 엄밀한 것이 아니라 단지 잠정적이고 개연적인 것으로 간주되는 추리이며, 그 목적은 당면한 문제의 해를 발견하는 것이다(pp. 171−172). 즉, 발견술에 따른 추리는 확실성을 얻기 위한 잠정적인 것이며, 엄밀한 증명과는 구분되는 것이다. 그러나 우리가 건물을 세울 때 비계[1]가 필요한 것처럼 엄밀한 증명을 구성할 때에는 발견술에 따른 추리가 필요한 것이다.

한편 Polya는 발견술을 포함한 문제해결 능력을 훈련과 연습에 의해 연마될 수 있는 일종의 기능으로 간주하였다. 즉, 테니스나 수영 등의 스포츠를 잘하기 위해서 세부 기능과 기술을 연마해야 하는 것과 같은 이치로, 문제해결을 잘하기 위해서는 문제해결의 세부 기능을 연마해야 한다는 것이다. 그런데 이러한 기능은 학습자 혼자 익힐 수 없기 때문에 처음에는 유능한 문제해결자의 수행을 관찰하고

1) 고층 건물을 지을 때 디디고 서도록 긴 나무와 쇠파이프를 얽어서 널을 걸쳐 놓은 시설

이를 모방해야 한다고 생각했다.

> 문제해결이란, 말하자면 수영과 같은 실제적 기능이다. 어떠한 실제적 기능도 모방과 연습에 의해서 얻어진다. 여러분은 수영을 하려고 애쓰면서, 다른 사람들이 머리를 물 위에 내놓고 있기 위하여 손발을 움직이는 방법을 모방하게 된다. 그러고는 마침내, 실제로 수영을 해 봄으로써 수영을 배우게 되는 것이다. 여러분은 문제를 풀려고 애쓰면서 다른 사람들이 문제를 풀 때 하는 것을 관찰하고 모방하여야만 하며, 그렇게 해 봄으로써 마침내는 문제를 해결하는 방법을 배우게 된다 (polya, 1971, pp. 7−8).

이상의 내용에서 알 수 있듯이 문제해결은 초기에는 발견술을 포함한 지식의 방법적 측면과 관련지어 연구되었다. 그러다가 1980년대 심리학이 수학교육 분야에 차용되면서 입안, 모니터링, 평가, 통제 등과 같은 정보처리적 관점의 용어와 불안, 동기, 자신감 등과 같은 정의적 측면에도 관심의 영역이 확대되어 갔다. 그럼에도 불구하고 Schoenfeld(1992)가 지적한 바와 같이 '문제해결'은 '메타인지'와 더불어 1980년대에 가장 많이 몰두하였으나 가장 이해가 결여된 전문 용어 중의 하나로 간주되면서, 여전히 개념적 실체의 불명료성으로 비판받아 왔다.

1990년대의 새로운 경향은 문제해결을 문제설정, 수학적 사고, 추론을 포괄하는 광의적 개념으로 받아들인 것이다(English & Halford, 1995). 과거에는 문제해결이 강조되더라도, 문제해결 그 자체보다는 새롭게 배운 수학적 과정의 연습을 제공하는 것과 같은 다른 목표들을 성취하기 위한 수단으로 간주되었다. 일례로 우리가 응용문제, 실생활문제, 문장제 등으로 부르는 유형의 문제는 이미 오래전부터 학교 교실에 들어와 있었으며, 학생들은 그러한 문제를 새롭게 배운 개념을 익히는 수단으로 활용해 왔다. 그러나 그러한 일련의 경험은 확산적이고 창의적인 사고를 위한 여지를 거의 제공하지 못한 것으로 드러났다. 그리하여 오늘날의 문제해결 교실에서는 문제를 푸는 능력 그 자체보다는 문제를 푸는 과정에서의 다양한 수학적 사고와 추론에 초점이 주어지며, 때로는 학생들로 하여금 문제를 만들어 보도록 하는 경험을 제공하고 있다.

문제설정(problem posing)은 문제해결 능력의 개발에서 매우 중요한 역할을 한다. 전통적으로 문제를 만드는 사람은 교사였으며, 문제를 푸는 사람은 학생이었다. 그러나 문제설정은 학생들로 하여금 문제를 만들어 보게 하고, 자신이 만든 문제의 타당성을 분석하게 함으로써 문제의 이해에 대한 폭을 넓히도록 한다. E. Paul Goldenberg(골든버그)가 지적한 바와 같이 우리는 문제해결 전략을 개발하는 것뿐만 아니라 그 전략들이 요구되는 문제를 만듦으로써 수학을 더 잘 배울 수 있다(p. 90). Jeremy Kilpatrick(킬패트릭, 1987)도 문제가 제시된 곳에서 문제해결자는 문제를 재진술할 필요가 있다고 역설했다.

수학적 사고와 추론에 대한 관심은 수학과 수학 학습에 대한 관점의 변화로부터 기인된 것이다. 전통적인 관점은 수학적 사실, 규칙, 절차를 포함하는 수학적 내용의 숙달이었다. 문제해결이 주어진 문제를 푸는 데 오직 하나의 정답만을 가지고 있는 틀에 박힌 연습 문제의 집합체로 특징지어질 때, 학생들은 수학이라고 하는 것은 인간으로 하여금 이미 만들어진 해결 절차를 찾아내도록 요구하는 것이고 그런 절차는 가능한 한 효과적으로 답을 도출해 내야 한다는 관점을 갖도록 한다(Schoenfeld, 1988, 1989).

결론적으로 문제해결의 대두는 수학 학습에 대한 관심을 내용적인 관점에서 절차나 방법의 관점으로 옮겨 가는 역할을 수행하였다. 물론 지식의 내용적 측면이 중요하지 않은 것은 아니지만, 학생들은 그러한 지식을 효과적으로 사용할 수 있도록 하는 수학의 방법적 측면을 아울러 습득할 필요가 있다고 보는 것이다.

2. 문제해결의 성공 요인

1980년대 수학교육 연구 분야의 주요한 특징 중 하나는 심리학 이론의 도입이다. 수학 학습과정을 설명하기 위해 입안(planning), 모니터링(monitoring), 통제(control), 신념(belief), 불안, 스트레스 등의 용어가 차용되면서, 그동안 인지적 측면에 쏟았던 관심이 정의적 측면으로 확대되기 시작하였다. Schoenfeld(1985)는 문제해결의 성패와 관련된 지식과 행위 요인으로 Polya(1971)가 제시한 자원(resource), 발견술(heuristics) 이외에도 통제력(control), 신념체계(belief system)와 같은 정의적 요인을 추가하였다.

자원은 문제를 해결하는 데 동원할 수 있는 개인이 소유한 수학적 지식으로, 수학적 개념이나 원리, 법칙, 알고리즘과 같이 일반적으로 학교에서 지도되고 있는 사실적, 절차적, 명제적 지식이 이에 해당된다. 발견술은 효율적인 문제해결을 위한 주요 원리다. 즉각적으로 답을 낼 수 없는, 어렵거나 친숙하지 않은 문제를 해결하는 데 이용되는 전략과 기술을 광범위하게 포함한다. 예를 들어, 문제에 해당하는 그림을 그리거나 기호를 붙이는 행위, 관련 문제를 적절히 활용하거나 문제를 재진술하는 등의 방법적 지식이 이에 해당된다. 통제력은 자신이 가지고 있는 자원과 전략 중에 어떤 것을 선별하고 채택할 것인가에 대한 전반적인 결정과 관련된다. 문제해결 계획을 세우고, 실행 과정을 모니터링하고 평가하면서, 문제해결 과정을 조정해 나가는 의식적 행위가 이에 해당된다. 문제해결자의 통제력이 우수하면, 자원을 창출하고 다소 어려운 문제라 해도 효과적인 방법으로 해결하는 반면, 통제력이 낮으면 자원을 낭비하고 문제해결에 실패하게 된다. 신념체계는 수학 혹은 수학 과제에 접근할 때의 관점으로 개인의 수학관을 의미한다. 수학에 대한 개인적 신념은 그가 문제에 접근하는 방식을 결정하여, 어떤 전략을 선택하고 피할지, 어느 정도로 작업에 매달릴지 혹은 그만둘지 등을 결정하는 데 영향을 미친다. 신념은 자원, 발견술, 통제력이 작용하는 맥락이 된다(〈표 2-1〉).

Polya는 성공적인 문제해결을 위해 사실적 지식 이외에도 문제해결 전략이나 발견술과 같은 방법적 지식이 필요함을 우리에게 일깨워 주었다. 그러나 Schoenfeld가 학생들을 대상으로 오랫동안 실험한 결과는 자원이나 발견술과 같은 인지적 요소 이외에도 문제해결 과정을 지속적으로 관리하는 능력과 수학에 대한 긍정적인 신념이나 사고방식 등과 같은 정의적 요소가 문제해결 성패에 중대한 영향을 미친다는 것이다. 이러한 결과는 "학교 공부를 열심히 한 학생이 왜 수학 문제해결에 실패하는가?"에 대한 답을 제공해 줄 수 있을 것이다.

유사하게 Rendall Charles & Frank Lester(찰스 & 리스터, 1982)의 연구도 문제해결 과정에 작용하는 인지 외적 요인을 자세하게 묘사하고 있다. 그들에 의하면 문제해결이란 결과를 알 수 없는 어떤 상황을 해결하기 위한 방법을 결정할 때, 이전 경험, 지식, 직관 등을 통합하는 과정을 의미한다. 그러나 문제를 성공적으로 해결

〈표 2−1〉 수학 문제해결 수행을 묘사하기 위해 필요한 지식과 행위

자원(Resources)	문제를 해결하는 데 동원할 수 있는 개인이 소유한 수학적 지식 • 특정 영역에 관련된 직관과 비형식적 지식 • 사실 • 알고리즘 절차 • 기계적인 비알고리즘적 절차 • 특정 영역의 작업을 위해 합의된 규칙에 대한 이해(명제적 지식)
발견술(Heuristics)	친숙하지 않은 혹은 비표준적인 문제에서 진전을 이루기 위한 전략과 기술 • 그림 그리기 • 적절한 기호 도입 • 관련 문제 활용 • 문제 재공식화 • 거꾸로 생각하기 • 절차의 시험과 검증
통제(Control)	자원과 전략의 선별과 채택과 관련된 전체적인 결정 • 계획 • 모니터링과 평가 • 의사결정 • 의식적인 메타인지적 행위
신념체계 (Belief Systems)	개인의 수학관, 개인적 행위를 결정하는 요인(반드시 의식적인 것은 아닌) • 자신에 대한 신념 • 환경에 대한 신념 • 주제에 대한 신념 • 수학에 대한 신념

출처: Schoenfeld, 1985, p. 15.

하기 위해서는 지식이나 경험만으로는 부족하며, 문제해결자의 충분한 동기가 요구된다. 뿐만 아니라, 스트레스와 불안 정도는 낮은 것이 좋다. 이러한 관점에서 그들은 성공적인 문제해결을 위해 필요한 정신 과정을 크게 경험적 요인, 정서적 요인, 인지적 요인으로 구분하고, 학생들을 성공적인 문제해결자로 지도하기 위해서는 이러한 정신 과정에 더욱 주의를 기울여야 한다고 주장하였다.

경험적 요인은 나이, 수학 학습 배경, 이전에 문제 전략이나 문제 상황을 접해 본 경험 등과 같이 개인적이고 환경적인 요인과 관련된다. 정서적 요인은 흥미, 동기, 압박감, 불안 등과 같은 감정적 요인과 관련된다. 인지적 요인은 독해력, 추론 능력, 계산 능력 등과 같은 사고 능력과 관련된다. 그런데 이 세 요인은 문제해결 과정에서 독립적으로 작용하는 것이 아니라 유기적으로 상호작용한다고 한다. [그림 2-1]은 이 세 요인 간의 관계를 나타내고 있는데, 이것은 문제해결 국면에 얼마나 많은 요소들이 개입되어 있는지를 보여 주고 있다.

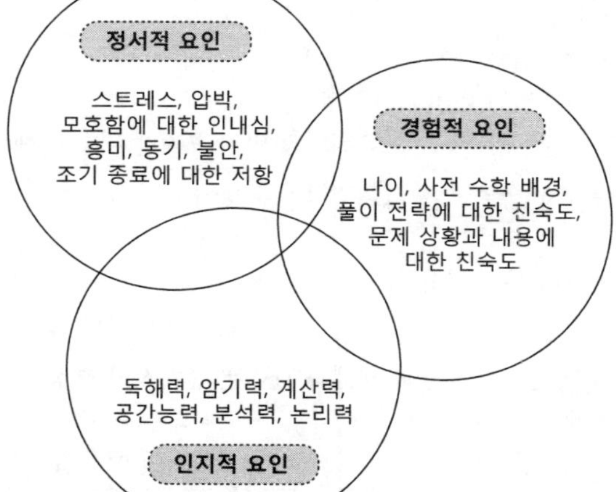

[그림 2-1] 문제해결 과정에 영향을 주는 요인

출처: Charles & Lester, 1982, p. 11.

1980년대는 전략이나 발견술과 같은 지식의 방법적 측면과 흥미나 태도 등과 같은 정의적 측면이 새로운 관심의 대상이 되었다. 1990년대에는 여기서 한 걸음 더 나아가 표현(representation), 모델링(modeling), 전략적 과정, 고등사고 기술, 메타인지, 그리고 신념이나 태도 등 문제해결 과정에 작용하는 매우 다양한 요소들을 통합하려는 시도가 이루어졌다. Lyn D. English & Graeme S. Halford(잉글리시 & 핼포드, 1995)는 수학적 문제해결에서 작용하는 인지적 요소들로 문제 모델(문제표현과 문제해결의 발견술을 구성하는 정신 모델들), 전략적 과정(문제의 답을 촉진하기 위한 목표 지향적인 작용들), 메타 과정(유비 추론, 고등사고 기술, 메타인지 과정들을 구성하는 과정), 그리고 정의적 모델(신념, 태도, 그리고 감정)이라는 4요소를 추출하였다([그림 2-2]).

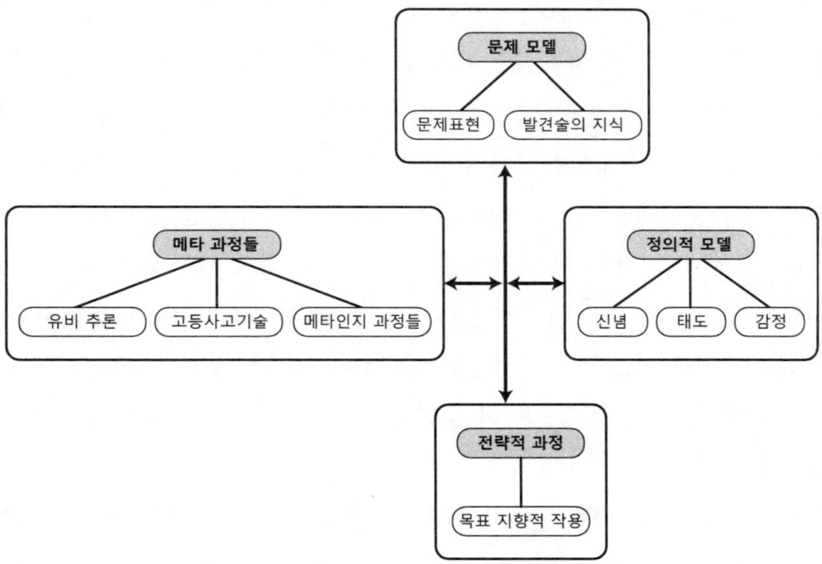

[그림 2-2] 수학적 문제해결에서의 인지적 요소

출처: English & Halford, 1995.

먼저 문제 모델은 Polya(1957)의 문제해결 4단계 중 첫 번째 단계인 이해 단계와 관련된다. 주어진 문제를 이해하지 못한 학생은 적절한 문제 상황 모델을 구축하는 데 실패하므로 문제를 풀 수 없게 된다. 일반적으로 학생들은 문제를 보다 잘 이해하기 위해 문제 상황을 언어나 그림, 구체물, 상징 등의 양식을 이용해 표상한다. 이때 성공적인 문제해결자들은 문제의 표면적 특징에 초점을 두기보다는 원리나 구조에 초점을 두는 정신 모델을 구축한다(Larkin, McDermott, Simon, & Simon, 1980; Silver & Marshall, 1990). 또한 전문적인 해결자들은 해결 계획을 실행에 옮기기 전에 원리적 표현을 구축하는 데 초보자들보다 더 많은 시간을 할애하는 반면, 초보자들은 원리가 느슨하게 조직되고 겹핍된 정보로 구성된 문제 상황 모델을 형성한다(Chi, Glaser, & Rees, 1982; Lesgold, 1988). Edward A. Silver(실버, 1979)의 연구 결과도 이와 매우 유사하다. 그는 효과적인 문제해결자의 정신적 표현을 연구하기 위해 고등학생을 대상으로 24개의 수학 문제 세트를 주고 기준을 정하여 분류하도록 하였다. 그 결과 좀 더 성공적인 학생들은 수학적 구조의 유사성에 근거하여 분류하는 반면, 덜 성공적인 학생들은 문제 상황이나 문맥의 표면적 유사성 혹은 질문의 특징 등에 근거하여 분류하였다. 결론적으로 문제해결자가 구축한 문제 상황 모델의 적절성 정도에 따라 문제해결의 성패가 좌우된다고 볼 수 있다.

Polya 모델의 두 번째와 세 번째 단계인 계획의 수립과 실행 단계에서 학생들은 문제해결을 위한 발견술을 이끌어 내야 한다. 발견술은 이미 여러 번 언급된 바와 같이 도표를 그리거나, 물리적 모델을 만들거나, 패턴을 찾거나, 단순화하는 등의 기술을 포함한다. 이런 발견술은 바른 답을 보장해 주지는 않지만, 답으로 이끄는 유용한 방향을 제안할 수 있다.

수학적 문제해결에 작용하는 또 다른 인지적 요소로는 전략적 과정이 있다. 이때 전략이란 과제 수행을 촉진하기 위해 채택된 목표 지향적 작용이다. 즉, 문제를 해결하는 데 전략적으로 행동한다는 것은 자신들의 행동이 목표를 향한 진보에 영향을 주고 있음을 깨달아야만 하고, 마음에 항상 목표를 생각하고 있음을 의미한다. 문제해결자가 자신의 행동 결과를 좀 더 잘 의식하면 할수록 목표를 성취하기 위해 사용하는 행위에 좀 더 주의를 기울이게 된다. 이는 행동과 목표 사이의 연결성에 대한 의식을 증진시키는 결과를 가져온다. 이 의식이 증대됨에 따라 해결자들은 목표를 향한 진보를 좀 더 잘 모니터하게 된다. 이는 결과적으로 행동에 대한 의식을 고양시키고 전략의 효과성을 증대시키는 결과를 낳는다(Bjorklund & Harnishfeger, 1990).

수학적 문제해결에 작용하는 3번째 요소는 메타 과정이다. 메타 과정에는 유비 추론, 고등 사고 기술, 메타인지 과정이 포함된다. 유비 추론은 풀어야 할 새로운 문제와 동일한 목표 구조를 가지고 있는 기지의 문제에 접근할 수 있는 능력으로 문제해결 과정에서 중요한 역할을 한다. 즉, 새로운 문제에 대한 해결 방법이 바로 떠오르지 않을 때 그것과 구조적으로 유사한 문제의 해결 방법을 떠올려 문제의 해법에 대한 아이디어를 얻는 사고 과정을 말한다.

Lauren B. Resnick(리즈닉, 1987)의 정의에 의하면 고등사고기술은 '복잡한 상황에서 다양한 기준에 따른 섬세한 판단과 분석을 가능하게 하는 세심한 정신활동의 집합체'를 의미한다. 고등사고는 노력을 요하는 것이고 자기 통제력에 좌우된다. Splitter(스플리터, 1988)는 고등사고 능력의 보기로 추론하기 등의 여러 영역을 통합하기, 질문을 만들고 능동적으로 듣기, 가정을 규명하고 결과를 예측하기, 인과관계를 이해하기, 가정과 기준을 구성하기, 유비 추론을 이용하기, 문제와 수수께끼를 풀기, 가치 판단의 성질을 이해하기, 대안과 가능성을 제안하기, 창의적이고 상상력이 풍부하게 사고하기 등 실로 여러 가지 사고 능력을 제시하고 있다.

메타인지 과정은 일반적으로 인지 상태나 과정에 대한 지식적 측면과 통제와 실행과 같은 기능적 측면을 통합하는 개념으로 인식된다. 전자는 학생들이 학습자로서의 자신의 인지 상태와 그들이 이용할 수 있는 인지적 자원, 그리고 그들이 다루고 있는 영역의 지식 구조에 대해 의식적으로 진술할 수 있는 지식을 의미한다. 후자는 자신의 인지에 대한 자기통제, 모니터링, 평가 등과 같은 과정 관리 기술을 의미한다. Schoenfeld(1987)는 메타인지의 3번째 구성 요소로 수학 혹은 수학 학습에 대한 신념체계를 포함시키기도 하였다.

3. 문제해결에서 문제의 의미

영어로 '문제'는 'problem'이며, 이것은 '앞으로'를 뜻하는 'pro'와 '던지다'를 뜻하는 'ballein'이 합쳐져서 만들어진 말이다. 즉, '문제'는 '앞으로 던져진 것'으로 해결해야 할 그 무엇을 의미한다. 그러나 해결을 기다리고 있는 모든 것이 문제가 될 수는 없다. 국어사전에서 '문제'는 '해답을 요구하는 물음'이라는 정의 이외에도 '논쟁, 논의, 연구 따위의 대상이 되는 것' '해결하기 어렵거나 난처한 대상 또는 그런 일'이라는 정의가 제시되어 있다(국립국어원, 2008). 즉, 해결이 용이해서는 참다운 문제가 될 수 없는 것이다.

수학 문제해결 분야에서 논의되는 문제 역시 해법이 즉각적으로 보이지 않고, 학습자에게 어느 정도의 곤란을 주는 상황을 의미한다. Lester(1978)는 문제란 개인이나 집단이 구체적이고 확실한 해법을 쉽게 얻을 수 없는 상황을 의미한다고 했으며, Krulik & Rudnick(쿠르릭 & 루드닉, 1987)은 문제(problem)를 질문(question) 및 연습 문제(exercise)와 구별하였다. 여기서 질문이란 학생이 과거에 학습한 내용을 상기하여 답할 수 있는 물음을 의미하며, 연습 문제는 개념이나 원리를 정착시키기 위해 유사한 내용을 반복적으로 훈련하는 것을 의미한다. 즉, 그들이 생각하는 문제란 단순한 암기나 반복적인 습관에 의해 해결될 수 없는 것으로, 해결에 이르는 데 어느 정도의 장애를 가지고 있는 것을 의미한다.

문제를 결정하는 조건으로 장애 요소 이외에도 학습자의 흥미나 동기적인 측면을 생각해 볼 수 있다. Charles & Lester(1982)는 문제의 조건으로 다음 3가지를 제시하였는데, 이 중 조건 ①과 조건 ③이 학습자의 동기와 관련되어 있다(pp. 5−6).

① 해결자로 하여금 해법을 찾고자 하는 욕구를 일으켜야 한다.
② 즉각적으로 적용할 수 있는 절차를 가지고 있지 않아야 한다.
③ 해법을 찾기 위한 해결자의 시도가 수반되어야 한다.

먼저 조건 ②를 살펴보면, 어떤 사실적 지식이나 알고리즘을 상기한 것이 문제해결에 직결되지 않아서 초기 실패를 경험하도록 해야 함을 의미하는 것으로 앞에서 언급한 장애 요소와 관련된다. 그러나 조건 ①과 조건 ③은 학습자의 동기적 측면과 관련되어 있다. 조건 ①은 학생들이 문제를 풀고자 하는 욕망이 일어날 수 있도록 충분히 재미있고 흥미 있는 방식으로 문제가 제시되어야 함을 의미한다. 제아무리 좋은 문제라 해도 학생들이 풀고자 하지 않는다면 아무 소용이 없는 것이다. 조건 ③은 목표에 도달하고자 하는 욕구뿐만 아니라 그것을 실행에 옮기는 노력과 관련된다. Polya(1957) 역시 문제해결을 위해 좋은 문제를 선정하는 일을 매우 중요하게 여겼으며, 특히 학습자의 호기심과 흥미를 유발하는 문제를 통해 발견의 기쁨을 제공해야 함을 강조하였다.

> 문제는 잘 선정되어야 한다. 너무 어려워도 너무 쉬워도 안 되며 자연스럽고 흥미로워야 하고, 어느 정도 시간을 들여 자연스럽고 재미있게 표현되도록 노력해야 할 것이다(Polya, 1957, 우정호 역, p. 29).
>
> 만일, 교사가 정해진 수업 시간을 학생들로 하여금 틀에 박힌 계산 연습만을 하도록 하는 데 다 써 버린다면, 그것은 학생들의 흥미를 말살해 버리는 것이 되고 그들의 지적 발달을 해치는 결과가 되며, 결국 그 자신에게 주어진 기회를 잘못 쓰는 것이 된다. 그러나 만일 교사가 학생들에게 그들의 지적 수준에 알맞은 문제를 제시함으로써 호기심을 자극하는 동시에 자극적인 질문을 통해 그들이 문제를 해결하는 데 도움을 준다면, 학생들에게 독자적인 사고에 대한 참맛과 그러한 사고 방법을 제공해 주는 것이 될 것이다(Polya, 1957, 우정호 역, pp. 3－4).

한편 어떤 것이 문제가 되느냐 되지 못하느냐 하는 것은 절대적인 기준으로 평가하기 어렵다. 예를 들어, '7＋6은 얼마인가?'는 성인에게는 문제가 될 수 없겠지만 합이 10 미만인 덧셈을 겨우 끝낸 어린 학생에게는 충분히 문제가 된다. 뿐만 아니라 같은 학년 학생이라 해도 어떤 학생에게 문제가 되는 것이 다른 학생에게는 문제가 되지 않는 경우가 있다. 즉, 문제다운 문제, 가치 있는 문제의 기준은 문제해결자가 가지고 있는 지식, 경험, 능력, 선호도 등의 여러 요인에 따라 변할 수 있는 매우 상대적인 것이다. 따라서 수학 지도를 위해 문제를 선정할 때에는 과제와 개인 혹은 과제와 그룹 사이의 상호관련성을 유심히 따져 보아야 할 것이다.

이상의 내용을 정리하면 문제해결에서의 문제란 적어도 다음과 같은 4가지 기준을 충족시켜야 한다.

첫째, 기억이나 회상에 의한 것이 아닌 독자적인 해결 전략을 요구해야 한다.

둘째, 문제를 해결하는 직접적인 알고리즘이나 답을 얻는 방법을 즉각적으로 알 수 없어야 한다.

셋째, 해법의 제시보다는 해결 과정 그 자체를 중시하고 이것이 평가에 반영되어야 한다.

넷째, 해결자가 자신의 문제로 인식하고 문제해결에 적극 참여하고자 하는 동기를 제공해야 한다.

이외에도 가치 있는 문제를 만들기 위해 Toshio Sawada(사와다, 1997)의 권고를 살펴볼 필요가 있다. 그는 개방형 문제를 개발한 후, 그 문제를 교실에 적용하기 전에 몇 가지 질문을 던질 것을 권고하고 있다. 그러나 그 질문들은 비단 개방형 문제에만 국한된 것이 아니라 모든 수학 문제에 일반적으로 적용될 수 있는 기준이라 생각된다.

첫째, 문제가 수학적 내용이 풍부하고 수학적으로 가치가 있는가? 문제는 학생들이 다양한 관점에서 사고하도록 만들어야 한다. 왜냐하면 문제는 수학적 내용이 풍부해서 학업성취도가 높은 학생이나 낮은 학생 모두 수학적 가치를 지닌 여러 가지 서로 다른 방법을 사용하여 그 문제를 풀 수 있어야 하기 때문이다.

둘째, 문제의 수학적 수준이 학생들에게 적합한가? 학생들이 개방형 문제를 풀 때, 이전에 학습한 수학적 지식과 기능을 사용하게 된다. 만약 어떤 문제가 학생들의 능력 이상의 것이라고 판단되면, 교사는 그 문제를 교실수업에 사용하지 말거나 수정해야 한다. 일반적으로 문제의 난이도는 학생의 능력에 적합해야 한다.

셋째, 문제가 더 나은 수학적 발달을 이끄는 어떤 수학적 특성을 가졌는가? 개방형 문제에 대한 학생들의 가능한 반응 중에, 어떤 것은 고등 수학적 개념과 연결되거나 관련되어야 하고, 또한 고등수준의 수학적 사고를 더욱 발달시킬 수 있어야 한다(pp. 31−32).

4. 문제의 유형

수학 문제의 유형은 학자들에 따라 매우 다양한 관점으로 분류되어 왔다. Polya(1957)는 수학 문제를 크게 결정 문제와 증명 문제로 구분하고, 각 문제 유형별로 다른 발문 전략을 제시하였다. Krulik과 Rudnick(1984)은 단순회상형 문제(question), 정착을 위한 연습 문제(exercise), 사고 활동을 필요로 하는 문제(problem)로 구분하였으며, Butts(1980)는 기억확인 문제(recognition exercises), 알고리즘 연습 문제(algorithmic exercise), 응용 문제(application problem), 개방형 문제(open−research problem), 그리고 상황을 주고 문제를 만들도록 하는 상황 문제(problem situation) 등으로 구분하였다. 강옥기 등(1985)은 정형 문제와 비정형 문제, 실생활 문제로 구분하였으며, Charles와 Lester(1982)는 연습 문제(drill exercise), 간단한 적용 문제(simple situation problem), 복잡한 적용 문제(complex translation problem), 과정 문제(process problem), 응용 문제(applied problem), 퍼즐 문제(puzzle problem) 등 여섯 가지 유형으로 구분하였다. 이상의 내용을 표로 정리하면 다음과 같다.

〈표 2−2〉 문제의 유형

Polya(1957)	Krulick & Rudnick(1984)	Butts(1980)	강옥기 등(1985)	Charles & Lester(1982)
• 결정 문제 • 증명 문제	• 단순회상형 문제 • 정착 연습 문제 • 사고 활동 문제	• 기억확인 문제 • 알고리즘 연습 문제 • 응용 문제 • 개방형 문제 • 상황 문제	• 정형 문제 • 비정형 문제 • 실생활 문제	• 연습 문제 • 간단한 적용 문제 • 복잡한 적용 문제 • 과정 문제 • 응용 문제 • 퍼즐 문제

1) Polya(1962)의 두 가지 문제유형

(1) 결정 문제

어떤 대상을 작도하거나 만들거나 찾는 문제로, 주요 부분으로는 구해야 할 것(unknown), 주어진 것(known), 조건(condition)이 있다. 다음 문제를 예로 들어 보자.

문제

> 주어진 삼각형 안에 정사각형을 내접시키고자 한다. 이때 정사각형의 두 꼭짓점은 삼각형의 밑변 위에 놓여야 하며, 다른 두 꼭짓점은 삼각형의 나머지 두 변 위에 각각 하나씩 놓여야 한다.

이 문제는 작도 문제로, 구해야 할 것은 정사각형이다. 또한 주어진 것, 즉 자료는 삼각형이 하나 주어졌을 뿐이다. 조건은 '정사각형의 네 꼭짓점이 삼각형의 둘레 위에 있어야 하며(내접), 이때 정사각형의 두 꼭짓점은 삼각형의 밑변에, 나머지 두 꼭짓점은 삼각형의 나머지 두 변 위에 하나씩 있어야 한다.'이다.

(2) 증명 문제

어떤 주장이 옳은지 그른지를 결정하는 문제로, 주요 부분으로는 가정과 결론이 있다.

문제

> 두 각이 서로 다른 평면 위에 있고, 두 각의 대응변끼리는 평행이며 방향이 같다. 이때 두 각은 같음을 증명하여라.

이 증명 문제에서 '두 각이 서로 다른 평면 위에 있고, 두 각의 대응변끼리는 평행이며 방향이 같다.'는 가정에 해당하며, '두 각은 같다.'는 결론에 해당한다.

2) 강옥기 등(1985)의 세 가지 문제유형

(1) 정형 문제

이미 제시된 일반적인 알고리즘을 회상하고 그 변수에 특별한 수치를 대입함으로써 해결할 수 있는 문제 또는 이미 알려진 전형적인 보기 문제의 해법에 따라 해결할 수 있는 연습 문제 등, 소위 교과서적인 문제를 말한다. 정형 문제는 다소의 주의력과 인내심을 가지고 판에 박힌 형식을 따라서 주어진 자료를 활용하면 해결되고, 독자적인 판단이나 창의적인 능력은 그다지 요구되지 않는다. 이와 같은 유형의 문제들은 문제해결의 초기 단계에서 또는 특정한 문제해결 알고리즘을 익히는 단계에서 필요하게 된다. 예를 들어, 평행사변형의 넓이 공식을 배운 후, 밑변과 높이의 수치를 주고 평행사변형의 넓이를 구하도록 하는 문제가 이에 해당된다.

(2) 비정형 문제

문제를 해결하는 알고리즘이나 답을 얻는 방법을 모르며 문제해결 전략의 사용이나 공식화되지 않은 독자적인 해결 방법의 사용을 요구하는 진정한 의미의 문제를 말한다. 이와 같은 형태의 문제에서는 문제의 해결 그 자체보다는 해결 과정을 중요시 한다. 이러한 문제의 해결은 특수한 수학적 개념이나 공식 또는 풀이법에 전적으로 의존하지 않으며 독자적인 해결 전략의 사용을 요구한다. 예를 들어, Polya(1971)가 제시한 다음 문제가 이에 해당된다.

문제

측정 용기가 4리터짜리 통과 9리터짜리 통 두 가지만 있을 때, 강에서 정확히 6리터를 길어 올 수 있는 방법은 무엇인가?

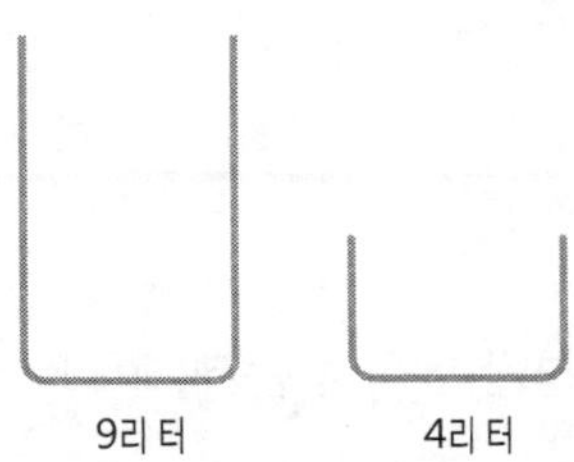

(3) 실생활 문제

취급되는 소재가 학생의 실생활에서 얻어지는 것으로서 그 해결 방안은 정형적, 비정형적 방안을 모두 포함한다. 실생활 문제는 학생들로 하여금 수학적 지식과 문제해결 전략들을 실생활 주변에서 부딪히는 여러 가지 문제들을 해결하는 가운데 학습하게 함으로써 수학의 적용 가능성을 보증하고, 아울러 학생들에게 수학 학습의 의의를 깨닫고 수학 학습의 흥미를 유발시키는 데 적절한 문제이다. 예를 들어, 다음 문제가 이에 해당된다.

문제

다음 그림은 축척이 1대 500인 집의 축도다. 안방과 공부방의 실제 넓이를 구하여라. 공부방을 도배하고 필요한 가구 등으로 꾸미는 데 필요한 최저의 비용을 구하여라(그림 생략)(강문봉 외, 2008, p. 159).

3) Charles와 Lester(1982)의 여섯 가지 문제유형

(1) 연습 문제(drill exercise)

알고리즘의 적용과 기본적인 수연산 결과를 암기하는 데 도움이 되는 문제로, 보기는 다음과 같다.

문제

$$\begin{array}{r} 346 \\ \times\ 28 \\ \hline \end{array}$$

(2) 간단한 적용 문제(simple situation problem)

실세계 상황을 수학적 표현으로 변환하는 경험을 제공하는 문제로, 수학적 개념의 이해와 계산의 유창성을 강화하는 데 도움이 되는 문제이며 보기는 다음과 같다.

문제

윤호는 어항에 열대어를 7마리 가지고 있다. 민수는 어항에 열대어를 4마리 가지고 있다. 윤호는 민수보다 열대어를 몇 마리 더 가지고 있나?

(3) 복잡한 적용 문제(complex translation problem)

간단한 적용 문제와 거의 유사하나 변환 과정이나 요구되는 연산이 적어도 2회 이상인 문제로, 보기는 다음과 같다.

문제

탁구공 3개가 한 팩에 포장되어 있고, 한 상자에는 24개의 팩이 들어 있다. 스포츠 용품점 사장인 영철 씨가 1,800개의 탁구공을 주문했다. 영철 씨가 주문한 탁구공은 모두 몇 상자인가?

(4) 과정 문제(process problem)

문제의 이해, 계획, 풀이, 평가 등과 같은 일반적인 전략의 개발로 이끄는 문제로, 보기는 다음과 같다.

문제

어느 체스 클럽이 15명의 회원을 상대로 리그전을 한다. 각 회원이 다른 모든 회원과 한 번씩 게임을 했다면 모두 몇 게임이 진행되었나?

(5) 응용 문제(applied problem)

여러 가지 수학적 기능과 절차, 개념, 사실 등을 문제해결에 사용하는 기회를 제공함으로써 일상생활에서 수학의 가치와 효용성을 느끼게 하는 문제로, 보기는 다음과 같다.

문제

종이의 종류를 막론하고, 여러분의 학교에서 한 달간 사용하는 종이는 모두 얼마나 되는가?

(6) **퍼즐 문제**(puzzle problem)

오락적인 수학의 요소를 경험하게 하고, 문제해결 과정에서 융통성이나 여러 가지 관점을 갖는 것의 중요성을 일깨워 주는 문제로, 보기는 다음과 같다.

문제

다음 9개의 점을 모두 통과하도록 4개의 선분을 그려라. 단, 각 선분은 다른 선분의 끝점과 반드시 연결되어야 한다.

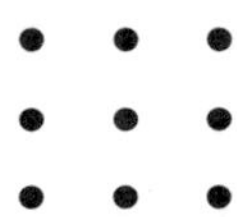

4) 문장제

문장제란 수학적 상황을 수와 식으로만 나타내지 않고, 구두 또는 문장을 빌려 표현한 문제다. 영어로는 'written problem' 'verbal problem' 'word problem' 등으로 사용된다. 그러나 "3 더하기 4는 얼마인가?"와 같이 수식을 단순히 언어로 풀어 쓴 것까지도 문장제로 볼 것인가 하는 문제를 생각해 볼 수 있다. 우미형(2003)은 기존 학자들이 제시한 문장제의 범위가 수식제 안내문부터 일상생활의 이야기를 담고 있는 것까지 광범위함을 지적한 바 있다.

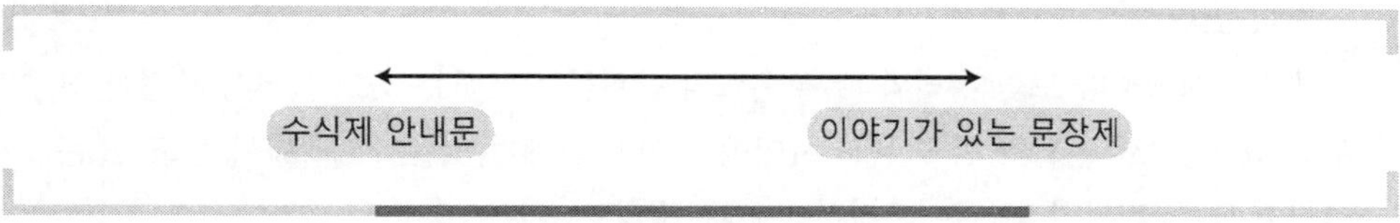

[그림 2－3] 문장제의 범위(우미형, 2003, p. 4)

[그림 2－3]에서 '수식제 안내문'이란 '다음 방정식을 푸시오.'와 같은 간단한 지시 문장을 의미하며, '이야기가 있는 문장제'로 갈수록 언어가 차지하는 비중이 높아진다. 일반적으로 문장제는 문제해결이나 수학적 사고력 육성을 목표로 하는 교수 · 학습의 도구로 이용된다는 점을 감안할 때, 문장제를 수식제 안내문까지 포함하여 광의적으로 해석하기보다는 언어 비중이 일정 이상이 되도록 협의적으로 해석하는 것이 바람직할 것이다.

문장제의 이야기로 사용되는 소재는 '실생활 소재' '타교과 관련 소재' '수학 소재' 등이 있다. '실생활 소재'란 가족의 나이, 몸무게, 쇼핑 등과 같이 수학이 활용되는 일상생활의 모든 상황을 의미한다. '타교과 관련 소재'란 미술, 사회, 과학 등과 같이 수학 이외의 교과에서 수학이 요구되는 상황을 의미한다. '수학 소재'란 퍼즐이나 논리 문제와 같이 맥락이 제거되고 순수하게 수학적 사고를 요하는 상황을 의미한다. 최근에는 수학 교과서에서 다양한 소재의 문장제가 많이 실리고 있다. 다음은 수학 교과서에 실린 문장제의 예시이다.

1. 실생활 소재

영철이는 48,000원을 가지고 게임과 음악 CD를 합하여 10개를 사려고 가게에 갔습니다. 게임 CD는 5,600원, 음악 CD는 3,600원인데, 영철이는 되도록 게임 CD를 많이 사고 싶습니다. 각각 몇 개씩 사면 되는지 알아보십시오(교육인적자원부, 2002, 수학 6－나, p. 126).

2. 과학 소재

외국을 여행하다 보면 우리와 다른 온도의 단위를 사용하는 곳이 있어서 불편한 경우가 있다. 섭씨 온도와 화씨 온도 사이에는 어떤 관계가 있을까? 또 화씨 온도 68°는 섭씨 온도로 몇 도일까?(금성출판사, 2003a, 수학 7－가, p. 90)

3. 수학 소재

반지름의 길이가 $\frac{1}{2}$ 인 원이 수직선 위의 원점에 접하고 있다. 이 접점을 P라고 하고 원을 수직선 위에서 한 바퀴 굴릴 때 점 P가 수직선 위에 닿는 점에 대응하는 수를 말하여라(금성출판사, 2003b, 수학 9－가, p. 18).

이상의 내용에서 알 수 있듯이, 문장제는 단순히 수학적 지식을 많이 가지고 있다고 해결되는 것이 아니라, 문장제에 포함된 상황이나 맥락의 의미를 바르게 이해하고, 그것을 방정식과 같은 수학적 기호로 표현할 수 있는 능력이 있어야 해결된다. 이러한 이유에서 문장제는 일반적인 수식제보다 훨씬 어렵게 여겨진다. Elizabeth Jane Fishman Loftus & Patric Suppes(로프투스 & 수페스, 1972)는 6학년 학생들을 대상으로 문장제 100개를 해결하도록 하여, 문장제 난이도에 영향을 주는 다음과 같은 5개의 요인을 추출하였다.

① 해답에 도달하기 위해 수행해야 하는 연산의 수
② 문제 배열 변인, 즉 현재 문제와 직전 문제와의 유사성 정도
③ 문장의 길이, 혹은 문장에 포함된 단어의 개수
④ 문장의 난해성 정도, 즉 문장의 문법적 복잡성
⑤ 측정 단위를 변환할 필요가 있는지의 여부

5) 개방형 문제

(1) 개방형 문제의 의미와 그 활용 실태

개방형 문제(open-ended problem)는 해답이 정해져 있지 않고 문제해결자의 관점에 따라 여러 가지 해답이 나올 수 있는 문제를 말한다. 즉, 문제의 해에 이르는 접근 방법이 열려 있어서, 어떠한 방법을 택하든 논리적이고 설득력 있게 문제에 접근해 간다면 해법으로 인정받을 수 있는 문제를 의미한다. 개방형 문제는 답이 여러 개라는 점에서 다답형으로 분류되기도 한다(정동권, 1996). 그러나 일반적인 다답형은 해답의 범위가 비교적 제한적이며 문제 출제 시에 해답이 어느 정도 결정된다는 점에서 광의적인 의미의 개방형과 비교된다. 개방형 문제는 개방의 정도가 클수록 학생들의 답안을 사전에 예측하기 어려워진다. Jarry P. Becker & Shigeru Shimada(베커 & 시마다, 1995)는 답이 여러 개 있다는 좁은 의미가 아니라 결과가 미리 정해져 있지 않다는 넓은 의미로 개방형 문제를 정의하였다. 이렇듯, 개방형 문제는 답이 여러 개인 문제라는 협의적 관점에서부터 답이 결정되지 않은 문제라는 광의적 관점으로 광범위하게 정의되고 있다([그림 2-4]).

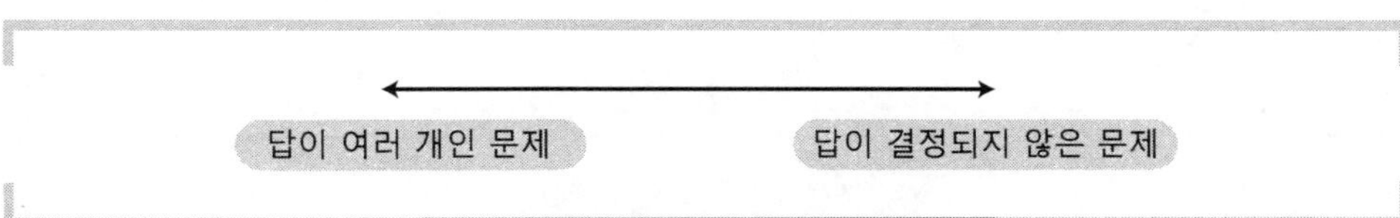

[그림 2-4] 개방형 문제의 정의 범주

개방형 문제는 해결 방법이 여러 개인 '닫힌 문제' 혹은 '완결된 문제'와도 구분된다. 일반적인 수업에서는 어떤 한 문제(P)를 학생들에게 제시하고, 학생들이 여러 가지 풀이 방법(S_1, S_2, $\cdots$, S_k)을 발표하게 하지만 종국에는 하나의 정답(A)에 이르게 된다. 이와 같이 하나의 문제에 대해 비록 여러 가지 풀이 방법이 가능하지만 결과적으로 하나의 해에 이르게 되는 것을 '닫힌 문제' 혹은 '완결된 문제'라 부른다. 이런 유형의 문제를 소재로 수업을 하는 경우, 가능한 한 많은 학생들이 발표에 참여할 수 있고, 각 풀이 방법이 지니고 있는 독특한 특징과 가치를 동등하게 인정해 줄 수 있다. 또한 다른 접근법에도 불구하고 같은 결과로 이르는 통합적 아이디어를 보여 줄 수 있다. 그러나 정답이 오직 하나이기 때문에 어느 한 학생이 정답을 말해 버리면 다른 많은 학생들이 발표할 기회를 잃게 되어 다양하게 사고할 수 있는 장이 마련될 수 없다.

이에 비해 개방형 문제는 하나의 문제(P)에 대해 여러 가지 정답(A_1, A_2, ⋯, A_k)이 있는 문제로, 일반적으로 처음부터 조건이 완벽하게 주어져 있지 않기 때문에 모든 해결자가 자신의 능력에 맞게 조건을 설정하면서 문제를 해결해 간다. 이러한 관점에서 개방형 문제를 '미완결 문제' 혹은 '열린 문제'라고 부르기도 한다(이용길, 정동권, 1997).

〈표 2-3〉 닫힌 문제와 열린 문제

닫힌 문제(완결형)	열린 문제(개방형)
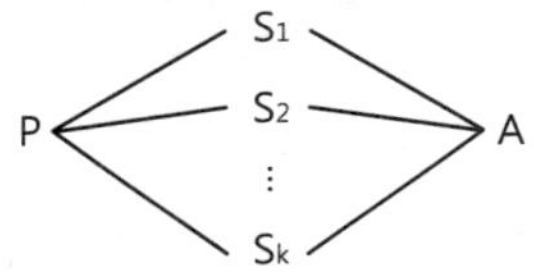	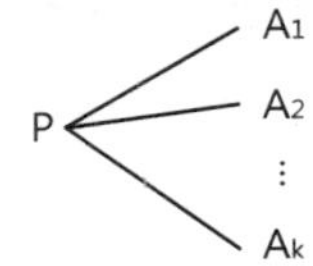

개방형 문제는 다양한 전략과 해법을 수용하기 때문에, 학습자의 성취수준에 상관없이 모든 학생들이 자신의 수학적 능력을 발휘할 수 있는 기회를 제공받는다. 또한 다양한 전략과 해법에 대한 탐구 과정에서 학생들은 동료들의 아이디어를 듣고 의견을 교환하면서 문제를 해결하는 기회뿐만 아니라 수학적 추론과 의사소통을 학습하는 기회도 제공받는다. 이러한 장점 때문에 교수 학습 과정과 평가에서 개방형 문제를 사용하는 사례가 늘고 있다. 최근 OECD에서 주관하는 PISA(Programme of International Student Assessment)는 학생들이 미래지향적인 시민으로 살아가는 데 필요한 수학적 소양(mathematical literacy)을 측정하는 것을 목적으로 평가문항을

개발하고 있다. 따라서 학교수학에만 국한되는 내용을 정형화되고 인위적인 형태로 제시하는 문항에서 탈피하여 일상생활에서 쉽게 접할 수 있는 다양한 상황을 배경으로 문항을 제작하게 된다. 이러한 경향은 필연적으로 개방형 문항의 형태를 띠게 되는데, PISA(2000)에서 개방형이 차지하는 비중은 9.4%에 해당되었다(노국향, 최승현, 박경미, 2001).

우리나라의 경우, 수학 경시대회가 보편화되면서 개방형 문제에 대한 관심이 점차 증가하고 있지만, 교과서와 같이 공교육을 대표하는 교재에서는 아직도 개방형 문제가 차지하는 비중은 매우 낮은 것이 현실이다. 정은미(2004)는 7차 초등 수학 교과서(1－가에서 6－나까지)를 대상으로 개방형 문제가 차지하는 비중을 조사하였는데, 조사 대상 문항 2,123개 가운데 96개(4.51%)만이 개방형에 해당된다고 보고하였다. 이러한 결과는 우리나라 학생들이 개방형 문제에 상당히 취약할 것이라는 것을 예상하게 하는데, 실제로 PISA 2003의 결과에서 그것이 사실로 드러났다. 나귀수(2005)에 의하면 PISA 2003에서 우리나라 학생들은 수학적 소양 평균 점수에서는 최상위권에 속한 것으로 나타났으나 개방형 서술형의 정답률은 50% 이하로 나타났다.

물론 개방형 문제를 사용함에 따른 문제점이 없는 것은 아니다. Sawada(1997)는 개방형 문제의 장점과 더불어 다음과 같은 4가지 단점을 지적하였다.

첫째, 유의미한 수학적인 문제 상황을 만들거나 준비하기가 어렵다.

둘째, 교사들은 문제를 성공적으로 제시하기가 어렵다. 가끔 학생들은 어떻게 반응해야 하는지를 이해하는 데 어려워하거나 수학적으로 유의미하지 않은 답을 제시하기도 한다.

셋째, 몇몇 능력 있는 학생들도 자신들의 답에 대하여 불안해할 수 있다.

넷째, 학생들은 정리하는 데 어려움이 있기 때문에 자신들의 학습이 만족스럽지 않다고 느낄 수도 있다.

따라서 개방형 문제를 이용한 수업을 할 경우에는 교사의 철저한 사전 준비와 더불어 학생들이 개방형 문제에 익숙해지도록 만드는 교실 환경이 갖추어져야 할 것이다.

(2) 개방형 문제의 유형

Sawada(1997)는 초 · 중 · 고등학교에서 개방형 교수법(open-ended approach)을 여러 해 동안 사용해 오면서 개발한 문제들을 '관계 찾기' '분류하기' '수량화하기' 등의 3가지 유형으로 분류하였다(pp. 27-28). 坪田耕三(츠보다, 1993)는 Sawada가 제시한 3가지 유형 이외에 역문제, 조건 불비의 문제, 구성 활동적 문제를 추가하여 6가지 유형으로 개방형 문제를 분류하였다. 각 유형의 구체적인 내용과 보기는 다음과 같다.

① 관계 찾기(finding relation)

이 유형은 주어진 수학적 상황에서 관계나 법칙을 찾게 하는 문제로, 예를 들어 곱셈구구표에서 발견할 수 있는 규칙을 모두 찾아보게 하는 문제가 이에 해당된다. 이 유형은 수학과의 전 영역에 걸쳐 사용할 수 있으며, 특히 귀납적 사고의 기초를 닦을 수 있는 좋은 기회가 된다. 구체적인 보기는 다음과 같다.

↘ 수조 문제

이 문제는 Yoshihiko Hashimoto(하시모토, 1997)가 초등학교 6학년을 대상으로 실험 수업을 했던 소재이다.

문제

수조 문제

직각기둥 모양의 투명한 수조에 물이 조금 채워져 있다. 물이 든 수조 밑면의 한 모서리를 테이블에 고정한 상태에서 수조를 기울이면, 직육면체의 면들과 물의 표면에 의해 다양한 크기의 몇 가지 기하학적인 모양이 만들어진다. 그 모양과 크기는 기울기의 정도에 따라 변할 것이다. 이들의 모양과 크기와 관련하여 가능한 한 많은 불변의 관계(규칙)를 찾아보아라. 발견한 모든 것을 글로 적어라(p. 10).

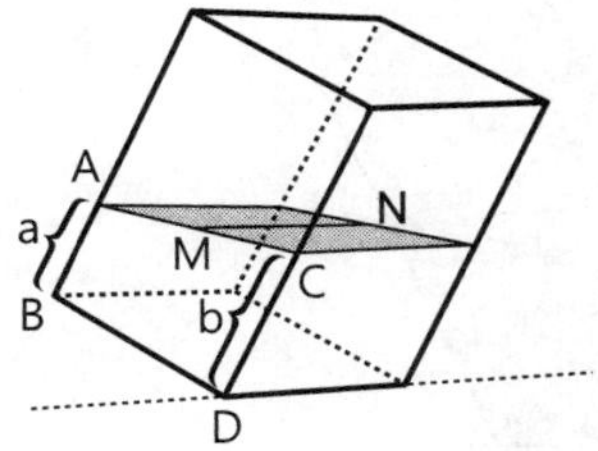

[그림 2－5]

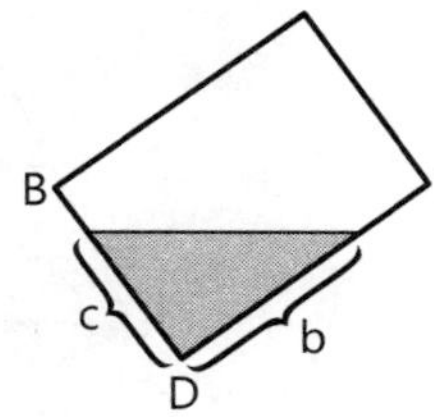

[그림 2－6]

다음의 예들은 위 문제에 대해 가능한 몇 가지 답이며, 여러 개의 정답이 가능하도록 만들어졌다는 관점에서 이 문제는 개방형 문제이다.

- a와 b를 [그림 2－5]에서와 같이 밑면에서 물의 표면(수면)까지의 수직인 변의 길이를 나타낸다고 하자. 그러면 $a+b$는 일정하다.
- [그림 2－5]에서 선분 AC의 중점 M은 고정점이고, M과 선분 AC의 대변의 중점 N을 연결한 선분은 고정된 선분이다.
- 수면 아래에 있는 수조의 옆면들의 총 넓이는 일정하다.
- [그림 2－6]에서와 같이, 수조가 기울어졌을 때, $b \times c$는 일정하다.
- 수면의 모양은 직사각형이다.

앞의 문제는 수조의 한 모서리가 테이블 위에 고정되었다는 조건하에 제시되었다. 그러나 중학교에서는 문제를 그런 제한 조건 없이 확장해서 제시할 수 있다.

문제

수조 문제의 변형 1: 수조의 한 모서리가 고정되지 않음

[그림 2－7]에서와 같이 ABCD와 A'B'C'D'을 각각 밑면과 수면이라 하고, AA' = a, BB' = b, CC' = c, DD' = d라 하자. 점 D는 고정되어 있다. 이 상태에서 본래의 수조 문제를 적용해 보았을 때 변하지 않는 규칙을 모두 발견하여라(pp. 19－20).

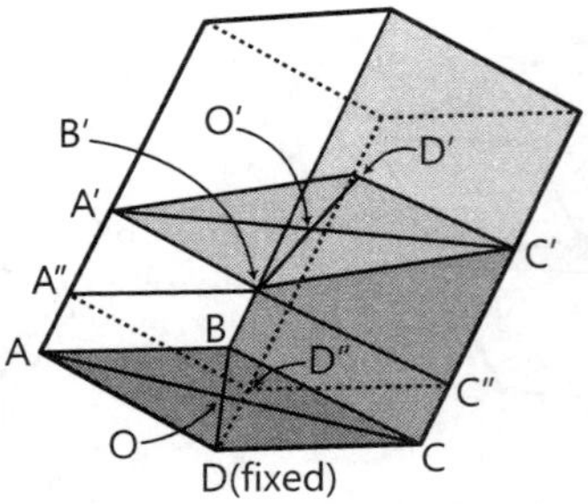

[그림 2-7]

수조의 한 점(D)이 고정되어 있을 때 발견 가능한 규칙은 다음과 같다.

- 사각형 A'B'C'D'는 평행사변형이다.
- A'C'과 B'D'의 교점 O'은 고정점이다.
- $a+b+c+d$ 는 일정하다.
- $a+c$와 $b+d$는 같고, 일정하다.

또한 수조의 밑면 모양을 바꿈으로써 이 문제를 확장할 수 있다. 다음 문제는 고등학생들을 대상으로 실험 수업에 사용된 보기이다.

문제

수조 문제의 변형 2: 밑면이 삼각형인 수조

삼각기둥 모양의 수조에 물이 반쯤 차 있다고 가정하자. 밑면의 한 변을 테이블 위에 고정한 채로 수조를 기울인다. 이때 수조의 여러 부분과 관련된 양적 또는 기하학적 관계가 내재해 있다. 가능한 한 많은 관계들을 발견하고, 그 관계가 성립하는 이유를 제시하라.

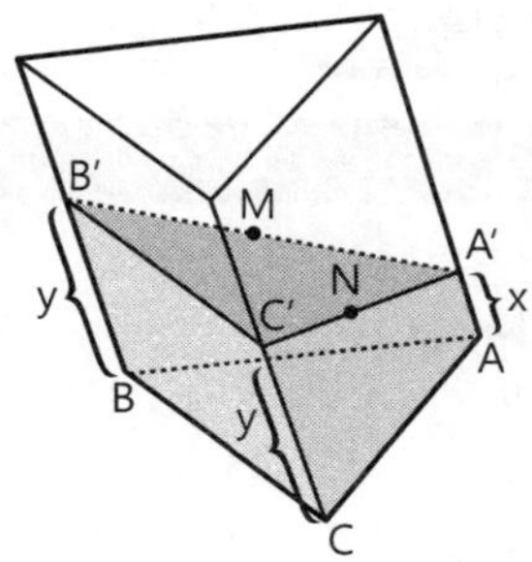

[그림 2−8]

밑면이 삼각형인 경우 발견되는 규칙은 다음과 같다.

- $x+2y=k$(AA'+BB'+CC'은 일정하다)
- 수면 아래 옆면들의 합은 일정하다.
- 수면은 어떤 한 고정점을 지난다.
- 수면의 모양은 항상 삼각형이다.
- 변수들의 범위 정하기
- 무게 중심 정하기
- 두 옆면의 넓이는 같다.
- B'C'은 BC와 평행이고, 길이가 같다.
- 수면은 테이블과 평행하다.
- AA'에서 줄어든 길이는 BB'과 CC'에 각각 반씩 더해진다.
- C'A'과 B'B, B'A'과 C'C, B'C'과 AA'은 서로 꼬인 위치에 있다.

야구 경기 순위표

이 문제는 신문에서 종종 볼 수 있고, 학생들에게 친숙한 야구 경기에 대한 것이다. 다음 표는 5개 야구팀의 기록을 나타낸 것으로, 표에 있는 수 사이에 특정한 규칙이나 관계가 발견될 수 있다.

〈표 2-4〉 5개 야구 팀의 경기 기록

팀명	게임	승	패	무	승률	게임차
A	25	16	7	2	0.696	—
B	21	11	8	2	0.579	3.0
C	22	9	9	4	0.500	1.5
D	22	8	13	1	0.381	2.5
E	22	6	13	3	0.316	1.0

위 표에서 발견될 수 있는 규칙으로는 다음과 같은 것들이 있다.

• 게임수, 승수(勝數), 패수(敗數), 무승부 수 사이의 덧셈관계

(게임 수)=(승수)+(패수)+(무승부 수)

• 승률, 승수, 패수 사이의 혼합적 관계

(승률)=(승수)÷[(게임 수)−(무승부 수)]

• 게임차는 두 팀의 승패 수 사이의 관계에 의해 결정된다.
• 총 게임 수는 짝수이다.
• 총 승수(勝數)는 총 패수(敗數)와 같다.

↘ 공통 성질 발견하기

이 문제는 중학교 수준에서 함수 지도에 사용되는 통상적인 연습 문제를 개방형 문제로 재구성한 것이다. 이 문제는 변화율, 대수식, 그래프의 모양, 치역 등과 같은 다양한 성질들을 발견하도록 요구하며, 일차함수의 개념에 대해 이미 학습한 것을 통합하도록 한다.

문제

그룹 A에는 그래프와 대응표가 있다. 그룹 B에는 함수를 나타내는 대수식이 있다. 그룹 A에 있는 그래프 (1)과 대응표 (2)를 살펴보고, 자신의 분류에 따라 (1), (2)와 공통된 성질을 가진 함수를 그룹 B에서 선택하라. 자신의 결정을 설명하라. 가능한 한 많은 공통 성질을 발견하라.

그룹 A

(1)

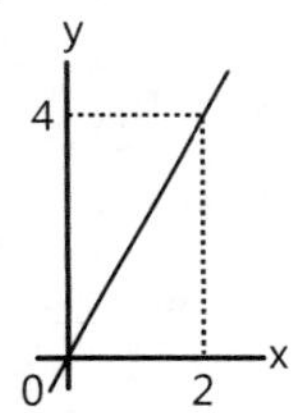

(2)

x	-3	-2	-1	0	1	2	3
y	1	0	-1	-2	-3	-4	-5

그룹 B

(*a*) $y=(2/3)x$ (*b*) $y=-x$ (*c*) $y=2x+1$ (*d*) $y=x^2$

(*e*) $y=1/x$ (*f*) $y=x+2$ (*g*) $(1/2)x-2$

② **분류하기**(classifying)

이 유형은 여러 가지 보기를 서로 다른 속성에 따라 분류하도록 요구하는 것으로, 공통 속성을 찾는 과정에서 추상화 활동을 촉진하여 수학적 개념 형성을 하도록 한다. 이 유형은 특히 도형 영역에서 쉽게 사용할 수 있고, 학생들에게 다양한 관점을 설정할 기회를 제공하며, 학생이 발견한 내용에 대해 발표하도록 함으로써 의사소통의 장을 마련할 수 있다.

↘ 입체도형 분류하기

이 문제는 일본의 6학년 교과서에 나오는 문제를 수정한 것이다.

문제

다음의 입체도형을 살펴보아라. 도형 B와 같은 성질을 가진 도형을 하나 이상 선택하고, 그러한 도형의 성질을 써라. 또한 도형 H와 같은 성질을 가진 도형을 하나 이상 선택하고, 그러한 도형의 성질을 써라.

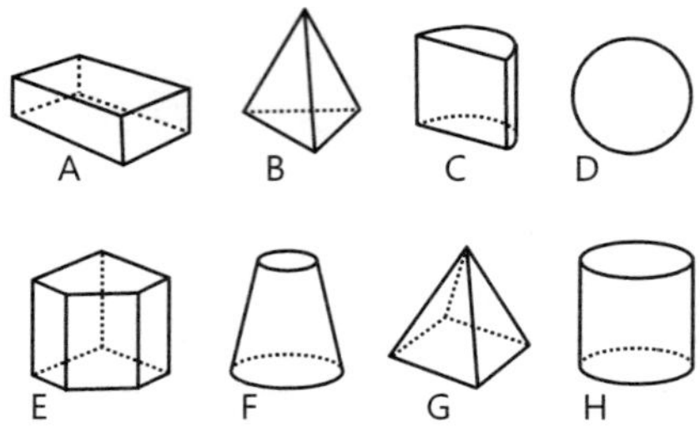

↘ 평면도형 그리기

다음 문제는 초등학교에서 실험 수업된 소재로, 수업의 목적은 학생들이 다양한 관점에서 수학적 특징을 인식하도록 하는 것이다.

문제

아래와 같은 삼각형이 있다. 주어진 삼각형과 공통 성질을 가지는 도형을 가능한 한 많이 그려라. 주어진 삼각형과 그린 도형 사이에는 어떤 공통점이 있는지 설명하여라.

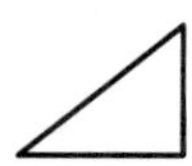

③ 수량화하기(measuring)

이 유형은 정도의 차이가 나타나는 구체적인 장면을 제시하고 그 정도의 차이를 수량화하는 방법을 탐구하도록 요구한다. 예를 들어, "순위를 결정하는 방법을 다양하게 생각해 보아라."와 같은 발문이 이에 해당되며, 수로써 나타내는 방법이나 기준을 다양하게 정해 보는 경험을 제공한다.

↘ 공깃돌 문제

이 문제는 흩어진 정도(분산 정도)를 수량화하도록 요구한다. 흩어진 정도에 대한 유일한 해석이 없기 때문에, 다양한 관점에 따라 여러 가지 수량화의 방법이 가능하다. 이 문제는 초등학교와 중등학교 모두에 사용될 수 있다.

문제

세 명의 학생 A, B, C가 5개씩의 공깃돌을 던져서 위와 같은 결과를 얻었다. 이 게임에서의 승자는 공깃돌이 가장 적게 흩어진 학생이다. 흩어진 정도는 A, B, C 순으로 감소하는 것처럼 보인다. 흩어진 정도를 수치로 나타낼 수 있는 가능한 한 많은 방법을 고안하여라.

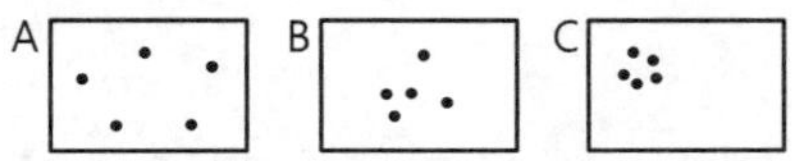

이 문제에서 학생들이 발견할 수 있는 방법들은 다음과 같다.

- 다각형의 넓이를 구한다.
- 다각형의 둘레의 길이를 구한다.
- 두 점을 이은 가장 긴 선분의 길이를 구한다.
- 두 점을 이은 모든 선분의 길이를 합한다.
- 하나의 고정된 점과 다른 모든 점들을 이은 선분의 길이를 합한다.
- 모든 점을 포함하는 가장 작은 원의 반지름을 구한다.
- 좌표계를 이용하여 표준편차 또는 평균편차를 계산한다.

↘ 마라톤 문제

이 문제는 집단의 경향을 측정하는 것과 관련된 것으로 초등학교 고학년에게 적합한 통계 지도 소재이다.

문제

A, B, C 세 팀이 마라톤에 참가했다. 각 팀의 선수는 10명이였고, 그 결과의 순위가 아래 표에 제시되어 있다. 어느 팀이 우승일까? 우승 팀을 결정하기 위한 가능한 한 많은 방법들을 찾아라.

	1	2	3	4	5	6	7	8	9	10
A	1	3	8	13	14	18	24	26	27	28
B	2	5	6	12	15	16	20	22	23	30
C	4	7	9	10	11	17	19	21	25	29

④ 역문제

"3×4는 얼마인가?"의 문제를 "12는 무엇과 무엇을 곱하면 되나?"와 같은 형태로 변환한다든지, "가로의 길이가 3cm, 세로의 길이가 5cm인 도형의 넓이를 구하여라."라는 문제를 방안지나 기하판을 주고 "넓이가 $15cm^2$인 도형을 구성해 보아라."와 같은 문제로 변환하는 것이 이 유형에 해당된다. 이러한 유형은 우리가 흔히 볼 수 있는 문제에서 조건과 결론 부분을 거꾸로 구성하여 답이 유일하게 설정되지 않도록 하는 것으로, 기존 문제를 이용하여 역발상을 하면 비교적 쉽게 제작할 수 있다.

⑤ 조건 불비의 문제

"어떤 수를 어림하였더니 5,000이다. 원래 수는 무엇인가?"라는 문제를 보면, 5,000이 어떤 자리까지의 어림수인가, 반올림이나 올림, 버림 등 어떤 어림수 처리를 하였느냐에 따라 다른 답을 하지 않으면 안 된다. 이처럼 이 유형은 부족한 조건을 스스로 찾아 챙겨야 하기 때문에 해법의 다양성이 보장된다. 물론 조건의 부족에 따라 부정, 불능의 문제가 될 수도 있겠지만, 부정이나 불능의 문제도 조건을 추가하거나 수정하여 자연스러운 형태로 발전시켜 나갈 수 있다.

⑥ 구성 활동적 문제

입체의 전개도를 가지고 각자 자유롭게 면을 잘라서 어떤 입체를 구성해 보도록 하는 활동이나 수를 가지고 문제를 만드는 것과 같이 학생으로 하여금 무언가를 직접 만들어 보게 하는 문제이다. 이 유형은 모든 학생에게 자기 수준에 맞는 구성의 기회를 제공한다는 점에서 충분히 교육적 가치가 있으나, 문제 만들기 연구에서 이미 밝혀졌듯이 구성한 내용에 대한 의미 있는 분석이 뒤따르지 않을 경우에는 큰 교육적 가치를 기대하기는 어렵다.

5. 문제의 난이도 요인

일반적으로 문제해결에서 의미하는 문제란 즉각적으로 해결 방법을 찾을 수 없는, 어렵거나 친근하지 않은 문제를 뜻한다. 그러나 문제가 너무 어려우면 문제를 해결하고자 하는 의욕을 잃기 쉽기 때문에, 학습자로 하여금 문제해결에 적극 참여하도록 하기 위해서는 문제의 난이도를 적절하게 조절하는 일이 매우 중요하다. 여기서는 Charles & Lester(1982)가 제시한 문제의 난이도에 영향을 주는 요인 7가지에 대해 살펴보기로 하겠다.

① 문장 진술의 복잡성

문장의 복잡성, 주어진 정보의 양, 조건과 변수의 개수, 문제의 수학적 내용 등은 문제의 난이도에 크게 영향을 미친다.

② 문제 제시와 표상 방식

문제가 제시되는 방식은 문제해결 성패에 크게 영향을 미친다. 문제해결자에게 문제에 대한 정신적 영상이 떠오르는지의 여부는 극도로 중요하다.

③ 문제해결 절차에 대한 친근성

어떤 문제가 특정한 절차의 사용을 요구할 경우, 이전에 다른 문제를 풀 때 그 절차를 사용해 본 경험이 있다면 문제해결자는 한결 쉽게 느낀다.

④ 잘못 인도된 그릇된 해법이나 절차

문제의 제시 방식이나 문제가 지닌 본질적 특성이 그릇된 해법으로 인도하는 경우가 종종 있다. 예를 들어, 다음 문제를 보자.

문제

폭이 6인치, 높이가 8인치인 병에 애벌레 한 마리가 들어 있다. 낮 동안에는 병을 4인치씩 기어 올라가지만 밤에는 2인치씩 미끄러져 내려온다. 애벌레가 병의 꼭대기에 닿으려면 며칠이 걸리겠는가?

이 문제는 얼핏 보기에 하루 2인치씩 올라가는 꼴이므로, 8인치 높이에 이르려면 4일이 걸리는 것처럼 생각될 수 있다. 그러나 실제로 병의 꼭대기에 도달하는 데는 3일이 소요된다.

⑤ 하위 목표 설정의 어려움

숙련되지 못한 문제해결자의 가장 큰 어려움 중 하나는 어디서 무엇부터 시작해야 할지 모르는 것이다. 이것은 학습자들이 직감에 기대어 행동하지 않으려 하거나 틀릴 것 같아 추측하지 않으려 하는 데서 기인한다.

⑥ 문제의 정보에 대한 오개념이나 몰이해로 야기되는 제약

문제에 제시된 정보를 잘못 해석하거나 간과하는 것은 문제를 바꾸어 놓기 때문에 실패의 원인이 된다. 게다가 학생들은 어떤 제약을 덧붙이고, 그 틀에서만 작업하려다가 실패하는 경우가 많다. 다음 문제를 생각해 보자.

문제

피자를 5개의 선분으로 잘랐을 때 얻을 수 있는 최대 조각은 몇 개인가?

선분은 피자의 중심을 지나는가? 이 문제는 그러한 제약을 지니고 있지 않지만, 많은 사람들은 그 제약을 받아들인다.

⑦ 문제에 대한 문제해결자의 반응에 관련된 정서적 요인

흥미나 동기의 부족은 문제 난이도를 결정하는 주요 요인이다. 높은 스트레스, 불안, 인내심 부족, 답을 빨리 얻으려는 욕구 등이 모두 이 영역에 해당된다.

지금까지 기술한 문제의 난이도에 영향을 주는 7가지의 요인들은 문제, 문제해결자, 문제해결 과정, 문제해결 환경 등의 4가지 범주로 분류 가능하지만, 서로 독립적인 것이 아니라 상호작용한다. 〈표 2-5〉는 각 범주와 난이도 변인 사이의 관계를 제시하고 있다.

〈표 2-5〉 각 범주와 난이도 변인 사이의 관계

범주	난이도 요인
문제	①, ②, ④
문제해결자	②, ③, ④, ⑤, ⑥, ⑦
과정	③, ④
환경	②, ⑦

앞의 〈표 2-5〉를 보면, 난이도에 가장 큰 영향을 주는 것은 문제 그 자체라기보다는 문제해결자 개인임을 알 수 있다. 실제로 7개의 난이도 요인 가운데 문제와 관련된 것은 3개(①, ②, ④)인 반면, 문제해결자와 관련된 것은 ①을 뺀 나머지 6개이다. 이것은 학습자의 특성이 문제의 난이도를 결정하는 데 가장 크게 영향을 미친다는 것을 의미한다. 따라서 교사들은 문제해결 지도를 할 때, 학생들의 배경, 이전 경험, 흥미, 동기 등에 특별히 관심을 기울여야 할 것이다.

제 3 장

Polya와 문제해결

1. Polya의 생애와 수학관
2. Polya의 수학적 발견의 논리
3. Polya의 문제해결 교육론
4. Polya의 문제해결 과정

제 3 장

Polya와 문제해결

위대한 수학교육자였던 George Polya(1887~1985)는 문제해결을 수학교육의 논의 대상으로 부각시킨 최초의 학자라고 볼 수 있다(박교식, 1989). 수학자로서도 많은 업적을 남긴 그는 수학교육에도 많은 영향을 주었는데, 그가 제기했던 문제해결은 20세기 중반 이후의 수학교육의 주된 이슈가 되었다.

1. Polya의 생애와 수학관

Polya는 1887년 12월 13일 헝가리의 부다페스트에서 Anna Deutsch와 Jakab Pólya의 3남 2녀 중 넷째로 태어났다. 어린 시절의 Polya는 수학에 특별한 관심을 보이지 않았다. 1905년 부다페스트 대학(University of Budapest)에 입학한 Polya는 어머니의 권유로 첫 학기에는 법학을 공부했으나 흥미를 느끼지 못하였다. 그 무렵 그는 다윈의 책 *The Descent of Man*을 읽고 생물학에 관심을 가졌으나 형의 반대로 포기하였다. 그는 언어와 문학으로 관심을 돌려 라틴어와 헝가리어 교사 자격증을 받기도 하였지만 평생 한 번도 이를 사용하지는 않았다. 이후 Polya는 철학을 공부하기 시작했는데, 그의 철학 교수인 Bernat Alexander(알렉산더)가 그에게 물리와 수학을 공부할 것을 권고한 것을 계기로 수학을 하게 되었다. Polya는 스스로 생각하기에 자신이 물리를 하기에는 그다지 뛰어나지 않았고, 철학을 하기에는 너무 우수하였기 때문에 수학을 하게 되었다고 회고한다.

1912년 부다페스트 대학에서 수학으로 박사학위를 취득한 그는 괴팅겐 대학(University of Göttingen)과 파리 대학(University of Paris), 스위스 연방공과대학(Swiss Federation of Technology)에서 강의와 연구를 하였다. 1940년 미국으로 이민을 간 Polya는 브라운 대학(Brown University)을 거쳐, 스탠퍼드 대학(Stanford University)에 자리를 잡게 된다.

Polya는 자신이 문제를 풀었던 경험을 주의 깊게 분석하여 1945년『어떻게 문제를 풀 것인가?(*How to Solve It?*)』를 집필하였다. 이 책과『수학과 개연추리(*Mathematics and Plausible Reasoning*)』(1954),『수학적 발견(*Mathematical Discovery*)』에서 Polya는 수학적으로 사고하도록 가르치는 것이 수학교육의 목적이라고 말하며, 완성된 산물로서의 형식적인 기성(既成) 수학과 구성 도중에 있는 활동으로서의 비형식적 수학을 구분하고, '발생 상태 그대로의 수학'의 교육적 중요성을 강조하였다(정은실, 1995).

수학이 무엇인지에 대한 견해는 학자마다 다양하다. 수학을 바라보는 전통적인 견해는 수학을 논쟁의 여지가 없이 확립된 지식 체계의 전형으로 보는 관점이다. 수학은 전제가 참일 때 그 결과가 필연적으로 참이라고 인정되는 논리에 기초하므로 필연적으로 확립된 지식이라는 것이다. Salmon은 수학적 논증은 연역적 논증이라고 단언하면서 '증명의 방법은 공리와 공준으로부터 정리를 연역하는 것'이라고 하였으며, Hilbert와 같은 형식주의자들은 수학을 형식적 규칙이나 알고리즘에 의해 처리될 수 있는, 해석이 가해지지 않은 계산법이나 공리 체계로 보고 수학의 연역적인 성질과 형식적 증명을 강조하였다.

이와 같이 수학을 체계적이고 연역적인 과학으로 보는 입장이 있는가 하면, 수학을 완성된 산물, 즉 지식 체계 이상의 것으로 보는 견해도 있다. Imre Lakatos(라

카토스)는 수학적 활동을 오류를 수반하는 경험적이고 인간적인 활동으로 보았고, Freudenthal은 확실성을 추구하는 인간의 정신적 활동으로서 수학을 보았다. 이러한 입장에서 볼 때 수학은 의심할 나위 없이 확립된 정리들이 증가하면서 성장하는 것이 아니라 많은 시행착오와 우회로를 거치면서 발전한다. 또한 그 정리에 이르는 탐구의 정신과 발견의 양식을 중요시한다. 이와 같이 '살아 있는' 활동을 강조하는 입장에서 보면 수학은 논리에만 의존하는 것이 아니며 논리에 의해서만 그 특성이 규정되지도 않는다.

Polya는 수학이 논증 과학임을 부정하지는 않았으나, 수학의 연역적이고 논리적인 특성은 수학의 한 측면에 불과한 것이라고 주장한다. 그는 수학을 단순한 계산 또는 연역뿐 아니라 패턴의 관찰과 추측, 추측을 검사하며 결과를 예상하는 것을 포함한 패턴과 순서의 과학으로 보고, 수학적 진리를 발견하는 수단인 수학적 탐구 양식, 수학적 발견의 양식을 수학의 본질적 측면으로 본다. '실험적이고 귀납적인 과학'으로서의 수학을 강조하는 이러한 관점은 플라톤주의, 논리주의, 형식주의, 직관주의 같은 기초주의자와 상반된 입장으로 볼 수 있다. Polya는 수학과 과학의 발견의 논리 사이에는 개연적 추론, 즉 귀납, 유추, 추측 등 공통점이 있다고 하면서, 수학적 탐구는 논증적 추론뿐 아니라 개연적 추론에 의해서 이루어진다고 하였다. 그는 수학자의 창조적인 연구의 결과는 연역적 추론, 곧 증명이지만 그 증명은 개연적 추론에 의해서 발견된다고 말하며, 창조 과정에 있는 수학은 연역적인 패턴을 따르지 않고 개연적 추론 패턴을 따르므로 학교수학에서 개연적 추론, 즉 추측을 중시해야 한다고 주장한다.

Polya가 주목을 받는 것은 바로 지금까지 수학자들이 무시해 왔던 개연적 추론을 논의의 대상으로 삼고, 수학에서 활용되는 개연적 추론의 패턴을 기술하여 수학적 추측을 생성하는 과정을 교육적으로 설명한 데 있다고 볼 수 있다(정은실, 1995, p. 15). 이런 점에서 Polya는 '준경험주의'를 향한 첫 발걸음을 시작한 사람으로 간주되고 있다(Tymoczko, 1986, p. 97). 이후 Lakatos(1976)는 Polya의 이러한 경험주의적 수학관에서 더 나아가 증명된 정리가 완전히 안전하고 논의의 여지가 없는 최종적인 것이라는 가정에까지 의문을 제기함으로써 현대 수리 철학의 새로운 장르를 열 수 있게 한 오류주의 수리 철학의 밑거름이 되었다.

그러나 Polya를 준경험주의자로 보기는 어렵다. Polya는 유클리드식의 엄밀한 과학, 체계적이고 연역적인 과학으로서의 수학을 인정하고 있기 때문이다. 그는 발생 상태의 수학적 추측의 개연성을 교육적 측면에서 강조하고, 논증적 추론에 의해서 수학적 지식이 확립된다고 보고 있을 뿐, 수학적 지식의 오류성을 거론하고 있지 않다는 점에서 오류주의자는 아니다(정은실, 1995).

2. Polya의 수학적 발견의 논리

Polya는 현대적인 수학적 발견술과 탐구 양식을 중시하고 개연적 추론 패턴에 따르는 수학적 발견의 논리를 명시화하려는 시도를 하고 있다(정은실, 1995). 여기서 '현대적'이라 함은 발견술에 대한 연구가 이미 오래전부터 있어 왔으며, 그러한 역사를 토대로 Polya가 새로운 각도로 발견술을 부활시키고자 하였음을 의미한다. 발견술에 대한 연구는 Euclid와 Pappus에 의해 이미 시작되었고, 위대한 수학자이자 철학자인 Descartes, Leibniz, Bolzano 등에 의해 그 체계가 마련되었으며, Polya에 의해 현대적으로 재해석되었다.

Polya(1975)에게 있어 '발견적'이란 용어는 '발견에 도움을 주는' 것을 의미하는 것으로서, 발견술의 목표는 발견과 발명의 방법과 규칙을 연구하는 것이다. 예로부터 모든 종류의 문제에 적용할 수 있는 절대적으로 확실한 규칙을 찾으려는 것은 오래된 철학적 꿈이다. 그러나 Polya는 이러한 생각은 결코 실현될 수 없는 꿈에 불과하다는 점을 명백히 하고 있다. 즉, 합리적인 발견술이란 모든 문제에 적용되는 절대적으로 확실한 규칙이 아니라, 많은 문제에 전형적으로 적용되는 비교적 큰 일반성을 지닌, 순서가 정연한 사고절차인 것이다.

발견술에 따른 추리는 최종적이고 엄밀한 것이 아니라 단지 잠정적이고 개연적인 것으로 간주되는 추리이며, 그 목적은 당면한 문제의 해를 발견하는 것이다. Polya가 강조하고 있는 수학적인 발견술과 개연적인 추론은 다름 아닌 수학적인 발견의 양식이다. 수학적인 추론은 필연성을 갖는 연역적인 추론과 개연적인 발견적 추론으로 구분된다. 전통적인 논리학에서는 삼단논법과 같은 논증적 추론 패턴을 사고의 법칙으로 간주하였으나, 발견적인 사고 활동은 귀납적인 추론을 통한 추측과 그 검증으로 진행되며 그 패턴은 논증적인 추론 패턴과 다르다.

수학적 지식은 논증적 추론에 의해 확립된다. 논증적 추론에서 추론의 타당성은 비개인적(非個人的)인 것이며, 고려 중인 명제가 어떤 분야의 어떤 곳이든지 속할 수 있는 보편적인 것이다. 그러나 이러한 수학적 정리를 증명하기에 앞서 먼저 추측을 해야 하며, 증명 또한 개연적 추론에 의해 발견된다. Polya는 수학적 가설(conjecture)은 추측(guessing)에 의하여 얻어진다고 하면서 수학적 추측을 생성하는 수단에 대하여 논의하고 있다. 그는 추측은 귀납에 의해 생성된다고 본다. Polya에게서 귀납이란 '특수한 경우에 대한 관찰과 결합에 의해 일반 법칙을 발견하는 과정'이며, '경험을 다루는 과학자의 처리 절차'이고, '발견적인 추론의 본성과 관련된 개연적 추론'이다. 그는 수학 연구에서의 귀납적 절차에 대한 구체적인 역사적 예를 들면서 귀납의 가장 중요한 도구는 일반화,[1] 특수화,[2] 유추[3]라고 말한다.

일단 어떤 추측을 한 다음에 수학적 발견의 논리에서의 다음 단계는 추측을 테스트해 보는 것이다. 수학적 추측에 대한 테스트는 수학자가 그 추측을 연역적으로 증명하는 것이 불가능함을 알았을 때 일어난다. Polya는 생성된 추측을 확증해 보는 개연적 추론의 3가지 패턴[4]을 제시한다. 이는 추측에 대한 심리적 신뢰성을

1) 주어진 대상의 집합에 대한 고찰로부터 주어진 집합을 포함한 보다 광범위한 집합에 대한 고찰로 이행하여 일반적인 법칙을 이끌어 내는 것
2) 주어진 대상의 집합에 대한 고찰로부터 그 집합에 포함되는 더 작은 집합이나 하나의 대상에 대한 고찰로 이행하는 사고 방법
3) 유사성을 바탕으로 어떤 대상에 대하여 성립하는 성질로부터 그와 유사한 대상의 성질을 추측하는 것
4) 결과 검토 패턴(귀납적 패턴), 바탕 검토하기 패턴, 경합하는 추측의 검토 패턴

제공한다. 이러한 개연적 추론 패턴으로 추측이 참임을 보장할 수는 없지만, 추측이 고려할 만한지 어떤지를 결정하는 데 이용될 수 있다. 그러나 이렇게 확증된 추측은 증명되지도 않고 반박되지도 않았기 때문에 잠정적인 것이다. Polya는 추측에 의한 일반 진술이 새롭고 구체적인 경우에 참임이 검증된다면, 그 추측은 더 신뢰할 만하게 된다는 귀납의 원리를 강조한다. Polya는 논증적 추론인 삼단논법도 개연적 추론을 바탕으로 한 것이라고 주장한다. 삼단논법에서 대전제가 참인 한, 결론은 필연적으로 참이다. 그런데 이 대전제가 참인 것을 알게 되는 것은 관찰에 의해 패턴을 인식하고 추출하며 형식화한 결과다. Polya는 개연적 추론도 정도의 차는 있지만 논증적 추론이 갖고 있는 비개인성, 보편성, 자족성, 명확성 등과 같은 특성을 갖고 있다고 보고 있다. 그러나 논증적 패턴의 결론은 전제와 같은 논리적 수준에 있지만, 개연적 추론의 결론은 성격이 달라서 막연하고 엄밀하지 않으며, 명확히 표현되지 못한다. 개연적 추론 패턴은 논증적 추론의 완전성이 결핍되어 있지만, 지식의 창조, 지식의 획득과 생성은 이러한 개연적 추론에 의한 과정이다. 결국 발견술에 의한 추리는 그 자체로는 훌륭하다고 할 수 있으나, 엄밀한 증명과 혼동해서는 안 될 것이다.

3. Polya의 문제해결 교육론

1) 기예로서의 문제해결

Polya는 훌륭한 교육은 학생들에게 독자적인 발견의 기회를 체계적으로 제공하는 것이라고 보고, 수학적 발견은 어떻게 이루어지며 문제는 어떻게 해결되는가라는 문제를 교육적 입장에서 연구하여, 발견 · 발명의 방법과 그 교육 방법에 대한 체계적인 설명을 시도하였다(우정호, 1998). Polya는 수학교육의 목적이 수학적으로 사고하는 것을 가르치는 것이며, 이는 단지 정보적 지식을 부여하는 것이 아니라 부여된 정보적 지식을 사용하는 능력, 곧 방법적 지식(know-how)과 바람직한 사고 태도와 습관을 개발하는 것이라고 하였다. 수학적으로 사고한다는 것5)은 그것이 비록 하찮은 것이라고 하더라도 수학적인 발견을 하는 것이고, 그것은 일반화, 유추, 추상화, 귀납 등과 같은 '비형식적' 사고를 포함한 문제해결 활동을 포괄하는 것이다. Polya는 공리, 정의, 엄밀한 증명을 가르치는 유클리드식의 '형식적' 전개는 수학적 발견의 과정을 은폐하고 있기 때문에, 수학적 지식의 발생과 발달 맥락을 드러낼 수 있도록 가르쳐야 한다고 주장하면서 문제를 해결하는 능력과 방법적 지식의 개발을 중시하고 수학적 발견술을 교육적 입장에서 부흥시켰다.

Polya의 발견술의 목표는 '발견과 발명의 방법과 규칙을 연구하는' 것으로, 일반적인 발견의 기술이 아니라 문제해결의 수단과 방법에 대한 연구를 의미한다. 이런 의미에서 Polya의 발견술은 학습자가 실제적인 실행을 하는 가운데서만 터득될 수 있는 수학의 방법적 지식에 대한 기술이다(우정호, 1998). Polya는 Pappus, Descartes, Leibniz 등이 연구한 발견술에 대한 기록을 정리하고, 문제해결에 전형적으로 유용한 사고 조작을 추출하여 이를 문제에 대한 이해, 계획의 작성, 실행, 반성의 4단계로 나누어진 질문과 권고 형태의 대화체로 제시하였다. Polya에게 문제 푸는 방법이란 문제해결자의 전형적인 사고 조작을 유발하는 적절한 질문과 권고의 목록을 갖고 그것을 적절히 사용하는 것이다. 그러나 단지 발견술에 대한 연구 결과를 통해 문제를 해결하는 방법적 규칙을 알았다고 해서 문제해결 능력이 신장되는 것은 아니다. 방법적 지식은 모방과 학습자 자신의 실제적인 경험을 통하지 않고는 습득될 수 없다. 발견술은 문제해결을 지도하는 교수법으로서의 대화법인 동시에 수학적으로 사고하는 방법으로서의 자신과의 대화술이다. Polya는 문제해결이 '수영이나 스키를 타는 것, 또는 피아노를 치는 것과 같은 실제적인 기

---

5) 여러 가지 계산 방법, 나아가 알고리즘을 능숙하게 구사하는 것, 수학적인 안목을 갖고 의미 충실한 개념적 사고를 하면서 수학적인 용어와 기호를 구사하는 것, 수학적인 명제를 증명하고 수학적인 개념과 원리, 법칙을 귀납과 유추를 통해 추측하고 발견하는 것, 여러 가지 수학적 개념 · 원리 · 법칙 사이의 관련성을 파악하고 수학적인 내용과 수학 외적인 상황과의 관련성을 파악하여 문제를 수학적으로 해결하는 것(우정호, 1998)

예(art)'로서 모방과 연습에 의해 얻어지며, 많은 문제를 스스로 해결해 보면서 다른 사람들이 문제를 풀 때 하는 것을 관찰하고 모방해 봄으로써 문제를 해결하는 수학적 사고 방법을 배우게 된다고 말한다. 문제해결 활동은 경험과 판단이 요구되는 발견 · 발명의 활동이며, 효과적인 학습을 위해서는 가능한 한 생각할 시간을 충분히 주어 학습자 스스로 발견하도록 해야 하고, 교사는 이를 돕는 질문과 권고를 통해 산파역을 해야 한다.

그러나 많은 경우 수학 문제해결 수업에서 Polya가 제시한 문제해결 단계와 전략 혹은 그와 유사한 문제해결 절차나 전략을 소개하고 그에 따라 사고하면서 문제를 풀도록 명시적인 지도를 한다(우정호, 1998). 이처럼 문제해결을 기능(skill)으로 보는 발견술의 형식적인 지도는 Polya의 의도와는 다른 것이다. Polya가 제시한 질문과 권고가 기계적인 절차적 기능으로 왜곡되어 사용되어서는 안 된다. 교사는 적절한 문제를 제시하여 문제에 대한 흥미를 학생들의 마음속에 스며들게 하고 모방과 실천의 기회를 풍부하게 제공해 주어야 한다. 이 과정에서 학생들이 문제풀이에 유용한 사고를 스스로 할 수 있도록 신중하고, 학생들이 사고할 수 있는 여지를 충분히 남겨 놓는 조심성 있는 질문과 권고를 자연스럽게 하는 것이 교사의 역할이다. 학생들은 이러한 과정을 통해 마침내 스스로 그러한 질문과 권고를 자신에게 하게 될 것이며, 문제를 해결하는 수학적 사고 방법을 내면화할 수 있다.

정은실(1995)은 George M. A. Stanic & Kilpatrick(스태닉 & 킬패트릭, 1988)이 언급한 학교수학 교육과정에서 문제해결의 3가지 역할(배경으로서의 문제해결, 기능으로서의 문제해결, 기예로서의 문제해결) 중 기예로서의 문제해결이 Polya의 연구의 특징을 잘 나타내는 것이라 하였다. 결국 Polya의 수학적 발견술은 문제해결을 위한 지도, 문제해결에 대한 지도, 혹은 문제해결을 통한 지도라기보다는 '모방과 실천을 통한 문제해결 지도'라고 말할 수 있다. 모방과 실천을 통한 문제해결 지도라는 것은 문제해결을 수학적 개념과 기능의 습득이나 문제해결 전략의 학습 등 단편적으로 보는 것이 아니라, 총체적으로 보는 것이다. 정은실(1995)은 수학을 한다는 것은 수학자의 안목을 개발하는 것인데 그 안목은 단순히 수학의 형식적 절차를 마스터함으로써 개발되는 것이 아니라, 일상적인 실천에 적당한 가치가 반영되는 문화 속에 살아감으로써 얻어지는 것이라고 말하였다. Polya가 발견술적 발문과 권고를 이용한 교사와 학생 사이의 대화를 장려하고 있는 것은, 그러한 대화를 통해 학생들이 수학자의 안목을 갖고 실천하기를 기대하고 있는 것이다.

이러한 교육을 성공적으로 수행하기 위해서는 무엇보다도 먼저 교사 자신이 Polya가 예시하고 있는 질문과 권고를 통한 문제해결의 본보기를 모방하면서 문제해결 경험을 충분히 축척해야 한다. 모방과 실천을 통한 문제해결 지도를 위해서는, 우선 '모방'할 대상이 필요하다. Polya는 학생들이 하여금 수학자가 매일 습관적으로 하고 있는 것을 그대로 실천하게 해야 한다고 주장하였지만, 학생들이 모방해야 할 수학자들은 가까이에 있지 않다. 학생들이 당면한 문제를 수학자들이 어떻게 해결하였는지 학생들은 알 길이 없다. 결국, 학생들은 수학자들의 문제해결을 모방하는 것이 아니라, 자신에게 수학을 가르치는 교사를 모방할 수밖에 없다. Polya가 교사와 학생 사이의 대화를 장려하고 있는 것은, 발견술의 발문과 권고를 통해 학생은 교사를 모방하고 그러한 발문과 권고를 내면화하여, 궁극적으로 수학자를 모방하게 되기를 기대하는 것이라고 할 수 있다.

그러나 많은 경우, 교사들은 학생들에게 모범적인 모방의 대상이 되지 못한다. 교사가 학생에게 모범적인 모델이 되기 위해 교사는 자기 자신이 수학자들이 하는 경험을 먼저 해야 한다. Polya의 발문을 스스로에게 하며 문제를 해결하고, 반성적 사고를 통해 자신의 문제해결 과정을 돌이켜 살펴보고, 그 과정에서 새로운 문제를 발견하면서, 수학하는 기쁨을 느껴야 한다. 그리고 문제를 수학적으로 해결하려는 수학적 사고를 해야 한다. 교사가 이러한 경험을 겪지 않고, 수학하는 기쁨을 느끼지 못한 상태에서 Polya의 발문과 권고를 이용하여 대화를 하는 것은 앵무새와 대화를 하는 것과 다를 바 없다. Polya의 발문과 권고는 학교수학을 잘 알고 수학적 안목으로 현상을 볼 줄 알며, 문제해결 경험이 풍부한 교사에 의해 제기될 때 진정한 의미를 가질 수 있다. 학생들은 경험이 풍부한 교사의 자연스러운 시범과 안내를 본뜬 자기와의 대화를 통한 실제적인 사고 경험을 통해 성공과 실패를 거듭하면서 수학적 사고를 자연스럽게 몸에 익히고 적절히 사용할 수 있어야 한다.

모방을 하고 난 이후에는 실천을 해야 한다. 여기에서 실천은 동일한 유형의 문제를 반복하여 풀어 기계적이고 자동적으로 답을 얻는 것을 의미하는 것이 아니다. 그보다는 체스 경기자가 스승의 경기 내용을 그대로 따라 두면서, 경기를 하는 동안 스승이 했던 생각을, 스승의 마음을 경험하게 되는 것(장상호, 1994)과 유사하다. Polya의 발견술에서의 발문과 권고는 문제를 해결하는 과정에서 그냥 따라 하는 것이 아니라, 학생이 자기 자신과 대화를 하듯이 스스로에게 그러한 발문과 권고를 던지도록 내면화할 수 있어야 한다. 이러한 내면화 과정에서 학생들은 수학자들이 했음직한 사고를 경험할 수 있다. 학생들에게 문제해결 단계나 전략을 가르치는 것보다 스스로에게 이러한 발문과 권고를 할 수 있게 하는 것이 훨씬 더 중요하다.

Polya가 방법적 지식을 강조한다고 해서 학교에서 정보적 지식을 가르치지 말아야 한다는 것은 아니다. 그는 1962년 Klein, Wittenberg 등 미국과 캐나다의 수학자 65명과 함께 연명으로 고등학교의 새 수학 프로그램에 반대하는 각서를 AMM (American Mathematical Monthly) 3월호에 공표한 바 있는데, 이 글에서 그들은 "초등대수, 평면기하와 입체기하, 삼각법, 해석기하, 미적분 등은 50년 또는 100년 전부터 있어 왔던 것으로서 여전히 지금도 중요한 것이다. 수학자가 되려고 하든 물리과학자나 사회 과학자, 공학자가 되려고 하든 미래의 수학 이용자들은 이 모든 과목들을 학습해야 한다. 그리고 이 과목들은 일반 학생에게도 문화적 가치를 제공할 수 있다. 전통적인 고등학교 수학에는 미적분을 제외하고는 대체로 이 과목들이 포함되어 있다. 만일 이 과목 중의 어느 하나를 제외하면 손실이 클 것이다." (Polya et al., 1962, p. 191)라고 하면서 전통적인 내용의 중요성을 강조하고 있다(정은실, 1995). 학생들은 정보를 통하여 방법적 지식에 도달하며, 정보 없는 방법적 지식은 생각할 수 없다. 즉, 사고할 그 '무엇'이 없이, 추상적인 기술로서의 방법적 지식이라는 것은 생각할 수 없는 것이다. Polya가 말하고자 하는 것은 지금까지 학교에서 '정보'만을 지나치게 강조해 왔다는 것이다.

Polya는 전통적인 학교수학의 내용인 증명의 지도 문제에 대해서 명확한 견해를 제시하고 있는데, "고등학교에서 수학적 증명을 가르쳐야만 하는가?"라는 질문에 "그렇다."라고 답하면서, 그러나 고등학생을 가르치는 데 있어서 연역적 추론보다도, 또 그보다 훨씬 이전에, 직관적 통찰을 강조해야 하며 직관적으로 너무나 당연한 것을 증명하는 것은 바람직하지 않다고 말한다. 더 나아가 그는 증명을 처음 공부하는 초보자는 증명이 공부할 가치가 있음을 확신해야 하고, 따라서 학교수학에서 다루는 증명은 목적이 있어야 하고 흥미로워야 한다고 주장한다.

2) 세 가지 학습 원리

(1) 활동적 학습 원리

Polya는 가르치는 일은 '과학(science)'이 아니라 '기예(art)'이며 교육은 연극, 음악, 시와 많은 공통점을 갖고 있다고 말하고 있다. 그는 효과적인 교수 방법은 학습 과정의 본질에 대한 이해를 바탕으로 해야 한다고 하면서 활동적 학습의 원리, 최선의 동기 유발의 원리, 비약 없는 단계의 원리의 3가지 수학 학습－지도 원리를 제시하고 있다.

학습하는 최선의 길은 스스로 발견하는 것이다. Polya는 "스스로 발견하지 않을 수 없었던 것은 필요성이 생겼을 때 다시 사용할 수 있는 길을 마음속에 남겨 놓는다."는 Lichtenberg의 말을 인용하면서, Socrates(소크라테스)의 대화법에 기초하고 있는 '활동적 학습의 원리'를 제시한다. Polya는 마치 학생 자신이 처음으로 발견하는 것처럼 수학을 지도해야 하며, 스스로 알게 된 것에 대해서는 남에게 배워서 알게 된 것에 비해 보다 명료하고 확실한 개념을 가지게 되기 때문에 "개념은 학생들의 마음에서 태어나야 하며, 교사는 산파역만을 하여야 한다."고 주장한다.

Polya는 활동적인 참여 없이는 수학을 즐길 수 없고, 학습할 수 없으며, 학생에게 스스로 사고하는 것을 가르치는 것이 수학교육의 주요 목적이므로 학생으로 하여금 스스로 발견하도록 안내하는 것은 수학교사의 주요한 관심사가 되어야 한다고 말한다. 학습은 학생의 입장에서 보다 더 이해하기 쉬운 곳에서 시작하도록 해야 하며, 학생은 추상적인 것보다 먼저 구체적인 것, 통합적인 개념보다 다양한 경험에 먼저 접해야 한다. 증명에 앞서 추측을 하도록 하고 구체적인 경험을 바탕으로 개념 구조를 구축하는 것이 보다 자연스럽다. 활동적 학습의 원리는 수학 문제해결 교육의 바탕이 되는 원리이다. 나아가 문제를 제기하고 형식화하는 데 학생들을 능동적으로 참여하게 하는 것은 이 원리를 실제로 적용하는 하나의 기술이다. 주어진 문제가 어디서 비롯된 것이며, 문제가 주어진 문제와 달리 제기될 수는 없는지를 스스로 물을 수 있게 해야 한다. Polya는 학생들의 수학적인 사고 경험은 '혼자 고안한' 문제를 풀어 볼 기회가 없었다면 불완전한 것이라고 하며, 어떤 문제를 푸는 데 성공하고 나면 반드시 발전적으로 새로운 문제를 찾아 해결해 보도록 요구하고 있다. 학생 스스로 제기한 문제는 나중에 그것을 해결할 때 더욱 활동적으로 참여하게 할 것이므로, 이와 같은 활동은 동기 유발이 될 뿐 아니라 바람직한 사고 태도의 형성에 기여한다. 또, Polya는 학생들에게 문제를 스스로 진지하게 생각할 충분한 시간을 주지 않고 해답을 제시한다든지 적절한 재료를 사용하여 충분한 준비를 하지 않아 학생들이 필요를 느끼기 전에 개념을 설명하고, 공식을 형식화하거나 해결책을 도입하지 않도록 요구한다.

(2) 최선의 동기 유발 원리

학습자는 동기가 없으면 활동하려고 하지 않는다. Polya는 효율적인 학습을 위해서, 학습자는 학습 내용에 대하여 흥미를 가져야 하며 학습 활동에서 즐거움을 찾아야 한다고 하면서 내적 동기를 강조하고 있다. 그는 이것을 '최선의 동기 유발의 원리'라고 부르고 있는데, 교사는 자신을 지식의 세일즈맨으로 여기고 수학이 흥미롭고 노력할 가치가 있음을 학생들에게 확신시켜야 한다고 본다. 학생들에게 문제를 제시할 때에는 제시된 문제를 풀 마음이 생기게 해 주어야 한다. 학생의 경험과 관련이 있고 학생에게 의미가 있도록 문제를 선정하고 제시함으로써 학습 내용 자체에 대한 지적 호기심을 갖게 하고, 학습 그 자체에서 오는 기쁨과 발견의 희열을 경험하도록 해야 한다. 또 문제를 풀기 전에 먼저 그 결과를 추측하게 하는 것은 학생의 동기를 유발하는 좋은 방법이다.

(3) 비약 없는 단계(consecutive phase) 원리

Polya는 "인간의 모든 인식은 직관으로 시작하여 개념이 형성되고 사상을 갖게 된다."는 Immanuel Kant(칸트)의 말을 교육적으로 해석하여 "학습은 행동과 지각으로 시작하여 용어와 개념이 형성되고 바람직한 정신 태도를 갖게 된다."고 해석하면서, 수학 학습은 행동과 지각을 통해 직관과 발견이 이루어지는 탐구 단계, 개념 · 용어 · 정의 · 증명이 도입되는 형식화 단계, 교재의 '내적 바탕'이 인식되어 정신적으로 소화되고 학습자의 전체적인 정신적 안목으로 흡수되어 적용과 보다 높은 일반화가 가능해지는 동화 단계를 거쳐야 의미 있게 이루어질 수 있다고 본다.

[그림 3-1] 수학학습 3단계

그러나 흔히 학생에게 제시되는 교과서적인 판에 박힌 문제는 탐구 단계와 동화 단계를 빠뜨리게 되어, 주변 세계 및 다른 지식과의 관계를 관련지을 기회를 제공하지 못하므로, 때때로 보다 도전적인 문제를 제공해 주어야 하며, 문제를 형식적으로 해결하기 전에 예비적 탐구 기회를 주고, 풀이가 완성되었을 때 반성적 논의 시간을 주는 것이 필요하다.

문제해결은 한두 시간의 수업을 통해 성취하기 어려운 장기과제이다. 따라서 교사의 목표가 학생들이 주어진 당면 문제를 해결하도록 하는 것에만 있지 않고, 장기적으로 문제해결력을 성취하는 것에 있다면, Polya가 제시한 3단계의 각 국면들을 빠짐없이 순차적으로 밟으면서 수업을 진행해야 한다. 이 가운데 특히 탐구단계와 동화단계는 전통적 수업에서 소홀히 다루었던 단계로 교사의 철저한 준비를 요구한다.

4. Polya의 문제해결 과정

Polya는 자신이 문제를 해결해 왔던 경험을 주의 깊게 분석해 본 뒤, 모든 문제의 해결은 문제의 이해, 계획의 작성, 계획 실행, 반성의 4단계로 구분하여 제시하였다.

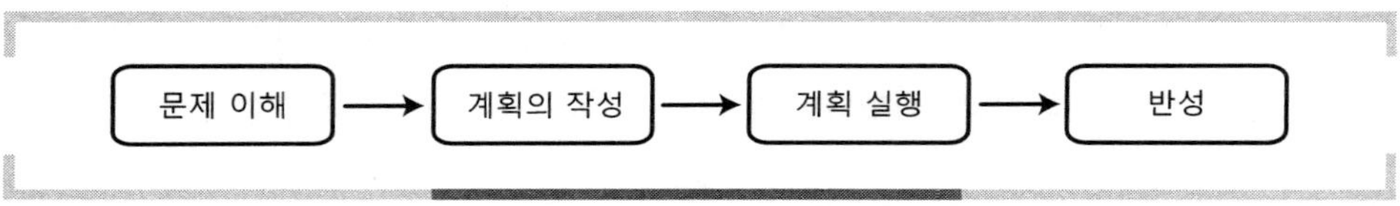

[그림 3−2] Polya의 문제해결 4단계

그는 이러한 문제해결의 4단계가 학생들의 문제해결 능력을 신장시킬 수 있는 좋은 방법이 될 수 있다고 보고, 각 단계에서 유용한 발문과 권고를 다음과 같이 제안하고 있다(Polya, 1957, 우정호 역, 1986, pp. 14−16).

1) 문제에 대한 이해

이해가 되지 않은 문제에 답하려고 하는 것은 어리석은 일이다. 학생은 문제를 이해해야 하며, 문제를 해결하려는 욕구를 가져야 한다. 무엇보다도 문제를 설명하는 언어적 진술이 이해되어야 한다. 또, 학생은 문제의 주요 부분을 주의 깊게 반복하여 여러 측면에서 살펴보아야 한다. 다음과 같은 발문이 이 단계에서 유용할 것이다.

- 미지의 것은 무엇인가? 자료는 무엇인가? 조건은 무엇인가?
- 조건은 만족될 수 있는가? 조건은 미지의 것을 결정하기에 충분한가, 또는 불충분한가, 또는 과다한가? 또는 모순되는가?
- 그림을 그려 보아라. 적절한 기호를 붙여라.
- 조건을 여러 부분으로 분해하라. 그것을 써서 나타낼 수 있는가?

2) 계획의 작성

문제에 대한 이해로부터 계획을 세우게 되기까지의 길은 길고 얽혀 있을 수 있다. 계획에 대한 생각이 떠오르면 문제해결은 거의 성취된 것이다. 그러한 생각은 점진적으로 떠오를 수도 있고, 시행착오나 망설임을 거친 뒤에 섬광같이 떠오를 수도 있다. 그러한 생각은 주로 과거의 경험과 이전에 얻은 지식을 바탕으로 한 것이다. 다음과 같은 발문이 그러한 생각을 떠오르게 하는 데 도움이 될 것이다.

- 전에 그 문제를 본 일이 있는가? 그렇지 않으면 약간 다른 형태로 된 같은 문제를 본 일이 있는가?
- 관련된 문제를 알고 있는가? 유용하게 쓰일 수 있을 듯한 어떤 정리를 알고 있는가?
- 미지인 것을 살펴보아라. 친숙한 문제 중 미지인 것이 같거나 유사한 문제를 생각해 보아라.
- 관련된 문제로 전에 풀어 본 일이 있는 문제가 있구나. 그것을 활용할 수 있을까? 그 결과를 활용할 수 있을까? 그 방법을 활용할 수 있을까? 어떤 보조 요소를 도입하면 그것을 활용할 수 있을까?
- 문제를 달리 진술할 수 있을까? 좀 더 다르게 진술할 수 있을까? 정의로 되돌아가 보자.
- 만일 제기된 문제를 풀 수 없다면, 먼저 어느 정도 그와 관련된 문제를 풀어

보아라. 보다 접근하기 쉬운 관련된 문제를 생각해 낼 수 있는가? 보다 일반적인 문제는? 보다 특수한 문제는? 유사한 문제는? 문제를 부분적으로 풀 수 있는가?

- 조건 가운데 일부만 남기고 다른 것은 버려 보아라. 그랬을 때 미지인 것은 어느 정도까지 정해지는가? 어떻게 변형할 수 있을까? 자료로부터 무언가 유용한 것을 이끌어 낼 수 있을까? 미지인 것을 결정하는 데 적절한 다른 자료를 생각해 볼 수 있을까? 새로운 미지인 것과 새로운 자료가 서로 보다 더 가깝게 되도록 하기 위해서, 미지인 것이나 자료 또는 필요하다면 두 가지 모두 변형할 수 있을까?
- 자료는 모두 사용했는가? 조건을 모두 사용했는가? 문제에 포함된 핵심적인 개념은 모두 고려했는가?

3) 계획 실행

계획을 세우는 데는 이전 지식, 훌륭한 사고 습관, 목적을 향한 집중력이 요구되며 행운도 따라야 한다. 이에 비해 계획을 실행하는 것은 훨씬 쉽다. 여기서 요구되는 것은 인내심이다. 이 단계에서는 계획을 잊어버리지 않고 각 단계를 정확하게 수행해야 한다. 다음과 같은 발문이 이 단계에서 유용할 것이다.

- 풀이 계획을 실행하고 매 단계를 점검하라. 각 단계가 올바른지 명확히 알 수 있는가? 그것이 옳다는 것을 증명할 수 있는가?

4) 반성

문제의 해답을 얻었다고 해서 끝나는 것은 아니다. 완성된 풀이를 검토하고 그 결과와 그 결과에 이르게 된 과정을 재고하고 재검사함으로써, 획득한 지식을 견고하게 하고 문제를 해결하는 능력을 발달시킬 수 있다. 다음과 같은 발문이 이 단계에서 유용할 것이다.

- 결과를 점검할 수 있는가? 논증 과정을 점검할 수 있는가?
- 결과를 다른 방법으로 이끌어 낼 수 있는가? 그것을 한눈에 알 수 있는가?
- 결과나 방법을 어떤 다른 문제에 활용할 수 있는가?

Polya(1957)는 교사의 가장 중요한 과제 중 하나는 '학생을 돕는 일'이라 생각하였다. 물론 학생은 독자적인 활동 경험을 가능한 많이 해 보아야 하지만, 아무런 도움도 주지 않거나 충분한 도움을 주지 않고 혼자 문제를 풀게 내버려 둔다면, 어떠한 진전도 기대할 수 없을 것이다. 그렇다고 교사가 지나치게 많은 도움을 주면 학생은 할 것이 거의 없을 것이다. 결국 중요한 것은 교사가 학생으로 하여금 '적절한 몫'의 활동을 하도록 도움을 주는 것이다. Polya는 이러한 관점에서 문제해결에 도움이 되는 전형적인 발문과 권고를 수집하였으며, 자신이 생각한 4단계에 맞게 발문과 권고를 정리하여 발생 가능성이 큰 순서대로 배열하였다.

Polya가 제안한 문제해결을 위한 발문과 권고의 특징을 정리하면 다음과 같다.

첫째, 발문과 권고는 일반성을 지닌다. 예를 들어, "미지의 것은 무엇인가?" "자료는 무엇인가?" "조건은 무엇인가?"와 같은 발문은 어떤 종류의 문제를 다룰 때에도 제기될 수 있는 효과적인 것이다. 이들의 활용은 특정 과제에 한정되지 않는다. 대수 문제이건 기하 문제이건, 수학 문제이건 비수학 문제이건, 이론적 문제이건 실제적 문제이건, 중대한 문제이건 단순한 수수께끼이건 관계없이 이들 발문은 의미가 있으며, 문제를 푸는 데 도움이 된다.

둘째, 발문과 권고는 극히 상식적이다. 예를 들어, "미지의 것을 살펴보아라!" "친숙한 문제 가운데 미지의 것이 같거나 유사한 문제를 생각해 보아라."와 같은 권고를 생각해 보자. 이 권고는 문제를 신중하게 연구하고 있는 사람이라면 누가 권하지 않아도 자연스럽게 할 것들로 이루어져 있다. 마치 배고프면 음식을 원할 것이고, 음식을 원한다면 그것을 얻기 위한 친숙한 방법을 생각하는 것과 같은 이치다. 문제가 어떤 종류이건 해결해야 할 문제가 있다면 미지인 것을 발견하고자 할 것이며, 그러한 것 또는 유사한 것을 찾는 친숙한 방법을 생각하게 된다. 이처럼 목록에 있는 모든 발문과 권고는 어린 학생이나 비수학자도 생각할 수 있는 매우 자연스럽고 상식적인 것으로 구성되어 있다.

셋째, 발문과 권고는 메타인지적 사고를 강조하고 있다. 정은실(1995)에 의하면, Polya가 메타인지적 측면에 대해 의식적인 언급이나 체계적인 연구를 하지는 않았지만, 그의 발견술에서 반성적 사고를 강조하고 있는 것과 그의 저서 곳곳에서 그가 메타인지적 사고를 하고 있는 흔적을 근거로, Polya가 메타인지적 과정을 묵시적으로 고려하고 있다고 하였다. Polya는 문제를 해결하는 법을 가르치는 것을 의지의 교육으로 보았으며, 문제해결 과정 중 반성 과정에서 문제 제기의 중요성을 강조한 점을 미루어 보건대, 문제해결 과정에서의 메타인지의 역할을 어느 정도 인지한 것으로 생각된다.

넷째, 문제의 이해 단계에서 목표 분석과 과제 분석을 동시에 강조하고 있다. 문제의 이해 단계에서 제시된 발문은 크게 4가지이며, 이들 모두가 '미지인 것(목표)' '구해야 할 것(자료, 조건)' 그리고 이 둘 간의 관계를 묻는 것으로 구성되어 있다. Polya는 문제를 크게 '주어진 것'과 '구해야 할 것'으로 구분하였으며, 문제를 성공적으로 해결하기 위해 이 두 정보와 두 정보 간의 관계를 정확히 파악하는 일이 가장 먼저 이루어져야 한다고 생각한 듯하다. 실제로 학생들이나 문제해결의 초보자들이 문제 푸는 과정을 관찰해 보면, 문제에서 구해야 할 것과 주어진 것을 제대로 파악하기도 전에 섣불리 실행에 들어가 문제해결에 실패하는 경우를 쉽게 볼 수 있다. 이러한 점에서 볼 때, Polya는 교사가 문제를 제시한 후, 성급하게 문제해결에 대한 아이디어를 종용하기보다는 학생들이 문제의 목표나 자료, 조건 등에 대해 관심을 가지고 탐색하며 문제의 구조를 파악하는 일이 최우선적으로 이루어져야 할 중요한 것이라고 생각한 듯하다.

다섯째, 문제의 계획 단계에서 유추적 사고를 강조하고 있다. Polya는 우리가 직면한 대부분의 문제는 이전에 풀어 본 문제풀이 경험을 유추함으로써 해결된다고 생각하였다. 그는 유명한 수학자들이 내놓은 매우 독창적이라 생각되는 풀이 방법도 심층적으로 분석해 보면, 이전의 문제풀이 경험에 근거한 것이라고 생각했다. 그리하여 문제해결의 단서나 실마리를 얻는 관건은 어떻게 해서든 현재의 문제와 유사한 이전의 문제해결 경험을 떠올리는 것이다. 문제의 계획 단계에 포함된 발문과 권고를 보면, '예전에 풀어 본' '관련된' '친숙한' '유사한' '보다 일반적인' '보다 특수한' 등과 같은 용어가 많은데, 이는 모두 유추적 사고와 관련된 것임을 알 수 있다.

여섯째, 반성 단계의 중요성을 강조하고 있다. 일반적인 문제해결의 마지막 단계에서는 자신의 해결 과정을 돌아보고, 실수나 오류가 없는지를 확인하고 문제해결 활동을 종료한다. 그러나 Polya가 설정한 반성 단계는 주어진 문제를 해결하는 것에 만족하지 않고, 풀이 과정과 결과를 개관하고 음미해 봄으로써 오류를 발견하고 수정하여 궁극적으로 문제 풀이를 개선하도록 한다. 또한 주어진 문제와 다른 문제와의 관련성을 조사하고, 주어진 문제의 적용 가능성을 생각해 보게 함으로써, 획득한 지식이 더욱 견고히 되도록 한다. 결국 문제의 반성 단계는 문제해결의 종료 단계가 아니라 새로운 문제와 탐구 거리가 제기되는 또 다른 출발점이 될 수 있는 것이다.

제 4 장
문제해결의 심리학적 배경

제 4 장

문제해결의 심리학적 배경

1. 문제해결과 통찰

이 장에서는 문제해결 과정에서 발생하는 학습자들의 심리적 특징들을 살펴보고 이를 통해 지도의 시사점을 추출한다.

1) 형태심리학적 관점

1920년대에 유럽으로부터 유입된 형태심리학은 당시 미국을 압도했던 연합주의 심리학의 이론들과 다른 방식으로 학습에 접근하였다. 그들은 문제해결과 사고를 위하여 구조의 이해가 중요함을 지적하였으며, 문제해결 과정에서 발생하는 통찰 현상에 특히 관심을 가졌다. 대표적인 형태심리학자였던 Wolfgang Köhler(쾰러, 1925)는 침팬지들을 수년간 관찰하면서 그들로 하여금 일상생활의 문제를 해결하도록 하는 메커니즘은 다름 아닌 '통찰'임을 밝혀내었다. 이것은 당시 동물의 문제해결을 시행착오의 관점에서 설명하려고 했던 연합주의 이론과 상반되는 것으로, Köhler는 문제해결은 부분적인 것을 점진적으로 해결해 나감으로써 달성되는 것이 아니라 전체적인 조직 과정에서 이루어진다고 확신하였다.

이것의 예로 높은 선반 위에 바나나가 있는 것을 발견한 침팬지가 바나나를 손에 넣기까지의 과정을 제시하였다. 그의 관찰에 의하면, 침팬지는 바나나가 손에 닿지 않는다는 사실을 알게 되었을 때, 그것에 집착하기보다는 외면하는 듯한 행동을 보였다는 것이다. 그러나 얼마 후 갑자기 우리 안에 놓여 있는 상자를 가져와 밟고 올라가서 바나나를 취했다고 한다. 이것은 침팬지도 문제 상황에 직면하면 인간과 마찬가지로 추리에 의해 반응한다는 것을 의미한다. 뿐만 아니라 문제와 그 해결의 본질에 대한 인식은 점진적으로 획득되는 것이 아니라 겉으로 보기에는 한참 동안 제멋대로의 활동을 한 후 갑자기 그리고 동시에 일어난다는 것을 의미한다.

그렇다면 문제와 해결의 본질에 대한 인식이 가능하도록 만든 것은 무엇인가? Köhler는 이에 대해 문제의 해결이 즉각적으로 이루어지지 않고 갈등이 발생되면, 역동적인 정신력은 문제 상황의 재조직을 통해 평형을 유지하려는 성향을 가지고 있기 때문인 것으로 해석하였다. 침팬지 실험에서도 침팬지가 바나나를 손에 넣을 수 있었던 것은 상자가 바나나 문제의 구성 요소와 관계가 있다는 사실을 깨닫게 됨으로써 가능했다. 이렇듯 문제의 재조직은 문제의 구성 요소들이 그 구성요소들로 이루어진 전체와 관련하여 지각되었을 때 한해서 발생하며, 이것이 바로 통찰이 이루어지는 시점인 것이다.

2) Poincare · Hardamard의 관점

문제해결에 성공하기 위해서는 크고 작은 일련의 수학적 발견이 요구된다. Henri Poincare(푸앵카레, 1908)에 의하면 수학적 발견은 문제해결에 유용한 결합을 만드는 것이다. 그러나 무엇이 문제해결에 유용한지는 문제를 완전히 해결하기 전까지 알 수 없는 것이기에, 발견은 결국 선택과 통찰에 달려 있다. 그는 자신의 문제해결 경험에 비추어 발견 과정이 의식적 사고 단계 → 무의식 단계 → 의식적 사고 단계와 같이 3단계를 거쳐 이루어진다고 보았다. 예를 들어, 어려운 수학 문제를 해결할 때 집중적인 시도에도 불구하고 문제가 해결되지 않아 탐색을 포기할 때가 있다(의식적 단계). 그러나 어느 정도의 휴식 끝에 갑자기 확실하게 어떤 아이디어가 떠오를 수 있다(무의식 단계). 그러면 발견한 것을 검증하고 형식화하여 해답을 구하게 된다(의식 단계). 여기서 Poincare가 중시한 것은 초기의 의식적 사고 단계이다. 초기의 의식적 사고 단계는 비록 완전히 실패로 끝날 수도 있지만, 그럼에도 불구하고 그것은 무의식 기제를 작동하게 되며, 운이 좋으면 성공의 발판이 된다.

Jacques Hadamard(아다마르, 1945)는 Poincare가 제시한 무의식 단계를 부화기와 계시기로 구분하고, 발견적 사고 과정을 〈표 4−1〉과 같은 4단계로 구분하였다.

〈표 4−1〉 Hardamard의 발견적 사고 단계

단계	내용
Ⅰ. 준비기	문제의 여러 가지 특징을 파악하고 표상 결합을 시도하는 단계다. 이때 결합은 질서 없이 무작위로 이루어지게 된다. 문제가 요구하는 것에 따라 결합이 형성되지만 언제나 유용한 결합을 얻는다는 보장은 없다. 이후 단계를 거치지 않고 이 단계에서 즉각적으로 문제가 해결되는 경우도 있지만, 해결되지 않을 경우에는 의식적 문제해결 활동은 결국 휴지기, 즉 부화기에 들어가게 된다.
Ⅱ. 부화기	무의식적 사고 활동이 이루어지는 단계다. 부화기의 특징은 일정하지 않으며, 그 지속 기간도 크게 다르다. 몇 분 만에 끝나는 경우가 있는가 하면, 수개월 심지어 수년간 지속되는 경우가 있다.
Ⅲ. 계시기	'아하 경험(Aha−experience)'과 같은 통찰을 하는 단계다. 과학자에게 있어 통찰의 경험은 과학적 심미안이라는 무의식적 기제에 기인하는 것으로, 결합의 결과를 검색하는 체의 역할을 한다.
Ⅳ. 검증기	문제가 해결되는 시기다. 해결의 실마리를 확인하고 구체적이고 정확한 진술을 통해 이를 확인하게 된다. 또한 이를 다음 연구 단계에서 적용이 가능하도록 중간 결과로서 정리해 두기도 한다.

Hadamard의 발견적 사고 과정을 보면, 수학 문제를 성공적으로 해결하기 위해

서는 논리적 추론이나 연역과 같은 의식적인 노력 이외에도 한순간에 번뜩이는 아이디어를 얻어 내는 직관(intuition) 혹은 영감(inspiration)이 필요하다. Bartel L. Van der Waerden(반데바든, 1983)은 영감에 대해 다음과 같이 말하고 있다.

> 영감이라는 것은 우리에게 갑자기 다가오는 모든 것, 우리가 어디로부터 왔는지를 모르는 것, 곧 Einfall[1]을 의미한다. 영감은 의식적인 사고로부터 유래하는 것도 아니고 감각을 통해 우리에게 다가오는 것도 아니다. 그러나 그것은 어떤 것으로부터 와야만 한다. 그러므로 우리는 그것이 무의식으로부터 온다고 말한다(p. 69).

영감이 의식적 사고로부터 유래되는 것이 아니라 해도, 발명이나 발견을 요행과 결부시켜서는 안 된다. 발명은 선행하는 준비 작업을 전제하지 않고는 이루어질 수 없다는 것이 Hadamard의 주장이다. 즉, 준비기의 의식적 활동이 합리적이고 효과적인 방법으로 수행되지 않는 한, 준비기가 유익한 무의식적 활동으로 안내해 줄 수는 없을 것이다. 말하자면, 무의식적 활동은 결코 자동 기계적인 성격을 지닌 것이 아니다. 부화기의 활동은 어느 정도 정해진 목표를 지향하며, 그 방향은 준비기 동안에 준비되는 것으로 보아야 옳을 것이다. 어떻게 만유인력의 법칙을 발견할 수 있었느냐는 질문에 뉴턴은 "그 문제에 대해 지속적으로 생각했기 때문"이라고 답했다고 한다. 만유인력의 법칙을 발견하기 위해서는 주의력을 끈질기게 집중시키는 일, 문제에 대한 자발적인 집착이 필요했던 것이다(정은실, 1995, pp. 68-69).

발견이나 발명에 어느 정도의 우연이나 행운이 개입될 수는 있지만, 오로지 우연이나 행운에 의해서만 이루어질 수는 없다. 수학적 발견에서의 영감이나 통찰을

---

1) Einfall(독일어): 착상, 묘안, 낡아 내려앉는(einfallen) 집에서 나온 말로 기발한 생각이나 뚱딴지 같은 생각을 갑작스럽게 하는 것을 의미함.
원문에는 'Einfall': something that falls into the mind.

논의한 학자들의 공통된 의견은 무의식적 사고 활동의 산물은 준비기 국면 동안에 일어나는 의식적 사고 활동의 성과에 상당한 정도로 의존한다는 것이다. 즉, 어떤 문제를 해결하기 위해서는 의식적 사고 활동이 먼저 의미 있게 이루어져야 한다는 것이며, Polya의 말을 빌리자면 공부를 하거나 적어도 열망함으로써 신의 은총을 받을 만하도록 준비하고 있어야 한다.

결국 직관, 영감 또는 통찰과 같은 순간적이며 무의식적인 사고 과정을 효율적으로 관리하기 위해서는 사전에 관련 분야를 열심히 공부하고, 깊이 사색하는 의도적인 노력을 기울여야 할 것이다.

3) 통찰력 향상을 위한 지도전략

흔히 영재라고 불리는 학생들이 문제해결에 쉽게 도달하는 것은 아마도 타고난 통찰력 때문일 것이다. 그러나 대부분의 학생들은 문제의 구조를 스스로 파악하는 데 많은 어려움을 겪는다. 특히 복잡한 문장제의 경우, 교사의 도움 없이 학생 스스로 문제의 구조를 파악하는 것은 더욱 어렵다. 이러한 경우 교사가 학생을 돕는 방법으로 시각적 표현, 우회 발문, 단순화 전략 등을 적절하게 활용하는 것을 생각해 볼 수 있다.

(1) 시각적 표현의 활용

문제의 구조를 볼 수 있는 안목을 가지게 되는 것은 그리 간단한 일이 아니므로, 그곳에 도달하기까지 교사의 적절한 안내가 필요하다. 그러나 실제로 수업을 하다 보면 어떤 힌트를 어느 정도로 주어야 하는가에 대한 고민에 빠지게 된다. 너무 직접적인 힌트를 주다 보면 학생들이 발견할 몫이 없어지고, 너무 간접적인 힌트를 주다 보면 학생들이 구조를 발견하지 못하게 되는 일이 벌어진다. 이러한 상황에서 활용할 수 있는 것이 시각적 표현이다.

우리에게 널리 알려진 문제인 1부터 100까지 자연수의 합을 구하는 문제를 지도

하는 상황을 생각해 보자. 이 문제는 1부터 차례대로 더해 나가도 합을 구할 수 있지만, Karl Friedrich Gauss(가우스)가 발견한 바와 같이 대칭이 되는 양쪽 수들의 합이 같다는 사실을 이용하는 간단하고 세련된 방법이 있다. 따라서 대부분의 교사들은 Gauss의 일화를 소개하면서 해를 구하는 방법을 학생들에게 직접 설명하고자 하는 유혹에 빠지기 쉽다. 그러나 그렇게 되면 학생들의 입장에서는 구조를 발견할 기회를 빼앗기게 되는 셈이다. 이에 대해 Max Wertheimer(베르타이머, 1945)는 계단 측면에 타일을 붙이는 맥락을 활용하여 문장제를 만들고, 계단을 시각화하여 제시하는 방법을 제안하였다. 그가 만든 문제를 간단히 요약하면 다음과 같다.

문제

벽을 끼고 19계단을 만들려고 한다. 계단의 벽 반대쪽 측면에 정사각형 타일을 붙이려면 정사각형 타일은 몇 개가 필요한가?

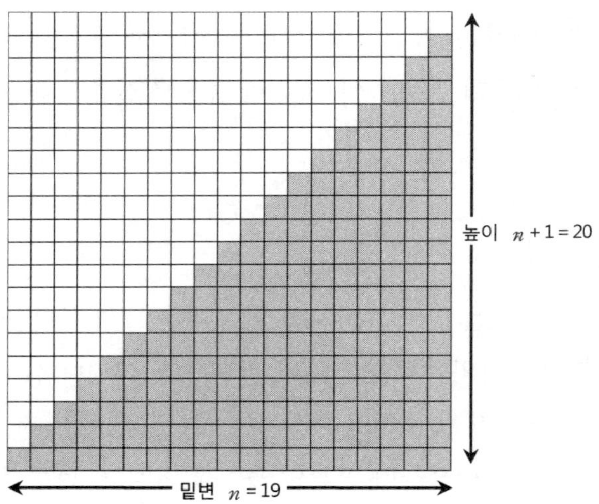

[그림 4-1] 계단 문제를 절반으로 시각화

출처: Wertheimer, 1945.

이 문제는 1+2+3+…17+18+19로 해결되지만, Wertheimer는 그림과 같이 계단의 측면을 직사각형의 절반으로 시각화함으로써([그림 4-1]), 1부터 차례대로 더해 나가는 대신, 도형의 넓이를 이용하는 아이디어를 생각해 보도록 하였다. 즉, 1부터 19까지의 합은 가로, 세로가 각각 19, 20인 직사각형 넓이의 절반인 '19×20÷2'이다.

뿐만 아니라 이 그림은 동일한 수들을 반대로 늘어놓은 다음과 같은 식의 수열을 생각나게 한다.

19, 18, …, 2, 1 (삼각형 윗부분인 흰 모눈의 개수) 1 , 2, …, 18, 19 (삼각형 아랫부분인 검은 모눈의 개수)

여기서 이 두 수열의 제 n항끼리의 합이 20으로 같다는 사실을 발견하면, 이번에는 넓이 맥락이 아닌 수열의 합 맥락으로 문제를 해결할 수 있게 된다. 즉, 두 수열의 합은 20이 19개가 있고, 두 수열이 같은 수들로 구성이 되어 있으므로, 한 수열의 합은 '20×19 ÷ 2'라는 식을 도출할 수 있다.

또한 이로부터 1과 19, 2와 18과 같이 한 수열의 양쪽 끝을 대칭이 되도록 [그림 4-2]와 같이 묶어 주면, 합이 언제나 20으로 같게 된다는 사실을 발견할 수도 있다. 그러나 이 경우는 합이 20인 쌍들이 모두 9개 있고, 가운데 수 10은 짝이 지어지지 않기 때문에, 이 수열의 합은 '20×9+10'이 된다.

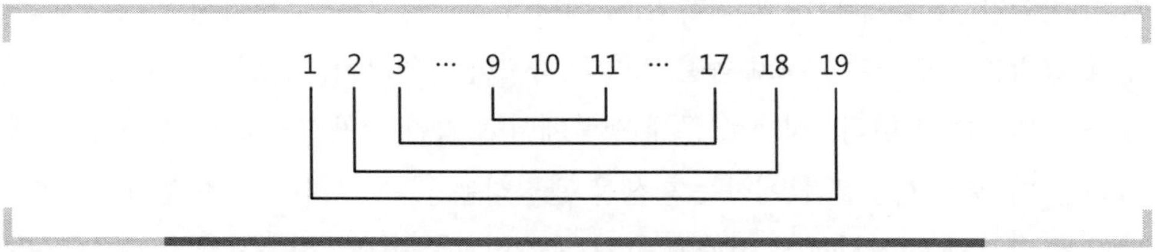

[그림 4-2] 양쪽의 수들의 합이 20으로 같다는 것을 보여 주는 그림

Wertheimer가 이 문제에서 밝히고자 했던 것은 Gauss의 일반적인 공식에 기반이 되는 직관이었다. 수열의 구조적 특성은 시각적으로 표현되었을 때 명백해졌으며, 문제해결의 단서를 쉽게 인식할 수 있었다. 물론 Gauss가 이처럼 생각했는지는 알 수 없으나, 분명한 것은 문제가 시각적으로 혹은 도형으로 재구성되었을 때, 공식의 배경이 되는 직관이 좀 더 쉽게 파악되었다는 것이다. 그러나 모든 수학 문제가 시각화되는 것은 아니며, 더구나 "왜 1부터 차례대로 합을 구해 가는 식으로 문제를 풀어서는 안 되는가?"라는 질문이 제기될 수 있다. 이에 대해 Wertheimer의 논리를 적용하면, 그와 같은 식은 매우 세련되지 못한 해법이다. 즉, 그 방법은 문제의 구조에 대한 이해에 기반을 두지 않고 있기 때문에 문제해결 과정이 지루하고 길다. 반면 앞서 제시한 해법은 문제의 구조를 발견함으로써 시간과 계산 단계를 줄일 수 있는 세련된 것이라 하겠다.

수학교재를 보면, 저학년 대상일수록 많은 그림이 포함되어 있는 것을 발견하게 된다. 그것은 어린 학생의 흥미를 이끌고 동기 유발을 하고자 하는 목적 이외에도 문제 상황을 이해하는 데 도움을 주기 위한 것이다. 그러나 교재에 제시된 그림들을 엄밀하게 분석해 보면, 대체로 문제의 상황을 나타내고 있는 소위 '장면도'라 불리는 것이 대부분이다. 예를 들어, 윷놀이를 배경 맥락으로 한 확률 문제에는 온 가족이 둘러앉아 윷놀이하는 그림이 제시되며, 도서관에 있는 책의 총수를 구하는 문제에는 도서관 그림이 제시되는 식이다. 이처럼 장면도는 문제의 상황을 이해시키는 데는 어느 정도 도움이 될지 모르지만, 문제의 구조를 보는 데는 거의 도움이 되지 못한다. 전경희(2005)에 의하면, 우리나라 초등학교 수학 교과서에 제시된 문장제 그림은 장면도가 73%로 높은 비중을 차지하고 있으며, 학생들이 이에 상당히 영향을 받는다고 한다. 실제로 문제 맥락에서 코알라가 제시되었을 때, 코알라를 그리는 데 많은 시간을 할애하는 학생을 관찰하는 것은 그리 어려운 일이 아니다. 따라서 교사가 수업시간에 칠판에 그림을 그릴 때는 보다 신중하게 좋은 그림을 선택하도록 노력해야 할 것이다.

전경희(2005)는 문제해결에 도움이 되는 좋은 그림의 조건을 〈표 4-2〉와 같이 제시하였으며, 여기서 '좋은'의 의미는 문제를 이해하고 문제의 해법에 이르는 아이디어를 찾는데 도움이 되는 것을 의미한다.

문제해결 전략으로서의 '그림 그리기'와 관련된 내용이 제6장 문제해결 전략에 상세히 제시되어 있으므로 추가 정보를 얻고자 하는 독자는 참고하기 바란다.

〈표 4-2〉 **좋은 그림의 조건**(전경희, 2005)

좋은 그림의 조건
① 문제에 주어진 것과 구해야 할 것이 다 나타나야 한다.
② 문제에 제시된 사실이나 관계, 조건이 명백하게 나타나야 한다.
③ 3cm를 6cm보다 더 크게 그리는 등 불합리하게 그려서는 안 된다.
④ 문제에 제시되지 않은 관계가 명백히 나타나서는 안 된다.
⑤ 문제에 제시된 자료의 수나 크기가 문제해결에 도움이 되지 않는다면 모두 일일이 그릴 필요는 없다.
⑥ 문제해결에 도움이 되지 않는 부분을 사실적으로 묘사할 필요가 없다.

(2) 우회 발문의 활용

교사의 발문은 학생들이 문제의 구조를 보는 데 중요한 역할을 한다. 특히 Polya가 문제해결 4단계에 맞추어 제안한 교사의 발문 전략은 기본적으로 문제 구조의 발견을 용이하게 하는 방법으로 볼 수 있다. Polya는 그러한 발문을 '발견술(Heuristics)'이라 명명하였는데, 이는 그리스말로 '발견을 돕기(serving to discover)'라는 의미를 가지고 있다. 즉, 교사의 발문은 우연히 또는 자기 스스로 문제의 구조를 빨리 알아내는 몇몇 우수아들에게만 생산적 사고를 하도록 하고 나머지 아이들은 방치하는 것이 아니라, 모든 학습자들로 하여금 체계적인 통찰에 이르게 한다는 데 가치가 있는 것이다.

Polya가 수학 문제해결 지도를 위해 제안한 발문들은 두 가지 주요 특징을 가진다.

첫째, 문제의 목표에 집중하게 한다. 그가 문제해결 4단계 지도를 위해 제시한

15개의 발문 목록 가운데 가장 먼저 나오는 것이 "미지의 것이 무엇인가?"이다. 이것을 풀어 말하면 문제를 풀 때는 문제에서 요구하는 것 혹은 문제에서 구하라는 것을 가장 먼저 파악해야 한다는 것이며, 보다 일반적으로 말해서는 목적의식을 갖고 출발하라는 것이다. 이것은 왜 우리나라 초등 수학 교과서에 "구하려는 것은 무엇입니까?"란 질문이 그처럼 자주 등장하는지에 대한 이유이기도 하다. 교사의 발문은 내용 그 자체로 뿐만 아니라 어떤 발문을 먼저 해야 하는가와 같은 발문 순서도 학습자가 문제의 구조를 보는 데 영향을 미칠 수 있음을 알아야 한다.

둘째, 문제가 즉각적으로 풀리지 않을 때, 우회 전략을 활용하도록 한다. Polya의 발문 목록을 보면 문제계획 단계에서 "전에 풀어 본 적이~" "이와 관련된 것으로~" "이와 유사한~" 등과 같이 유추와 관련된 것들이 많다. 그는 이와 같은 우회전략의 활용이야 말로 인간을 동물과 구분하게 하는 특징이라 생각했다. Polya (1962)는 이와 관련하여 다음과 같이 기술하였다.

> 문제를 해결한다는 것은 특별한 지능의 획득이며, 지능은 인간에게 주어진 특별한 선물이다. 장애물을 우회하고, 직접적인 경로가 없을 때 간접적인 경로를 택하는 능력은 영리한 동물을 어리석은 동물보다, 인간을 가장 영리한 동물보다, 재능 있는 인간을 그들의 동료들보다 훨씬 더 높게 끌어올린다(p. 118).

위 인용문에서 장애물을 우회하고, 직접 경로가 없을 때는 간접 경로를 택하는 능력은 Köhler의 침팬지 실험을 생각나게 한다. 그 실험에서 침팬지는 문제를 해결하기 위해 바나나를 갖는다는 목표로부터 정신적으로 우회함으로써, 다른 물체를 사용하면 되겠다는 생각에 이르렀다. 이처럼 우회는 문제해결 상황에서 통찰을 용이하게 한다. 따라서 교사는 "이 문제와 유사한 것으로 알고 있는 것은 무엇인가?" "이 문제와 관련하여 알고 있는 것으로 그 밖에 무엇이 있는가?" "미지의 것이 같은 유사한 문제를 풀어 본 적이 있는가?" 등과 같은 발문을 적절히 활용함으로써, 문제가 즉각적으로 해결되지 않을 때 돌아가는 방법을 학생들이 경험하도록 해야 한다.

(3) 단순화 전략의 활용

문제의 구조를 보는 데 방해가 되는 요인은 의외로 다양하다. 이것은 과제 환경과도 관련이 되는데, 문장의 길이, 문제에 제시된 수량의 크기, 문장의 배열, 문제에서 요구하는 연산의 수, 측정 단위 변환 여부 등이 모두 이에 해당된다. 따라서 사전에 이러한 요인들의 영향을 충분히 파악하여 조정할 수 있다면, 학생들이 문제의 구조를 보는 데 도움이 될 것이다. 예를 들어, 문제에 포함된 수량의 종류나 크기를 바꾸어 주는 것만으로도 문제해결에 결정적인 도움을 줄 수 있다. 이를 위해 다음 보기를 살펴보자.

보기 1

1m^2의 벽을 칠하는 데 페인트가 $\frac{6}{7}$L 필요하다. 현재 페인트가 $\frac{9}{8}$L 있다면 몇 m^2의 벽을 칠할 수 있는가?

이 문제를 접한 사람들은 다음과 같은 3가지 식 중의 하나 혹은 몇 개를 떠올리며 고민을 하게 될 것이다.

① $\frac{6}{7} \times \frac{9}{8}$ ② $\frac{6}{7} \div \frac{9}{8}$ ③ $\frac{9}{8} \times \frac{6}{7}$

그러나 〈보기 1〉에 제시된 분수를 〈보기 2〉와 같이 자연수로 바꾸어 생각하면 신기할 정도로 해법을 쉽게 찾을 수 있다.

보기 2

1m^2의 벽을 칠하는 데 페인트가 2L 필요하다. 현재 페인트가 6L 있다면 몇 m^2의 벽을 칠할 수 있는가?

이 문제는 대부분의 사람들이 읽는 순간 3이라고 말할 정도로 쉽다. 그런 후 3이라는 답이 어떻게 나왔는지 물으면 '6÷2=3'라는 식도 비교적 쉽게 도출한다. 이것은 수량의 종류가 문제의 구조를 보는 데 어느 정도로 영향을 미치는지를 시사한다. 즉, 문장제에 포함된 분수나 소수는 자연수에 비해 문제의 구조를 보는 데 방해 요소로 작용할 가능성이 더 높은 것이다.

앞에서 논의된 Wertheimer의 방법 역시 '1부터 100까지의 합'을 '1부터 19까지의 합'으로 대체하는 단순화 전략임을 생각해 보면, 단순화는 시각적 표현과 더불어 수학적 구조에 대한 통찰을 용이하게 하는 것이 명백하다. 따라서 교사는 "보다 간단한 수로 바꾸어 생각해 보자." "문제에 제시된 분수를 간단한 자연수로 바꾸어 생각해 보자." "문제에서 불필요한 말을 줄이고, 문제를 최대한 간단히 써 보자." "조건을 한두 가지만 먼저 생각해 보자." "조건을 한두 가지 없애고 생각해 보자." 등과 같은 발문을 통해 학생들이 문제의 구조를 보는 데 도움을 줄 수 있다.

2. 문제해결과 정보처리

정보처리적 관점에서 인간의 문제해결 과정을 묘사하면, 크게 자료의 입력, 처리, 출력의 세 단계로 구분된다. 이들 중 입력과 출력 단계는 가시적 과정으로 사람들의 행위나 결과 산출물을 통해 드러난다. 반면 처리 단계는 오로지 인간의 머릿속에서 진행되는 것으로 비가시적 과정이다. 자료의 처리 단계에서 인간이 수행할 것이라 추측되는 사고 행위 중 논리적으로 가장 설득력이 높은 것으로는 표상(representation), 정보의 탐색 그리고 새로운 구조의 생성 등이 있다. 표상은 입력된 정보를 이해하기 위한 행위로 문제해결 성패에 결정적 영향을 미친다. 문제를 이해하고 나면 문제와 관련된 정보를 가지고 있는지 확인하기 위해, 자신의 정보 저장고를 탐색할 것이다. 만약 자신이 문제와 관련된 직접적인 정보를 가진 것이 확인된다면 문제해결에 이르는 것은 시간문제다. 그러나 문제와 관련된 직접적인 정보를 가지고 있지 못하다면 문제해결을 위한 새로운 노력이 요구된다. 즉, 주어진 문제를 해결하기 위해 기존의 지식 구조를 변형하거나 몇 개의 지식 구조들을 연결해야만 한다.

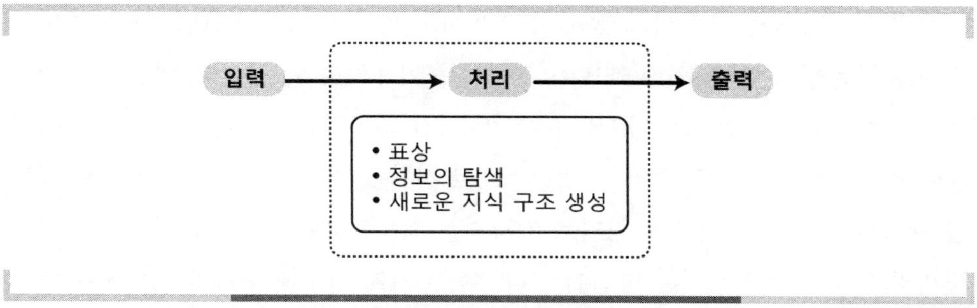

[그림 4－3] 정보처리적 관점에서의 문제해결 과정

[그림 4－3]은 문제해결에 직면한 사람들의 일반적인 사고 과정을 묘사한 것이다. 그러나 문제를 잘 해결하기 위해서는 무엇보다도 질 좋은 정보를 의미 있는 방식으로 풍부하게 저장하고 있어야 한다. 정보처리 능력이 제아무리 뛰어나다 해도 문제와 관련된 정보를 전혀 가지고 있지 않거나, 제아무리 많은 정보를 가지고 있다 해도 주어진 문제와의 관련성을 찾을 수 없을 정도로 정보를 뒤죽박죽 보관하고 있다면 성공적인 문제해결을 보장할 수 없다. 정보처리 심리학에서는 인간은 기본적으로 입력된 정보들을 관련성이 높은 것끼리 구조적으로 연결하여 저장하는 성향이 있다고 가정한다. 이것을 의미적 기억(semantic memory)의 조직이라 하는데, 성공적인 문제해결자일수록 좋은 구조를 가지고 있다고 한다.

이상의 내용을 정리하면, 문제해결을 성공하기 위해서는 평소에 풍부한 정보를 의미 있는 방식으로 구조화하여 저장해야 하며, 문제에 직면해서는 효율적인 정보처리 능력을 발휘해야 함을 알 수 있다. 이러한 내용을 바탕에 두고, 이 장에서는 정보처리적 관점에서 성공적인 문제해결을 위한 전제조건 및 절차에 대해 상세하게 살펴보기로 한다.

1) 정보의 효과적인 저장

(1) 의미적 기억 조직 모델

시험에 대비해 공부를 하고 있는 학생의 사고 활동을 분석해 보면, 아마 크게 두 가지로 구분될 것이다. 먼저 개념이나 원리를 이해하려 할 것이며, 다음은 그것을 머릿속에 저장하려 할 것이다. 의미적 기억의 조직은 후자, 즉 어떤 내용을 기억장치에 저장하는 방식과 관련된다. 일반적으로 사물을 저장할 때와 마찬가지로 정보를 저장할 때에도 들어온 순서대로 저장하는 방법과 어떤 기준을 세우고 유사한 것끼리 한데 모아 저장하는 방법이 있다. 이 두 가지 가운데 후자가 의미적 기억의 조직에 해당된다.

정보를 구조적으로 조직하여 저장하였을 때의 장점은 무엇보다도 필요할 때 찾기 쉽다는 데 있다. 오늘날 사람들이 접하는 정보의 엄청난 양을 감안한다면 어떤 기준도 없이 맹목적으로 모든 정보를 탐색한다는 것은 너무나 비효율적이며 어쩌면 거의 불가능한 일인지도 모른다. 예를 들어, 어떤 분류 기준도 없이 구입한 순서대로 서가에 책을 보관하는 도서관을 가정해 보자. 우리가 그곳에서 필요한 책을 찾으려 한다면 어떻게 해야 하겠는가? 아마도 모든 서가를 뒤지는 수밖에 없을 것이다. 반면 도서 분류 기준이 있고, 그것에 맞추어 체계적으로 분류 · 정리해 놓은 도서관이라면, 필요한 책을 찾는 데 그다지 많은 시간과 노력이 들지 않을 것이다. 장기기억장치(long term memory)라고도 불리는 기억의 저장고는 개인이 운영하는 자신만의 도서관이다. 만약 필요한 정보를 찾기 위해 이곳에 보관된 모든 정보를 훑어보아야 한다면 효율성이 너무 떨어져서, 인간의 정보 탐색 과정을 설명해 주는 합리적인 모델이 되지 못한다. 이러한 이유로 정보처리 심리학에서는 인간의 정보 저장 방식을 의미적 기억의 조직 모델에서 찾고자 한다.

의미적 기억 이론가들은 정보가 조직되는 방법에 대해 말할 때 '지식 구조(knowledge structures)'라는 용어를 곧잘 사용한다. 그림 [4-4]는 Collins와 Quillian(1969)이 개발한 것으로, 동물이라는 범주와 관련하여 개인이 가지고 있을 것으로 가정되는 지식 구조의 일부를 표현한 것이다.

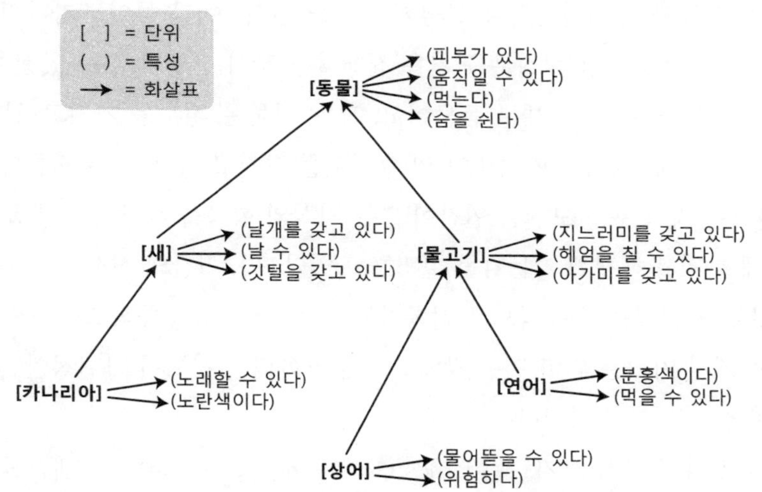

[그림 4-4] 지식 구조의 보기

출처: Collins & Quillian, 1969.

이 구조는 동물, 새, 물고기, 카나리아, 연어 등과 같은 명사를 단위로 하며, 각 단위는 단위의 물리적 특성이나 단위가 할 수 있는 행위 등과 같은 성질들과 결합되어 있다. 예를 들어, 상어라는 단위는 '물어뜯을 수 있다' '위험하다'라는 성질과 결합되어 있다. 그러나 각 단위에 연결된 성질의 수가 매우 제한적임을 주의할 필요가 있다. 물고기, 연어, 상어 등 대부분의 단위는 두세 개의 성질과 결합되어 있는데, 이는 자주 함께 발생하는 지식끼리는 더 잘 연결되고, 그렇지 않은 경우는 연결되지 않는다는 연합주의적 관점을 수용한 것이다.

또한 이 모델에서는 카나리아에서 새로, 다시 새에서 동물로 화살표 방향이 정해진 바와 같이, 단위와 성질들이 위계적으로 순서화되어 있다. 물론 인간의 머릿속도 이와 같이 위계적으로 구조화되었는지의 여부는 아직 논란 중이며, 대부분의 의미적 기억모델은 [그림 4-4]에 제시된 바와 같은 엄격한 위계를 가정하고 있지는 않다.

인간이 정보를 구조적으로 조직하여 저장한다는 가정은 인간이 직접 배우지 않은 내용을 어떻게 추리하는가를 설명해 주기도 한다. 예를 들어, "카나리아는 피부를 가지고 있는가?"라는 질문을 처음 접했다면 잠시 당황할 수도 있겠지만, '카나리아는 새의 일종이다. 새는 동물이고, 모든 동물은 피부를 가지고 있다.'라는 사고 과정을 거쳐 '따라서 카나리아 역시 피부를 가지고 있다.'라는 결론에 이르게 된다. 이처럼 지식 구조 모델은 인간이 모든 지식의 항목을 각각 열거해 보지 않고도 어떻게 문제를 해결해 가는가를 설명하고 있다. 즉, 인간의 정신은 주위 환경의 사건들로부터 지식을 수동적으로 기록하는 것이 아니라 능동적으로 구조화한다. 발달 과정에서 지식은 의미 있는 방법으로 구조화되는 것이지 단편적인 정보들을 무작정 수집하는 것이 아니다.

지식 구조의 수학적 보기로는 James G. Greeno(그리노, 1978)가 개발한 곱셈과 나눗셈과의 관계 구조가 있다. [그림 4-5]는 곱셈과 나눗셈에 대한 한 쌍의 지식 구조를 보여 주고 있다. 여기에서도 단위와 성질들이 연결되어 있고, 관계가 명시되어 있다. 그림에 의하면 곱셈은 'n배($\times n$)'라는 연산으로 정의되며, 수량 m을 대상으로 곱셈($\times n$)을 수행하면 결과로서 수량 mn이 된다. 마찬가지로 나눗셈은 '$\div n$'으로 정의되며, 수량 mn을 대상으로 나눗셈을 수행하면 m이라는 결과를 얻는다. 그러나 이 그림에서는 곱셈과 나눗셈 구조가 서로 연결되어 있지 않기 때문에, 곱셈과 나눗셈의 역관계를 이해하지 못한 사람의 지식 구조라 볼 수 있다. 곱셈과 나눗셈의 역연산 관계를 이해한다는 것은 대상이 되는 양과 결과가 되는 양 사이의 특별한 관계를 인식하는 것을 의미한다. 즉, 어떤 수량 m에 대해 n을 곱하고, 그 결과(mn)를 다시 n으로 나누면 처음의 수량 m이 나온다는 사실을 인지하는 것이다. [그림 4-6]은 이와 같은 이해를 함의한 구조를 표현하고 있으며, 곱셈과 나눗셈 학습을 마친 어린이들의 머릿속에서 구성되기를 기대하는 구조의 모습이 바로 이와 같을 것이다.

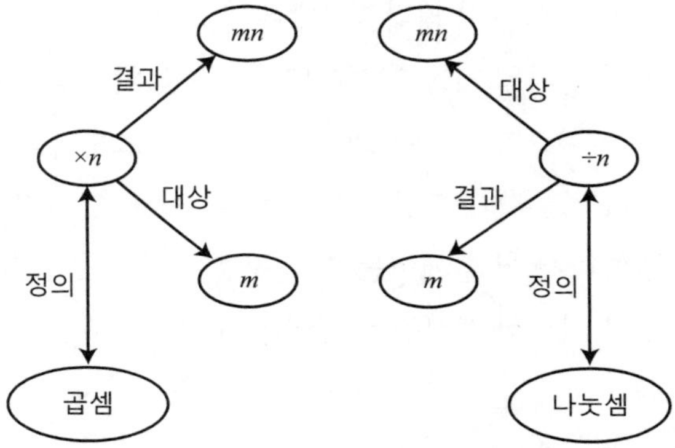

[그림 4-5] 곱셈과 나눗셈에 대한 한 쌍의 지식 구조

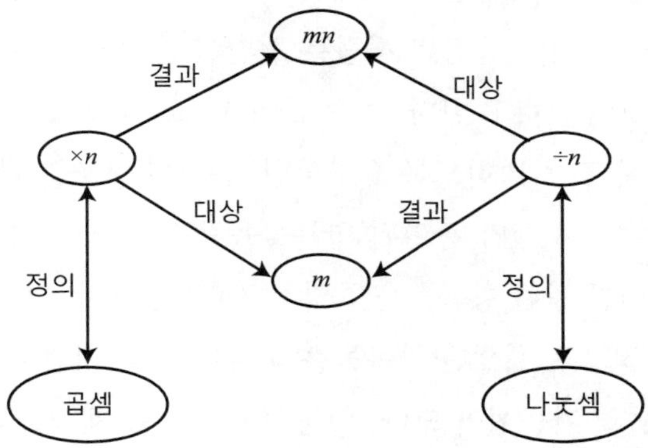

[그림 4-6] 곱셈과 나눗셈 사이의 역관계의 이해를 나타내는 지식 구조

(2) 의미적 기억 조직을 촉진하는 지도

앞 절에서 살펴본 바에 따르면, 교사의 주요 업무는 학생들이 '잘 구조화된' 지식을 획득하도록 돕는 데 있는 것임을 알 수 있다. 즉, 수업을 통해 학생들이 획득해야 할 것은 단편적인 정보들의 수집이 아니라, 의미 있는 방향으로 잘 조직된 지식의 구조를 획득하는 것이다. 그러나 실제로 지식이 혹은 정보가 '잘 구조화되었다'는 것의 기준은 그리 명확하지 않다. 이에 대해 Greeno(1978)는 내적 통합성, 연결성, 일치성이라는 세 가지 준거를 제시하였다. 이 중 일치성은 학습자의 지식 구조와 그들이 배우고 있는 교과 구조 간의 일치성, 혹은 초보자와 전문가의 지식 구조 간의 일치성을 의미하는 것으로, 내용 의존적이므로 일반적인 지도 시사점을 도출하기는 어렵다. 따라서 이 절에서는 지식 구조의 내적 통합성과 연결성이라는 두 가지 관점에서 수학 지도의 시사점을 이끌어 내고자 한다.

① 지식 구조의 통합성을 위한 지도

내적 통합성은 개념이 풍부하면서도 순서적인 방법으로 결합되어 있는 정도를 의미한다. 통합된 지식 구조는 몇 개의 중핵 개념들로 구성되어 있으며, 이 중핵 개념들은 다른 많은 하위 개념들과 체계적으로 결합되어 있다. 의미적 기억 조직 이론가들에 의하면, 지식이 통합된 사람은 시간이 제한된 자유 연상 실험에서 일정한 행동 양식을 보여 준다고 한다. 예를 들어, Isaac Newton(뉴턴)의 운동 법칙에 대해 알고 있는 모든 것을 말하도록 요구하면, 통합된 구조를 가지고 있는 피실험자는 요구를 받자마자 주제와 관련된 항목들을 즉각적으로 재생하고, 이어 잠시 지체한 후에 다시 다른 관련 항목들을 즉각적으로 재생하는 식의 패턴을 보인다고 한다. 여기서 즉각적으로 재생된 항목들은 하나의 공통 개념 주변에 집단으로 저장되어 있는 항목들일 가능성이 크다. 일군의 항목들을 재생한 후, 다른 항목들을 재생하기까지 잠시 지체한 시간은 처음의 조직 개념에서 다음 조직 개념을 탐색하기 위해 소비된 시간을 의미한다.

Larkin(1977)은 조직 개념 주위에 모여 있는 집단적인 정보를 '청크(chunk)'라고 불렀다. 그에 의하면 전문가들은 정보를 청크화하여 저장하기 때문에, 동일한 청크 내에 있는 수많은 항목들을 짧은 간격으로 즉각적으로 재생할 수 있는 것이다. 자유 연상 실험에서 잠시 지체되는 다소 긴 간격의 시간은 새로운 개념이나 청크에 접근하는 시점이다. 전문가들의 경우 한 개념에 풍부하게 많은 관련 개념들이 모여 있기 때문에 짧은 간격으로 많은 항목들이 재생되며, 다음 개념에 접근하기 위한 긴 간격의 지체는 짧은 간격의 지체만큼 자주 발생하지는 않는다. 반면 초보자들은 정보를 청크로 조직하지 않기 때문에 자유 연상 실험에서 재생된 두 항목 간의 경과된 시간은 매우 불규칙하게 나타난다.

지금까지 내적으로 통합된 구조를 지닌 사람들이 기억 재생 실험에서 보이는 일반적인 특징에 대해 살펴보았다. 그러나 소위 초보자라 불리는 학생들이 전문가와 같이 내적으로 통합된 구조를 획득하기 위해 어떤 노력을 기울여야 하는가에 대한 연구는 많지 않다. 곱셈과 나눗셈 단원의 학습을 마친 학생들이 스스로 곱셈과 나눗셈의 역연산 관계를 깨달을 수 있을지, 선대칭과 점대칭 학습을 마친 학생들이 두 변환의 공통점을 찾을 수 있을지, 직육면체의 대각선을 구하는 공식이 직사각형의 대각선을 구하는 공식의 보다 일반적인 형태임을 깨달을 수 있을지 등을 생각해 보면, 통합된 구조를 학생 스스로 형성하기를 기대하는 것은 무리일 것이다. 따라서 교사는 이산적인 학습 내용을 개별적으로 지도한 후에는 '지금까지 지도한 내용 가운데 같은 것으로 볼 수 있는 것은 무엇인가?' '서로 연관 지어 기억해야 할 것으로는 무엇이 있는가?' 등의 반성을 해 보아야 하며, 이것이 수업에 반영되도록 해야 할 것이다. 이는 수학적 사고 가운데 '통합적 사고'와 유사하며, Skemp의 '관계적 이해'와도 관련되는 항목이다.

② 지식 구조의 연결성을 위한 지도

지식 구조의 연결성은 통합의 질과 관련된다. 통합은 개별적이었던 두 구조가 어떤 관계에 기초하여 하나로 연결됨을 의미하지만, 연결의 질까지는 보장하지 못한다. 즉, 곱셈과 나눗셈 구조가 역관계를 기초로 하나의 구조로 통합되었다 해도, 곱셈 및 나눗셈과 관련된 분석적인 질문에 답하거나, 새로운 문제 상황에 이 구조를 적용할 수 있는가의 여부는 보장하지 못한다. 예를 들어, 받아올림이 있는 덧셈 문제는 성공적으로 수행하면서, 받아내림이 있는 뺄셈 문제에서는 오류를 보이는 학생의 실패 원인을 분석해 보자. 그 학생이 덧셈 문제에서 받아올림을 정확히 수행하였다는 것은 자리 값에 대한 지식을 어느 정도 가지고 있음을 의미한다. 그러나 거의 같은 원리가 적용되는 뺄셈의 받아내림 과제를 실패하는 것은 아마도 자리 값 개념과 뺄셈의 절차적 지식을 서로 연결하지 못했기 때문일 것이다. 이처럼 개념적 지식과 절차적 지식 간의 연결에 실패하는 사례는 수학 학습에서 쉽게 찾아 볼 수 있다.

지식의 연결성이 우리에게 주는 교훈은 크게 두 가지이다. 먼저 학생들이 비록 특정 절차 수행에 실패하더라도 그것이 개념적 지식의 결여에서 비롯된 것이라 단정해서는 안 된다는 것이다. 분수의 대소 비교에 실패했다고 해서 분수 개념이 없다든가, 소수의 곱셈 수행에 실패했다고 해서 소수 개념이 없다는 식으로 단정하는 것은 곤란하다. 물론 그러한 가능성을 배제할 수 없으나 개념적 지식이 문제가 없는 것으로 드러난다면 개념적 지식과 절차적 지식과의 연결성을 조사해 보아야 할 것이다.

연결성 준거가 우리에게 주는 두 번째 교훈은 개별적으로 조직된 지식의 구조들을 학생 스스로 연결하는 것은 매우 어렵다는 것이다. 특히 개념적 지식과 절차적 지식 간의 연결을 위해서는 특별한 교수학적 처치가 요구된다. 수학적 절차에 내재된 의미를 지도하기 위해 교사들이 가장 흔히 사용하는 방법이 교구의 이용이다. 예를 들어, 받아올림이나 받아내림의 원리를 학생들에게 납득시키기 위해 교사들은 맹목적인 절차의 연습 이전에 학생들로 하여금 수막대나 화폐 모형 등의 교구를 이용하여 덧셈이나 뺄셈 문제를 해결하도록 한다. 교사들은 구체물을 이용한 이와 같은 경험이 학생들로 하여금 절차에 내재된 의미를 이해하는 데 도움이 될 것이라 믿는 듯하다. 그러나 아쉽게도 대부분의 학생들은 교사가 직접 설명해 주지 않는 한 자신이 수행한 활동의 의미를 특정한 수학적 절차와 관련짓지 못한다고 한다. 따라서 학생들에게 구체물 활동을 하게 할 때에는 각 활동의 의미가 무엇인지를 명시적으로 설명해 주어야 한다. [그림 4－7]은 수막대를 이용해 받아내림이 있는 뺄셈을 지도하는 절차를 나타낸 것으로, 뺄셈의 각 단계에 해당되는 행위를 수막대를 이용해 차례로 제시해 줌으로써 절차에 내재된 의미를 이해하는 데 도움을 주고 있다.

훈련절차	디엔에스 십진 블록으로 표현	
	십의 자리	일의 자리
문제에 대하여 : 85 -47 1. 블록으로 85를 표현하라.	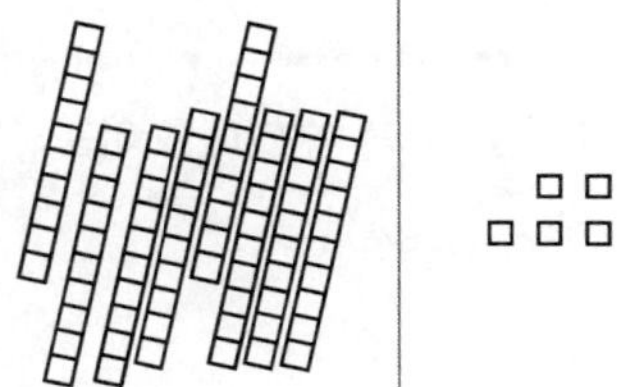	
2. 일단위로부터 시작하여 감수인 7블록을 제거해 보아라. 3. 블록이 충분하지 않으므로, 십단위로 가서 1개의 십단위 막대를 빌려온다. 4. 지필 계산에서는, 십단위 블록에서의 변화를 보이기 위하여 8에 사선을 긋고 7을 쓴다. $\overset{7}{\not 8}5$ -47	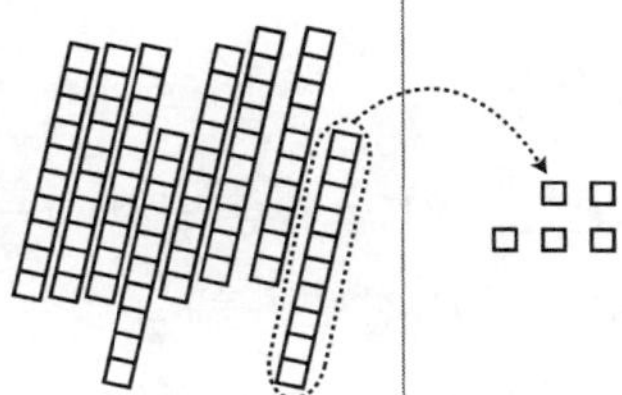	
5. 십단위 막대 1개와 교환할 10개의 일단위를 일단위 열에 놓는다. 6. 지필 계산에서는, 5가 변해서 15가 되었음을 보이기 위하여 1을 쓴다. $\overset{7}{\not 8}{}^{1}5$ -47	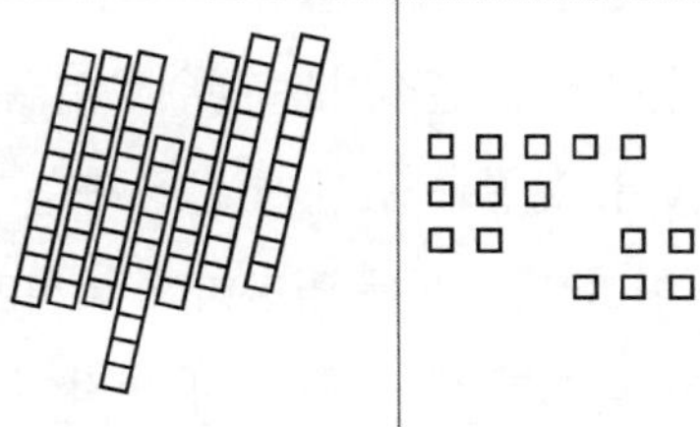	

7. 이제 일단위 열에서 감수의 블록을 제거한다. 8. 남아 있는 블록을 세어서 지필 계산의 일의 자리에 답을 적는다. 7 8̸ ¹5 -47 8	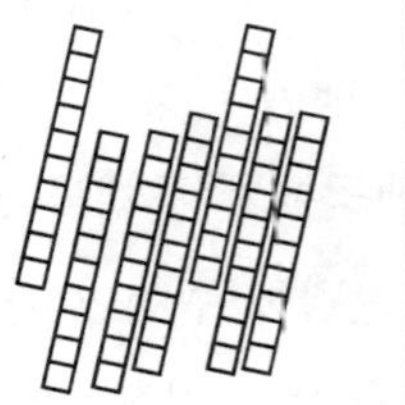	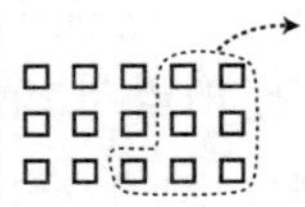
9. 십단위 열로 가서 감수만큼의 블록을 제거해 본다. 10. 블록이 충분하기 때문에, 계산이 가능하다. 남아 있는 블록을 세어서 지필 계산의 십의 자리에 답을 쓴다. 7 8̸ ¹5 -47 38	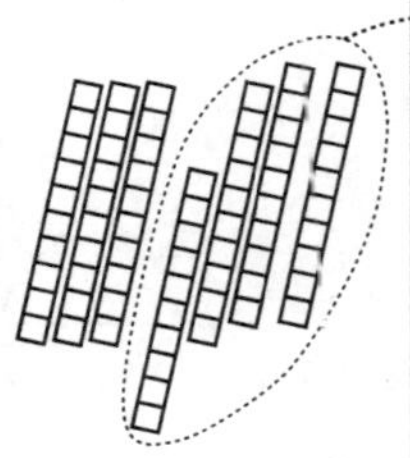	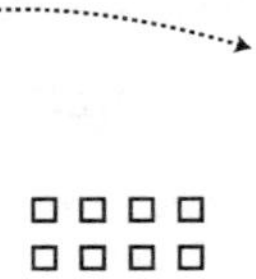

[그림 4−7] 수막대를 이용하여 뺄셈 전략과 개념을 연결하는 예

출처: Resnick & Ford, 1984, p. 211.

2) 정보의 효과적인 처리

(1) 문제의 표상

문제에 직면한 인간이 가장 먼저 하는 일은 문제를 표상(representation)하는 것이다. 표상이란 입력된 정보를 해석 가능한 형태로 코딩하는 것이다. 인간은 주어진 정보를 문자 그대로 수용하는 것이 아니라 개인의 지식 구조에 포함된 요소들과 어울릴 수 있는 형태로 변형하여 수용한다. 즉, 표상이란 문제의 진술과 문제해결자의 지식 구조를 연결하는 행위로서, 문제에 대한 이해로 이끈다.

예를 들어, 보통 사람에게 문장제를 제시하면 그가 가장 먼저 무엇을 할지 생각해 보자. 아마도 문제를 읽자마자 더하거나 빼는 행위부터 하지는 않을 것이다. 문제 풀이에 들어가기 전에 잠시 생각에 잠긴다면 그의 머릿속에는 표상과 관련된 일련의 사고 행위가 일어나고 있는 것이 분명하다. 아마도 대부분의 사람은 문제에 포함된 단어들을 자신의 지식 구조에 저장된 언어와 관련짓고, 문제해결을 위해 재진술과 같은 방법으로 처음에 주어진 문제를 코딩할 것이다.

표상에는 몇 가지 유형이 있다. Jerome Seymour Bruner(부르너)는 학생의 발달과 관련하여 활동적(enactive), 영상적(iconic), 기호적(symbolic) 표상 등의 3가지 양식을 가정한 바 있다. Resnick & Wendy W. Ford(포드, 1984)는 대수 문장제의 보기를 통해, 비형식적 언어 표상, 시각적(혹은 물리적) 표상, 대수적 표상 등 적어도 3가지의 표상 양식이 존재함을 밝혔다.

일반적으로 대수를 전혀 모르는 어린아이는 비형식적 언어에 의존해서 표상할 수밖에 없다. [그림 4-8]은 간단한 문장제가 주어졌을 때 가능한 3가지 표상 양식의 보기를 제시하고 있다. 이 중 가장 기억 부담이 큰 것은 언어적 표상임을 알 수 있다. 제아무리 문장제에 주어진 언어를 완벽하게 이해한다 하더라도 우리의 작동기억장치(working memory)의 용량은 매우 제한적이기 때문에 앞에서 수행한 절차나 계산 결과를 잊을 가능성이 매우 높다. 따라서 언어적 표상에만 의존해 문제를 해결하려는 학생에게는 기억 부담을 줄이는 데 도움이 되는 시각적 혹은 물리적 표상 양식을 아울러 사용하도록 지도하면 좋다. 시각적 표상은 불필요한 계산 절차를 줄여 주고, 기억상의 부담을 덜어 주기 때문에 오류의 가능성을 줄이게 된다. 그러나 모든 문제가 시각적으로 표상되는 것은 아니므로 이 역시 한계가 있다. 대수를 알고 있는 사람은 기억의 부담을 줄이는 방법으로 형식적인 대수적 표상을 사용할 수 있다. 이 방법은 문제 진술에 포함된 언어적 정보에 기초하여 식을 세우고, 나중에 계산을 하게 된다.

문제 진술	진희는 수철이보다 6인치가 크다. 수철이는 남수보다 1인치 작다. 남수의 키가 4피트라면 진희의 키는 얼마인가?

⬇

언어적 표상	수철이는 남수보다 1인치 작다. 남수의 키가 48인치이므로 수철이는 47인치다. 진희는 수철이보다 6인치 크다. 따라서 진희는 47에 6을 더한 53인치다.
시각적 표상	
대수적 표상	진희는 수철이보다 6이 더 크다: $J=S+6$ 수철이는 남수보다 1이 더 작다: $S=N-1$ 남수는 48이다: $N=48$ 진희는 얼마인가?: $J=?$

[그림 4－8] 간단한 문장제를 대면했을 때 나타날 수 있는 세 가지 표상 양식

출처: Resnick & Ford, 1984.

대수를 전혀 모르는 학생은 주로 언어적 표상 양식에 의존하겠지만, 성인의 경우는 문제에 따라 알맞은 표상 양식을 선택하기도 하며, 한 번에 여러 가지 표상 양식을 사용하기도 한다. 이처럼 표상 양식의 선택은 나이와 경험, 지식 구조, 개인이 사전에 학습한 정도 등 개인적 요인에 의존한다.

표상에 영향을 미치는 두 번째 요인은 과제 지시나 단서와 같은 과제 환경이다. 과제 환경은 문제 진술 방식이나 도표 또는 수량, 조건, 미지량 등 문제해결자에 의해 지각되는 과제의 모든 요소들을 의미한다. 예를 들어, Wertheimer(1945)가 제시한 다음 문제에서 과제 환경을 생각해 보자.

문제

$$12 = 3 \times 4$$
$$56 = 7 \times 8$$
$$45 = 6 \times ?$$

이 문제는 얼핏 보면 발견된 규칙을 이용하여 해를 구하는 것 같지만, 실제로는 가시적인 규칙이 오히려 문제해결에 방해 요인으로 작용함을 알 수 있다. 우리는 실험을 하지 않더라도 어린 학생들이 이 문제의 답으로 '7'이라고 자신 있게 답하는 상황을 쉽게 떠올릴 수 있다. 만약 위의 두 식을 제시하지 않고 '45 = 6 × ?'만 제시했다면 결과는 달라졌을 것이다. 이처럼 과제 환경은 문제해결자가 문제를 표상하는 데 결정적인 영향을 미친다.

이상의 내용을 바탕으로 수학 지도를 위한 시사점을 3가지로 정리할 수 있다.

첫째, 교사는 학생들에게 표상할 시간을 충분히 제공해야 한다. 특히 문장제의 경우는 코딩해야 할 정보가 많기 때문에 일반적인 대수 문제보다 훨씬 더 많은 시간을 문제의 이해를 위해 할당해야 한다. 가장 경계해야 할 지도 습관은 학생들에게 문제를 제시한 후, 곧바로 문제의 계획이나 실행을 요구하는 것이다. 연구에 의하면 교사가 몇 초를 더 기다려 주는 것만으로도 학생의 사고의 수준을 높일 수 있다고 한다. 따라서 교사는 인내심을 가지고 학생이 마음속에서 문제를 충분히 음미하도록 기다릴 줄 알아야 한다.

둘째, 교사는 학생들에게 다양한 표상 양식을 경험하도록 해야 한다. 나이가 어린 학생은 아무래도 다양한 표상 양식을 접해 볼 기회가 적다. 따라서 한 문제에 대해 가능한 여러 가지 표상 양식을 접해 보게 하고, 그 가운데 문제해결에 적합한 표상 양식이 무엇인지를 생각해 보게 하는 습관을 키우도록 지도해야 한다. 일반적으로 대수를 배우지 않은 어린 학생들은 언어적 표상에만 의존하기 쉽지만 문제의 구조를 잘 함의하고 있는 그림을 함께 보여 줌으로써 문제의 이해를 도울 수 있다. 반대로 나이가 든 학생의 경우는 지나치게 대수적 표상에 의존하여 문제를 푸는 경향이 있다. 이들 역시 문제에 따라 적합한 표상 양식이 있음을 알게 하고, 때로는 언어적 표상이나 시각적 표상으로 쉽게 문제가 해결될 수 있음을 경험하도록 해야 한다.

셋째, 교사는 과제 환경이 문제해결에 영향을 미칠 수 있음을 인식해야 한다. 문제의 진술 방식이나 문제에 포함된 도표나 그래픽 자료, 과제 지시, 수량이나 미지량 등 여러 가지 요인들이 문제의 표상에 영향을 줄 수 있음을 인지해야 한다. 교사는 학생들이 문제를 표상하는 데 도움이 되는 방향으로 과제 환경을 최적화시키는 노력을 기울여야 할 것이다.

(2) 지식 구조의 탐색

문제를 제대로 표상하고 나면, 문제해결의 성패는 표상된 문제에 맞는 적절한 일련의 절차들을 문제해결자가 기억하고 있는가의 여부에 달려 있다. 전형적인 수학 수업에서 제시되는 대부분의 문제들은 표준적인 알고리즘에 의해 해결되기 때문에, 표상이 이루어지고 나면 문제는 거의 풀린 거나 다름없다. 그러나 알고리즘에 의해 즉각적으로 해결될 수 없는 비표준적 문제를 만나게 되면, 문제해결에 도움이 되는 다른 정보를 자신의 저장고에서 탐색해야 할 것이다. 이때 주로 사용되는 전략이 '시행착오 전략'과 '하위목표 설정 전략'이다.

시행착오 전략은 어떤 정보가 필요한지는 알지만 어떤 항목이 그 준거에 맞는지 모를 때 후보가 되는 모든 항목들의 적합성을 조사해 나가는 것이다. 예를 들어, "1부터 50까지의 수 중에서 소수는 몇 개인가?"와 같은 문제는 소수의 목록을 기억하고 있지 않는 한 1부터 50까지의 모든 수를 대상으로 소수의 준거에 합당한지를 조사하는 수밖에 없다. 그러나 모든 짝수는 2를 인수로 한다는 사실을 이용하면, 1부터 50까지의 수 중에서 홀수만 조사하면 되므로 탐색의 경로는 반으로 줄어든다. 시행착오 전략은 모든 경우를 일일이 조사해 본다는 점에서 볼 때 낮은 수준의 전략일지 모르지만, 시행의 횟수를 줄일 수 있는 아이디어를 찾게 되면 의외로 문제가 쉽게 풀릴 수 있다.

하위 목표 설정 전략은 문제가 즉각적으로 해결되지 않을 때, 해결될 수 있는 하위 목표나, 일단 해결되면 최초의 목표를 해결하는 데 기여할 수 있는 하위 목표를 설정함으로써 저장된 지식을 탐색하는 데 도움을 주는 전략을 의미한다. 하위 목표를 설정한다는 것은 문제를 해결될 수 있는 쉬운 상태로 만들기 위해 재조직하는 하는 것을 의미하는 것으로, 하위 목표가 설정되고 나면 다시 중간 표상을 하게 된다. Polya는 이것을 우회 전략이라고 명명하면서 즉각적으로 풀리지 않는 대부분의 문제는 이 방법으로 해결될 수 있다고 주장하였다.

즉각적으로 문제가 풀리지 않는 경우 대부분의 학생들은 쉽게 포기하는 경향이 있는데, 이는 아마도 학생들이 문제에 필요한 정보를 자신이 가지고 있지 않다고 생각하기 때문일 것이다. 그러나 전문가들조차도 문제해결에 필요한 직접적인 정보를 가지고 있는 경우는 드물며, 대부분은 하위 목표 설정을 통해 우회적으로 문제를 해결해 나간다. 예를 들어, 가로, 세로, 높이가 주어진 직육면체의 대각선의 길이를 구하는 문제를 처음으로 접하게 되면 관련된 공식을 암기하지 않은 학생으로서는 포기하고자 하는 마음이 생기기 쉽다. 그러나 이 문제와 관련하여 직사각형의 대각선을 구해 본 경험을 떠올리고, 이를 문제 푸는 데 활용할 수 없을까라는 생각을 한다면 문제해결에 이를 수도 있다. 만약 주어진 직육면체의 높이가 '0'이라면 직사각형이 되기 때문에, 최종 목표에는 이르지 못했으나 부분적인 목표는 달성한 셈이다. 그리고 이것을 이용하여 다음 단계로 나갈 수 있다.

이상의 내용을 바탕으로 교사의 역할을 정리하면 다음과 같다. 우선 교사는 학생들이 문제를 풀기에 충분한 자원을 가지고 있음을 확신하도록 지도해야 한다. 수학 문제를 접하는 대부분의 학생들은 즉각적으로 해법이 떠오르지 않을 때 쉽게 포기하는 경향이 있다. 그러나 그러한 경우라도 하위 목표 설정과 같은 우회 전략을 활용하면 자신이 가진 자원을 활용해 단계적으로 문제해결에 이를 수 있음을 확신해야 한다. 이를 위해 교사는 Polya가 제안한 바와 같이 "이와 관련된 문제를 풀어 본 일이 있는가?" "이와 유사한 문제를 풀어 본 일이 있는가?" "미지의 것이 같은 유사한 문제를 풀어 본 일이 있는가?" "조건을 단순화하여 생각해 보자." 등과 같은 발문과 권고를 자주 사용함으로써, 학습자로 하여금 자신의 지식 구조를 탐색하게 하고, 그 가운데 문제해결에 도움이 되는 정보를 찾아내는 경험을 하도록 해야 한다. 학생들은 유명한 수학자들조차도 귀납, 유추, 단순화 등의 우회 전략을 사용하여 문제해결에 도움을 받는다는 사실을 알아야 한다.

(3) 새로운 지식 구조의 생성

문제를 풀다 보면, 기존의 지식 구조들을 서로 연결해야 하는 상황이 발생한다. 예를 들어, 곱셈과 나눗셈을 개별적으로 학습한 사람이라 해도 어느 날 두 연산 관계를 스스로 깨닫고 문제해결에 그것을 활용할 수 있다. 이처럼 개별적으로 저장된 지식 구조들이 통합되거나 연결되는 상황이 발생하는데, 이것은 정보처리 심리학적 관점에서 매우 바람직한 현상이다. 그러나 문제는 어떤 조건하에서 이러한 통합 혹은 연결이 보다 촉진되는가 하는 점이다.

이와 관련하여 Resnick et al.(1980)은 10, 11세 학생들을 대상으로 평행사변형의 넓이 구하는 문제를 실험하였다. 그들은 학생들에게 측정 훈련(주어진 직사각형을 단위블록으로 덮게 하고 블록의 개수를 세게 하는 훈련)과 변형 훈련(주어진 평행사변형을 잘라서 직사각형으로 변형하는 훈련)을 따로 시킨 뒤, 평행사변형의 넓이를 구하는 과제를 수행하도록 하였다. 학생들은 사전에 평행사변형의 넓이를 구하는 과제를 한 번도 해 보지 못했지만, 이에 필요한 변형 활동과 직사각형 측정 활동은 이미 경험하였다. 실험 결과 약 50%의 학생이 스스로 측정과 변형 사이의 연결을 알아내고, 혼자만의 해법을 창안해 냈다(평행사변형을 직사각형으로 변형한 뒤, 직사각형의 넓이를 측정하는 방식). 반면 나머지 50%의 학생들은 얼마간의 노력 뒤에도 해결의 실마리를 발견하지 못했으며, 이에 따라 실험자가 점진적으로 보다 직접적인 힌트를 제공하였다. 그리하여 마지막에는 평행사변형을 변형하라는 힌트를 제공함으로써 남아 있던 모든 학생들이 문제의 해에 이르렀다고 한다.

이 실험이 우리에게 주는 시사점은 학생이 지식 구조 간의 연결성을 발견하기 위해서는 적어도 그와 관련된 사전 지식을 가지고 있어야 한다는 점이다. 평행사변형의 측정 실험을 예로 들면 이 방법을 발견하기 위해서는 도형의 변형과 측정에 대한 어느 정도의 지식이 전제되어야 한다. 그러나 사전 지식을 가지고 있다고 해서 지식 구조들 사이를 연결할 수 있는 것은 아니다. 실험 대상자의 절반은 사전 지식을 가지고 있었음에도 불구하고 측정과 변형 사이를 연결하지 못했는데, 이것은 문제해결자가 떠올린 문제의 표상과 관련된다. 문제해결에 성공한 집단은 주어진 문제를 '평행사변형이라는 도형에 블록을 올려놓는 일이 옳은가?'라는 관점으로 본 반면, 실패한 집단은 '평행사변형에 블록을 어떻게 배열해야 하는가?'의 관점으로 보았다고 한다. 즉, 문제 표상은 정보를 해석하는 방법에 영향을 미치게 되고, 결국에는 문제해결에 영향을 주게 된다. 뿐만 아니라 제시된 도형의 형태도 문제해결에 영향을 미치는 것으로 나타났다. 평행사변형 대신 오목-볼록으로 해석되는 도형[2]을 제시할 경우는 성공률이 높았는데, 이는 아마도 도형의 변환에 대한 아이디어를 자극하였기 때문일 것이다. 마지막으로 학생들에게 목표를 미리 분석하게 하는 것 역시 문제해결의 성공률을 높였다. 같은 실험에서 실험자가 과제를 제시하지 않고 단지 "내가 무엇을 물어볼 것 같니?"라는 질문을 한 것만으로도 학생들이 해결 방법을 찾을 가능성은 상당히 개선되었다.

지금까지의 내용을 정리하면, 학생들이 지식 구조 간의 연결성을 발견하기 위해서는 사전 지식이나 문제의 표상과 같은 학습자 내적인 요인 이외에도 적절한 과제 환경이라는 학습자 외적 요인이 크게 작용함을 알 수 있다. 따라서 수업에 임하

2) 사람들은 다음과 같이 생긴 도형을 보면, '직사각형의 어느 한 부분이 오목하게 들어간 대신 다른 한 부분이 볼록하게 나와 있다'는 식으로 모양을 해석하는 성향이 있다.

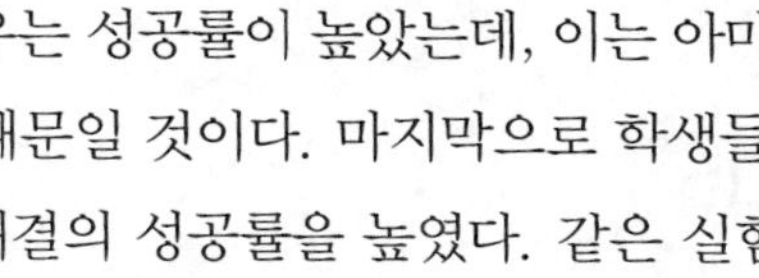

는 교사는 과제 환경이 문제해결에 방해가 되지 않도록 고려해야 하며, 동시에 학생으로 하여금 과제 환경의 특징을 살펴보게 함으로써 이들의 영향에서 자유롭게 되도록 도와주어야 할 것이다.

3. 문제해결과 학습자의 정서

유능한 교사들은 학생들의 자기 확신, 동기, 인내 등 비인지적 특성들이 수학적 지식 못지않게 문제해결 성패에 영향을 미친다는 것을 인식하고 있다. 그럼에도 불구하고, 대부분의 문제해결 연구는 인지적 측면에 과도한 초점이 주어져 왔으며, 그로 인해 전문가가 아닌 학생 집단의 문제해결 행위를 충분히 설명할 수 없었다. 최근에는 수학에 대한 자신감이나 긍정적인 태도가 수학교과의 주요 목표로 대두되고 있을 정도로 중요하게 간주되고 있기 때문에, 학생들의 인지적 측면뿐만 아니라 정의적 측면에 대해서도 더욱 많은 관심을 가져야 할 것이다.

1) 감정의 발생 메커니즘

Mind and Emotion(Mandler, 1975)의 저자인 George Mandler(맨들러)는 인지과학 분야의 선두 주자로서, 새로운 인지 심리학으로 간주되는 정보처리적 관점에서 감정을 해석하고자 하였다. 그의 관점에 의하면, 감정의 주요 근원은 개인적인 계획이나 계획된 행위의 간섭(interruption)이다. 심리학적 용어로 말하자면, 이들 계획은 행위 계열을 양산하는 스키마의 활성화로부터 비롯되며, 그 계열은 '완결하려는 경향성'을 가지고 있다. 그러나 어떤 간섭이 발생하면, 사고나 행위 계열의 완결이 발생할 수 없게 된다. 간섭의 결과는 개인의 심리적 각성을 유발한다. 이 각성은 근육 긴장이나 빠른 심박으로 관찰된다. 각성과 더불어 개인은 간섭의 의미를 평가한다. 그리고 평가의 결과는 놀라움, 좌절, 기쁨 등의 감정으로 해석된다.

계획적이고 조직적인 사고 및 행위 계열에 대한 간섭은 개인이 기대한 것과 지각한 것 사이의 모순과도 관련된다. 물론 Mandler의 이론에는 간섭 이외의 개념이 있지만, 간섭은 그의 정의 심리학 이론의 중심부에 있는 것은 틀림없다. 그의 이론은 일반적이고 여러 상황에서 응용 가능하며, 특히 문제해결에서 논의되는 정의적 이슈의 분석에 매우 잘 들어맞는다.

문제해결 연구자들은 '문제'를 '해답이나 목표를 즉각적으로 얻을 수 없는 과제'로 정의한다. 즉, 거기에는 문제를 해결하기 위한 즉각적인 알고리즘이 없기 때문에 문제해결자는 방해받게 된다. 비정형 문제를 해결하기 위한 초기 계획은 부적절한 경우가 많으며, 따라서 계획은 간섭받게 된다. 이후 새로운 전략이나 발견술이 채택될 수 있다. 그런데 문제에 대한 이 같은 정의는 Mandler가 간섭이나 각성이 어떻게 감정을 유발하는지를 설명하기 위해 사용한 상황과 정확하게 일치한다.

Mandler의 관점에서 보면, 각성과 결합된 인지적 평가는 긍정적 혹은 부정적 감정을 유발할 수 있다. 우리는 문제해결을 하는 학생의 반응에서 이 둘을 모두 볼 수 있다. 한 학생을 흥분케 하는 요인이 다른 학생을 침체하도록 만들 수 있다. 두 가지의 감정 모두 같은 종류의 간섭에서 기인할 수 있다. 따라서 학생이 간섭의 효과를 해석하는 방식은 매우 중요하다.

Mandler는 간섭에 대한 반응 정도가 학생의 정신 활동 조직 정도와 관련되어 있다고 주장했다. 수학 학습에서 정형화된 연습을 너무 많이 하게 되면 학생의 활동은 고도로 조직화된다. 학생들은 지체 없이 즉각 수학 과제를 완수하려 한다. 그리하여 불가피하게 문제해결 활동을 간섭하는 방해요인인 긴장을 유발하게 된다. 문제해결자에게서 관찰되는 이러한 긴장은 감정에 대한 Mandler의 관점이 수학 문제해결 연구에 유용할 것이라는 주장의 또 다른 증거가 된다.

2) 문제해결과 관련된 정서적 요인

Lester, Garofalo, Kroll(1989)은 문제를 해결하는 데 필요한 지식을 소유하고도 문제해결에 실패하는 것은 그것을 적절하게 사용하지 못하게 작용하는 비인지적 요소들이 존재하기 때문이라고 생각하였다. 그리하여 그들은 그러한 요소들을 정서와 태도, 신념, 통제, 문맥적 요소 등의 4가지로 구분하였다.

(1) 정서와 태도

이 영역은 개인적 감정, 정서, 선호, 태도 등과 관련된다. 감정은 특별한 상황에 대한 주관적 반응으로, 개인을 흥하게도 망하게도 할 수 있다. 그러나 좌절과 같은 부정적 감정이 반드시 망하게 하는 것은 아니며, 즐거움과 같은 긍정적 감정이 반드시 흥하게 하는 것도 아니다. Reyes(1984)는 선호나 태도 요소 가운데 유일하게 수학 학습에 대한 자신감만이 수학성취에 지속적으로 영향을 미친다고 주장하였으며, Webb, Moses, Kerr(1977)는 '모호함을 참아 내기' '성급하게 포기하는 것에 대한 저항'이 문제해결 성취와 매우 중요하게 관련되어 있다고 주장하기도 했다.

문제해결에 대한 흥미는 문제해결에 즐겁게 혹은 기꺼이 참여하고자 하는 정도를 의미한다. 물론 그 정도는 문제의 본질이나 개인이 작업할 조건 등에 의존한다. 자신감은 문제에 성공할 수 있는 자신의 능력에 대한 신념 및 자신의 동료들과 겨루었을 때의 자기 확신을 의미한다. 자기 확신은 자아에 대한 신념의 결과이다. 다음은 자기 확신의 결여가 문제해결 수행에 미치는 영향에 대한 실례이다.

시나리오 1: 자기 확신과 문제해결 수행

다음 문제를 4명씩 모둠학습을 하는 7학년 학생들에게 제시하였다.

문제

지우는 밴드에서 활동하는 드럼 연주자다. 화요일에 한 달 급여를 받았다. 그는 그날 급여의 20%를 쓰고, 수요일에는 남은 돈의 50%를 썼다. 그에게 현재 50만 원이 남아 있다면 지우가 받은 급여는 얼마인가?

다음은 문제에 대해 전혀 노력하지 않고 있는 한 모둠의 대화 내용이다.

교사: 은영, 네가 손 들었니? 여러분 모둠에 문제가 있나요?
은영: 우리는 이것을 할 수 없어요. 어떻게 하는지 모르거든요.
교사: 아니야, 할 수 있거든. 여러분 모두 못한다고 생각하나요?
(4명 모두 "예"라고 대답한다.)
교사: 여러분은 어떻게 하는지 모른다고 했는데, 그 문제에 대해 이해하지 못하는 것이 무엇이지요?
은영: 우리는 퍼센트 계산을 못해요.
교사: 왜 그러니, 지금 농담하는 거지. 퍼센트 문제는 이미 5학년에서 공부했잖아.
상철: 그러나 올해는 아니죠. 우리는 올해 아직 퍼센트를 배우지 않았거든요.

이 시나리오에 등장하는 4명은 수학성적이 중위권 이상인 학생들로 수업에 적극적으로 참여하는 학생들이었다. 그러나 그들은 자신들이 그 문제를 해결할 수 있을 것으로 믿지 않았으며, 퍼센트 문제가 자신들에게 너무 어렵다고 생각했다. 이와 같은 자기 확신의 결여는 어떤 특정 유형의 문제에 대해서는 전혀 손쓸 수 없게 만들어 버리기도 한다.

(2) 신념

Schoenfeld(1985)는 신념을 개인의 수학관, 즉 수학이나 수학 과제에 접근할 때의 관점이라고 정의했다(p. 45). Lester, Garofalo, Kroll(1989)은 신념을 태도와 구분하기 위해서, 자신에 대한 신념을 태도로 규정하고, 자신 이외의 것, 즉 수학이나 문제해결에 대한 개인의 주관적 지식만을 신념이라 정의했다. 그들에 의하면 신념(혹은 주관적 지식)은 논리적으로 참일 수도 있고 아닐 수도 있으며, 외적으로 정당화될 수도 있고 그렇지 않을 수 있다. 반면 객관적 지식은 두 가지 조건을 모두 만족시켜야 한다. 신념은 태도와 감정을 만들기도 하고, 문제해결 과정에서 의사결정에 영향을 주기도 한다. 다음은 문제해결에 대한 부정적인 신념이 문제해결 전략을 선택하는 데 어떤 영향을 미치는지를 보여 주는 보기이다.

시나리오 2: 수학과 문제해결에 대한 신념

다음 문제를 7학년 학생들에게 개별 과제로 제시하였다.

문제

A 강철회사는 4가지 유형의 철을 제작한다. 300톤의 원재료 철이 들어와, 이것으로 유형 I을 60톤 제작하고, 1톤에 60달러로 판다. 유형 II는 70톤을 제작하고, 1톤에 65달러로 판다. 유형 III은 120톤 제작하고, 1톤에 72달러로 판다. 유형 IV는 45톤 제작하고 1톤에 95달러로 판다. 원재료 철은 1톤에 40달러다. 공장에서 300톤의 원재료 철을 4가지 유형으로 바꾸는 데 2,500달러의 비용이 소요된다. A 강철회사는 이것으로 얼마의 이윤을 추구할 수 있나?

철수는 처음에 무게와 비용을 더했다. 그러나 이내 덧셈을 포기하고, 비용과 무게를 곱했다. 그는 다시 곱을 더했지만 그것으로 어떻게 해야 할지를 알지 못했다. 그래서 그는 다시 곱을 300으로 나누었다. 그는 자신의 계산 과정을 꼼꼼히 살폈고, 자신이 시도하지 않은 다른 연산이 없는지, 이제까지 나온 답은 합리적인지를 따졌다. 철수는 문제해결을 단지 사칙 연산을 한 번씩 시도해 보고 그 가운데 가장 그럴듯해 보이는 결과를 답으로 고르는 과정이라고 믿는 듯했다. 그러한 신념은 문제가 무엇에 관한 것인지를 이해할 필요성을 간과하게 만들었다. 반면 이러한 믿음은 철수로 하여금 매우 지루한 계산 과정을 참고 인내하도록 만들기도 하였다.

(3) 통제

통제는 문제해결에 유용한 자원들을 정렬하고 배정하는 것과 관련된다. 구체적으로는 계획, 평가, 모니터링, 조절 등에 대한 실행적 결정과 관련된다. 통제는 인지에 대한 지식과 조절이라 일컬어지는 메타인지와 동일어로 취급되기도 한다.

시나리오 3: 메타인지와 문제해결 수행

다음 문제는 7학년 학급 전체에게 제시한 것이다.

문제

> 아주 추운 겨울밤에 열대어 매장에 난방 시설이 고장 났다. 이 때문에 가게의 실내 온도가 내려갔고 20마리의 금붕어가 죽었다. 매장 매니저가 같은 수만큼 새 금붕어를 샀다. 그리고 매장에 있는 모든 금붕어를 자신과 3명의 직원이 똑같이 나누어 집에 가져가기로 했다. 매니저가 25마리 금붕어를 가지고 갔다면, 난방 시설이 고장 나기 전에 매장에 있던 금붕어는 모두 몇 마리인가?

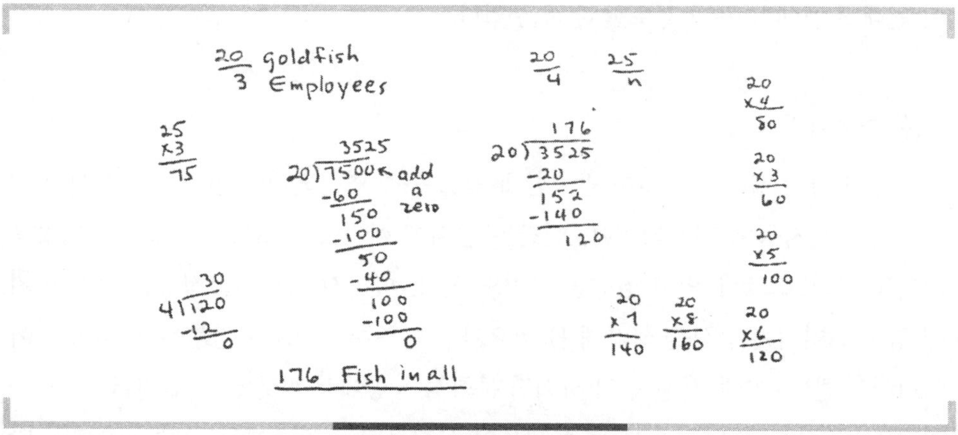

[그림 4-9] 민수의 문제풀이

출처: Lester, Garofalo, & Kroll, 1989, p. 82.

[그림 4-9]는 이 수업에 참여했던 학생 중 한 명인 민수가 20분간 문제를 풀었던 흔적이다. 민수는 앞의 시나리오에서 언급된 철수보다 답의 합리성에 대한 의식이

더 결여되어 있었으나, 이것은 잘못된 신념 때문이라기보다는 지식이나 기술의 결여에서 비롯된 것으로 보였다. 그는 우선 종이 상단에 문제에 포함된 수치 20과 3을 쓴 후, 다시 문제를 읽고 매니저를 포함해 4명이 있다는 사실을 알아차린다. 그리하여 20 대 4는 25 대 n과 같은 비례식을 쓴다. 비율은 최근 민수의 학급에서 다룬 내용으로 그는 분명히 이것이 문제를 푸는 데 관련된다고 생각한 듯하다. 그러나 어디에도 민수가 "내가 문제를 제대로 이해했는가?" 혹은 "이 방법이 적절한가?"와 같은 질문을 했다고 생각될 만한 흔적은 보이지 않는다.

민수는 비율로 문제를 해결하려던 것을 포기하고, 대신 25에 3을 곱했고, 그 결과를 20으로 나누었다. 75가 20으로 나누어 떨어지지 않았기 때문에 75에 0을 붙였으며, 그로 인해 몫에 소수점을 찍어야 한다는 것을 자각하지 못했다. 그러나 답의 합리성에 대해서는 생각한 듯하다. 왜냐하면 3525가 나오자 너무 크다고 생각하고, 이것을 다시 20으로 나누어 176이란 답을 도출했기 때문이다. 그러나 이 답이 원래 조건에 맞는지 검토한 흔적은 없다.

(4) 문맥적 요소

인간의 지적 행위는 그것이 발생한 문맥을 통해 연구되어야 한다는 주장이 여러 인지 심리학자들에 제기되었다. 인간은 실재에 빠져 살고 있으며, 그것에 영향을 주기도 하고, 그것에 의해 영향을 받기도 한다. 따라서 사회문화적 요소들이 인지에 영향을 미치는 방식을 생각해 볼 필요가 있다. 수학 학습의 경우에는, 수학적 아이디어의 발달, 이해, 사용 등이 사회적 문화적 상황에서 비롯된다. 심지어 Ubiratan D'Ambrosio(담브로시오, 1985)는 학생들이 사회문화적 환경에서 발달해 온 자신만의 수학을 학교에 가지고 온다고 하였다. 그는 이러한 수학을 민속수학(ethnomathematics)이라 부르며, 이것이 개인에게 수학적 현상을 다루기 위한 풍부한 직관과 비형식적 절차를 제공한다고 주장하였다.

3) 학습자의 정서를 고려한 지도

문제해결 지도에서 학습자의 정의적 측면을 고려해야 한다는 아이디어는 누구나 공감하지만, 이를 위해 교사가 수업에서 어떻게 대처해야 하는가에 대한 실제적 연구는 많지 않다. 이와 관련하여 Grouws & Cramer(1989)는 대도시 지역 학교에서 문제해결 지도에 성공적인 것으로 평가받는 6명의 중등 교사들을 대상으로 수업을 관찰하여, 그 공통점을 추출하였다. 그들이 특히 초점을 두고 관찰한 부분은 학생들이 문제해결 과제에 기꺼이 참여하고자 하는 정도, 복잡한 과제를 인내하려는 정도, 과제에 참여하는 것을 즐거워하는 정도 등 정의적 측면이었다. 관찰 결과, 이 교사들의 문제해결 수업은 공통적으로 다음과 같은 몇 가지 특징을 나타내고 있었다.

(1) 교사와 학생들과의 친밀한 관계

교실 분위기는 전반적으로 따뜻하고 우호적이었다. 학생들은 교사와 편하게 농담을 주고받았으며, 교사들은 그날 수업 주제에 대한 열정을 학생들과 교감하기도 했다. 어떤 교사는 자신이 어떤 한 문제에 너무 깊게 빠져서 발표자의 말을 경청하지 못했음을 솔직히 고백하기도 했고, 다른 교사는 너무나 재미있게 문제를 제시하는 바람에 꽤 심각한 분위기에 휩싸인 반을 웃음바다로 만들고 학생들에게 "구식 농담"이라는 조크를 되받기도 했다. 이처럼 성공적인 수업에서는 교사와 학생 사이의 감정이 매우 긍정적이다. 교사는 가르치는 것이 행복해 보였으며, 학생은 그 반에 참여하고 있는 것이 즐거워 보였다.

(2) 책임감

책임감은 이들 학급의 공통적인 특징 중 하나이다. 접근 방법은 달랐지만, 학생들은 문제를 해결하는 동안 자신들의 작업에 대한 책임감을 가지고 있었다. 이 책임감은 교사들이 문제해결 수업에서 사용한 평가 방법과 밀접하게 연관되어 있었다. 실제로 평가를 한다는 사실만으로도 학생들의 참여의식이나 책임감을 고취시킬 수 있지만, 이 교사들이 채택한 평가는 최종답보다는 해법을 찾고 발견하기까지의 과정이나 의사소통에 보다 큰 비중을 두고 있다는 점이 특징이다(보다 자세한 내용은 8장 3절을 참고하라).

(3) 협동적인 모둠 활동

협동적인 모둠 활동은 또 다른 공통점이었다. 어떤 학급에서는 임의로 모둠이 할당되기도 하며, 또 다른 학급에서는 학생 자신이 모둠 활동을 할지 개별 활동을 할지를 결정하도록 하기도 했다. 인터뷰 동안 교사들은 협동학습의 중요성을 강조했다. 교사들은 개별학습에 비해 협동학습이 학생들의 좌절이나 불안 정도를 더 줄여 주고, 더 많은 질문을 이끌어내며, 더 재미있게 학습에 참여하도록 한다고 말했다. 교사들은 수업에 대한 학생들의 긍정적인 반응은 아마도 학생들이 문제에 대해 서로 이야기하면서 함께 작업한 경험 때문일 것이라고 말했다.

(4) 정규적인 수업으로서의 문제해결

모든 교사들은 문제해결 수업을 정규적으로 운영하였다. 인터뷰에서 한 명을 제외한 모든 교사들은 문제해결이 가장 중요한 목표인 점을 고려한다면, 여전히 문제해결 수업을 그들이 원하는 만큼 충분히 하지 못하고 있다고 응답했다. 교사들은 가급적 더 많은 문제해결 수업을 하려고 노력하며, 문제해결이 전통적인 교육과정에 더 많이 통합되어야 한다고 응답했다. 한 교사는 자신이 시간만 있다면 모든 수학 수업을 문제해결 수업으로 운영할 수 있다고 말하기도 하였다.

(5) 문제해결자로서의 교사

모든 교사들은 자신을 문제해결자로 묘사했다. 그들은 문제 푸는 것을 좋아했고, 그러한 열정이 학생들에게 전이되기를 원했다. 인터뷰를 통해 6명 중 5명이 문제해결 지도를 위한 특수 프로그램에서 훈련을 받은 것으로 밝혀졌다. 그들은 그 훈련이 자신들을 보다 능숙한 문제해결자로 만들었다고 믿었다. 가장 경력이 적은 교사는 대학원에 진학한 상태였으며, 그의 학부 프로그램은 문제해결 지도를 강조했다고 상기했다.

4. 문제해결과 메타인지

메타인지(metacognition)가 심리학 분야에서 명시적으로 거론된 것은 1970년대 초반이지만, 수학교육분야에서는 문제해결과 더불어 1980년대 초반에 도입되었다. 메타인지의 일반적 정의는 '인지에 대한 인지' 혹은 '인지에 대한 반성' 혹은 '사고에 대한 사고' 등이지만, 최근까지도 개념적 불명확성 문제가 제기되고 있을 정도로 다면적이고 다영역적 개념이라 하겠다.

1) 메타인지의 다면적 의미

메타인지에 대한 논의가 어려운 이유는 개념의 불명확성 때문이다. 일반적으로 메타인지는 두 부분으로 구분된다. 하나는 자신의 인지 과정에 대한 자각 혹은 인지에 대한 지식이다. 다른 하나는 인지에 대한 의사결정으로 인지에 대한 조절과 관련된다. 그러나 김수미(1996)에 의하면 메타인지는 이보다 훨씬 광의적으로 사용되어 왔으며, 그것을 정리하면 다음과 같은 5가지이다.

(1) 정신세계에 대한 지식으로서의 메타인지

인간은 성장하면서 외적 행동이나 물리적 사건과는 구분되는 다른 세계가 존재한다는 것을 알게 된다. 이를테면 거짓말이나 추측을 한다는 것은 우리가 실제 세계와 다른 어떤 세계가 있음을 알고 있는 것을 의미한다. 또한 상상이나 추론, 추측 등 다양한 정신 과정에 참여하면서 각 정신 활동을 구분하게 되고, 정신 활동의 보편적인 특징을 파악하게 된다. 예를 들면, 이해에도 여러 차원이 있다든가, 주의를 기울이지 않았기 때문에 이해하지 못한 것이라든가 식의 깨달음을 얻게 된다.

(2) 변인에 대한 지식으로서의 메타인지

인간은 과제를 수행하면서 수행 과정이나 결과에 영향을 미치는 변인에 대한 지식이나 신념을 형성하게 된다. 이때 변인은 크게 사람, 과제, 전략, 환경 변인이 있다. 먼저 사람 변인은 자신이나 타인의 인지적 특성, 인지적 능력, 습관, 동기, 불안 등에 대해 개인이 가지고 있는 지식이나 신념을 의미한다. 과제 변인은 과제에 대한 지식으로 개인이 인지 과제를 수행하는 동안 이용하는 정보의 성질과 처리 방법과 관련된다. 예를 들면, 어떤 과제는 보다 엄밀성을 요구한다든지, 혹은 어떤 과제는 어떤 요구를 고려해서 처리해야 한다든가 하는 식의 지식이나 신념이다. 전략 변인은 어떤 인지적 수행에서 어떤 목표 혹은 하위 목표에 도달하기 위해 어떤 전략이 가장 효과적인가에 대해 개인이 습득하게 되는 지식이다. 예를 들면, 문장제에 특정 단어가 나오면 특정 연산과 관련된다는 식의 믿음이 이에 해당된다. 환경 변인은 앞의 3가지 변인 이외의 요인으로 가정환경, 학교환경, 사회환경 등에 대한 지식이 이에 해당된다.

(3) 자신의 인지 상태에 대한 평가적 지식으로서의 메타인지

이것은 인지 과제를 처리하는 상황에서 행해지는 자신의 사고 과정에 대한 즉각적인 평가 혹은 평가 결과이다. 세부적으로는 과제를 수행하기 전에 자신이 그것을 어느 정도 할 수 있을지를 평가하는 자기예언, 과제 수행 중에 자신의 사고 과정을 점검하는 자기점검, 과제 수행 후에 자신의 수행 결과를 평가하는 자기평가로 구분된다. 이것이 변인에 대한 지식 가운데 자신에 대한 지식과 구분되는 것은 장기기억장치에 저장된 비교적 안정된 지식이 아니라 상황에 따라 다르게 평가되는 과제 의존적 지식이기 때문이다.

(4) 기능으로서의 메타인지

이것은 인지 과제를 효과적으로 수행하게 하거나, 수행한 결과에 대해 확신을 하기 위해 행해지는 전략적 행동 혹은 의사결정과 관련된 문제해결의 일반 기능이다. 예를 들어, 과제의 성격에 대한 생각, 문제가 무엇인가에 대한 결정, 정보에 대한 정신적 표상, 과제나 문제의 본질을 이해하는 데 도움이 되는 전략의 선택, 행동 절차의 입안, 계획 실행을 위한 적절한 전략의 선택, 속도 · 정확성의 취사선택, 노력 · 시간의 배분, 풀이 과정의 모니터링, 전략이나 계획의 실행 결과에 대한 평가, 필요한 경우 비생산적 전략이나 계획의 수정 혹은 포기 등이 이에 해당된다.

(5) 정의적 특성으로서의 메타인지

인지 과제에 대한 개인적 신념, 태도, 정서 등이 이에 해당된다. 신념은 흔히 주관적 지식이라 불리기 때문에 전술한 '변인에 대한 지식'과 유사한 개념이다. 태도로서의 메타인지는 수학에 대한 태도를 의미하지만 무엇을 믿는다는 것과 무엇에 대한 태도를 나타낸다는 것을 엄격하게 구분하기 어렵다. 따라서 태도 역시 '변인에 대한 지식'과 구분하기 어렵다. 정서로서의 메타인지는 인지적 과제를 수행하는 중에 발생하는 모든 종류의 개인적 감정을 의미한다. 그러나 근거 없는 감정이 아니고 과거 유사 경험으로 인해 발생하는 것과 같이 어떤 근거를 가지고 있다. 예를 들어, 어떤 것을 이해하지 못했을 때 생기는 잠시의 당혹감이나 불안감, 어떤 목표로부터 아직 멀리 있다는 느낌, 예전에 했던 것보다 더 쉽다든가 어렵다는 느낌 등이 이에 해당된다.

2) 수학 문제해결 과정에서의 메타인지의 의미와 역할

앞에서 기술한 바와 같이 메타인지는 매우 다면적인 개념이지만, 수학 문제해결 연구 분야에서는 주로 인지 과제를 효과적으로 수행하게 하거나, 수행한 결과에 대해 확신을 하기 위해 행해지는 전략적 행동 혹은 의사결정과 관련된 문제해결의 일반 기능으로 간주되어 왔다. Lester & Garofalo(1985)는 문제해결 과정을 방향설정, 조직, 실행, 확인의 4단계로 구분하고, 각 단계에서 발생하는 의사결정 가운데 메타인지와 관련된 것을 '메타인지적 결정'이라 하여 구체적인 보기를 제시하였다(〈표 4-3〉). 표의 내용을 살펴보면, 자신이나 과제 변인에 대한 지식('나는 알고리즘 수행이 서투르다.' '잘 추적하기 위해선 하고 있는 것을 소리 낼 필요가 있어.' 등)과 평가적 지식('내가 주의 깊게 하지 않았어.' 등)이 일부 포함되어 있지만 대부분은 과제분석 및 그에 따른 전략의 선택과 같은 문제해결의 일반적 기능에 해당한다.

〈표 4-3〉 Lester와 Garofalo의 문제해결 모델과 메타인지적 결정

문제해결 단계	메타인지적 결정
방향설정: 문제를 이해하고 평가하는 전략적 행동 A. 이해 전략 B. 정보와 조건의 분석 C. 과제 친숙도의 평가 D. 초기 및 후속적인 문제해석 E. 성공 가능성과 난이도 평가	• 해결의 실마리가 될 낱말을 찾아야 한다. 그것은 내가 무엇을 할지 알려 줄 것이다. • 이 문제 속의 수치가 내게 너무 크구나. • 이 문제는 ~유형의 문제다. • 나는 이 문제를 풀기 위해 무엇을 해야 할지 모르겠다. • 수가 너무 많다. • 전에 풀던 것과 다른 문제인 것 같다.
조직: 행동의 계획과 행동의 선택 A. 목표와 하위 목표 확인 B. 전체적인 계획 C. 국부적인 계획	• 나는 이 문제가 ~를 요구하는 것이라 생각한다. ~를 구함으로써 이 문제를 풀 수 있을 거다. • 나는 우선 이 수에 대해 ~계산을 해야 한다고 생각한다. • 확신할 수는 없지만 나는 이 알고리즘이 ~유형의 문제에 유용할 것이라 생각한다. • 무엇을 해야 하는지 모르겠어. • 우선 추측해 보자.

실행: 계획에 적합하게 행동을 조절 A. 국소적 행동의 수행 B. 국소적 계획과 전체적 계획의 진행을 조사 C. 두 개 이상의 대안 가운데서 유리한 것으로 결정	• 나는 알고리즘 수행이 서투르다. • 천천히 하는 것이 좋을 거다. • 이것은 복잡해. 주의 깊게 각 단계를 되짚어 보아야 할 것이다. • 이 방법은 유용하지 않아. 다른 것을 시도해야 할 것이다. • 잘 추적하기 위해 하고 있는 것을 소리 낼 필요가 있어. • 이러한 단계들은 써 내려가는 것이 좋겠다.
확인: 행해진 결정과 수행된 계획의 결과에 관한 평가 A. 방향설정과 조직에 관한 평가 1. 표현의 적절성 2. 계획 작성의 적절성 3. 전체적 계획과 국소적 계획의 일관성 4. 목표와 전체적 계획의 일관성 B. 실행에 관한 평가 1. 행동의 적절성 2. 계획과 행동의 일관성 3. 국소적 결과와 계획, 그리고 문제조건과의 일관성 4. 최종적 결과와 문제조건과의 일관성	• 나는 주의 깊게 하지 않았어. • 각 단계를 검토하는 것이 좋을 것 같아. • 이 계획은 적절하다고 생각하지 않아. • 나는 이를 다시 검토하는 것이 좋을 것 같아. • 문제를 이해했다고 확신할 수 없어. 다시 문제를 읽어야겠어. • 이 답은 너무 커. 다시 검토해야겠어. • 이것이 ~유형의 문제라고 생각했는데 지금 와서 보니 그렇지 않은 것 같아.

표에서 보듯이 Lester & Garofalo는 문제해결에서의 메타인지적 기능의 역할을 강조하고 있지만, 메타인지적 기능이 원활히 이루어지기 위해서는 메타인지적 지식이 전제되어야 함을 가정하였다. 그들은 메타인지적 지식을 사람, 과제, 전략에 대한 지식으로 구분하고, 이것이 수학 문제해결의 각 단계에 영향을 미친다고 생각하였다([그림 4−12]). 즉, 문제해결 과정에서 자신의 사고 과정을 점검하고 통제하기 위해서는 풍부하고 객관적인 메타인지적 지식을 가지고 있어야 한다는 것이다.

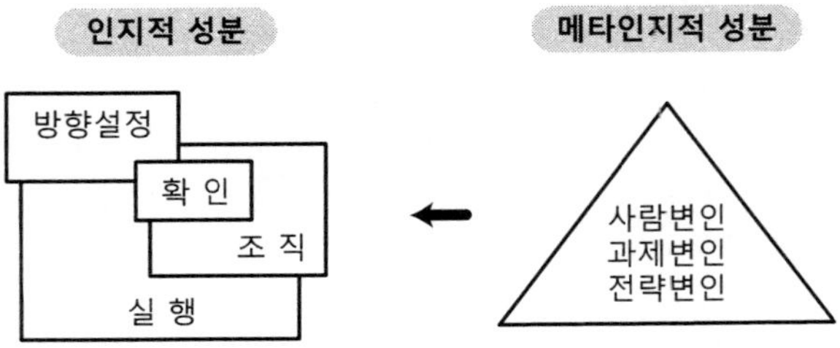

[그림 4-12] Lester의 인지-메타인지 모델

한편 박영태(1990)는 문제해결 과정을 문제확인, 예언, 계획, 실행, 자기평가, 자기강화 등 6단계로 구분한 문제해결 모델을 제안하고, 각 단계에 해당하는 메타인지적 질문을 예시로 제시하였다. 이해, 계획, 실행, 반성이라고 하는 일반적인 4단계 문제해결 과정 모델과 비교해 보면, 이 모델은 '예언'과 '자기강화'라는 자기평가적 단계를 새로 추가한 것을 알 수 있다. 뿐만 아니라 실행 단계에 제시된 메타인지적 질문 사항들 역시 모두 자신의 문제해결 과정에 대한 모니터링에 해당한다. 따라서 이 모델은 메타인지의 여러 개념 가운데 특히 자신의 인지적 상태에 대한 평가적 지식으로서의 측면이 강하게 담긴 모델이라 하겠다.

〈표 4-4〉 박영태의 문제해결 모델과 메타인지적 질문

문제해결 단계	메타인지적 질문
문제확인	문제를 그림으로 생각해 보자. 문제를 실제 몸짓으로 생각해 보자. 문제를 자기말로 다시 쉽게 해 보자.
예언	내 힘으로 정말 할 수 있을까? 왜 할 수 있다고 생각하는가?
계획	그럼 이 문제를 어떻게 풀면 좋겠는가? 방법을 생각해 보자. 구체적인 방법이 생각되었는가? 가장 좋겠다고 생각하는 방법을 택하자.

실행	차례에 따라서 차근차근 풀고 있는가? 계산은 바르게 하고 있는가? 도표나 표를 바르게 해석하고 있는가? 제시된 숫자들의 성질이나 관계를 바르게 이해하고 있는가? 너무 한 부분에만 빠져 들고 있지는 않은가?
자기평가	문제의 성질에 비추어 답이 맞는다고 생각되는가? 가장 좋은 방법으로 풀었다고 생각하는가? 가장 좋은 방법이 아니라고 생각되면 다시 더 좋은 방법을 생각해 보자.
자기강화	나는 잘할 수 있다는 자신감이 생겼나?

3) 메타인지 능력을 개발하기 위한 지도

Schoenfeld(1987)는 메타인지에 집중되는 교수기법 4가지를 다음과 같이 소개하고 있다.

(1) 비디오 녹화 감상하기

이것은 다른 학생들이 문제 푸는 과정을 담은 비디오테이프를 보여 주는 방식으로, 다른 사람의 문제해결 행동을 분석하고 그것을 통해 자신의 문제해결 과정을 반성하게 하는 효과를 가져올 수 있다. 예를 들어, 비디오 속의 학생이 문제를 읽고 해야 할 것을 결정한 후, 다른 가능성을 배제한 채 처음 결정한 것에 매달렸으나 문제해결에 실패했다고 가정하자. 분명 문제를 해결할 만한 수학적 지식을 가지고 있었음에도 한 번 시도한 방법을 고집하여 문제해결에 실패했을 때, 이를 지켜보던 학생들의 반응은 다음과 같았다. “저렇게 바보스럽다니, 모든 시간을 허비하고 있잖아. 저건 문제풀이에 전혀 도움이 안 될 텐데…….” 다른 한편에서는 비디오 속의 학생들과 공감하면서 “나도 저럴 것 같아.”라고 한다. 이와 같이 자신이나 타인의 문제해결 과정을 분석해 보는 경험은 메타인지 개발에 도움이 된다.

(2) 역할 모델로서의 교사

교사는 학생들을 위해 문제해결 과정에서 메타인지를 적절하게 활용하는 훌륭한 모델이 되어야 한다. 전통적인 수업에서 교사는 칠판에 문제의 답을 쓸 때 간결하고 정리된 방식으로 생각의 결과를 보여 주려고 한다. 그러나 실제로 어려운 문제를 풀 때는 꽤 오랫동안 이리저리 궁리해 보기도 하고 처음으로 되돌아가기도 하면서 복잡하고 세련되지 못한 과정을 겪게 되므로, 교사가 간결하고 정리된 방식만 고집할 경우 학생들은 실제적인 문제해결 과정을 보지 못하게 된다. 따라서 교사는 이러한 실제적인 과정이 드러날 수 있는 방법을 모색해야 한다. 예를 들어, 교사는 문제해결 과정에서 평소에는 마음속에서 제기되었을 메타인지적 결정이나 질문 사항들을 큰 소리로 말하고 응답함으로써, 학생들의 마음속에 이러한 내용들이 무의식적으로 자리 잡게 도울 수 있다.

(3) 학급 토의에서 중재자로서의 교사

전통적인 교실에서 학급 전체가 문제해결에 참여할 때, 교사는 자신의 아이디어를 제시하거나 학생들로부터 제시된 아이디어 중 일부를 선택하고 그것의 옳고 그름을 판단하는 등 의사결정의 책임자로서의 역할을 수행한다. 그러나 학생들로 하여금 문제해결 과정에서의 '자기조절'을 경험해 보도록 하기 위해서는 교사는 한 발 물러서서 의사결정의 주도권을 학생들에게 넘기고 자신은 학급토론이 원활하게 진행되도록 중재자의 역할에 만족해야 한다. 예를 들어, 어떤 문제에 대해 부적절한 아이디어가 학생들로부터 제기되어도, 그것을 원천적으로 봉쇄하기보다는 학생들 스스로 그 아이디어의 부적절성을 깨달아 폐기하도록 유도하는 것이 바람직하다. 그러기 위해서는 학생들이 제기한 아이디어가 문제해결의 궁극적인 목표와 부합하는지, 문제는 제대로 이해하고 있는지 등을 물어보아야 한다. 또한 채택된 아이디어로 작업을 수행하는 중에도 어느 정도의 시점에서는 풀이 과정을 점검하도록 유도하고, 잘못되었다면 되돌아가고 싶은 아이디어가 있는지를 물어본다.

교사와 학생들은 문제의 해에 도달할 때까지 이런 과정을 계속할 것이고, 답을 구했을 때 교사는 중재자로서의 역할에서 벗어나 그동안 학생들이 시도한 과정을 요약해 준다. 또한 교사는 학생들이 실패했던 지점, 학생들이 채택하지 않은 아이디어, 다른 접근 방법 등에 대해 토의하도록 한다. 이처럼 학급 전체가 참여하는 문제해결 수업은 '자기조절'을 경험할 수 있는 명백한 매개체다.

(4) 소그룹 문제해결 활동

소그룹 활동은 문제해결 수업에서 흔히 사용하는 방법으로, 자신과 인지 수준이 비슷한 동료들의 아이디어를 듣고 그 가운데 일부를 채택하거나 폐기하는 의사결정이 빈번하게 일어난다. 그런 가운데 교사는 교실을 순회하면서 "지금 무엇을 하고 있니?" "이 아이디어는 문제풀이에 어떻게 이용될까?" "결과를 얻었을 때 이를 가지고 무엇을 할 수 있을까?" 등의 질문을 한다. 비록 이러한 질문들이 학생들을 불편하게 만들지는 모르지만, 교사의 이런 공격으로부터 자신을 방어하기 위해 학생들은 미리 질문에 대한 답을 준비하는 습관을 가지게 된다. 결국 이러한 수업이 반복되다 보면, 학생들은 문제해결 과정에서 필요한 순간에 이와 같은 점검적인 질문들을 토의하는 습관을 형성하게 된다.

5. 문제해결과 창의성

최근 창의성 교육에 대한 요구가 사회 전반에서 제기되고 있을 정도로 창의성에 대한 관심은 지대하다. 그러나 창의성이 무엇이고, 그것이 왜 중요하며, 그것이 어떻게 개발될 수 있는지에 대해서는 아직 명확하지 않은 것이 사실이다. 이와 관련하여 도종훈(2006)은 수학적 창의성에 대한 기존 학자들의 연구 결과를 정리하여, 창의성 개념의 핵심적 요소를 두 가지로 추출하였다. 하나는 확산적 산출물의 생산 능력이며, 다른 하나는 사고의 고착 극복 능력, 즉 사고의 유연성이다. 그리고 이 두 요소를 이용하여 창의성을 "수학 문제 상황에서 사고의 고착을 극복하여 다양하고 독창적인 산출물을 내는 능력"이라 정의하였다(p. 10).

독창적인 산출물을 내는 능력이란 제기된 문제에 대해 다양하고 독창적인 해법을 제시하는 능력 그 이상으로, 주어진 문제에 대한 해법을 찾는 과정에서 새로운 내용이나 새로운 문제를 만들어 내는 능력을 포함한다. 그리고 사고의 유연성은 이 두 상황, 즉 주어진 문제를 해결하는 상황과 이를 통해 새로운 문제를 제기하는 상황에서 매우 중요한 역할을 하게 된다. 이 절에서는 도종훈(2006)의 연구에 제시된 수학적 보기를 중심으로 문제설정 및 문제해결 상황에서의 사고 유연성의 역할에 대해 살펴보고자 한다.

1) 문제설정 상황에서의 사고의 유연성

문제설정은 학습자를 문제해결자의 위치에서 문제출제자의 위치로 이동시킴으로써, 기존의 문제를 새로운 관점에서 바라보게 한다. 문제설정을 하기 위해서는 기존 문제를 분석하고, 분석한 결과 제기된 몇 가지 속성에 대해 "만약 ~이라면" 혹은 "만약 ~이 아니라면"과 같은 질문을 던지고 답하게 된다. 이러한 과정에서 학습자는 기존의 문제를 새로운 관점에서 바라보게 되고, 새로운 아이디어를 생각해 내거나 새로운 문제를 만들어 내게 된다. 이때 새롭게 창출되는 아이디어나 문제의 수는 학습자의 상상력, 독창성, 사고의 유연성 등에 크게 좌우된다. 우리가 익히 알고 있는 피타고라스의 정리를 예로 들면, 이것을 이용하여 제기될 수 있는 새로운 문제의 수는 실로 다양하다.

예를 들어, 평면에서 세 변의 길이가 x, y, z(z는 빗변의 길이)인 직각삼각형에 대하여 $x^2+y^2=z^2$이라는 관계식이 성립함을 의미하는 피타고라스 정리로부터 문제 상황을 바라보는 관점을 '평면'에서 '공간'으로 전환하여 새로운 문제를 제기할 수 있다. 즉, 주어진 문제 상황에서 '평면'을 '공간' '직각삼각형'을 '직사면체'로 바꾸면 '세 변의 길이'는 '네 면의 넓이'에 대응하며, 이로부터 직사면체의 네 면의

넓이 사이에 어떤 관계가 존재할 것인가라는 문제를 제기할 수 있다. 또한, (3, 4, 5)나 (5, 12, 13) 등과 같이 교과서에 흔히 제시되는 것들 이외에 피타고라스 정리를 만족하는 보다 일반적인 자연수 쌍을 찾는 문제를 제기할 수 있는데, 해석기하의 관점에서 보면 이 문제는 중심이 원점이고 반지름($|z|$)이 자연수인 원 위의 점들 중에서 x, y 좌표가 모두 자연수인 점이 존재하는가라는 의미를 지닌다. 이로부터 다시 3차원 공간에서 중심이 원점이고 반지름이 자연수인 구면 위의 점들 중에서 x, y, z 좌표가 모두 자연수인 점이 존재하는가라는 문제를 제기할 수 있으며, 나아가서는 n차원 공간에서의 n차원 구면의 경우로 일반화할 수 있을 것이다. 한편, 피타고라스 정리를 만족하는 보다 일반적인 자연수 쌍을 찾는 문제의 제기로부터 일반화($2 \rightarrow n$)하여 페르마의 마지막 정리에 대한 문제제기까지도 가능할 것이다(도종훈, 2006, pp. 15－16).

인용문에 제시된 보기의 내용을 살펴보면, 다양한 문제설정을 위해서는 기존 문제를 다양한 관점에서 해석할 수 있는 능력이 매우 중요하다는 것을 알 수 있다. 위의 보기에서는 피타고라스 정리에 등장하는 식 $x^2+y^2=z^2$을 직각삼각형의 세 변 간의 관계를 나타내는 식으로서뿐만 아니라, 중심이 원점이고 반지름이 $|z|$인 원으로 해석하였다. 뿐만 아니라 피타고라스 정리를 평면의 문제에서 공간의 문제로 확장하였으며, $x^2+y^2=z^2$의 해집합을 모든 실수의 집합에서 자연수의 집합으로 환원하여 탐구하기도 하였다. 또한 기수(x, y, z)에 대한 관점을 지수(2)에 대한 관점으로 이동하여 보다 일반적인 경우(n)를 탐구하였다. 이처럼 제기되는 문제의 다양성과 독창성은 문제 상황을 바라보는 관점의 다양성과 독창성에 의존하는 바가 크다고 볼 수 있다.

그러나 우리가 쉽게 예상할 수 있듯이, 또한 기존의 연구 결과에서 이미 밝혀졌듯이, 문제설정은 일반 학생들에게는 매우 어려운 과제이다. 문제설정을 하도록 요구하면, 학생들은 그저 문제에 포함된 수량이나 조건의 일부를 변경하는 것과 같은 단순한 활동에 매달리는 것을 볼 수 있다. 이것은 아마도 문제설정이 주어진 문제를 보다 다양하고 새로운 관점에서 바라보는 능력, 즉 사고의 유연성을 크게 요구하는 반면, 학생들은 그러한 능력이 절대적으로 부족하기 때문일 것이다.

2) 문제해결 상황에서의 사고의 유연성

사고의 유연성은 성공적인 문제해결을 위한 중요한 요인이다. 문제해결 과정을 문제의 이해 단계와 문제풀이 단계로 구분하면, 사고의 유연성은 이 두 단계에 똑같이 중요하다.

> 문제해결 상황에서 사고의 유연성은 문제해결이 시작되는 문제의 이해 단계와 문제해결이 본격적으로 이루어지는 문제풀이의 과정 단계에서 모두 중요한 역할을 한다. 문제의 이해 단계에서 학생의 사고가 기존의 특정 내용 지식이나 통념에 고착될 경우 문제의 이해 자체가 어려울 수 있다. 혹시 문제를 이해했다고 하더라도 문제풀이의 과정 단계에서 기존에 알고 있었거나 문제풀이 과정에서 자신이 고안해 낸 특정한(혹은 틀에 박힌, 통상적인, 틀린, 비효율적인) 해법이나 관점에서 고착되어 문제풀이가 더 이상 진전되지 않을 수 있다(도종훈, 2006, p. 17).

문제해결에 실패하는 학생들의 문제해결 과정을 분석해 보면, 문제를 제대로 이해하지 못하거나 잘못된 절차에 오래도록 집착하는 경우가 많다. 예를 들면, 특정 단어가 나오면 특정 연산을 무조건 수행하는 식으로 문제에 대한 고정관념을 가지고 있거나, 차가 피감수보다 크게 나오는 상황에서도 자신의 잘못된 계산 절차를 계속 고집하는 경우가 이에 해당된다. 이처럼 학생들은 특정한 관점이나 절차에 고착되기 쉬운데, 이것으로 인해 문제해결에 실패하게 된다. 이러한 관점에서 보면 사고의 유연성은 고정, 고착, 고집 등의 반대 개념으로도 이해할 수 있을 것이다. 따라서 사고의 유연성을 문제해결 상황에 국한하여 보면, 문제의 이해 단계에서의 고정된 사고 극복 능력과 문제풀이 과정 단계에서의 사고(발상)의 전환 능력으로 특징지을 수 있을 것이다([그림 4-13]).

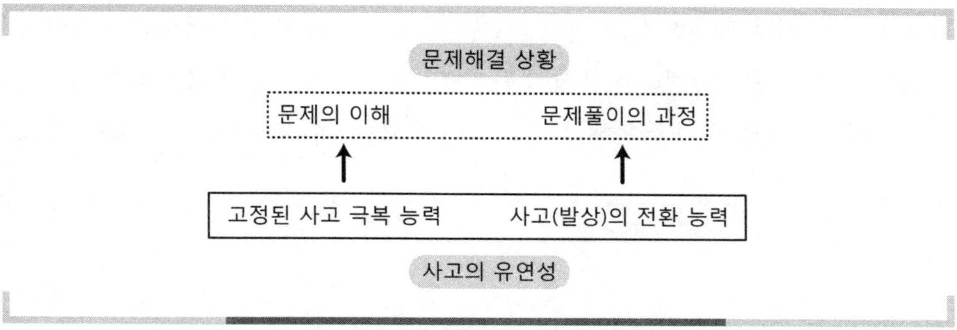

[그림 4-13] 문제해결 상황에서의 사고의 유연성

출처: 도종훈, 2006, p. 18.

(1) 문제이해 단계에서의 고정된 사고 극복 능력의 보기

평면상의 두 직선의 평행을 기존의 평행 개념과 다른 방식으로 정의하였을 때, 수학 영재 학생들이 평행에 대한 고정관념을 극복하고 문제를 해결할 수 있는지에 대해 관찰하였다.

[정의] 두 직선 m, n의 교점이

문제

위 정의를 이용하여 삼각형 ABC와 대응하는 각 변이 모두 서로 평행한 삼각형 A'B'C'을 그려라.

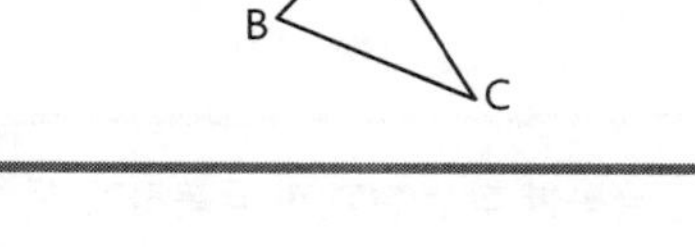

일반적으로 평면에서 교점을 갖지 않는 두 직선은 서로 평행하다고 정의되며, 학생들은 이에 대하여 간격이 일정한 두 직선을 기하적 심상으로 지니고 있다. 이 문항의 경우 서로 평행한 두 직선에 대한 기하적 심상이 새롭게 정의된 평행한 두 직선의 개념 이해를 방해하는 요인이 될 수 있으며, 이때 심상은 새로운 정의를 받아들이기 위해 학습자가 극복해야 할 고정된 사고방식이 된다([그림 4-14]).

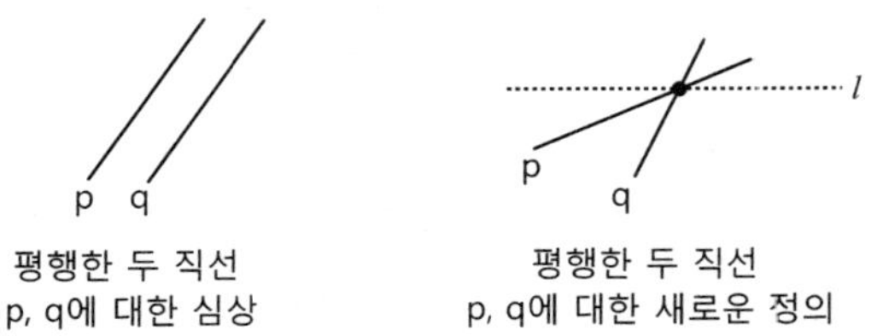

[그림 4-14] 평행한 두 직선에 대한 심상과 새로운 정의

출처: 도종훈, 2006, p. 19.

이 문제를 중등수학 영재 32명에게 제시한 결과 27명이 올바른 답을 구한 반면, 5명은 기존에 지니고 있던 평행한 두 직선에 대한 심상에 영향을 받아 고정된 사고를 극복하지 못하고 문제해결에 실패하였다고 한다([그림 4-15]).

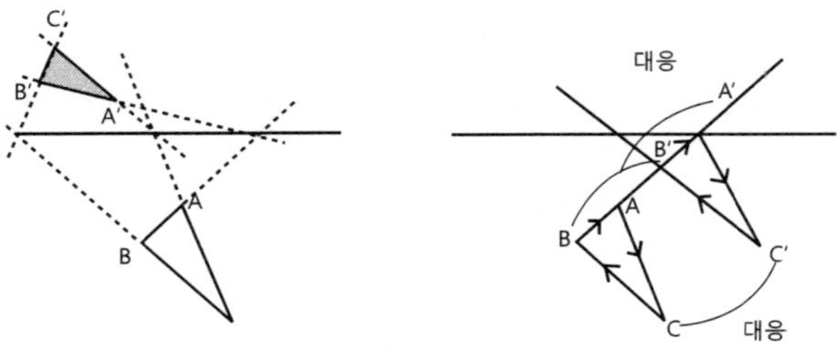

[그림 4-15] 고정된 사고를 극복한 학생(왼쪽)과 극복하지 못한 학생(오른쪽)의 응답 사례

출처: 도종훈, 2006, p. 19.

(2) 문제풀이 단계에서의 사고의 전환 능력의 보기

문제

변 AC가 빗변인 직각삼각형 ABC가 있다. 변 AC 위의 한 점 P에 대하여, 점 P를 지나면서 변 AB와 변 BC에 각각 평행인 직선이 변 BC, 변 AB와 만나는 점을 각각 H, K라고 하자. 선분 HK의 길이가 최소가 되도록 하는 점 P의 위치를 구하여라.

이 문제를 중등 영재 29명에게 제시한 결과, 10명이 문제를 해결하였고, 나머지 학생들은 다양한 전략을 사용하였지만 문제를 해결하지 못하였다고 한다. 문제를 해결한 학생들은 주어진 사각형 PKBH가 직사각형이고 보조 선분 BP가 선분 HK와 대각선으로서 서로 길이가 같다는 사실에 주목하였다. 그러나 실패한 학생들은 일반적으로 충분한 근거를 가지지 않은 상태에서 먼저 하나의 답을 예상하며 경험적으로 쉽게 반박되지 않은 답안(예: 중점)의 경우 지나치게 그 답안에 집착하는 경향이 있었다. 학생들은 그 밖의 다른 가능성들을 생각하지 못했으며, 직사각형의 두 대각선의 길이가 같으므로 나머지 대각선의 길이를 고려하라는 연구자의 힌트에도 불구하고 중점에 대한 미련을 버리지 못하는 것이 관찰되었다. 이는 자신이 처음 생각하여 제안한 답안에 자신의 사고가 고착되어 더 이상의 사고 전환이 이루어지지 못했음을 의미한다.

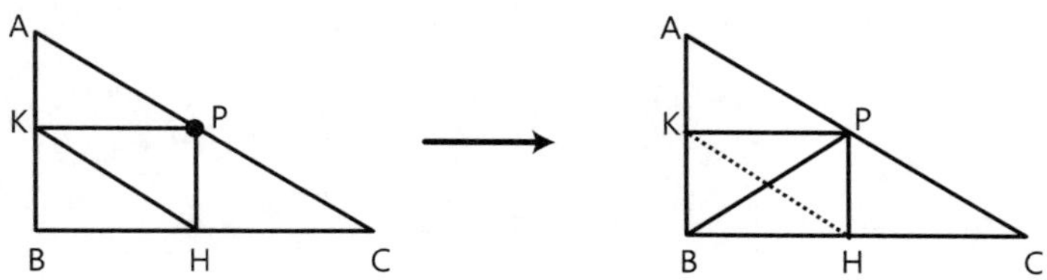

[그림 4−16] 사고(발상) 전환을 통한 관점의 변화

출처: 도종훈, 2006, p. 24.

제 5 장

수학적 사고 · 태도와 문제해결

제 5 장

수학적 사고 · 태도와 문제해결

수학적 사고에 대해서는 동서양의 여러 학자들이 오래전부터 관심을 가지고 여러 가지 관점으로 다양한 연구를 해 왔다. 그중 일본의 수학교육자 片桐重男(카다기리)은 기존 학자들의 연구 결과를 종합하여, 수학적 사고 및 태도의 하위 유형들을 체계적으로 정리하였다. 이 장에서는 그의 연구 결과를 바탕으로, 귀납, 유추, 연역 등과 같은 수학의 방법에 관련된 수학적 사고유형 11가지와 단위 · 표현 · 조작의 사고 등과 같은 수학의 내용에 관련된 수학적 사고유형 8가지, 그리고 모든 문제해결에 기본이 되는 수학적 태도유형 4가지를 풍부한 수학적 보기와 함께 제시하였다. 이를 통해 독자들은 수학적 사고 및 태도의 구체적 모습을 확인할 수 있을 것이다. 또한 문제해결의 추진력으로 작용하는 수학적 사고 및 태도를 함양하기 위한 지도 방법도 아울러 제시하였다.

1. 수학적 사고 · 태도의 본질과 의미

수학적 사고란 무엇인가에 대해서는 학자마다 다른 견해를 표명하고 있다. 우정호(1998)는 수학적으로 사고한다는 것을 다음과 같이 4가지 능력으로 요약하였다.

① 여러 가지 계산법 나아가 문제해결에 이르는 명확한 절차, 곧 알고리즘을 능숙하게 구하고 이를 개발하는 것

② 수학적인 안목을 갖고 충실한 개념적 사고를 하면서 수학적 용어와 기호를 구사하는 것

③ 수학적인 명제를 증명하고, 수학적인 개념과 원리, 법칙을 귀납과 유추를 통해 추측하고 발견하는 것

④ 수학의 여러 가지 개념, 원리, 법칙 사이의 관련성을 파악하고 또한 수학적인 내용과 수학 외적인 상황과의 관련성을 파악하여 문제를 수학적으로 해결하는 것

그러나 아무리 수학적 사고나 태도를 그럴듯하게 언어적으로 정의한다 해도, 그 정의된 문장을 기억하고 그 의미에 맞게 학생들을 지도하기란 거의 불가능하다. 결국 수학적 사고 및 태도의 지도가 교사에 의해 효과적으로 수행되기 위해서는 수학적 사고 및 태도에 대한 내포적 정의보다는 '귀납적 사고'라든다, '기호화의 사고'와 같이 구체적인 내용을 열거하는 외연적 정의 방법이 더 바람직할 것이다(강문봉 외, 2008).

片桐重男(1988)은 이에 덧붙여, 수학적 사고 및 태도를 교과와의 관련성 속에서 규정하고자 하였다. 그에 의하면 수학과의 대상으로 생각되는 사고 방법 및 태도는 다음과 같은 3가지의 관점으로 규정해 볼 수 있다.

① 수학의 지도를 통해서만 그 육성 · 정착을 기대할 수 있는 수학 특유의 사고 방법

② 수학의 지도를 통하여 그 육성 · 정착을 기대하는 것이 바람직할 것으로 보이는 사고 방법

③ 수학의 지도를 통해서도 그 육성 · 정착을 기대할 수 있는 사고 방법

그런데 이 중에서 ①의 경우는 타 교과에도 정통해야 하므로 어려움이 많으며, ③의 경우는 그 범위가 너무 넓어 막연할 뿐만 아니라 목표가 지나치게 많아질 수 있다. 따라서 수학이라는 측면에서 보아도 지도할 가치가 있고, 지도의 기회도 충분한 ②의 관점을 채택하는 것이 합당할 것이다.

이 장에서는 片桐重男의 제안을 받아들여, 수학적 사고를 '수학의 지도를 통하여 그 육성 · 정착을 기대하는 것이 바람직할 것으로 보이는 사고 방법'으로 규정한다. 또한 수학적 사고 및 태도의 하위 유형을 〈표 5－1〉과 같이 상세화함으로써, 수학적 사고 및 태도에 대한 외연적 정의를 따르고자 한다.

〈표 5－1〉 片桐重男의 수학적 사고 및 태도

<table>
<tr><td rowspan="2">수학적 사고</td><td>방법에 대한 사고</td><td>① 귀납적 사고
③ 연역적 사고
⑤ 발전적 사고
⑦ 추상화의 사고
⑨ 특수화의 사고
⑪ 수량화 · 도형화의 사고</td><td>② 유추적 사고
④ 통합적 사고
⑥ 단순화의 사고
⑧ 일반화의 사고
⑩ 기호화의 사고</td></tr>
<tr><td>내용에 대한 사고</td><td>① 단위의 사고
③ 조작의 사고
⑤ 개괄적 파악의 사고
⑦ 함수적 사고</td><td>② 표현의 사고
④ 알고리즘의 사고
⑥ 기본성질의 사고
⑧ 식에 대한 사고</td></tr>
<tr><td colspan="2">수학적 태도</td><td colspan="2">① 자신의 문제나 목적 · 내용을 스스로 명확히 파악하려는 태도
② 이치에 닿으며 조리있는 행동을 하려는 태도
③ 내용을 간결 · 명확하게 나타내려는 태도
④ 보다 나은 것을 알아보려는 태도</td></tr>
</table>

2. 수학적 사고 · 태도의 지도 의의

21세기 지식 기반 사회에서는 물리적 자원의 유한성 극복을 위해 무한한 지식 자원의 개발이 필수적일 수밖에 없으며, 이에 따라 '수학적인 힘'[1]이 무엇보다 중요하다는 것은 두말할 나위도 없다. 일정한 고정 지식만으로는 조석지변에 대처할 수는 없을 것이며, 그러므로 특정 내용에만 국한되지 않은 형식적 능력을 갖추어야 한다. 다시 말해, 단편적인 지식보다는 어떤 지식이나 정보에 대해 그 가치를 판단하여 이를 수용하고 지혜롭게 활용할 줄 아는 방법적 측면이 더욱 중시될 수밖에 없을 것이다. 이제부터의 수학교육, 즉 고도의 지식 기반 사회에 대비하기 위한 수학교육은 창의적 사고력과 자주적인 판단력의 함양, 수학적 사고 · 태도의 육성 · 정착, 그리고 문제해결 능력의 신장 등을 그 핵심으로 하는 것이 너무나 당연하다 (강문봉 외, 2008).

수학적 사고가 왜 중요하며 그 지도는 왜 필요한가에 대해, 다음 두 가지 구체적인 문제해결 사례를 통해 고찰해 보기로 한다.

1) 축구공에 관련된 문제해결

"다음과 같은 축구공에서 어떤 것을 알아보고 싶은지에 대해 밝힌 다음, 그것을 알아보아라."

1) 제7차 수학과 교육과정에서 표방하고 있는 '수학적인 힘'이란 탐구하고 예측하며 논리적으로 추론하는 능력, 수학에 관한 또는 수학을 통한 정보 교환 능력, 수학 내에서 또는 수학과 다른 학문적 영역 사이의 아이디어를 연결하는 능력, 문제해결이나 어떤 결정을 내려야 할 때 수량과 공간에 관한 정보를 찾고 평가하고 사용하려는 성향과 자신감을 포함하는 것으로, 인지적인 측면과 정의적인 측면을 모두 포괄하는 것으로 볼 수 있다(교육부, 1998, 초등학교 교육과정 해설 (Ⅳ) – 수학, 과학, 실과 – 대한교과서주식회사, p. 19).

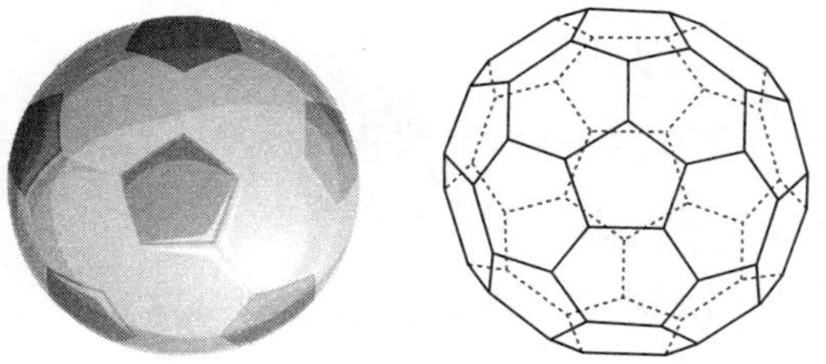

[그림 5-2] 수학탐구 대상으로서 축구공

이 문제의 해결 과정에서 예상되는 반응 또는 실제 수업에서 나타난 학생들의 반응으로는 다음과 같은 것들이 있다.2)

R1. 정오각형, 정육각형, 꼭짓점, 모서리의 수를 알아보고 싶다.

R2. 정오각형이나 정육각형의 수를 알아보기 위해 축구공을 돌리면서 직접 세어 본다.

R3. 두 명이 협동하여 손가락으로 짚어서 세거나, 스티커를 사용하거나 적당한 표시를 하면서 중복이나 빠뜨림이 없도록 센다.

R4. 한눈에 보이는 한쪽만 세고 두 배하여 구한다.

R5. 정오각형과 정육각형의 배열 관계를 파악하고 이 관계와 정오각형의 수를 이용하여, 정육각형의 수를 $12\times5\div3=20$과 같은 식으로 계산한다.

R6. 꼭짓점, 모서리의 수를 알아볼 때 하나하나 일일이 센다.

R7. 모든 꼭짓점을 정오각형만의 꼭짓점으로 보고 곱셈 $12\times5=60$에 따라 꼭

---

2) 이는, 2000년 5월 인천시내 부평남 · 부현동 · 작전 · 중앙 · 인천교대부속초등학교 6학년 각 1개 반씩의 학생을 대상으로 정동권(경인교대 교수)이 실시한 수업, 그리고 2000년 8월 23일 제6회 한일수학교육연구합동발표회에서 부천시 도당초등학교 6학년 1개 반 학생을 대상으로 전영자(수원 매산초등학교 교사)가 실시한 수업에서 나타난 반응과 그 밖의 예상 반응을 함께 정리한 것이다. 이에 대한 교수 · 학습 과정안은 『제6회 한 · 일 초등수학교육연구발표회 자료집』, pp. 11-20에 실려 있다.

짓점의 수를 구한다. 또는, 모두 정육각형만의 꼭짓점이라 할 수 있으므로, $20 \times 6 \div 2 = 60$으로 구한다.

R8. 모서리 하나에 꼭짓점 2개씩이 대응하는 것으로 본다거나, 꼭짓점 하나에 모서리가 3개씩 모여 있는 것을 바탕으로 구한다.

R9. 정오각형 둘레에 모서리가 5개씩 있고, 각각의 정육각형에는 정오각형의 모서리가 아닌 것들이 3개씩 있지만, 이들이 중복되어 있음을 이용한다.

R10. 각각의 정육각형은 6개씩의 모서리를 가졌고, 그중 반에 해당하는 60개는 중복되므로, $(20 \times 6) - (60 \div 2) = 90$으로 구한다.

R11. 정오각형과 정육각형의 모서리는 모두 $60 + 120 = 180$개인데, 두 개의 면이 맞닿은 곳에서 한 개의 모서리가 생기므로, 모서리의 수를 $180 \div 2 = 90$과 같은 식으로 구한다.

R12. 꼭짓점 하나에 모서리가 항상 3개씩 모여 있고, 하나의 모서리에는 꼭짓점이 정확히 두 개씩 대응하므로, 모서리의 수를 $60 \times 3 \div 2 = 90$과 같은 식으로 구한다.

R13. (모서리의 수를 먼저 구한 경우) 모서리가 90개이고 각 모서리마다 꼭짓점이 두 개씩 있으며, 각 꼭짓점에는 모서리가 3개씩 모여 있으므로, 꼭짓점의 수를 $90 \times 2 \div 3 = 60$과 같이 구한다.

그리고 이 밖에도,

R14. 한 꼭짓점에 모인 3개의 각의 크기를 알아보고 싶다.

R15. 공의 지름과 겉넓이, 정오각형과 정육각형의 넓이를 알아보고 싶다.

R16. 축구공의 전개도를 알아보고 싶다.

R17. 정오각형과 정육각형만을 사용하여 축구공을 만든 이유를 알고 싶다.

이상과 같은 반응 중에는 대단히 바람직한 것도 많지만, 일반 학생들이 자주적이고 적극적으로 그 해결방안을 찾을 수 있을 것이라고 기대되지는 않는다. 학생들이 문제해결에 유효한 전략을 자신의 힘으로 찾고 실행에 옮기도록 하기 위해서는, 그들 스스로 수학적으로 사고하는 경험을 축적해 가도록 하는 배려가 필요하다.

우선 문제의 해결에 필요한 지식이나 기능을 살펴보면 다음과 같은 것이 있다.

- 어느 정도의 개수를 세는 능력
- 정오각형, 정육각형을 식별하는 능력
- 꼭짓점이 어떤 것인지, 어떤 것을 모서리(변)로 보아야 하는지를 인지하는 능력
- 개수를 적당한 식으로 나타내는 능력
- 식을 형식적으로 조작하여 계산하는 능력

이러한 지식이나 기능은 초등학교 고학년 학생들에게 그다지 어렵거나 높은 수준의 것은 아니다. 그러나 이와 같은 지식 · 기능만으로는 바람직하고 세련된 해결방법을 찾기가 쉽지 않다. 따라서 이러한 지식 · 기능이 제구실을 할 수 있도록 떠받쳐 주는 다음과 같은 어떤 '힘(수학적 사고 · 태도)'이 있을 때, 비로소 보다 효율적이고 세련된 해결이 가능할 것이다.

- 자신의 문제나 목적을 명확히 하려는 태도
- 보다 나은 방법이나 결과를 탐구하려는 태도
- 도형이나 그 구성 요소 상호 간의 관계, 기본 성질을 이용하려는 태도
- 자신의 생각을 간결하고 명확하게 정리하여 나타내고, 다른 사람의 해결 과정이나 결과에 대한 이야기를 경청하고 비판하려는 태도
- 비슷한 경우로부터 유추하려는 생각 – 유추적 사고
- 왜 그렇게 되는가를 알아보려는 생각 – 연역적 사고
- 문제의 조건이나 관점을 바꾸어서 발전시켜 보려는 생각 – 발전적 사고
- 일부분에 대하여 성립하는 사상(事象)을 축구공 면의 전체로 확장하려는 생각 – 귀납적 사고, 일반화의 사고

- 두 수량 사이의 추이(패턴)를 파악하려는 생각—함수적 사고
- 구성 요소 또는 단위를 명확히 하거나, 적당한 관점에 따라 분류하여 세어 보려는 생각—단위의 사고
- 식으로 나타내려는 생각—식에 대한 사고
- 해결 결과를 미리 예상해 보려는 생각—개괄적 파악의 사고
- 기본적 · 일반적 법칙에 착안하려는 생각—기본 성질의 사고

2) 삼각형의 연속 배열에 관한 문제해결

"다음 그림은 정삼각형을 5단까지 배열한 것이다. 이와 같은 배열을 20단까지 확장한 그림에는 가장 작은 정삼각형이 모두 몇 개 있겠는가?"

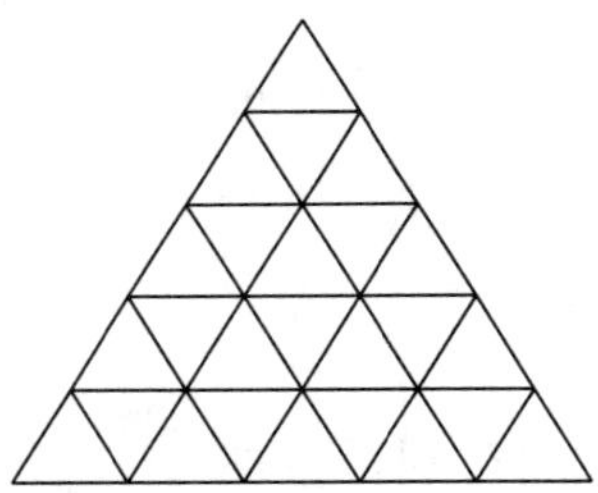

[그림 5—3] 정삼각형 분할

이 문제의 해결 과정에서 예상되는 학생의 반응을 다음과 같이 제시할 수 있다.

R1. 그림을 20단까지 그려서 세어 본다(번거롭고 비효율적인 방법).

R2. 식으로 나타내어 차례대로 덧셈을 한다. 즉, $1+3+5+\cdots+37+39=400$

R3. 효과적으로 더한다. 즉, $(1+39)+(3+37)+\cdots(17+23)+(19+21)=10\times40$ $=400$

R4. 계차수열을 초등학생 수준에서 이용한다.

R5. 몇 개의 부분합의 관찰로부터 합이 제곱수라는 규칙을 찾는다.

R6. 삼각형의 넓이 공식을 활용한다.

R7. 일부를 잘라 옮겨서 평행사변형으로 변형하여 생각한다.

R8. 대응표나 수감각 등을 이용하여 홀수의 합을 구하는 공식을 찾고 이를 활용한다.

R9. 이 경우만의 해결에 그치지 않고 보다 확장함으로써 일반화한다.

앞의 축구공에 대한 예에서와 마찬가지로 여기 제시한 여러 가지 반응의 대부분은 상당히 바람직한 것으로 여겨지지만, 학생들이 이러한 해결방법을 스스로 그리고 적극적으로 찾을 것이라고 기대하기는 어렵다. 따라서 학생들이 문제해결에 유효한 전략을 자력으로 구사할 수 있도록 하기 위해 그들 스스로 수학적으로 생각해 보는 경험을 할 수 있게 하는 지도 상황을 세심하게 설계해야 한다.

이 문제의 해결에 필요한 지식 및 기능은 다음과 같은 것으로, 초등학교 고학년 학생 대부분이 갖추고 있을 만한 것이다.

- 어느 정도의 개수를 세는 능력
- 삼각형을 식별하는 능력
- 크기가 다른 삼각형(모든 삼각형의 개수를 알아보는 경우)을 변별하는 능력
- 개수를 식으로 나타내는 능력
- 식을 형식적으로 조작하여 계산하는 능력

학생들이 이러한 지식 · 기능을 갖추고 있다 하더라도 위에서 제시한 일련의 바람직한 반응을 보인다는 것은 보장되지 않는다. 그러나 그들이 이미 갖추고 있는 이와 같은 지식 · 기능이 살아 움직일 수 있도록 하는 근원적인 어떤 '힘(수학적 사고 · 태도)'을 가지고 있다면 더없이 바람직할 것이다.

- 문제를 명확히 하려는 마음가짐

• 보다 나은 방법이나 결과를 탐구하려는 마음가짐
• 적당한 관점에 따라 분류하여 세려는 생각
• 세기 쉬운 다른 것으로 대체하여 세려는 생각
• 식으로 나타내려는 생각 및 식의 고찰로부터 연산 구조를 찾으려는 생각
• 일반화하려는 생각
• 두 수량 사이의 추이(패턴)를 파악하여 이를 이용하려는 생각

이상 두 가지 문제해결에 대한 예의 고찰로부터 알 수 있듯이, 지식이나 기능을 길러 주는 것만으로는 문제해결이 불충분하며, 그것과는 다른 차원의 보다 근본적인 '힘' —수학적 사고 · 태도—의 육성이 매우 중요하고도 필수적이라 할 수 있다.

3. 수학적 사고 · 태도의 내용

이 절에서는 수학을 배우고 가르치는 과정에서 필연적으로 발생하거나 문제를 해결하기 위한 수단으로서 제기되는, 수학의 방법에 관련된 수학적 사고와 수학의 내용에 관련된 수학적 사고에 대하여 개괄적으로 살펴보고자 한다.[3)]

1) 수학의 방법에 관련된 수학적 사고

(1) 귀납적(歸納的) 사고

어떤 문제를 해결하고자 하나 그 해결 방법을 몰라서 해결이 불가능할 때, 몇 개의 자료를 수집하고, 그 자료들 사이에 존재하는 규칙이나 성질을 찾아내어 이를 문제해결에 이용하려는 사고 양식이다. 이러한 사고의 바탕에는 몇 개의 자료에서 발견한 성질이 그 자료를 포함하는 집합(변수의 변역 전체)에서 성립할 것이라는 가

3) 이용률 외 3인 공역(1992). 『數學的인 생각의 具體化』, pp. 122－192에서 자세히 다루고 있다.

정이 깔려 있다. 그러나 이것은 단지 추측에 불과하므로 종종 그릇된 해법으로 인도하기도 한다.

불완전 귀납추리에 의한 결론은 개연성을 띤 가정이나 가설에 불과하므로 귀납적 추론의 지도에서는 성급하게 일반화하지 않도록 하고, 결론은 증명 또는 반증(反證)되어야 함을 인식하게 할 필요가 있다. 귀납적 추론이 거짓인 결론을 도출할 수도 있다는 점 때문에 수학 학습에서 이의 사용을 회피한다면 새로운 사실의 발견에 이르기 어렵다는 점도 유의해야 할 사항이다.

지도 원리(사고 유발 발문)

- 자료를 모아서 공통점을 알아보아라.
- 어떤 규칙이 있을 것 같은가?
- 어떤 추측이 가능한가?
- 이와 비슷한 경우를 더 알아보면 어떻게 될까?

예 1 삼각수의 패턴

다음 그림에서 100번째 배열에는 점이 모두 몇 개 있겠는가?

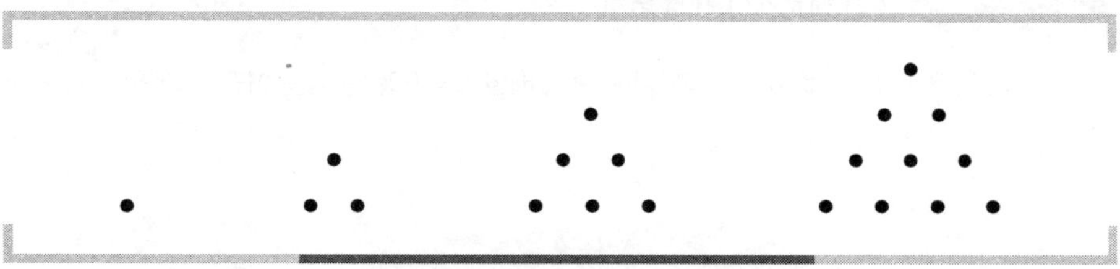

[그림 5-5] 삼각수를 나타내는 점의 배열

예 2 수표에서 규칙 찾기

달력이나 곱셈구구표에서 어떤 사실을 알 수 있는가?

예 3 다각형의 대각선

볼록 10각형에는 몇 개의 대각선을 그을 수 있는가?

예 4 원의 분할

아래 그림은 원주 위의 서로 다른 위치에 점을 찍고, 각 점을 선분으로 연결하여 원의 내부를 분할하고 있다. 6개의 점에 의한 분할면의 수를 알아보아라.[4)]

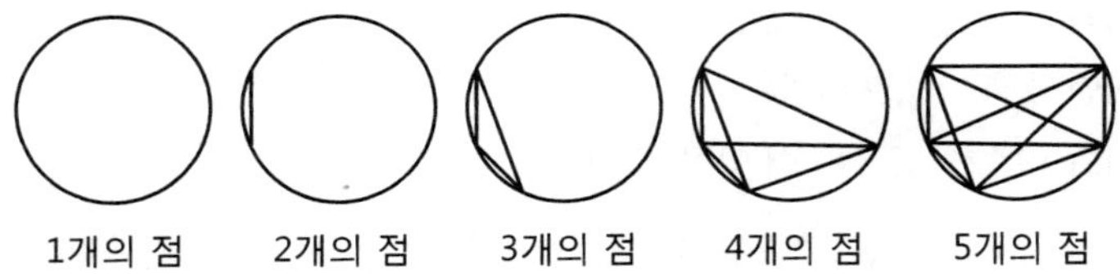

[그림 5-6] 원의 분할

예 5 수의 배열에서 규칙 찾기

1, 2, 3, 3, 4, 5, 4, 5, 6, 7, …과 같은 수의 배열에서 80번째에는 어떤 수가 오겠는가?

---

4) 이는 귀납적 추론이 개연적이라는 사실을 보여 주는 유명한 문제다. 이 경우 일반적으로 n 개의 점에 대하여 분할면의 수는 $\frac{n^4-6n^3+23n^2-18n+24}{24}$ 임이 알려져 있다.

예 6 오일러의 정리

5종류의 정다면체에 대하여 그들 각각에서 꼭짓점, 변 및 면의 수를 조사해 보아라. 어떤 규칙이 보이는가? 또, 여러 종류의 평면도형을 그려서 위와 같은 것들을 조사해 보고 평면도형과 입체도형의 변별 방법을 알아보아라.

(2) 유추적(類推的) 사고

어떤 사상 A에 대한 성질이나 법칙 또는 해결 방법을 알고자 해도 이것을 알 수 없을 때, A와 유사하면서도 이미 알고 있는 사상 A'를 생각해 내어 (A'에 대하여는 성질이나 법칙 또는 해결 방법 P'를 알고 있다) A에 대해서도 P'와 같은 것이 성립하지 않을까 하고 생각하는 사고 방법이다.

구조적 유사성을 이용하는 유비(類比)추리의 경우에도 항상 바른 결론만을 도출할 수 있는 것은 아니다. 따라서 귀납추리에서와 마찬가지로 검증이 수반되어야 한다.

지도 원리(사고 유발 발문)

- 이미 알고 있는 방법과 마찬가지로 할 수 없겠는가?
- 기지의 사실과 같아지게 할 수는 없겠는가?
- 기지의 문제와 이 문제의 공통점은 무엇인가?
- 그 문제의 해결 결과를 이용할 수는 없겠는가?
- 이 문제와 닮은 문제를 알고 있는가?

예 1 흥미로운 곱셈 방법

어떤 책에 19×71의 곱셈을 다음 그림과 같은 방법으로 계산하고 1349라는 바른 답을 구한 것이 기록되어 있다고 하자. 이와 똑같은 방법으로 43×56을 계산해 보아라.[5]

*	1	71
*	2	142
	4	284
	8	568
*	16	1136
	19	1349

[그림 5−7] 이집트 곱셈

예 2 사다리꼴의 구적 공식의 발견

평행사변형의 넓이를 구하는 방법을 이용하여 사다리꼴의 넓이를 구하는 방법을 알아보아라.

예 3 연속적인 자연수의 합

101부터 200까지의 합 101+102+103+⋯+200은 얼마인지 알아보아라.

예 4 삼각형의 구적 공식의 증명

삼각형의 넓이를 구하는 공식을 증명(설명)하는 과정에서, 먼저 △ABC의 경우를, 다음 [그림 5−8]이 시사하는 방법으로 설명하고, 이를 바탕으로 [그림 5−9]에서 △ABC의 경우도 그 넓이가 '밑변×높이÷2'로 된다는 사실을 설명하여라.[6]

---

5) 이는 오늘날과 같은 위치적 기수법을 알지 못했던 고대 이집트 사람들의 곱셈 방법이다. 그들은 갑절하기와 반복(半分)하기에 능숙했으므로 이와 같이 2의 멱(冪)을 이용한 곱셈이나 나눗셈을 하였다. 러시아 농부들도 이와 비슷한 곱셈을 하였다.

6) 이 경우, 종이접기 활동을 해 보는 것도 대단히 유효한 방법일 수 있다. 먼저 그 높이가 삼각형의

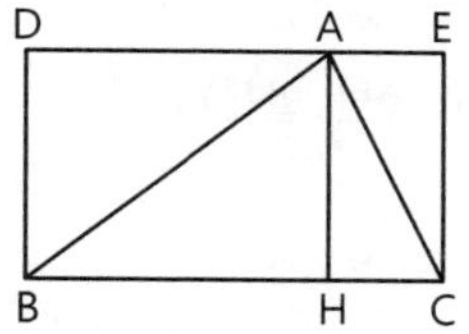

[그림 5−8]

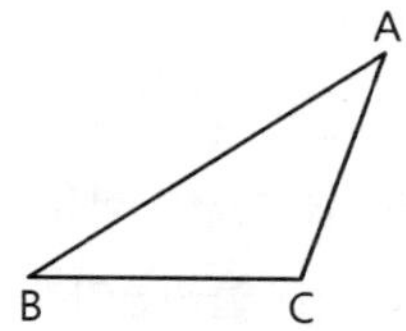

[그림 5−9]

예 5 구의 겉넓이

지름이 r 인 구의 겉넓이를 구하는 공식을 알아보아라.[7)]

(3) 연역적(演繹的) 사고

넓은 의미로는 전제로 주어진 몇 개의 명제로부터 논리적인 법칙을 써서 필연적인 결론을 도출하는 사고 방법이며, 좁은 의미로는 일반적인 주장으로부터 특수한 주장으로 나아가는 사고 형태이다.

초등학생 수준에서의 연역은 엄밀할 수가 없다. 그들이 이 사실을 발견할 때 이용했던 조작에 바탕을 두고 이유를 설명하는 경우가 대부분이다. 따라서 이 수준의 학생에게는 이와 같은 연역의 소지(素地)를 지도하는 것으로 충분하며 또한 바람직하다.

내부에 있는 경우부터 접기 활동을 한 후에 이로부터 유추하는 것을 생각할 수 있다.

7) 이 문제의 해결을 위해 이미 배운 내용인 평면도형 원의 넓이를 구하는 방법을 생각해 보고, 원과 구의 관계를 고려하여 '원둘레＝지름×$\pi = 2\pi r$'이라는 사실로부터 '구의 겉넓이＝대원의 넓이×$\pi = \pi^2 r^2$'이라고 유추할 수 있다.

지도 원리(사고 유발 발문)

- 왜 그렇게 되는가? 그 이유는?
- 어째서 옳은가?(틀리는가?)
- 기지의 사실을 바탕으로 설명해 보아라.
- 성립하지 않는 경우는 없는가?
- 그것이 성립되기 위해서는 무엇을 밝혀야 하는가?

예 1 삼각형의 내각의 합

삼각형의 내각의 합이 180°라는 사실을 설명(증명)하여라.

예 2 계산 방법의 정당화

분수의 나눗셈은 피제수에 제수의 역수를 곱하여 계산한다. 이런 방법이 옳다는 것을 설명하여라.

예 3 삼각형의 결정 조건

3개의 선분만 있으면 언제나 삼각형을 만들 수 있는가? 만약 그렇지 않다면 그 이유는 무엇인가?

예 4 마름모의 구적 공식의 정당화

마름모의 넓이는 "두 대각선의 곱의 반"으로 구하고 있다. 이것이 옳음을 설명하여라.

(4) 통합적(統合的) 사고

여러 사상(개념, 원리, 법칙, 사고 방법, 이론 등)을 이산적인 상태로 두지 않고, 보다 넓은 관점에서 그들의 본질적인 공통성을 추상하여 그들을 모두 동일한 범주의 것으로 종합 · 정리해 나가려는 사고이다.

통합적 사고 능력이 불충분할 경우에는, 부분과 전체의 관계 파악이 어려우며 선후 학습 간의 관련을 맺지 못하고 각각 별도의 것으로 수용하기 때문에 학습량이 필요 이상으로 많아질 수밖에 없고, 따라서 학습의 구조화나 관계적 이해의 성과를 거두기 어렵다.

지도 원리(사고 유발 발문)

- 보다 세련되게 나타낼 수 없는가?
- 어떻게 하면 동일시(同一視)할 수 있을까?
- 알고 있는 것 중 이것과 같아 보이거나 이것의 특수한 경우라고 여겨지는 것은 없는가?
- 같아 보이는 점을 정리해서 나타낼 수 없는가?

예 1 선대칭과 점대칭의 통합

점대칭 도형은 선대칭 도형과 어떤 점이 서로 같아 보이는지 알아보아라.[8)]

예 2 유리수의 곱 · 나눗셈

길동이는 아침 조깅으로 0.9km를 뛰었는데, 이는 전체 조깅 코스의 $\frac{3}{5}$에 해당한다. 그리고 길동이의 조깅 코스는 아버지의 조깅 코스의 $\frac{2}{3}$라고 한다. 아버지의 조깅 코스는 몇 km인지 알아보아라.

---

8) 점대칭 도형의 학습 지도에서, 기습 내용인 선대칭 도형과 어떤 점이 서로 같아 보이는가에 주목하게 함으로써, 회전의 관점에서 이 두 가지를 통합할 수 있으며 더욱이 대칭축과 대칭의 중심 사이의 공통점도 발견할 수 있게 된다.

예 3 분수의 연산과 자연수의 연산의 통합

$2\frac{4}{5}+3\frac{3}{5}$ 이나 $5\frac{2}{7}-3\frac{6}{7}$ 과 같은 문제 각각은 $26+17$이나 $43-25$와 같은 자연수의 덧·뺄셈 문제 각각과 어떤 공통점이 있는가?

예 4 구조적 유사성의 통합

다음의 두 문제는 어떤 공통점이 있는지 알아보아라.

(1) 15인승 봉고와 25인승 버스로 6학년 어린이 250명이 소풍을 갔다. 동원된 차량이 모두 14대라면 15인승 봉고와 25인승 버스는 각각 몇 대씩인가?

(2) 직사각형 모양의 종이 띠가 두 장 있는데 그 넓이의 합이 $250cm^2$이다. 종이띠의 가로의 길이가 각각 15cm, 25cm이고, 세로의 길이의 합은 14cm이다. 이때 세로의 길이는 각각 몇 cm인가?

예 5 도형의 포섭 관계

다음 그림에서 사다리꼴, 평행사변형, 직사각형, 마름모 및 정사각형 사이에는 어떤 관계가 있는지 알아보아라.[9)]

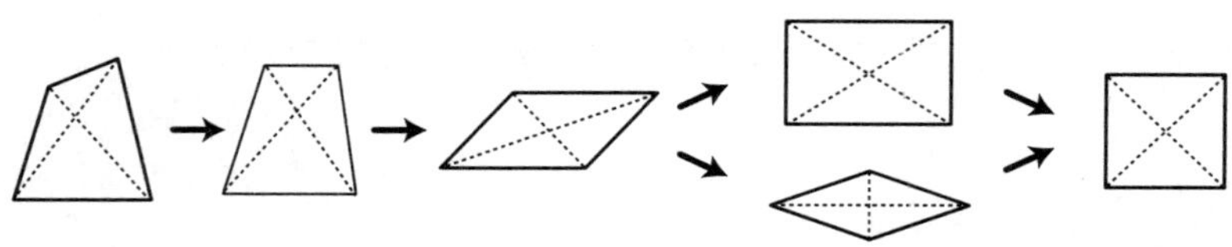

[그림 5-10] 사각형 개념의 포섭 관계

9) 대각선의 대소·위치 관계라는 관점에서 내포의 변화 과정을 관찰하여 도형 상호 간의 포섭 관계를 발견·이해하고, 이 밖에 다른 관점(변의 위치 관계나 각의 크기)에서도 외연과 내포를 고찰하고 이들의 포섭 관계를 이해할 수 있다.

예 6 다른 영역과의 통합

다음 두 상황에 대하여 통합의 관점에서 설명하여라.

(1) 홀수의 합을 구하는 방법을 알고, 이를 '69부터 147까지 홀수의 합' 구하기에 활용한다.

(2) 원뿔의 부피를 구하는 공식을 알고, 이를 원뿔대의 부피를 구하는 문제에 활용한다.

(5) 발전적(發展的) 사고

대상을 고정적, 종국적인 것으로 보지 않고 끊임없이 새로운 것으로 창조해 나가 발전시키려는 생각, 즉 통합한 것을 보다 넓은 범위에 적용하려 한다거나, 더 나은 방법을 추구하거나 더욱 일반적이고 새로운 것을 발견하려는 생각이다.

조건불비(條件不備)의 문제, 비정형 문제, 다답형 문제 등의 해결 경험을 풍부하게 부여하여, 자주적 · 발산적 사고를 육성하고 문제 만들기 활동을 통해 문제해결을 발전적으로 전개하도록 함으로써 창의적인 문제해결 능력을 함양할 수 있다.

지도 원리(사고 유발 발문)

- 조건을 바꾸어서 생각해 보아라.
- 다른 관점에서 볼 수 없는가?
- 달리 해결하는 방법은 없는가?
- 그 주장의 역(逆), 이(裏), 대우(對偶)는 어떻게 되는가?
- 그런 식이 성립하는 구체적인 장면을 만들어 보아라.

예 1 점판의 활용

아래 그림과 같은 7×7 점판(geoboard) 위에 크기가 각각 다른 정사각형을 구성하여라. 또 주어진 선분을 한 변으로 하는 이등변삼각형을 구성하여라.[10]

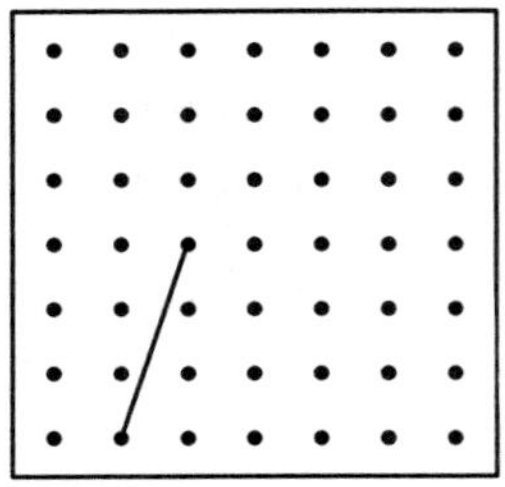

[그림 5-11]

예 2 단위분수의 합으로의 표현

1을 서로 다른 5개의 단위분수의 합으로 나타내 보아라.

예 3 도형의 분할

아래 그림과 같이 생긴 채소밭이 있다. 이를 하나의 똑바른 경계선으로 그 넓이를 이등분하여 두 집에서 한 부분씩 가지려고 한다. 채소밭을 나누는 방법을 생각해 보아라.

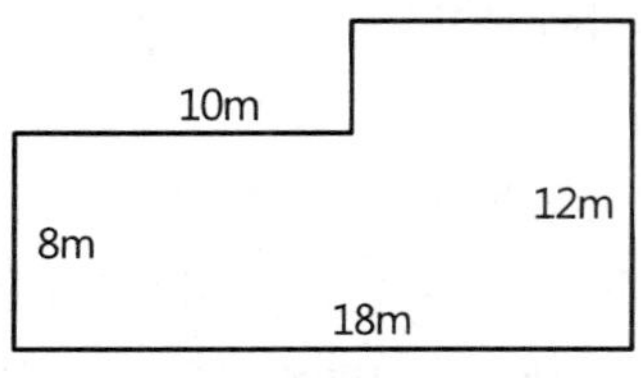

[그림 5-12]

10) 이 문제는 개방형 문제로 많은 정답이 존재하기 때문에, 각자 해결한 후 그 결과를 발표 · 논의하게 함으로써, 해의 다양성을 느끼게 하고 더욱이 종래의 전형적인 문제에 대한 안목의 변화를 기대할 수 있다. 또 크기가 다른 닮은 도형이나, 넓이가 같고 모양이 다른 다양한 도형을 구성하는 활동을 하게 함으로써, '닮음'의 개념이나 구적 공식 발견의 지도가 가능하다. 이를 통해 학생의 발전적인 사고가 길러진다.

예 4 **정사각형의 개수**

아래 그림은 한 변의 길이가 5인 정사각형의 각 변을 5등분으로 분할한 것이다. 이 그림에 정사각형은 모두 몇 개 있는지 알아보아라.

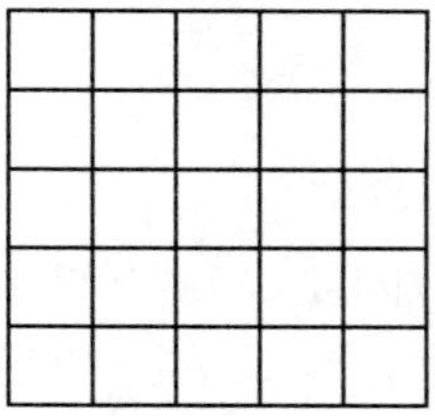

[그림 5−13]

예 5 **볼록 다각형의 내각의 합**

9각형의 내각의 합은 얼마인지 알아보아라.

(6) 단순화(單純化)의 사고

주어진 몇 개의 조건 모두를 만족하는 해결 방안을 알 수 없을 때, 조건을 단순한 것으로 대체하거나 조건의 일부를 우선 무시하여 주어진 문제를 간단한 기본적인 문제로 손질하고 그 손질된 간단한 문제의 고찰을 통해 주어진 문제의 구조나 해결 방안을 알아내는 경우에 적용되는 사고이다.

지도 원리(사고 유발 발문)

- 간단한 수로 바꾸어 보아라.
- 조건을 간단히(일부를 무시) 해서 생각해 보아라.
- 알고 있는 간단한 경우를 떠올려 보아라.

예 1 분수의 나눗셈의 의미

$1m^2$의 화단을 가꾸기 위해 $\frac{3}{8}$kg의 비료가 필요하다고 한다. $\frac{5}{7}$kg의 비료로 가꿀 수 있는 화단의 넓이는 몇 m^2 인지 알아보아라.

예 2 경우의 수

다음 그림과 같은 시가지 그림에서, 집으로부터 학교까지 최단거리로 갈 수 있는 경로는 몇 가지인지 알아보아라. 그리고 집에서 학교까지 가되 반드시 서점을 경유하는 경로는 몇 가지가 되는지 알아보아라.

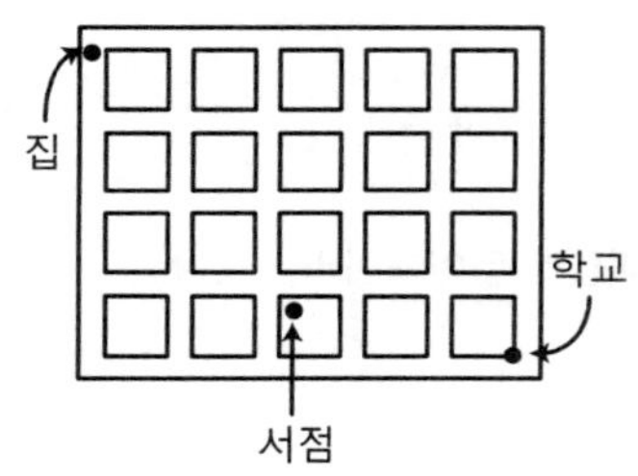

[그림 5－14] 시가지 모형

예 3 평행사변형의 작도

한 각의 크기가 60°, 두 변의 길이가 각각 4cm, 7cm인 평행사변형을 작도하여라.

예 4 원호의 길이와 지름의 관계

[그림 5－15]에서, A로부터 B에 이르는 거리 중, 큰 반원의 호를 따라가는 경우와 4개의 작은 반원의 호를 경유하는 경우, 어느 쪽이 얼마나 멀겠는가?

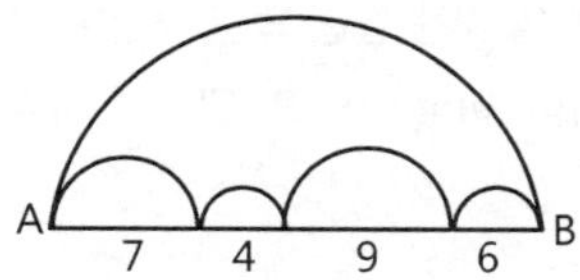

[그림 5－15] 원호의 길이와 지름의 관계

예 5 일부 조건 무시에 의한 단순화

어린이들에게 사탕을 나누어 주려고 한다. 각 어린이에게 4개씩 주면 3개가 남고, 5개씩 주면 2개가 모자란다. 어린이는 몇 명인가? 사탕은 모두 몇 개인가?

(7) 추상화(抽象化)의 사고

전체로서의 사물의 표상에 포함되는 여러 특징 가운데 한 가지 이상을 분리 독립시켜 사고의 대상으로 삼으려는 정신 작용을 추상이라 한다. 즉, 어떤 개념의 외연을 고정시키고서 내포를 명확히 하려고 할 때 작용하는 생각이며 이 추상화와 일반화에 의하여 개념이 형성된다.

지도 원리(사고 유발 발문)

- 어떤 점이 같은가? 공통적인 것은 무엇인가?
- 어떤 경우(상태)의 것으로 봐야 하는가?
- 말의 뜻이 무엇인지 분명하게 하여라.
- 무엇(어떤 조건)이 중요한가?

예 1 직사각형의 개념 형성

칠판, 유리창, 공책, 책받침 등의 관찰을 통해 어떤 공통점이 있는지 알아본다. 이들의 비본질적 속성인 크기, 재질, 색깔, 용도 등은 사상(捨象)한다. 이에 따라 공통 속성인 '네모 모양'만을 사고 대상으로 삼는다. 그리고 이를 이상화하여 '직사각형'이라는 수학적 개념을 형성한다. 그 공통성(내포) 및 그것을 갖는 집합(외연)을 명확히 하기 위해 구체적 대상을 적용해 보는 구체화의 생각도 필요하다. 이렇게 함으로써, '직사각형'이라는 개념이 명확해진다.

예 2 수 개념 형성

인형 3개와 바구니 3개가 있다. 어떤 관점에서 이들을 동일시할 수 있는가. 인형 하나하나를 각 바구니에 담아 보는 짝짓기 조작에 의해 '짝이 맞아 떨어진다'는 사실을 알 수 있으며, 이는 짝짓기 방법을 달리하여도 마찬가지이다. 인형과 바구니 사이에 '일대일 대응'이 이루어짐에 따라 '개수가 같다'는 공통 성질을 추출하여 추상한 것이 수 '3'의 개념이다. 그리고 일대일 대응이 이루어지지 않는 대상들 사이에는 개수가 같지 않음도 명확히 해야 한다. 이 경우, 인형의 종류나 크기, 바구니의 모양이나 색깔 등에 대한 사상(捨象) 작용이 선행되어야 추상화가 이루어진다.

(8) 일반화(一般化)의 사고

문제에서 볼 수 있는 일반성을 찾아낸다거나, 또는 해결된 문제를 바탕으로 이를 포함하는 집합 전체에서 성립하는 일반성을 구하려는 생각, 즉 어떤 대상에 대한 고찰로부터 이 대상을 품는 집합 전체에 대한 고찰로의 이행이라 할 수 있다. 특히, 내포(內包)를 고정시키고 외연(外延)을 명확히 또는 확장하려는 생각으로서, 개념 형성(추상화와 더불어)의 과정, 주어진 문제해결을 위해 그 장면에서 볼 수 있는 일반성을 알아낼 때, 문제해결을 바탕으로 그 문제를 품는 집합 전체에서 성립할 일반성을 알아볼 때, 또는 주어진 문제해결을 위해 일반화되어 있는 그 문제의 해결 결과를 이용하려 할 때 유효한 사고 방법이다.

지도 원리(사고 유발 발문)

- 다른 경우에도(항상) 적용되도록 할 수 없는가?
- 범위를 보다 넓히면 어떻게 될까?
- 수치를 차례차례 바꾸어 보아라.

예 1 볼록 다각형의 대각선의 수

8각형의 대각선은 모두 몇 개인지 알아보아라.[11)]

예 2 분할면의 개수

n 개의 직선으로 한 평면을 분할할 때, 최대 분할면의 개수를 알아보아라.[12)]

---

11) 단순화 또는 특수화하여 쉬운 경우부터 알아보고 이를 바탕으로 당면 과제를 해결한다. 이의 해결 과정에서 대각선의 수를 식으로 표현함에 따라 8각형의 경우를 쉽게 해결할 뿐 아니라, 일반화하여 n 각형의 경우까지 확장할 수 있다. 또 이 상황에 국한되는 것이 아니라 리그전 경기 수, 집회에 모인 사람들의 악수 횟수 등의 다양한 경우로까지 대각선의 개념을 발전적으로 이용할 수도 있다.

12) 그림을 그리고 표를 작성하여 귀납적인 생각에 의해 패턴을 찾아서 분할면의 수를 알아낸다면 이는 일반화의 생각이 유효하게 쓰인 장면이다. 특히 이 문제를 해결할 때 증가하는 분할면의 수를 조작에 바탕을 두고 식으로 나타내어 해결한다면, 식으로의 표현에 대한 장점을 잘 부각시킬 수 있는 경우라 할 수 있다.

예 3 꼭짓점, 변, 면의 속성

정육면체 모양인 나무토막의 표면 전체를 푸른색 페인트로 칠하였다. 이를 [그림 5－16]과 같이 모든 변을 4등분씩 하여 작은 정육면체를 만들었다. 이 경우 작은 정육면체를 그 표면에 푸른색이 칠해진 면의 수에 따라 분류하고, 일반적인 경우도 알아보아라.

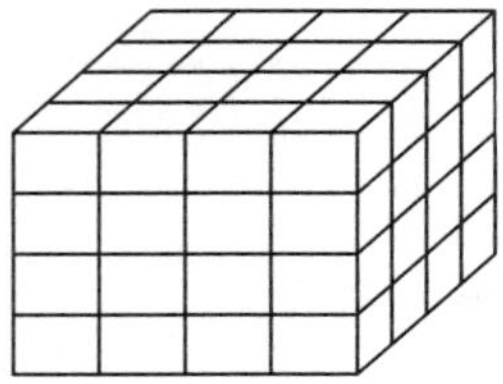

[그림 5－16]

예 4 사각수의 패턴

아래 그림과 같은 바둑돌 배열에 숨어 있는 규칙을 찾아서 설명하여라. 그리고 반드시 이를 이용하여 다음을 계산하여라.

$$101+103+105+187+\cdots+199$$

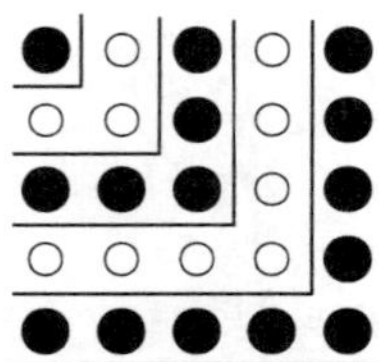

[그림 5－17] 사각수

예 5 종이에 뚫린 구멍의 수 패턴

종이에 펀치를 이용하여 구멍을 하나 뚫어라. 종이를 접고 앞에서 뚫은 구멍을 피해 또 구멍을 뚫어라. 또 종이를 접어서 다른 구멍과 만나지 않도록 구멍을 뚫어라. 이와 같은 조작을 10번 계속하고 나서 종이를 펼친다면 구멍은 모두 몇 개가 될지 알아보아라. 그리고 이와 같이 20회 조작한다면 구멍의 수는 어떻게 될까?

예 6 프랙탈(fractal) 도형의 고찰

아래 그림과 같이 정삼각형의 각 변의 중점을 연결하여 만들어 나가는 '시어핀스키(Sierpinski) 삼각형'의 계열에 대하여, 5번째에 나타날 그림에서 최소 정삼각형 하나의 넓이를 1이라 할 때, 6번째까지의 그림에 나타나는 검은 부분의 넓이를 차례대로 각각 구하고, 동일 조건 아래서 이를 일반화 하여라.

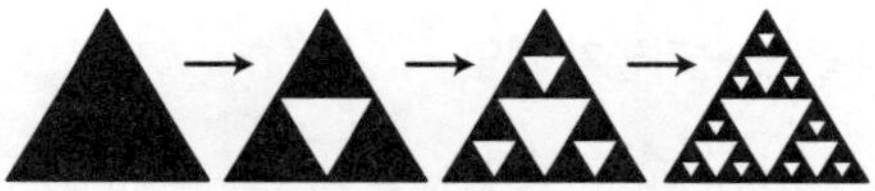

[그림 5−18] 시어핀스키 삼각형

(9) 특수화(特殊化)의 사고

어떤 사상의 집합에 관한 고찰로부터, 그 집합에 포함되는 보다 작은 집합이나 하나의 사상에 관한 고찰로 이행하는 사고 방법으로서, 문제의 일반성을 잃지 않는 범위에서 문제 가운데 변수 등을 특수한 수량으로 바꾸어 봄으로써 문제를 이해하거나 풀이의 발견을 용이하게 하는 경우, 극단적인 경우를 생각함으로써 풀이를 짐작하거나 그 짐작의 결과 또는 방법을 일반적인 풀이의 발견에 반영하는 경우, 극단적인 경우나 특별한 수치의 경우로써 따져보아 얻어진 해가 옳은지의 여부를 검토하는 경우, 또는 어떤 특별한 수치나 특별한 경우를 풀이에 대입해 보고 성립하지 않음을 증명하는 경우에 유효하다.

지도 원리(사고 유발 발문)

- 구체적인 예로는 어떤 것이 있는가?
- 특수한 경우를 생각해 보아라.
- 조건을 고정시켜 보아라.
- 극단적인 경우를 떠올려 보아라.

예 1 사다리꼴의 구적 공식 확인

사다리꼴의 넓이를 구하는 공식 '(윗변+아랫변)×높이÷2'가 바르다는 것을 모눈종이나 점판을 이용하여 설명해 보아라.

예 2 탁자에 동전 올려놓기 게임

두 사람이 직사각형 모양의 탁자에 동전을 놓는 게임을 한다. 교대로 동전을 올려놓되 포개지지 않게 수평으로 놓아야 하며, 이때 마지막에 동전을 올려놓는 사람이 이기는 것으로 한다면 누가 이기겠는지 알아보아라.[13)]

예 3 연산의 성질 확인

자연수의 곱셈에 관한 교환법칙과 결합법칙이 성립함을 입증하여라.

(10) 기호화(記號化)의 사고

기호화의 사고 유형으로는 기호화(좁은 의미), 수량화 및 도형화의 사고가 있다. 협의의 기호화의 사고란, 기호로 나타내려는 생각과 더불어 기호화한 것을 제대로

13) 우선 극단적인 특수 상황을 생각하고, 다음으로 직사각형의 점대칭성을 활용한다면 문제는 간단해진다. 그리고 이 문제의 풀이 결과를 바탕으로 발전(일반화)시켜 보는 것도 가능할 것이다.

해석하려는 생각 또는 수학적 용어를 써서 간결 · 명확히 나타낸다거나, 이것을 읽어 내려는 생각이다.

Polya는 기호를 선택할 때 애매모호하지 않은 기호를 선택할 것, 함축성이 있으며 기억이 용이한 기호를 선택할 것, 부호의 순서와 관계가 대상의 순서와 관계를 암시할 수 있도록 선택할 것, 같은 범주에 속하는 대상의 표현에는 같은 종류의 알파벳 기호를, 다른 범주에 대해서는 다른 종류의 알파벳 기호를 사용할 것, 대응 관계가 명확히 드러나도록 부호를 부여할 것, 그리고 전통적 의미를 담고 있는 형식적인 기호는 그런 의미로만 사용할 것 등과 같은 유의점을 제시하고 있다(우정호, 1986, pp. 154－161).

지도 원리(사고 유발 발문)

- 용어의 뜻을 잘 음미해 보아라.
- 식이 지니고 있는 의미는 무엇인가?
- (기호가 붙어 있지 않은 상태에서) 어떤 어려움이 있는가, 잘 알아볼 수 있는가?
- 적당한 기호를 붙여 보아라.

예 1 **사각기둥**

다음 그림은 직육면체의 겨냥도이다. 이 그림에서 어느 변과 어느 변이 평행인가? 어느 면과 어느 면이 평행인가? 또 서로 수직인 변 및 면은 어떤 것들이 있는지 알아보아라.

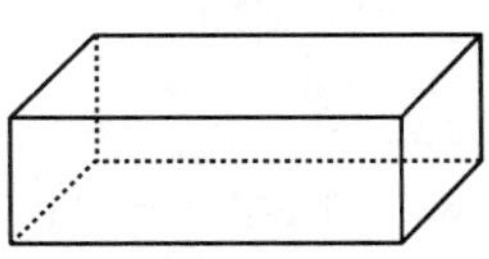

[그림 5－19]

예 2 모가 잘린 직육면체

아래 그림은 한쪽 귀퉁이가 잘린 직육면체이다. 이 도형의 전개도를 그려 보고, 겨냥도와 비교하여 설명해 보아라.

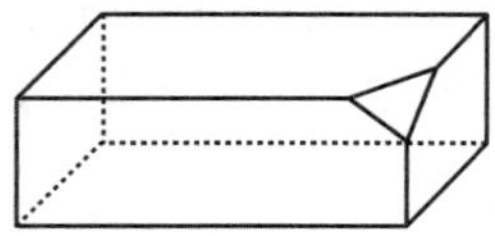

[그림 5-20]

예 3 경우의 수

강철수, 남숙희, 도용식, 라형문 4명을 한 줄로 정렬시키는 방법을 알아보아라.[14)]

(11) 수량화 · 도형화(數量化 · 圖形化)의 사고

질적인 사상(事象)을 양적 성질로 파악하고 목적이나 경우에 따라 적당한 양을 선택하려는 생각이 양화(量化)의 생각이며, 양의 크기를 수를 써서 나타내려는 생각이 수화(數)의 사고이다. 이 두 가지를 합쳐 수량화의 사고라 한다.

수적인 대상이나 그 대상 사이의 관계를 도형이나 도형 사이의 관계로 대체하려는 생각과, 장면이나 대상 또는 관계를 그림으로 나타내려는 생각을 합쳐 도형화의 사고라 한다.

이는 사고를 형식적으로 추진하고자 하는 경우, 대상을 간결 · 명확히 표현하려는 경우, 사고를 정리하고 엄밀하게 따져 보려는 경우 및 사고를 일반화하려는 경

---

14) 일일이 이름을 열거하여 알아보려면 대단히 번거롭다. 간결하게 나타낼 필요성에 따라 '강, 남, 도, 라'라든가 'ㄱ, ㄴ, ㄷ, ㄹ' 등으로 적는 편이 훨씬 편함을 안다. 또는 1, 2, 3, 4를 각각 대응시켜 나타내면 간결해 보일뿐더러 '4개의 서로 다른 숫자로 된 4자릿수의 개수'라는 문제로의 일반화도 가능해진다.

우 등에 유효한 사고 방법이다.

지도 원리(사고 유발 발문)

- 수를 써서 나타낼 수 없는가?
- 그림으로 나타낼 수는 없는가?
- 그림이 뜻하는 의미는 무엇인가?

예 1 도수분포표 및 그래프

수집한 자료를 분류 · 정리하여 도수분포표로 나타내려는 생각이 수량화의 사고이고, 이를 그래프로 나타내려는 생각이 도형화의 사고이다.

예 2 순서 관계의 표현

집합의 포함 관계를 벤－다이어그램(Venn－diagram)으로 나타내거나, 약수와 배수의 관계를 [그림 5－21]과 같이 선도(線圖)로 나타내면 상호 관계가 일목요연하게 드러난다.

[그림 5－21]

2) 수학의 내용에 관련된 사고

(1) 단위(單位)의 사고

구성요소나 단위의 크기 또는 그들 사이의 관계에 주목하려는 사고가 단위의 사고이다. 여기에는 수의 대소, 상등, 순서 등의 고찰에서 일대일 대응을 이용하려 하거나 다른 집합으로 치환하려는 사고, 도형의 성질이나 상호관계를 명확히 하기 위해 도형의 구성요소에 주목하려는 사고, 어떤 사실을 고찰할 때 자료를 근거로 하려는 사고 등이 포함된다.

지도 원리(사고 유발 발문)

- 적당한 크기로 묶어서 생각해 보자.
- 무엇을 단위로 할지 생각해 보자.
- 1에 해당하는 것은 무엇인가?
- 이 복합 도형은 어떤 기본 도형들로 구성되어 있는가?

예 1

세어야 할 장면이 복잡해짐에 따라 세는 방법의 궁리가 필요해진다. 이때, '적당한 크기로 묶어서 센다'는 방법도 있을 수 있다. 이는 10개 또는 100개의 크기를 단위로 본다거나, 이들 단위의 크기나 관계에 주목하는 단위의 사고를 바탕으로 하고 있다.

예 2

건물의 높이를 추정할 때, 한 층이 약 몇 m인지 생각해 보고, 그것을 단위로 건물 전체의 높이를 파악한다.

예 3

$\frac{2}{5}+\frac{1}{5}$ 을 구할 때, $\frac{1}{5}$ 을 단위로 하여, $\frac{1}{5}$ 이 모두 3개 있다는 식으로 답을 구한다.

(2) 표현(表現)의 사고

표현의 기본원리나 법칙에 따라 합당하게 나타내어 보려는 사고를 표현의 사고라 한다. 어떤 문제를 직접 처리하지 않고 수의 조작으로 처리하려 하거나, 수의 고찰을 점의 위치나 도형의 크기에 대한 고찰로 대체하려 하고 이의 역을 이용하려 하거나, 수량 또는 그 사이의 관계 · 법칙을 간결하게 일반적으로 표현한 것이 식임을 알고 이를 이용하려 하거나, 집단에 대한 관찰 자료를 적당히 분류하거나 적절한 그래프로 나타내어 사상에 대한 특징이나 관계를 개괄적으로 파악하려는 사고가 포함된다.

지도 원리(사고 유발 발문)

- 이 자료는 식과 그림 중 어떤 것으로 나타내는 것이 문제해결에 도움이 되는가?
- 이 식에 내재된 의미는 무엇인가? 그것을 그림으로 나타낼 수 있는가?
- 이 자료는 어떤 그래프로 표현하는 것이 가장 효과적인가?
- 문제 상황을 식으로 표현할 수 있겠는가?
- 이 그림에 함의된 관계를 식으로 나타내 보자.

예 1

표준 단위 및 그 표준 단위의 상호 관계를 알고, 그 의미에 바탕을 둔 측정을 하거나 이의 표현 방법에 대한 약속을 바탕으로 그 표현 방법을 탐구하는 경우를 들 수 있다.

예 2

2원 1차 연립방정식을 두 직선의 위치 관계로 나타내고, 이것을 활용하여 해의 유형을 탐구한다.

예 3

두 수의 곱을 구하는 문제를 두 변이 주어진 직사각형의 넓이 문제로 변환하여 생각해 본다.

(3) 조작(操作)의 사고

사상(事象) 또는 조작의 의미를 명확히 하거나 그것을 확장하거나, 그것을 바탕으로 사고하는 것을 조작의 사고라 한다. 이 조작의 사고에는, 수의 범위를 확장함으로써 점의 위치나 선분의 길이 등을 수를 써서 표현 가능하도록 하거나 연산이 가능하도록 하려는 사고, 도형의 위치를 옮겨도 그 모양이나 크기가 불변이라는 사실을 이용하려는, 즉 합동변환과 같은 기본적 이동을 이용하려는 사고, 측정에 있어서 표준단위로 측정하려는 사고 등이 포함된다.

지도 원리(사고 유발 발문)

- 이 도형을 적당히 분할하고 재배치하여, 넓이가 같은 다른 도형으로 만들어 보자.
- 이 수를 다른 형태로 바꾸어 생각해 보자. (분수를 소수로, 소수를 자연수로 등과 같이)
- 계산이 복잡할 경우, 적당한 조작을 가해 계산이 용이하도록 만들어 보자.

예 1

수를 장면에 따라 적절하게 사용할 수 있기 위해서는 수가 이용되는 경우를 잘 이해해야 한다. 집합수, 순서수, 분류・정리 번호, 측정수, 분할 분수, 비율 분수라는 말과 같이 수가 이용되는 경우를 일반화함으로써 수의 의미가 파악된다. 따라서 수를 이용하는 경우나 그 의미에 바탕을 두고 수를 이용하려는 사고가 중요하다고 할 수 있다.

예 2

2.5÷3.51과 같은 소수의 나눗셈은, 피제수와 제수에 각각 100을 곱하여 250÷351과 같이 자연수의 나눗셈으로 바꾸어 계산한다.

(4) 알고리즘(algorithm)의 사고

지식이나 기능 또는 조작방법을 능숙하게 사용할 수 있도록 하기 위해 대상을 형식화하는 데 작용하는 사고를 알고리즘의 사고라 한다. 그리고 여기에는, 신속 정확한 계산을 위해 계산의 의미에 대한 이해를 바탕으로 형식 계산에 숙달하려는 사고, 측정에 있어서 계기를 형식적으로 바르게 사용하려는 사고, 도형의 기본 성질을 바르게 선택하여 이용하려는 사고, 인수분해의 공식 등을 바르게 이해하고 이를 바탕으로 기계적인 식의 변형을 하려는 사고 등이 포함된다.

지도 원리(사고 유발 발문)

- 이 문제를 해결했던 과정을 몇 단계로 정리하여 간단히 나타내 보자.
- 이와 유사한 문제들을 쉽고 빠르게 해결할 수 있는 공통적인 방법이나 절차가 있는가?
- 이 방법이나 절차는 어떤 유형의 문제를 해결하는 데 도움이 되는가?

예 1

23×40은 23×4를 한 후, 0을 붙이면 된다.

예 2

x^2-4를 일차식의 곱으로 인수분해 할 때, $x^2-a^2=(x-a)(x+a)$를 이용하면 쉽게 해결된다.

(5) 개괄적(概括的) 파악의 사고

대상이나 조작 방법을 개괄적으로 파악하거나, 그 결과를 이용하려는 사고를 개괄적 파악의 사고라 한다. 보다 구체적으로는 어림수를 잡고 이를 문제해결에 이용하려는 사고, 계산결과나 측정결과를 미리 예상해 보려는 사고, 작도나 증명문제의 해결에서 도형의 개형을 그려보려는 사고, 조사한 데이터의 범위 밖에서도 데이터에서 귀납한 경향이 성립할 것을 추측하려는 사고 등을 들 수 있다.

지도 원리(사고 유발 발문)

- 정확한 수치를 구하기 전에 먼저 대략적인 수치로 답을 예상해 보자.
- 먼저 한두 가지 사례를 고찰하여 결과를 예상해 보자.
- 보다 간단한 도형으로 대체하여 결과를 예상해 보자.

예 1

문제해결에 계산을 적절히 이용할 수 있기 위해서는, 우선 결과에 대한 예상을 해 보는 일, 그리고 방법에 대한 개괄적인 구상을 하는 일도 필요하다. 이 일을 할 수 있기 위해서는 유사한 기습 내용에서 유추하는 유추적 사고와 함께, 결과를 대체적으로 짐작해 보려는, 즉 개괄적으로 파악하려는 사고가 유효하다.

예 2

한 변의 길이가 1인 정사각형의 대각선의 길이를 구하는 경우, 정사각형의 한 꼭짓점을 중심으로 하고, 대각선의 길이를 반지름으로 원을 그려본다. 그러면 대각선의 길이는 정사각형의 한 변보다 크지만, 두 변보다는 작은 것을 알 수 있다. 결국 대각선의 길이는 1과 2 사이에 있다.

예 3

다음과 같이 복잡한 뺄셈 문제를 해결할 때, 500−200=300이라는 어림을 통해 답의 범위를 개괄적으로 파악하고 문제를 풀면, 오답에 대한 민감성이 향상된다.

$$\begin{array}{r} 507 \\ -\,199 \\ \hline \end{array}$$

(6) 기본 성질(基本 性質)의 사고

기본적인 법칙이나 성질에 착안하려는 사고를 기본 성질의 사고라 한다. 즉, 복잡한 계산을 할 때 교환성, 결합성, 배분성 등의 기본 성질을 이용하려는 사고, 식을 형식적으로 변형할 때 인수분해식이나 전개식 등을 이용하려는 사고, 도형의 개념을 심화할 때 다른 개념과의 관계를 알아보거나, 개념을 확장할 때 증명 문제를 해결하거나, 이동 또는 전개에 관한 성질을 파악할 때 기본적인 성질을 이용하려는 사고 등이다.

지도 원리(사고 유발 발문)

- 수학의 기본적 성질(교환법칙, 결합법칙, 배분법칙 등)을 이용하여 보자.
- 도형들 간의 위계관계를 생각해 보자.
- 도형의 기본 성질을 충분히 이용했는지 검토해 보자.

예 1

소수, 약수, 배수, 최대공약수, 최소공배수 등과 같은 수의 성질을 알고, 이를 이용할 수 있게 하는 것은 초등학교와 중학교 수학에서의 필수적인 교수 · 학습 내용이다. 이 성질을 알고 또 이용할 수 있게 하는 데는, 수의 기본적인 성질로 어떤 특성이 있는지와 같은 그 기본적인 성질에 주목하려는 사고가 바탕이 된다고 할 수 있다.

예 2

125×3은 배분법칙을 이용하면 암산으로도 쉽게 해결된다. 125는 100과 25의 합이므로, 125×3을 100×3과 25×3으로 나누어 계산하면 375에 쉽게 이른다.

(7) 함수적(函數的) 사고

무엇을 정하면 무엇이 따라서 정해지는가에 주목하거나, 변수 사이의 대응규칙을 발견 · 이용하거나, 관계의 표현 방법을 알아보거나, 표현 방법에서의 관계를 사고를 함수적 사고라 한다. 여기에는, 의존관계 또는 상관관계에 주목하려는 사고, 대응관계를 명확히 하려고 하거나 이를 이용하려는 사고, 또는 함수관계의 표현 방법을 이해하려는 사고 등이 포함된다.

지도 원리(사고 유발 발문)

- 이것이 변할 때, 같이 변하는 요소로 무엇이 있는지 살펴보자.
- 이 두 변인 사이의 관계를 알아보자.
- 이 식을 보고, 서로 영향을 미치는 요소들과 그렇지 않은 요소들을 찾아보자.
- 어떤 것이 결정되는 데 영향을 미치는 요소로 어떤 것이 있는지 살펴보자.

예 1

사각형, 삼각형, 원 등과 같은 도형의 넓이를 구하는 공식은, 그 넓이와 함수관계에 있으며, 측정하기 쉬운 길이의 측정으로 대신한다는 간접 측정의 필요성에서 만든 것이라 할 수 있다. 따라서 구적 공식의 발견에서는, 이 도형의 넓이를 직접 구하는 것은 번거롭다거나 어렵다는 것을 체험하고, 보다 손쉽게 구할 방법이 필요하다는 사고를 바탕으로, 넓이와 (함수)관계가 있는 길이에 주목하여 길이의 측정으로 대체하면 된다고 사고하거나, 도형 자체 또는 그 넓이는 어느 곳의 길이가 정해지면 이에 따라 결정되는가를 알아보는 경우에 함수적인 사고가 바탕이 된다.

예 2

직육면체의 가로, 세로, 높이가 모두 직육면체의 부피에 영향을 준다는 사실에 착안하여, 직육면체의 부피 공식을 유도해 낸다.

예 3

성냥개비를 이용하여 삼각형을 만들 때, 성냥개비의 개수가 늘어남에 따라 삼각형도 일정한 관계로 늘어난다는 사실을 알 수 있다. 그리고 이를 이용하여 삼각형의 개수에 대한 식을 성냥개비의 개수를 이용하여 나타낼 수 있다.

(8) 식(式)에 대한 사고

사상(事象) 또는 관계를 식으로 나타내거나, 반대로 제시된 식을 읽어내려는 사고를 식에 대한 사고라 한다. 여기에는 식을 형식적으로 처리하려는 사고, 식의 형태에 착안하여 그 식이 나타내는 사실이나 관계를 통합 또는 발전시키거나 다시 이를 일반적인 형태로 나타내려는 사고, 증명의 과정을 약속에 따라 바르게 표현하려는 사고 등이 포함된다.

지도 원리(사고 유발 발문)

- 문제 상황을, 그림을, 그래프를 식으로 나타내 보자.
- 이 식이 의미하는 바는 무엇인가?

예 1

수량적, 대수적인 사상이나 관계 및 사고 과정을 식으로 나타내면 보통의 언어에 비해 간결 · 명확하게 표현된다. 즉, 식에 의한 표현은 보통의 문장보다 짧으며 의미는 보다 명확해지고 결과에 직접 영향을 미치는 요인만으로 나타내어지며 불필요한 요소는 배제된다. 이 밖에도 변수와 상수의 구별이 가능해진다. 이런 사실에서 식으로 나타내려는 사고가 중요함을 알 수 있다.

예 2

삼각형의 넓이 공식은 그 유도 방법에 따라 다음과 같이 3가지로 나타낼 수 있으며, 역으로 식에 따라 다양한 해석이 가능하다.

$S=\frac{(b\times h)}{2}$, $S=\frac{b}{2}\times h$, $S=b\times\frac{h}{2}$

3) 수학적 태도

문제해결의 장면에서 그 양상을 보면, 그 문제의 해결에 필요한 지식 · 기능이 제대로 갖추어져 있지 않더라도 호기심이나 흥미를 가지고 풀이에 적극 도전하는 학생, 충분한 지식 · 기능을 구비하고 있으나 거의 관심을 보이지 않음으로써 참된 문제해결에 이르지 못하는 학생이 있다. 당연히 자주적 · 적극적으로 문제해결에 임하고자 하는 전자가 보다 바람직한 경우라 할 수 있다. 어떤 문제이든 그것을 해결하기 위해서는 적절한 능력이 필요하다. 이러한 능력에는 수학적 사고, 지식 · 기능과는 다른 형태의 '어떤 힘'이 포함되어 있다. 수학의 방법이나 내용에 관련된 수학적 사고를 떠받치는 지주와 같은 힘(guiding-forces), 또 이와 같은 사고를 발동시키는 어떤 힘에 해당하는,

- 자신의 문제나 목적 · 내용을 스스로 명확히 파악하려는 태도
- 조리 있는 행동을 하려는 태도
- 내용을 간결 · 명확하게 나타내려는 태도
- 보다 나은 것을 알아보려는 태도

등을 여기서는 '수학적인 태도'로 규정하기로 한다.

(1) 자신의 문제나 목적 · 내용을 스스로 명확히 파악하려는 태도

이는 주로 문제를 형성 · 파악하는 단계에서 가지게 되는 태도로서, 이의 지도를 위해서는 보다 구체적으로 다음과 같은 태도를 취하도록 할 필요가 있다.

① 의문을 가지려는 태도

② 문제의식을 가지려는 태도

③ 사상(事象) 가운데서 수학적인 문제를 발견하려는 태도

예 1 **주어진 둘레로 직사각형 구성(조건 불비의 문제)**

"길이가 36cm인 철사로 직사각형의 모양을 만들면 어떤 직사각형들이 만들어질까? 그리고, 가로와 세로의 길이 사이에는 어떤 관계가 있을까?"라는 문제의 해결에서, 예컨대 "가로와 세로의 길이는 자연수인 경우만 생각해도 되는가?" "가로와 세로의 길이가 각각 6cm, 12cm인 사각형과 12cm, 6cm인 사각형을 같은 것으로 보아야 하는가?" 등의 반응을 보이는 것은 **문제의 조건**을 명확히 하려는 것으로 볼 수 있다. 이와 같은 경우에도 알 수 있듯이, 완벽한 조건 제시로 의문의 여지가 없는 전통적 문제보다는 조건이 느슨한 문제가 오히려 **자신의 문제를 파악**하도록 하는 데 더욱 효과적이다.

예 2 **부정형 도형의 넓이**

부정형인 7각형의 넓이를 구하는 문제의 해결에서, 이 도형이 이미 알고 있는 도형과는 다르지만 포기하지 않고 자신의 힘으로 자신이 해결할 수 있는 문제로 만들어 보려는 마음(態度)을 가짐으로써, "내가 구할 수 있는 도형으로 분할해 보자."는 **문제의식**을 가지게 되며, "어디를 측정하면 넓이를 구할 수 있을까." 하는 의존 관계(함수적 사고)를 활용하게 된다.

(2) 이치에 닿으며 조리 있는 행위를 하려는 태도

이는 주로 해결 방안의 구상 단계, 해결의 실행 단계, 해결한 풀이를 논리적으로 조직화하는 단계에서 가지게 되는 태도로, 다음의 구체적 태도를 가지도록 할 필요가 있다.

① 목적에 부합되는 행동을 하려는 태도
② 해결 방안이나 결과를 개괄적으로 예상해 보려는 태도
③ 이용할 수 있는 자료나 기습 사항 또는 가정에 바탕을 두고 생각하려는 태도

예 1 **평행사변형의 변별**

평행사변형의 개념 학습에서 몇 개의 도형 중 평행사변형을 가려내게 하면, 별다른 생각 없이 평행사변형을 지적하는 어린이가 있다. 이때, "어째서 그것을 평행사변형이라고 보았는가?"

라는 물음에 얼른 대답을 하지 못하는 어린이도 있다. 이런 경우는 해결 방안이나 결과를 개괄적으로 예상해 보지 아니한 행위로, **이치에 닿으며 조리 있는 행위**라 할 수 없다. 그러나 평행사변형의 의미, 정의, 성질이나 이에 대응되는 조작을 바탕으로 예컨대, "두 개의 삼각자를 맞대어 알아보았더니 평행사변형이다."로 답한다면, 이는 **해결 방안이나 결과를 개괄적으로 예상**해 보았다고 할 수 있다.

예 2 소수의 곱셈

2.3×6.4의 계산 방법의 학습에서, 예컨대 23×64의 계산 방법을 바탕으로 생각해 보거나 그 곱을 어림해 보는 것은 '해결 방안이나 결과를 개괄적으로 예상'해 보는 것이며, '이용할 수 있는 자료나 기습(旣習) 사항 또는 가정에 바탕을 두고 생각'한 것으로 볼 수 있다. 따라서 이런 행위는 **이치에 닿으며 조리 있는 행위**다.

(3) 내용을 간결 · 명확하게 나타내려는 태도

이는 주로 문제를 형성 · 파악하는 단계나 해결을 실행하는 단계에서 취하게 되는 태도이며, 다음과 같은 구체적인 태도를 취하도록 할 필요가 있다.

① 문제나 해결 결과 또는 과정을 명확히 표현(기록, 전달)하려는 태도
② 분류 · 정리하여 나타내려는 태도

예 1 자료의 특징

어떤 학급의 신체검사표를 제시하고 "키가 어느 정도인 학생이 얼마나 되는가?"를 알아보게 한 다음 전체의 경향을 알아보도록 한다. 이때, 구간에 포함되는 실제의 측정값을 이상화하려는 행위는 그 자료를 **간결 · 명확하게 나타내려는 태도**로 볼 수 있으며, 목적 달성에도 부합되는 행위라 할 수 있다.

예 2 비율의 개념

"트럭 A로 600개의 달걀을 운반했더니 그중 15개가 깨졌고, 트럭 B로는 850개 가운데 17개가, 트럭 C로는 500개 가운데 12개가 깨졌다. 어느 트럭으로 운반하는 것이 유리한가?"라는

문제로 비율의 개념의 지도가 일단락되고 난 다음에, 이런 비율 관계는 수직선에 나타내는 것이 수의 크기에 구애 받지 않고 직관적으로 파악하기가 쉽다는 생각을 하는 것은, 보다 나은 방법으로, 보다 **간결 · 명확하게 나타내려는 태도**라 할 수 있다.

(4) 보다 나은 것을 알아보려는 태도

이는 주로 문제의 해결에 대한 검증의 단계에서 취하는 태도로, 다음과 같은 구체적인 태도를 취하도록 할 필요가 있다.

① 사고를 대상적(구체적) 사고에서 조작적(추상적) 사고로 높이려는 태도

② 자타(自他)의 사고와 그 결과를 비교 · 평가하고 보다 세련되게 하려는 태도

- 사고 · 노력을 절약하려는 행위
- 보다 아름다운 것을 추구하려는 행위
- 보다 확실한 것을 구하려는 행위
- 색다른, 새로운 것을 구하려는 행위
- 보다 세련된 것이 되도록 손질하려는 행위 등을 들 수 있다.

예 1 **삼각형의 합동 조건**

하나의 삼각형을 제시하고 "이 삼각형과 합동인 삼각형을 그려 보아라."라는 문제를 해결하게 했을 때, 각자가 그린 방법을 비교하면서 "어떤 방법이 보다 그리기 쉬울까." "다른 방법으로 그릴 수는 없을까." 하는 생각을 하는 것은, **보다 나은 것을 알아보려는 태도**에서 우러난 것이라 할 수 있다.

예 2 **경우의 수**

5명이 모두 한 번씩 대전하는 방법(리그전)으로 최강자를 가리는 바둑대회의 총 대국 수를 알아보는 장면에서, 대국자의 이름을 일일이 나열하지 않고 기호를 이용한 수형도로 일목요연하게 나타내는 것은, 대국 관계를 보다 확실하게 나타내는 방법이며 **보다 깔끔하게 나타내려는 태도**라 할 수 있다.

방법에 관련되는 수학적 사고나 수학의 내용에 관련되는 수학적 사고는 수학적 태도를 취함으로써 우러나게 되며, 문제해결에 유효한 수학적 사고가 떠오르게 된다. 수학적 사고 · 태도가 중요하다고 해서 무턱대고 수학적 사고 · 태도를 강조하는 것은 무의미하다. 나아가 문제해결 과정의 어느 단계에서 어떤 수학적 사고 · 태도가 반드시 쓰인다고 단정할 수도 없으며, 따라서 수학적 사고 · 태도를 일률적으로 강조할 수는 없다.

그러나 문제해결 과정의 각 단계에서 보편적으로 필요로 하는 수학적 사고 · 태도를 생각해 볼 필요는 있다. 그래서 여기서는, 여러 학자가 중요시하여야 한다고 주장하고 있는 문제해결 전략, 수학적인 방법이나 아이디어, 또는 문제해결에 임할 때의 마음가짐 등을 바탕으로, 문제해결의 각 단계에서 강조할 수 있는 수학적 사고 · 태도를 〈표 5－1〉에 제시하였다.

〈표 5－1〉 수학적 사고 · 태도의 구조

문제해결 과정	수학적 태도	수학적 사고	
		방법에 관련된 사고	내용에 관련된 사고
문제 형성 · 파악	• 스스로 자신의 문제나 목적 · 내용을 명확히 파악하려는 태도 • 내용을 간결 · 명확히 나타내려는 태도	• 추상화(이상화 · 조건의 명확화 · 구체화) • 단순화 • 수량화 • 기호화 • 도형화	• 함수적 사고
해결 방안 구상	• 이치에 닿으며 조리 있는 행위를 하려는 태도	• 유추 • 특수화 • 수량화 • 도형화	• 단위의 사고 • 개괄적 파악의 사고

해결 실행	• 이치에 닿으며 조리 있는 행위를 하려는 태도 • 내용을 간결 · 명확히 나타내려는 태도	• 귀납 • 연역 • 유추 • 단순화 • 특수화 • 기호화 • 구체화	• 단위의 사고 • 표현의 사고 • 조작의 사고 • 개괄적 파악의 사고 • 함수적 사고 • 식에 관한 사고
논리적 검증 및 발전	• 이치에 닿으며 조리 있는 행위를 하려는 태도 • 내용을 간결 · 명확히 나타내려는 태도 • 보다 나은 것을 구하려는 태도	• 일반화 • 연역 • 귀납 • 통합 • 발전 • 일반화	• 단위의 사고 • 표현의 사고 • 조작의 사고 • 알고리즘의 사고 • 기본 성질의 사고 • 함수적 사고 • 식에 관한 사고

4. 수학적 사고 · 태도의 지도

수학적 사고 · 태도의 함양은 수학교육의 주요 목표로서, 어떤 형태의 수학 수업에서도 학생들이 수학적 사고 경험을 할 수 있도록 수업을 구성해야 한다. 특히 수학적 사고의 지도에 초점을 맞춘 수업을 계획할 때에는 먼저 학생의 수학적 사고 능력의 수준을 고려해야 한다. 이에 따라 수업 진행 과정에서 학생들이 어느 정도의 수학적 사고를 할 수 있을 것인지 예상할 수 있으며, 그에 기초한 지도 계획의 수립이 가능하다.

수학적 사고 방법의 지도에서는 수학적으로 사고함으로써 사고의 경제성과 단순성, 표현의 명확성과 간결성, 패턴 포착의 용이성, 새로운 문제해결에의 전이성, 적용에 대한 보편성 등과 같은 수학적 사고의 다양한 장점을 학습자가 느낄 수 있게 하면서, 문제해결에서 자주적으로 이와 같은 생각을 추진할 수 있도록 하는 것이 중요하다. 그러나 이와 같은 수학적 사고 · 태도의 지도는 매우 어려운 문제이다. 이를 단순히 수학 교육의 일반 목표에서 강조한다거나 슬로건으로 내세우는 정도만으로는 지도의 실효를 거둘 수 없다. 따라서 학생의 수학적 사고 능력과 수학적 태도의 발달 지도 방안 몇 가지를 실천 가능한 수준에서 다음과 같이 제시한다.

첫째, 교사는 수학적 사고 · 태도에 대하여 우선 그 모양새를 명확히 파악해야 한다. 수학의 방법에 관련된 수학적 사고와 수학의 내용에 관련된 수학적 사고, 그리고 수학적인 태도의 구체적인 모양새를 교사의 입장에서 바르게 파악하는 것이 그 지도에 앞선 필수적인 전제이다. 수학적 사고 · 태도에 대한 그림이 분명하게 그려지지 않는다면 이를 지도할 수 없기 때문이다.

둘째, 수학적 사고 · 태도를 '지도 목표'뿐 아니라, '지도의 기초 · 기본적 내용'으로 보아야 한다. 수학적 사고 · 태도의 육성을 암묵적 · 잠재적 · 일반적 목표로 인식하여 먼발치에서 바라보기만 해서는 안 된다. 이를 핵심적이고 구체적인 지도 내용으로 볼 수 있어야만 학습 지도의 어떤 단계에서 어떻게 지도하겠다는 아이디어가 떠오를 수 있다.

셋째, 매시간 수학 지도에서 지도(학습) 목표로 수학적 사고 · 태도를 반드시 챙겨 명시해야 한다. 어떤 수학적 소재를 지도하더라도 그 소재의 학습 과정에서 경험할 수 있는 수학적 사고 · 태도는 있기 마련이다. 이를 찾아서 밝히는 것은 상당히 어려울 수 있지만 꾸준한 노력으로 습관화되어야 한다.

넷째, 수학적 사고를 유발하는 발문을 마련하고 이를 적극 활용해야 한다. 지속적이고 효과적인 발문과 조언은 결국 학생으로 하여금 그렇게 생각하고 그런 행동을 하며 그와 같은 성향을 갖도록 만든다. 수학적 사고 각각에 대하여 그 유발을 효과적으로 부추기는 발문이 있으며, 이와 같은 발문의 적절한 활용이 곧 수학적 사고 지도의 원리이다. 따라서 학습 과정의 적당한 단계에서 지도하고자 하는 수학적 사고를 학생이 경험할 수 있도록 발문하고, 그와 같은 사고 경험을 축적해 가도록 함으로써 학생의 수학적 사고 능력의 발달을 가져올 수 있다. 발문의 일반적 순서로는 수학적 태도를 유발하는 포괄적 발문을 하고, 보다 구체적 발문이 필요한 대상에게 수학적 사고 유발 발문을, 그리고 마지막 단계에는 지식 · 기능에 관련된 발문을 하는 것이 바람직하다.

다섯째, 수학적 사고 · 태도의 지도 방법은 지식 · 기능의 지도 방법과 다르다는 것을 알아야 한다. 학생의 수학적 사고 · 태도의 발달 지도는 장기적 과제이므로 학습자의 사고 경험의 축적을 중시하는 지도이어야 한다. 지금까지 지식이나 기능을 지도해 오던 소위 주입식, 형식적 방법으로는 이와 같은 정의적 영역의 발달을 꾀하기 어렵다.

여섯째, 학생들의 수학적 사고 · 태도에 대한 변화를 체크하고 평가 · 관리해야 한다. 어떤 발문에 어떤 반응을 보이는지, 어떤 생각으로 어떻게 판단하고 결정하는지, 이를 평가하고 피드백을 주는 것은 중요하다. 사고 능력에 대한 평가는 계량화하기 어렵거니와 지도 과정에서 그 시기를 놓치면 효과적인 지도가 어려워진다. 따라서 지도 계획의 단계에서부터 수시 평가 및 그에 따른 적절한 피드백 방법을 챙겨 두어야 한다. 수학적 사고에 초점을 맞춘 지도에서는 수업의 목표 달성 정도를 알아보기 위해, 목표로 설정한 여러 가지 수학적 사고 경험을 얼마나 많이 하게 되는지, 이에 따라 어느 정도로 수학적 사고가 강화되는지에 대한 평가 방법을 준비해야 한다. 관찰, 체크리스트 분석, 면담, 해결 과정에 대한 표현의 검토 등과 같은 방법으로 수학적 사고 발달에 대한 변화를 평가하고 후속 학습 지도에 활용해야 한다.

일곱째, 학생 각자의 사고 과정이나 방법에 대한 상호작용 기회를 많이 제공해야 한다. 학생들 사이의 활발한 의사소통은 바람직한 상호작용을 부추기고, 이는 서로의 사고 방법을 학습하고 공유할 수 있도록 하며, 보다 조리 있게 행동하려는 태도를 지니게 한다.

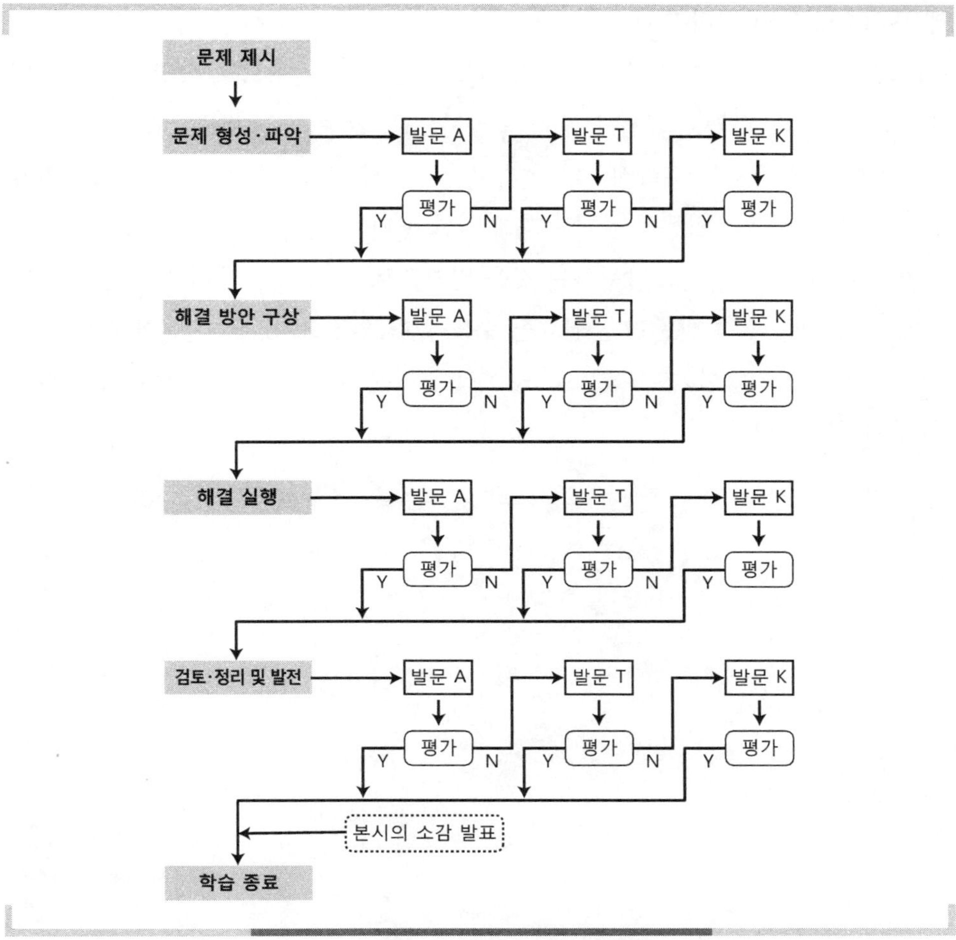

[그림 5—22] 문제해결 각 단계와 교사의 발문

(이 도식은 이용률(1997)의 『지도 원리와 사례』에 제시된 내용을 일부 수정한 것이다.)

수학적 사고 · 태도의 발달은 학습자의 사고 경험에 의하여 이루어진다. 사고 경험을 스스로 축적해 가는 학습자도 있지만 대부분의 학생은 자발적으로 이와 같은 경험을 하지 않거나 할 수 없다. 학습자가 유효한 사고를 추진해 갈 수 있도록 하는 최선의 방법은 교사의 적절한 발문, 권고나 안내라 할 수 있다. 이런 입장에서 볼 때, 문제해결의 각 단계에서 행해지는 교사의 발문은 학습자의 수학적 사고 ·

태도 지도를 위한 원리라 할 수 있다.

[그림 5-22]에서 '발문 A'는 수학적 태도와 관련된 발문으로 상당히 포괄적이며, '발문 T'는 수학적 사고를 부추기는 발문으로, 발문 A에 비하여 보다 구체적이다. 그리고 '발문 K'는 수학적 지식 · 기능 관련 발문으로 가장 구체적이다. '평가'는 발문을 이해하고 활동하는 학습자에 대한 평가를 의미한다. '발문 A → 발문 T → 발문 K'와 같은 순서로 발문하는 것을 원칙으로 하되, 학습자에 따라서는 그 단계에서 더 이상 후속 발문이 불필요할 수도 있다('Y'로 표기). 각 발문에 대한 평가가 이루어지고 필요한 경우('N'으로 표기) 그에 따른 피드백이 후속 발문 등의 형태로 주어져야 한다.

제 6 장

문제해결 전략

1. 실제로 해 보기
2. 그림 그리기
3. 식 만들기
4. 단순화하기
5. 거꾸로 풀기
6. 표 만들기
7. 예상과 확인
8. 규칙성 찾기
9. 논리적 추론
10. 여러 가지 방법으로 문제해결하기

제 6 장

문제해결 전략

이 장에서는 실제로 해 보기, 그림 그리기, 식 만들기, 단순화하기, 거꾸로 풀기, 표 만들기, 예상과 확인, 규칙성 찾기, 논리적 추론과 같은 다양한 문제해결 전략을 그 구체적인 예를 통해 알아본다.

1. 실제로 해 보기

실제로 해 보기는 문제 상황을 모델이나 구체물 또는 그림으로 나타내고 조작 활동을 통하여 해결 방법을 찾는 전략이다. “귤 12개를 한 사람에게 3개씩 나누어 준다면 몇 사람에게 나누어 줄 수 있는가?”라는 문제를 생각해 보자. 나눗셈 개념을 학습하지 않은 학생은 바둑돌과 같은 구체물을 이용한 조작 활동을 통해 문제를 해결할 수 있다.

실제로 해 보기는 학생이 문제의 효율적 해결에 필요한 수학적 개념이나 절차를 숙지하고 있지 못할 때 사용할 수 있는 초보적인 전략이다. 문제에 따라서는 실제로 해 보기가 핵심적인 해결 전략이 될 수도 있다. 문제의 해결에 필수적인 직관을 가지고 있지 않다면 문제를 해결하기 어려울 것이다. 이때 실제로 해 보기를 통하여 문제해결에 필수적인 직관을 형성할 수 있다.

다음 문제를 보자. "철수와 영희는 각각 동전을 150번 던지기로 하였다. 한 사람은 실제로 동전을 던져서 자료를 얻었고, 다른 한 사람은 실제로 던지지 않고 적당히 꾸며서 자료를 만들었다. 철수와 영희 중 동전을 던지지 않고 자료를 꾸며서 만들어 낸 사람은 누구일까?(H는 동전의 앞면, T는 동전의 뒷면을 뜻한다)" (Batanero & Sanchez, 2005)

철수: HTHTTHHTTHHTHTHTTHTTHTHHHTTTHHHTTHTTHTHT
HTTHHTHHHTHTHTHHTTTHHTTHTHTTHHTHTTHHTH
TTHHTHHTHTTTHTTHHTTHTTHTHTHHTHTTHHTHTH
TTHHHTHHTTHTHTTHHTTTHTTTHTHTTHHHTT

영희: HHTTTHTTTTHTHHTTTHHTHHTTTHHTHHHTTTHTTTTTTHTHT
HTHTTTTHHHHHHTHHHTHTHHTHHHHHTHHHTTHHHTHTH
HHHHHHHTTHTHHHHHHHTTTTTHHHHTTHTHTHHTHHTH
HTTTTTTHTHHTTHHHTTHHH

어떤 학생은 앞면과 뒷면이 반반에 가깝게 나온 철수의 자료가 실제로 동전을 던져서 얻은 것이라고 생각할 수 있다. 반면에 다른 학생은 철수의 것은 앞면과 뒷면이 나온 횟수가 반반에 너무 가까워서 오히려 일부러 반반에 가깝게 나오도록 꾸민 것 같다고 생각할 수 있다. 철수의 자료에서는 앞면이나 뒷면이 4번 이상 연속해서 나온 경우가 없는 것이 이상하다고 생각하는 학생도 있을 수 있고, 거꾸로 영희의 자료에서 연속으로 똑같은 면이 너무 여러 번 나온 것이 이상하다고 생각하는 학생도 있을 수 있다. 동전을 여러 번 던지면서 나타나는 결과를 관찰한 경험에 바탕을 둔 직관이 없는 상태에서 이와 같은 문제를 해결하기는 쉽지 않다. 동전을 여러 번 던지면서 동전의 앞면과 뒷면이 어떻게 나타나는지를 구체적으로 확인해 보는 경험을 통해 형성된 직관이 있어야 이 문제를 해결할 수 있을 것이다. 이와 같은 상황에서 실제로 해 보기는 문제해결에 매우 유용한 접근 방법이 될 수 있다.

예 1

아래 그림과 같이 끈으로 상자를 묶으려고 한다. 끈이 최소 몇 가닥 있어야 하는가?

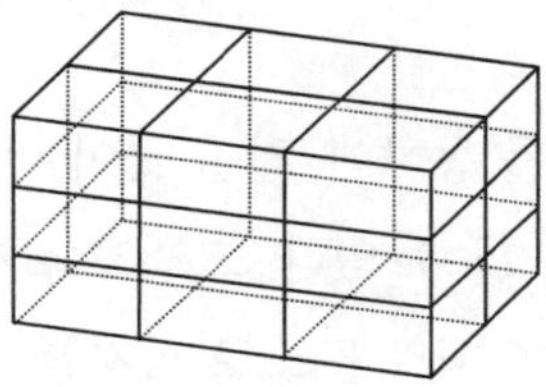

긴 끈과 직육면체 모양의 상자를 가지고 직접 끈으로 상자를 감아 보면서 문제해결의 실마리를 찾을 수 있다. 실제로 해 보기를 통해 다음과 같은 사실을 발견할 수 있다.

① 한 번 감는 경우라면 한 가닥으로 감을 수 있다.

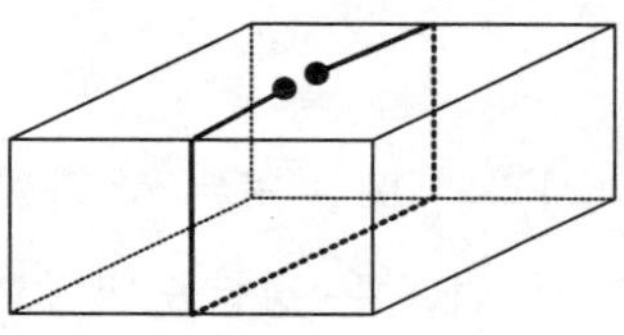

② 십자로 묶는 것도 한 가닥으로 할 수 있다.

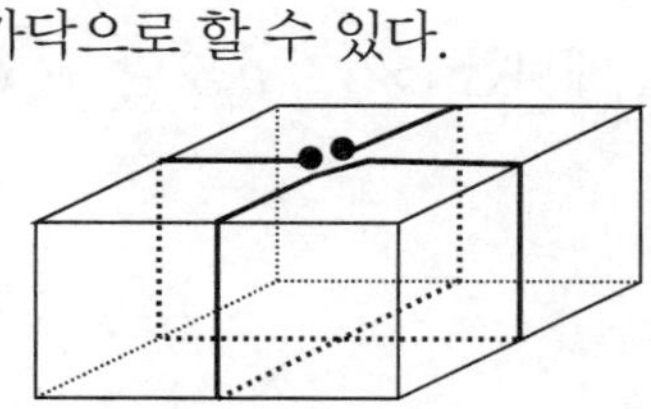

③ 감아야 할 곳이 한 군데 더 있어도 한 가닥으로 할 수 있다.

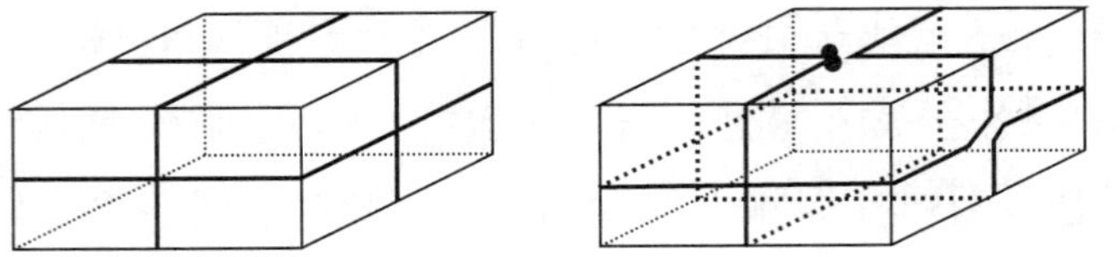

④ 세로로 두 줄 감기게 하는 것도 한 가닥으로 할 수 있다.

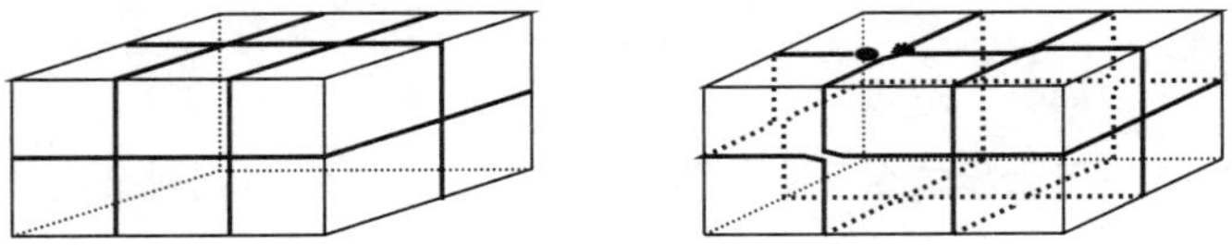

이와 같이 실제로 해 보기를 통하여, 감을 곳이 더 늘어나더라도 한 가닥으로 묶을 수 있을 것 같다는 생각을 할 수 있다. 그리고 실제로 끈으로 상자를 감아 본 활동 경험을 바탕으로 후에는 실제로 끈으로 상자를 감지 않고 그림을 가지고 사고 실험을 할 수 있다. 또 끈으로 묶는 그림을 그릴 때 끈이 교차하는 곳에서 방향을 바꾸는 것으로 표시하면 편리하다는 것을 알 수 있다.

예 2

포도, 배, 감, 바나나, 귤, 사과의 6종류의 과일 중에서 두 종류를 선택하여 사는 방법은 모두 몇 가지인가?

포도, 배, 감, 바나나, 귤, 사과의 모형 또는 각 과일의 이름을 적은 카드를 준비하고, 두 종류씩 짝지어 본다. 이와 같은 경험을 바탕으로 포도－배를 산 것과 배－포도를 산 것은 같은 경우임을 알 수 있고, 두 종류를 선택하여 사는 경우의 수는 다음에서 괄호 안의 경우를 제외한 15가지임을 알 수 있다.

포도－배	포도－감	포도－바나나	포도－귤	포도－사과
(배－포도)	배－감	배－바나나	배－귤	배－사과
(감－포도)	(감－배)	감－바나나	감－귤	감－사과
(바나나－포도)	(바나나－배)	(바나나－감)	바나나－귤	바나나－사과
(사과－포도)	(사과－배)	(사과－감)	(사과－바나나)	사과－귤

2. 그림 그리기

문제에 주어진 자료와 조건을 순전히 머릿속에서 떠올리면서 처리하는 것은 자료의 수가 적거나 주어진 것들의 관계가 단순할 때에는 가능하지만, 자료의 수가 많거나 그 관계가 복잡할 때는 그렇게 하기 어렵다. 이때 주어진 자료와 조건을 종이 위에 그림으로 나타내면 세부적인 사항을 검토하거나 주어진 자료의 관계를 통찰하는 데 매우 편리하다. 종이 위에 그린 그림은 알아보기 쉽고 기억하기도 쉽다.

문제를 해결하기 위해서는 문제의 조건에 의하여 규정된 대로 모든 요소를 모아 놓고 찬찬히 따져 보아야 한다. 문제를 분명하게 이해하고 해결의 실마리를 찾기 위해서는 자료와 조건의 각 부분을 분리해서 생각할 뿐 아니라, 여러 가지 관계를 동시에 고려하는 것, 곧 문제의 각 부분들을 결합하고 전체적으로 그 구조를 통찰하는 것이 필요하다. 종이 위에 그림을 그리지 않고 모든 세세한 내용을 머릿속에서 다루고, 분리하고, 재결합하는 것은 거의 불가능하다.

그림 그리기가 기하 문제를 해결하는 데 도움이 된다는 것은 자명하다. "평행사변형의 네 내각의 이등분선으로 둘러싸인 사각형은 어떤 사각형인가?"라는 문제를 푼다고 하자. 문제에 주어진 조건을 다음 그림과 같이 나타내면 문제가 뜻하는 바를 분명하게 이해할 수 있을 뿐 아니라, 문제해결의 실마리도 어렵지 않게 찾을 수 있다.

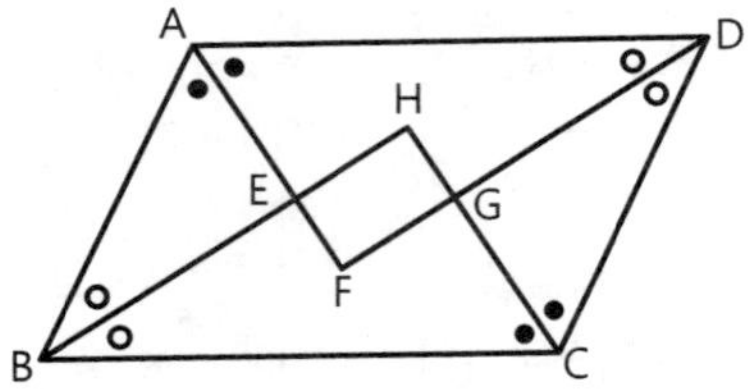

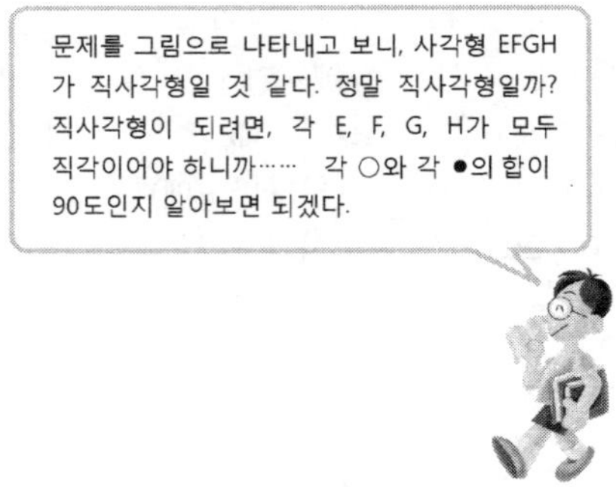

그림은 가능한 한 정확하게 그리는 것이 좋다. 자나 컴퍼스와 같은 작도 도구를 사용하지 않고 손으로 그림을 그릴 때, 도구를 사용해서 그린 것처럼 정확하게 원을 그릴 수는 없을 것이다. 그렇지만 원을 그린 것인지 아닌지 알아보기 어려울 정도로 부정확해서는 곤란할 것이다. 부정확한 그림은 때때로 잘못된 결론을 암시할 수 있지만, 그림을 결론의 근거로 삼지 않고 논리적 관련성에 집중하고 논리적인 근거에 기반하여 추론해 간다면 이와 같은 오류에 빠질 위험은 크지 않다.

그림을 그릴 때 문제에 제시된 것과 달리 지나치게 특수한 것을 그려서는 안 되며, 문제에서 요구하지 않은 관계를 그림에 나타내어서도 안 된다. 이를테면 문제가 일반적인 삼각형에 대한 것일 때 삼각형을 이등변삼각형이나 직각삼각형처럼 보이도록 그려서는 안 되며, 문제에 나타난 두 직선이 수직이라는 조건이 없을 때에는 두 직선이 수직으로 보이게 그려서는 곤란하다.

그림은 기하학적인 것과 무관해 보이는 문제의 해결에도 도움을 준다. 도형이나 그래프, 여러 가지 다이어그램은 자연과학이나 사회과학에서 광범위하게 사용되고 있다. 적절한 기하학적인 표현을 사용하면, 말로 기술된 여러 가지 유형의 문제를 기하학적인 문제로 바꿀 수 있다. 비기하학적인 대상들에 대한 적절한 기하학적인 표현을 찾아보려고 하는 과정에서 통합적인 사고력과 관계적인 이해력이 길러질 수 있다. 그러므로 당면한 문제가 기하 문제가 아닐지라도 그림을 그려 볼 필요가 있다. 비기하학적인 문제에 대한 알기 쉬운 기하학적 표현을 찾아보는 것은 해결을 위한 중요한 진전이 될 수 있다.

그림을 그리면 문제를 전체적으로 이해하기 쉽다. 그림을 정확하게 그리면 답이 어떻게 되는지를 알 수 있는 경우도 있으며, 때에 따라서는 문제를 해결하는 방법이 떠오르기도 한다. 주어진 문제 상황을 순서대로 그리는 훈련과 더불어 여러 가지 요소 사이의 관계가 적절히 나타날 수 있도록 그리는 훈련이 필요하다. 그림을 그릴 때에는 문제에 주어진 것과 구해야 할 것이 모두 나타나도록 해야 그 관계를 파악하는 데 도움이 된다.

그림 그리기는 답을 구하기 위하여 직접 사용되는 경우도 있고, 문제를 이해하기 위해서 또는 문제를 해결하기 위하여 무엇을 해야 할 것인가, 즉 어떤 방법을 사용해야 할 것인가를 판단해 보기 위한 보조적인 전략으로 사용될 수도 있다. 문제 장면 또는 주어진 수량이나 구할 수량 사이의 관계를 길이나 넓이로, 곧 선분도나 수직선, 면적도로 나타내면 편리한 경우가 많다. 이를테면 다음과 같은 문제와 그림을 생각해 보자.

① "5,000원이 있다. 이것을 A, B 두 사람이 나누어 갖는데, A가 B보다 200원 많이 가지려면 각각 얼마씩 가져야 하는가?"

② "A는 B보다 200원을 많이 가지고 있는데, 이 두 사람이 가지고 있는 돈을 합하면 5,000원짜리 물건을 살 수 있다고 한다. 두 사람은 각각 얼마씩 가지고 있는가?"

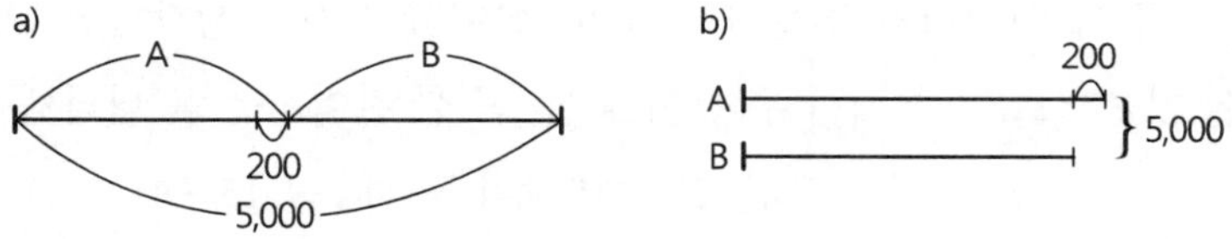

그림 a)는 문제 ①을 나타낸 그림이고, 그림 b)는 문제 ②를 나타낸 그림이다. 그런데 문제 ①의 해법을 알아내는 데는 그림 b)와 같이 나타내는 것이 더 좋아 보인다. 띠그림이나 선분도를 그릴 때, 띠나 선분의 길이는 문제에 주어진 수량을 정확하게 나타내기보다 관계를 알기 쉽게 나타내는 것에 중점을 둔다.

이제 그림 그리기 전략을 사용하여 문제를 해결하는 실제 예를 살펴보자.

예 1

어머니는 38살이고 딸은 8살이다. 몇 년 후에 어머니의 나이가 딸의 나이의 3배가 될까?

먼저 문제에 주어진 것, 곧 현재의 어머니와 딸의 나이를 그림으로 나타내 보자.

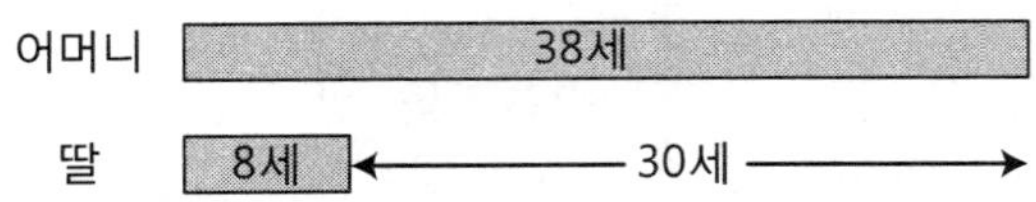

이 그림은 어머니와 딸의 현재 나이와 둘의 나이의 차이를 나타낸다. 그러나 이 그림을 보고 문제의 해결 방법을 찾기는 쉽지 않다. 그러므로 보다 적절한 그림을 그릴 필요가 있다. 문제의 조건이 완전히 만족된 가정적인 상황, 몇 년 후에 어머니의 나이가 딸의 나이의 3배가 되었을 때를 생각하자. 이 상황을 그림으로 다음과 같이 나타낼 수 있다.

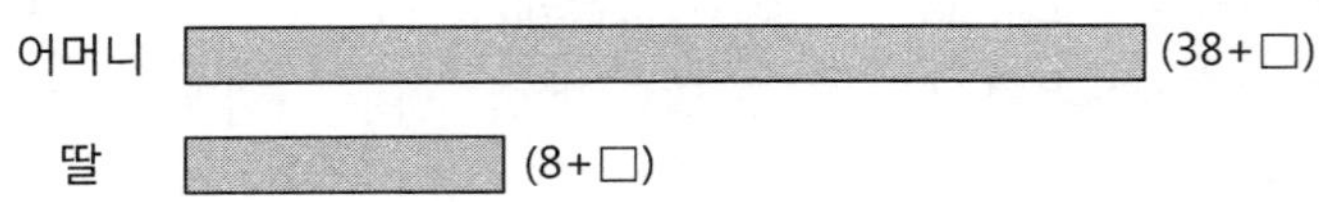

여기서 처음에 어머니가 38살이고 딸이 8살이었던 것을 생각하면, 어머니가 딸보다 30살 많으므로, 그림에서 두 칸이 30살, 곧 한 칸이 15살을 나타냄을 알 수 있다. 이로부터 구하고자 하는 것은 딸이 15살이 될 때, 곧 $15-8=7$(년) 후임을 알 수 있다.

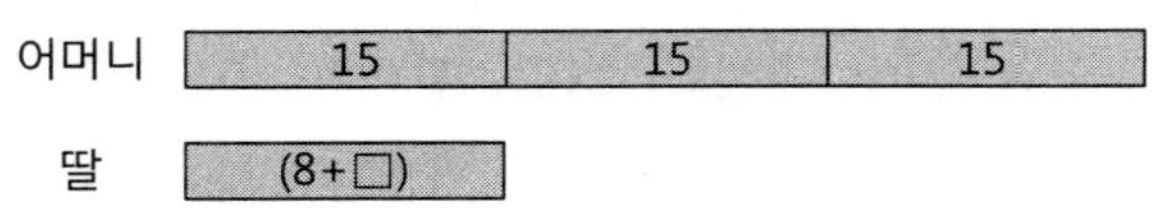

예 2

토끼장 하나에 토끼를 8마리씩 넣으면 토끼가 6마리 남는다. 10마리씩 넣으면 토끼장이 한개 남는다. 토끼는 몇 마리인가?

(토끼의 수) = (한 장에 넣는 토끼 수)×(장의 수)이므로 주어진 조건을 다음과 같은 면적도로 나타낼 수 있다(토끼장의 수를 x라고 한다).

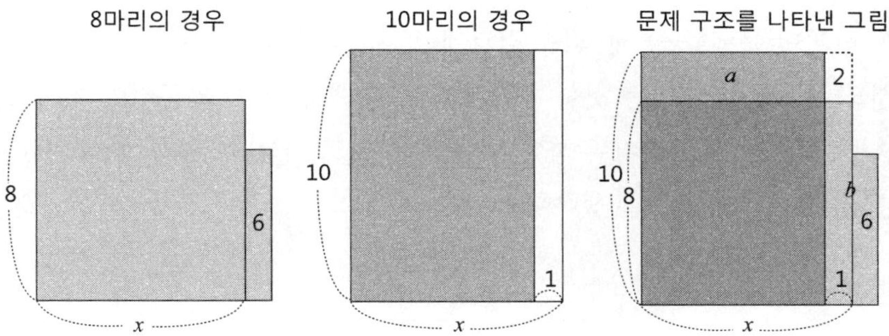

위의 왼쪽 두 그림은 각각 8마리씩 넣을 때와 10마리씩 넣을 때를 나타낸 그림이다. 토끼의 수는 정해져 있으므로, 이 두 그림에서 색칠한 부분의 넓이는 같다. 이 두 그림을 겹쳐 놓은 맨 오른쪽 그림이 문제의 전체 구조를 나타내는 그림이다. 이 그림에서 겹친 부분을 제외한 a 부분과 b 부분의 넓이가 같으므로, b의 넓이 '8+6'은 a의 넓이와 같다. a의 세로의 길이가 '10−8=2' 이므로, $2\times(x-1)=8+6$이 되어 $x=8$이다. 따라서 토끼는 $8\times8+6=7\times10=70$마리이다.

3. 식 만들기

식 만들기는 수학 문제를 풀 때 보편적으로 사용되는 매우 고급스러운 전략이다. 일단 식을 옳게 세우면 그 다음 풀이 단계는 거의 기계적으로 진행되며, 답이 정확하게 나오기 때문에 식 만들기 방법은 수학에서 매우 중요한 문제해결 전략이다. 주어진 문제 장면과 문제에 나타난 수량 사이의 관계를 식으로 나타내면 문제의 핵심 구조를 간결하고 명확하게 나타낼 수 있으며, 형식적인 처리가 쉬워지고, 찾아낸 관계를 일반화하기에도 편리하다.

올바른 식을 만들기 위해서는 문제에 제시된 양 사이의 관계에 근거하여, 수와 문자를 +, −, ×, ÷, ( ) 등의 기호와 결합하여야 하며, 비교되는 두 양의 관계에 기초하여 등식 또는 부등식을 세워야 한다. 그림이나 표를 잘 활용하면 두 양의 관계를 찾거나 식을 만드는 데 도움이 된다.

식을 만들어 문제를 풀 때, 최종 결과에만 주의를 기울일 것이 아니라 식 자체에 대해서도 주의를 기울이는 것이 바람직하다. 문제를 풀 때 최종적인 계산 결과는 같게 나오지만 문제를 풀기 위하여 세운 식은 서로 다를 수 있다. 다음과 같은 도형의 넓이를 구하는 문제를 생각해 보자.

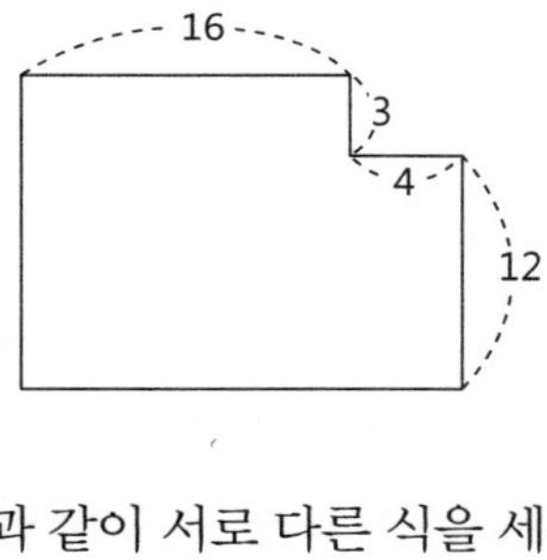

위의 도형의 넓이를 다음과 같이 서로 다른 식을 세워 풀 수 있다.

① $12\times4+16\times(3+12)=288$

② $16\times3+12\times(4+16)=288$

③ $12\times4+16\times3+12\times16=288$

④ $20\times15-(4\times3)=288$

다른 예로, 다음과 같은 그림에서 한 변에 있는 정사각형의 개수가 n개일 때 작은 정사각형 전체의 개수를 구하는 문제를, 철수는 $4\times n-4$의 식으로, 영희는 $n+(n-1)+(n-1)+(n-2)$의 식으로 풀었다고 하자. 각각의 식은 두 학생이 어떤 생각을 하여 문제를 해결했는지를 나타내고 있다. 이를테면, 영희가 세운 식 $n+(n-1)+(n-1)+(n-2)$는 어느 한 변에서 시작하여 차례대로 90°씩 돌아가면서 작은 정사각형들을 놓아 주어진 모양을 만들려는 생각을 나타낸다. 먼저 아랫변에 정사각형 n개를 놓는다. 그리고 이어서 이웃한 한 변에 정사각형 $n-1$개를 놓아 두 번째 변을 완성한다. 이어서 $n-1$개의 정사각형을 놓아 세 번째 변을 만든다. 이제 마지막 변을 완성하기 위해서 $n-2$개의 정사각형만 더 놓으면 된다. 이와 같이 계산 과정을 식으로 나타내면 어떤 생각을 통해 답을 구했는가를 알 수 있다는 좋은 점이 있다.

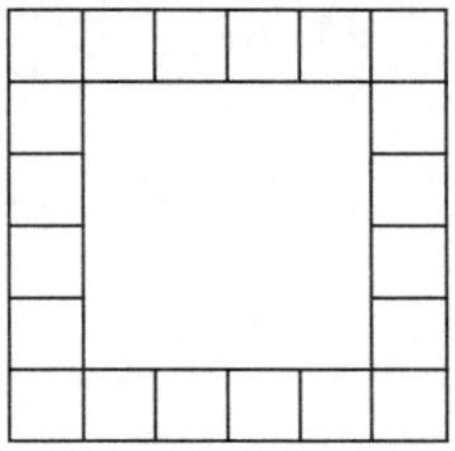

식을 세워서 문제를 해결하고 난 후, 식을 다른 관점에서 해석하여 새로운 문제 해결 방법을 찾아낼 수도 있다.

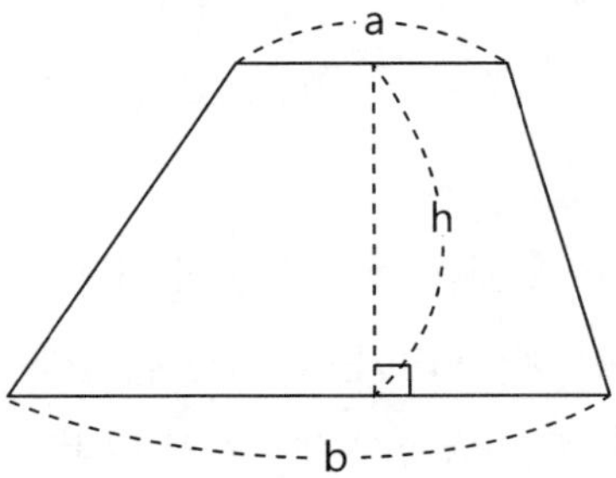

위와 같은 사다리꼴의 넓이를 구하는 문제를 다음과 같이 평행사변형으로 배적 변형하는 방법을 통해 $S=(a+b)\times h\div 2$와 같은 식을 세웠다고 하자.

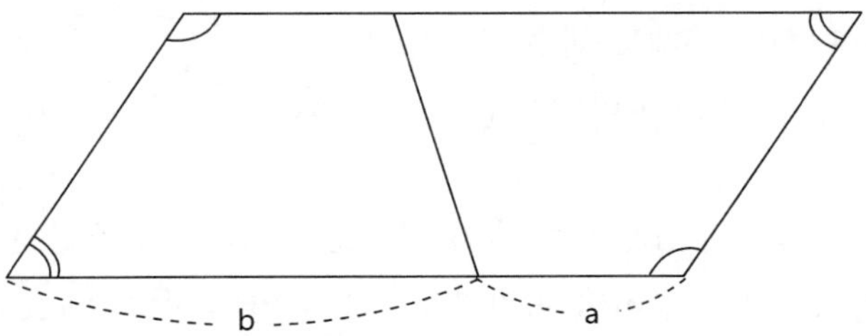

이제 구한 공식을 다음과 같이 재해석하면, 사다리꼴을 삼각형과 직사각형, 평행사변형으로 등적변형하는 방법을 찾아내는 데 도움이 될 수 있다.

$S=(a+b)\times h\div 2$: 밑변이 $a+b$, 높이가 h인 삼각형의 넓이

: 밑변이 $\frac{a+b}{2}$, 높이가 h인 직사각형의 넓이

: 밑변이 $a+b$, 높이가 $\frac{h}{2}$인 평행사변형의 넓이

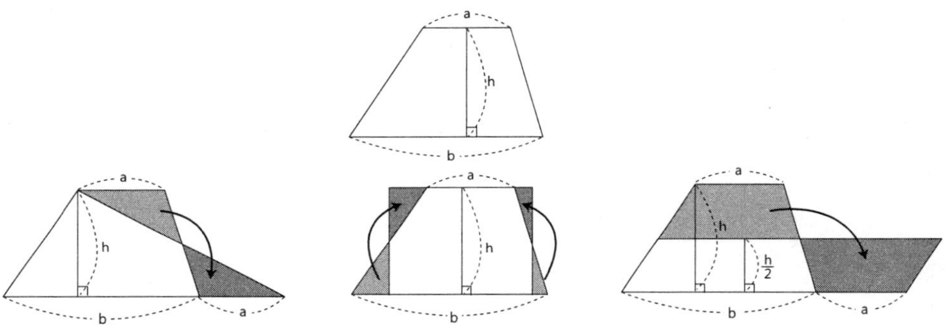

식 만들기는 대단히 많은 문제를 해결하는 데 사용될 수 있는 매우 강력한 문제해결 방법이다. Descartes(1596~1650)는 문제를 해결하는 보편적인 방법을 찾고자 하였는데, 그는 식 만들기, 특히 방정식 세우기가 이러한 보편적인 방법이 될 수 있을 것이라고 생각하였다. Descartes가 모든 유형의 문제해결에 적용할 수 있을 것으로 기대했던 계획의 개요는 다음과 같다.

첫째, 어떤 문제라도 수학적인 문제로 바꾼다.
둘째, 어떤 수학적인 문제도 대수 문제로 바꾼다.
셋째, 어떤 대수 문제도 한 방정식 풀이로 바꾼다.

간단한 문제는 하나의 방정식을 세워 해결할 수 있지만, 조건이 복잡한 문제는 여러 개의 방정식으로 이루어진 연립방정식을 세워야 한다. Descartes는 이와 같

은 식을 세워 문제를 해결하는 절차를 다음과 같이 제시하였다(Polya, 1981).

- 먼저 문제를 잘 이해한 후, 문제를 어떤 미지의 양을 결정하는 문제로 바꾼다.
- 문제가 해결된 것으로 생각하고 미지의 것과 자료 사이에 성립해야 할 모든 관계를 적절한 순서로 시각화하며, 문제를 아주 자연스런 방법으로 개관한다.
- 조건의 일부분을 분리하고 같은 양을 두 가지 방법으로 나타낼 수 있도록 하여 미지의 것들에 대해 성립하는 방정식을 얻는다. 결과적으로 조건을 여러 부분으로 나누어 미지의 것의 개수만큼의 방정식으로 이루어진 연립방정식을 얻어야 한다.
- 연립방정식을 하나의 방정식으로 변형한다.

Descartes가 기대했던 것처럼 모든 문제가 이와 같은 절차에 따라 풀리는 것은 아니지만, 식 세우기 전략을 사용하면 수학 내적 외적인 여러 가지 문제를 매우 효율적으로 해결할 수 있다. 방정식을 세워서 문제를 해결하면 문제와 풀이를 일반화된 형태로 다루기에도 편리하다. 이를테면, $x+y=50$, $2x+4y=140$과 같은 연립방정식을 $x+y=e$, $2x+4y=f$ 또는 더 일반적인 형태인 $ax+by=e$, $cx+dy=f$로 바꾸어 일반적인 해를 구하여 해결할 수 있다.

예 1

무게가 같은 공 8개를 바구니에 넣어 무게를 달았더니 1,280g이었다. 여기에 공 4개를 더 넣어 달아 보니 1,760g이 되었다. 바구니의 무게는 몇 g이겠는가?

- 문제의 뜻에 알맞은 식을 세우기 위하여 주어진 조건을 식으로 나타내어 보자.

  구하고자 하는 바구니의 무게를 □라고 하자.

  공 4개를 더 넣어 달았을 때 무게가 $1{,}760-1{,}280=480$(g)이므로 공 1개의 무게는 $480\div4=120$(g)이다.

1,280(g)은 바구니와 공 8개의 무게이므로 $\square + 8 \times 120 = 1{,}280$

이로부터 $\square = 1{,}280 - 8 \times 120 = 320$(g)이다.

- 이 문제를 다음과 같이 식을 세워서 풀 수도 있다.

  구하고자 하는 바구니의 무게를 □, 공 1개의 무게를 △라고 하자.

  $\square + 8 \times \triangle = 1{,}280$

  $1{,}280 + 4 \times \triangle = 1{,}760$

  아래 식으로부터 △의 값을 구하면 $\triangle = 120$, 이를 이용하여 위의 식으로부터 □의 값을 구하면 $\square = 320$이다.

- 바구니의 무게는 1280에서 공 8개의 무게를 뺀 것이므로, 바구니의 무게를 구하는 식을 다음과 같이 하나의 식으로 쓸 수 있다.

  $\square = 1{,}280 - (1{,}760 - 1{,}280) \div 4 \times 8$

예 2

(1) 첫 번째 파이프는 3시간에, 두 번째 파이프는 4시간에, 세 번째 파이프는 6시간에 물탱크를 가득 채울 수 있다. 세 파이프를 모두 열었을 때 빈 탱크를 몇 시간 만에 가득 채울 수 있겠는가?

(2) 벽에 페인트를 칠하고자 한다. 페인트공 A가 그 일을 하는 데는 2시간, B가 하는 데는 3시간, C가 하는 데는 4시간 걸린다고 한다. 세 페인트공이 함께 일한다면 벽을 다 칠하는 데 얼마나 걸리겠는가?

먼저 (1)번을 풀어 보자. 물탱크의 부피를 g라고 하자. 첫 번째 파이프를 통해 물은 1시간당 $\frac{g}{3}$ 만큼 흐른다. 따라서 t 시간 동안 첫 번째 파이프를 통해 흐른 물의 양은 $\frac{g}{3}t$ 이다. 마찬가지로 생각하여, 세 파이프를 동시에 틀었을 때 t 시간 후에 물탱크가 가득 찼다고 하면, $\frac{g}{3}t + \frac{g}{4}t + \frac{g}{6}t = g$이다. 양변을 g로 나누면 다음 식을 얻는다. $\frac{t}{3} + \frac{t}{4} + \frac{t}{6} = 1$. 이 식에서 t 값을 구하는 것은 쉽다.

이제 (2)를 풀어 보자. 페인트공 A는 1시간 동안에 일의 $\frac{1}{2}$을 한다. 그러므로 t 시간 동안 A가 하는 일의 양을 $\frac{t}{2}$로 나타낼 수 있다. 세 페인트공이 t 시간 동안 함께 일을 끝마친 상황을 다음과 같은 식으로 나타낼 수 있다.

$$\frac{t}{2}+\frac{t}{3}+\frac{t}{4}=1$$

위 (1), (2)를 풀기 위해 세운 식 $\frac{t}{3}+\frac{t}{4}+\frac{t}{6}=1$과 $\frac{t}{2}+\frac{t}{3}+\frac{t}{4}=1$을 보면, 이 두 문제가 서로 구조적으로 동일한 문제임을 알 수 있다.

4. 단순화하기

문제 상황이 낯설거나 복잡하여 해결 방법을 찾기 어려울 때가 있다. 이때 보다 익숙하고 간단한 상황으로 문제를 바꾸고, 단순화된 문제를 해결한 다음, 그 해나 해결 방법을 원래의 문제에 적용할 수 있다. 이와 같은 방법을 단순화하기라고 한다. 주어진 조건 모두를 만족하는 해결 방안을 알 수 없을 때, 조건을 단순한 것으로 대체하거나 조건의 일부를 제쳐 두고 주어진 문제를 간단한 기본적인 문제로 손질하고 그 손질된 간단한 문제의 고찰을 통해 주어진 문제의 구조나 해결 방안을 알아내는 것이다.

이를테면, 문제에 들어 있는 큰 수를 작은 수로 바꾸거나 분수나 소수를 자연수로 바꾸면 문제가 단순화된다. "1m^2의 화단을 가꾸기 위해 $\frac{3}{8}$kg의 비료가 필요하다고 한다. $\frac{5}{7}$kg의 비료로 가꿀 수 있는 화단의 넓이는 몇 m^2인지 알아보아라."는 문제를 풀기 위해 식을 어떻게 세워야 할지 생각이 나지 않을 때, 문제에 주어진 수치를 간단한 자연수로 바꾸어 보자: 1m^2의 화단을 가꾸기 위해 2kg의 비료가 필요하다고 한다. 4kg의 비료로 가꿀 수 있는 화단의 넓이는 몇 m^2인지 알아보아라. 그러면 문제 상황의 구조가 쉽게 파악되어, $\frac{5}{7} \div \frac{3}{4}$의 나눗셈을 통해 원래 문제를 해결할 수 있음을 알게 된다.

조건의 일부만 고려하는 것을 다음 문제를 통해 알아보자. "1개 240원짜리 물건을 6개 사고, 1,000원 지폐 2장을 냈다. 지갑에는 아직 1,300원이 남아 있다. 그러면 2,000원짜리 물건을 더 살 수 있는가?" 이 문제에는 다음과 같은 조건들이 있다.

① 240원 하는 물건을 6개 샀다.
② 2,000원을 냈다.
③ 거스름 돈 이외에, 지갑에는 1,300원이 있다.

이것들을 한 가지씩 생각한다.

①은 240×6, ②는 2,000－물건의 값＝거스름돈, ③은 1,300＋거스름돈

이렇게 조건을 하나씩 고려한 것을 종합하여, 지금 가지고 있는 돈을 1,300＋(2,000－240×6)이라는 식으로 나타낼 수 있다.

단순화하기는 규칙성 찾기와 관련이 깊다. 단순화하기는 문제를 보다 간단한 문제로 변형한다는 데 핵심이 있으며, 단순한 경우들을 조사하여 일반적인 규칙을 찾을 수 있다. 999999×999999의 값을 구하는 문제를 생각해 보자. 수가 너무 커서 구하기 어려우므로, 자릿수가 적은 수로 고쳐서 간단한 경우부터 조사해 본다.

$9 \times 9 = 81$
$99 \times 99 = 9801$
$999 \times 999 = 998001$

이로부터 원래 문제의 답이 999999×999999＝999998000001일 것으로 예상할 수 있고, 자릿수가 1 증가함에 따라, 9와 0이 각각 하나씩 늘어난다는 규칙을 발견할 수 있다.

예 1

한 변이 300m인 정사각형 모양의 땅의 둘레에 2m 간격으로 나무를 심으려고 한다. 나무는 몇 그루가 필요한가?

땅이 너무 넓어서 어떻게 풀어야 할지 모르겠다. 작은 땅이면 해결하기 쉬울 것이니, 한 변이 6m라고 해서 풀어 보자: "한 변이 6m인 정사각형의 땅의 둘레에 2m 간격으로 나무를 심으려고 한다. 나무는 몇 그루가 필요한가?"

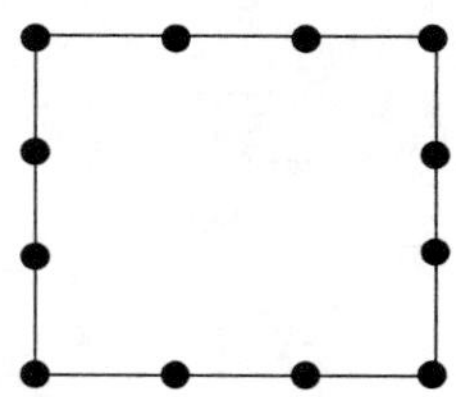

한 변이 6m인 땅의 그림을 그려서 조사해 보면, 한 변에 나무를 4그루 심을 수 있음을 알 수 있다. 여기서 한 변에 심을 수 있는 나무의 수는 $6 \div 2 + 1 = 4$이고, 각 변에 4그루씩 나무가 있으므로 4를 곱하되, 꼭짓점에 있는 나무가 중복되므로 4를 빼야 한다.

$$6 \div 2 + 1 = 4, \quad 4 \times 4 = 16, \quad 16 - 4 = 12$$

이제 단순한 문제를 해결한 방법을 원래의 문제의 해결에 적용하여 보자.

$$300 \div 2 + 1 = 151, \quad 151 \times 4 = 604, \quad 604 - 4 = 600$$

따라서 답은 600그루다.

예 2

다음 그림과 같이, 3개의 기둥이 있고, 맨 왼쪽 기둥에는 몇 개의 원판이 크기 순서대로 끼워져 있다. 이를 다른 기둥에 처음과 같은 크기 순서대로 옮겨 끼우려고 한다. 원판을 옮길 때에는 한 번에 하나의 원판만 옮길 수 있으며, 큰 원판이 작은 원판 위에 올 수 없다. 원판의 개수가 10개일 때, 최소 몇 번 이동해야 하겠는가?

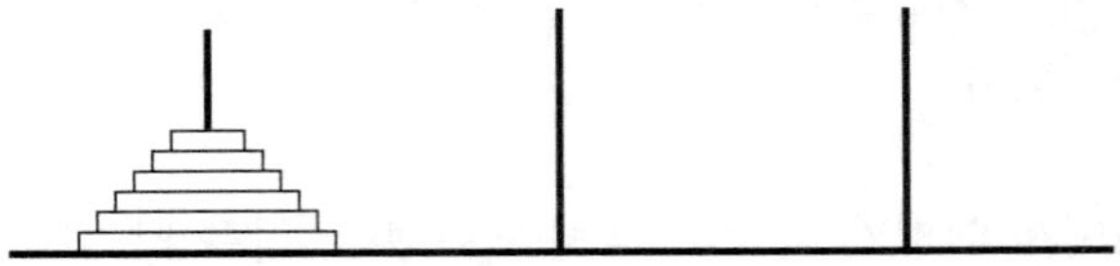

원판 10개인 경우의 해법을 바로 생각하기 쉽지 않으므로, 단순화하여 원판의 개수가 1, 2, 3, 4, 5인 경우를 실제로 조사해 보고 그 결과를 표로 나타낸다.

원판 수	1 2 3 4 5
이동 횟수	1 3 7 15 31 2 4 8 16

이로부터 31+32=63, 63+64=127, 127+128=255, 255+256=511, 511+512=1,023에 의해 원판이 10개인 경우 이동 횟수는 1,023(회)임을 예상할 수 있다.

단순화하여 조사한 결과를 바탕으로, 다음과 같이 수 감각을 활용하여 해결할 수도 있다.

원판 수	이동 횟수
1	$1=2-1$
2	$3=2\times 2-1$
3	$7=2\times 2\times 2-1$
4	$15=2\times 2\times 2\times 2-1$

원판의 개수가 10개일 때 이동 횟수는 $2\times2\times2\times2\times2\times2\times2\times2\times2\times2-1=2^{10}-1$이다.

5. 거꾸로 풀기

문제의 목표나 증명해야 할 사실로부터 시작하여 무엇을 말할 수 있는가를 생각해 나가면서, 즉 결론으로부터 조건으로 거꾸로 생각해 나아감으로써 문제를 해결할 수 있는데, 이러한 방법을 거꾸로 풀기 방법이라 한다. 거꾸로 풀기 전략이 사용될 수 있는 문제에는 다음과 같은 특성이 있다.

첫째, 문제 상황의 마지막 결과가 알려져 있다.

둘째, 최초의 조건에서 문제해결로 가는 규칙이 알려져 있다.

셋째, 문제가 요구하는 것은 최초의 조건을 구하는 것이다.

따라서, 이 전략을 사용하려면, "이러한 상황이 성립하려면 무엇이 성립하여야 하는가?" "이 단계 이전에는 어떻게 되는가?"와 같은 질문을 던져야 한다.

거꾸로 풀기 전략은 인류가 오랜 기간을 두고 사용하여 온 대표적인 문제해결 전략 중 하나이다. 이를테면 방정식을 세울 때 x가 어떤 등식을 만족하는 것처럼 하는 행위는 전형적인 거꾸로 풀기 전략이다. $x+2=5$라고 식을 쓰는 것은 x를 이미 알고 있다고 가정하면 x와 2의 합이 5와 같다는 조건을 만족하여야 한다는 것을 이용하는 전형적인 거꾸로 풀기 전략이다. 방정식을 세우지 않는다고 하더라도 다음과 같은 상황에서 거꾸로 풀기 전략은 유용하게 사용될 수 있다. 영희는 서점에서 1권에 10,000원 하는 동화책을 1권 샀습니다. "다음 날, 아버지에게 용돈 5,000원을 받았더니 남아 있는 돈이 6,100원이 되었습니다. 영희가 처음에 가지고 있던 돈은 얼마인지 알아보시오."와 같은 문제를 초등학교 교과서에서는 거꾸로 풀기 전략을 사용하여 마지막 남아 있는 6,100원에서 과정을 거꾸로 하여 마지막에 6,100원, 용돈을 받기 전에는 1,100원, 서점에서 동화책을 사기 전에는 11,100원과 같이 거꾸로 푼다.

그런데 거꾸로 풀기 전략은 순서상으로 뒤집는 것만을 의미하지는 않는다. 고대 바빌로니아에서는 구하여야 할 양을 알고 있다고 가정하는 거꾸로 풀기 전략이 사용되었다. 바빌로니아 시대에는 방정식을 가정법을 이용하여 해결하였다. 가정법은 임의의 숫자가 문제의 조건을 만족한다고 가정하고 계산을 한 후, 그 계산 결과와 원래 문제의 조건을 비교하여, 해를 찾는 방법이다. 그 과정을 구체적으로 예시하면 다음과 같다.

예를 들어, "직사각형의 가로의 길이는 세로의 길이에서 $\frac{1}{4}$ 을 뺀 것과 같으며, 대각선은 4'이다. 이때 직사각형의 가로와 세로의 길이를 구하여라."와 같은 문제를 해결한다고 하자.

이 문제를 해결하기 위하여 고대 바빌로니아 인들은 다음과 같은 방법을 사용하였다. 세로의 길이의 임시값을 1°라고 한 후 1°에서 $\frac{1}{4}$ (즉, 15')[1]을 빼서 가로의 길이를 구하면 45'이다. 이때 $(1°)^2=1°$이고, 두 변의 값을 제곱해서 합하면 1°33'45"가 된다. 1°33'45"의 제곱근을 취하면 1°15'이다. 이것이 대각선의 임시값이 된다. 그런데 대각선의 참값은 40'이므로 얻어진 대각선의 임시값보다 작다. 그 다음 대각선의 임시값 1°15'의 역수를 계산하면 48'이 나오고 여기에 참값 40'을 곱한다. 그러면 32'이 되는데, 이것이 비례적 조정 요소이다. 이를 이용해 32'×1°=32'과 32'×45'=24'을 얻고, 이렇게 얻은 32'과 24'이 각각 세로와 가로의 길이의 참값이다. 이 풀이 방법은 60진법을 사용한 풀이 방법이기도 하고 동시에 다소 복잡한 계산을 하여야 하기 때문에 현재에는 거의 사용되지 않는다. 그러나 이러한 기록은 일종의 '거꾸로 풀기' 전략으로 볼 수 있다. 이와 같은 풀이에서 임시값 1°를 놓는 행위가 바로 거꾸로 풀기 전략의 일종이다.

위 문제의 풀이 과정을 살펴보면 임시값을 제시한 다음, 그로부터 뒤따라 나오는 것을 구하게 된다. 즉, 임시값이 문제의 조건을 만족한다고 생각하며 계산을 하여, 그 결과값을 구하고 또 이로부터 어떻게 하면 주어진 것에 도달할 수 있는지를 추론하는 전략이다. 이것을 방정식의 의미에서 살펴본다면, $f(x)=a$가 문제의 조

---

1) 고대 바빌로니아인들은 60진법을 사용하였다.
즉, 1°=60', 1'=60"이다.
1°=60'이므로, 1°의 $\frac{1}{4}$ 은 60'의 $\frac{1}{4}$ 인 15'이다.

건일 때, 임시값 1°로부터 좌변을 계산하여 그 결과 $f(1°)$에 도달하고, $f(1°)$로부터 어떻게 하면 문제에서 주어진 우변 a와 같게 될 수 있는지 생각하면서, 즉 어떻게 하면 등식이 되는지를 생각하면서, $f(1°)$와 a의 관계를 살핀 후, 이 관계를 임시값 1°에 적용하여 참값을 구하게 된다.

거꾸로 풀기 전략은 고대로부터 내려오는 발견술적인 전략인 '분석법'과도 닿아 있다. 이러한 분석 종합법을 체계적으로 정리한 수학자는 Pappus다. 그는 그의 저서 *Mathematical Collection* Ⅶ권에서 분석 종합법의 정의를 기술하고, 분석의 영역에 속하는 9개의 논문을 소개하고, 8개 논문에 대한 보조정리를 모아 놓았다(Jones, 1986). Pappus는 분석 종합법에 대하여 분석은 구하고자 하는 것으로부터 이것이 인정된 것처럼 여기고, 그 부수물(결과물)을 거쳐 종합에서 인정되는 어떤 것에 이르는 것이라고 말하였다. 즉, 분석에서는 구하고자 하는 것이 이미 구하여졌다고 가정하고, 그것은 무엇으로부터의 결과인지를 탐구하며 다시 그것의 선행자가 무엇인지를 탐구하는 방식으로 이미 알려진 것에 이를 때까지 계속 탐구한다. 이러한 Pappus의 말은 분석법이 거꾸로 풀기와 맞닿아 있음을 잘 보여 준다.

나아가서, 분석법은 하나의 문제를 다른 문제로 '환원'하는 과정까지를 포함한다. 현대에 들어 분석법에 대한 논의는 주로 파푸스의 분석－종합에 대한 기술을 바탕으로 하고 있다. 이를테면 증명하고자 하는 것이나 구하고자 하는 것을 증명되었다거나 구하였다고 가정하고 이로부터, 연역을 할 것인지, 그 전제를 찾아가야 하는지에 대한, 분석 방향에 대한 것이 논의의 주요 방향이었다(Behboud, 1994). 그러나 이러한 논의는 종합에 대하여 비추어 본 분석에 대한 논의를 중심으로 하고 있어, 분석 이면에 있는 아이디어를 명확하게 드러내는 데 어려움이 있다.

환원(reduction)은 하나의 문제 혹은 정리를, 만약 알려지거나 작도가능하게 되기만 한다면(해법을 찾을 수만 있다면) 원래의 문제 혹은 정리를 확증하게 되는 다른 문제나 정리로 변환하는 것을 말한다(Morrow, 1970). 고대 그리스의 수학자들은 환원된 문제를 해결함으로써 주어진 문제를 해결하고자 하였다(Morrow, 1970). 환원은 그리스 수학 초기부터 사용되었다. 유클리드의 원론이 탄생하여 기하가 공리 체계화되기 전에 이미 Hippocrates(B. C. 440년 경) 등이 문제의 연구를 위하여 주어진 문제를 다른 문제로 환원하여 연구하였다는 기록이 있다. 실제로 Hippocrates는 그의 저서 『활꼴의 구적(*Quadrature of Lunes*)』에서, 곡선으로 둘러싸인 부분의 넓이를 구하는 문제를, 주어진 선 사이에 몇 가지 조건을 만족하는 적절한 선분을 삽입하는 문제로 환원하였다. 기하가 공리-연역적으로 체계화되기 전인 그리스 수학 초기의 분석인 환원은 환원된 문제에 대한 지식과 풀이 기법이 부족하였기 때문에 그 풀이가 늘 보장되었던 것은 아니다. 그러나 이러한 환원적인 분석을 통해 고대 그리스 시대 수학자들은 문제해결의 상대적인 출발점을 찾거나, 구체적인 문제에서 일반적인 문제의 연구로 나아가는 기회를 얻곤 하였다.

이제 거꾸로 풀기 전략을 사용한 문제해결의 예를 살펴보자.

예 1

지훈이는 구슬을 몇 개 가지고 있다. 지수에게 8개를 주고, 경호에게서 12개를 얻었다. 남은 구슬을 누나와 똑같이 나누어 가졌더니 15개씩 가지게 되었다. 지훈이가 처음에 구슬을 몇 개 가졌는지를 알아보아라.

지훈이가 처음에 가진 구슬의 수를 n개라고 하면, 다음과 같이 식을 만들 수 있다.

지수에게 주고 경호에게서 받은 다음의 구슬의 수: $n-8+12$
누나와 나누어 가진 구슬의 수: $(n-8+12)\div 2=15$

이 식을 풀면, 지훈이가 처음에 구슬을 26개 가졌음을 알 수 있다.

앞에서도 말한 바와 같이 이와 같은 풀이 방법에서 n을 이용한 식을 세우는 것 자체가 이미 거꾸로 풀기 전략을 사용한 것이다. 그런데 이 풀이 방법은 초등학교에서도 사용할 수 있는 형태로 변환하여서 사용할 수 있다.

- 누나와 똑같이 나누어 가졌더니 15개씩 가지게 되었다. 그러면, 누나와 나누어 가지기 전에는 몇 개였을까? 둘이 나누어서 15개씩이니까, 그 전에는 15×2

=30(개)이다.

- 경호에게서 12개를 얻었는데, 얻기 전에는 몇 개였을까? 얻을 것을 돌려주어야 하니까, 30－12＝18(개)였다.
- 지수에게 8개를 주었는데, 주기 전에는 몇 개였을까? 준 것을 되돌려 받아야 하니까, 18＋8＝26(개)이다.
- 따라서, 처음에 26개를 가지고 있었다.

앞에서 논의한 바와 같이 거꾸로 풀기 전략은 구하고자 하는 것을 이미 구하였다고 가정하는 방법을 그 핵심으로 한다. 다음의 작도 문제를 통하여 기하에서 거꾸로 풀기 전략이 사용되는 예를 살펴볼 수 있다.

예 2

지름 OA인 반원이 주어져 있다. 선분 OA의 길이는 a이다. 이때, 선분 OA의 연장선과 점 B에서 직교하는 직선 l이 주어져 있으며, 선분 OB의 길이가 b라고 하자. 점 O를 지나고 점 F와 점 G에서 각각 반원과 직선 l과 만나면서 선분 FG의 길이가 c가 되는 직선을 작도하여라.

이 문제를 해결하는 첫 번째 과정은 우선 구하고자 하는 직선을 구하였다고 가정하는 과정이다. 직선을 구하였다고 가정하는 것은 전형적인 거꾸로풀기 전략이다. 이 문제의 해결 과정은 크게 분석의 과정과 작도의 과정으로 나누어 볼 수 있는데, 이는 다음과 같다.

〈분석: 거꾸로 풀기〉

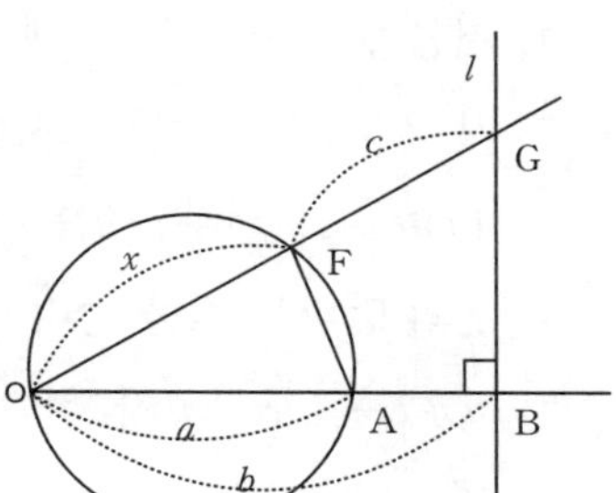

1. 주어진 조건을 만족하는 직선을 작도하였다고 하자.
2. 선분 OF의 길이를 x라고 하자.
3. 선분 AF가 그려졌다고 하자.

4. 삼각형 OAF와 삼각형 OGB는 닮은 삼각형이다.

5. 닮은 삼각형의 성질에 따라, $x : a = b : (x+c)$이고, 따라서 $x^2 + xc = ab$이다.

6. 그러므로 $x = \sqrt{\frac{c^2}{4} + ab} - \frac{1}{2}c$이다.

이제 이것을 이용하여 작도를 하여 본다.

〈작도〉

1. 지름이 OB인 반원을 그린다. 이때, 점 A를 지나고 직선 OB에 수직인 직선이 반원과 만나는 점을 C라고 하자. 삼각형의 성질에 의하여 OC의 길이는 $\sqrt{ab}$이다.

   [$OC = \sqrt{ab}$]

2. 선분 BC를 연장하여, $CD = \frac{1}{2}c$가 되도록 점 D를 잡는다. 직선 OD를 그린다. 삼각형 OCD는 각 C가 직각인 직각삼각형이므로,

   [$OD = \sqrt{CD^2 + OC^2} = \sqrt{(\frac{1}{2}c)^2 + ab}$]

3. 중심이 D이고 반지름이 DC인 원을 그린다. 이때, 선분 OD와 이 원의 교점을 E라고 하자. 선분 OE의 길이는 $OD = \sqrt{(\frac{1}{2}c)^2 + ab}$에서 $ED = \frac{1}{2}c$를 뺀 것이다.

   [$OE = x$]

4. 처음에 주어진 원 위에 $OF = OE$가 되도록 점 F를 표시한다.

   [$OF = x$] 선분 OF를 연장하여, L과 만나는 점을 G라고 하자.

5. OFG는 구하고자 하는 선이다. 즉, $FG = c$이다.

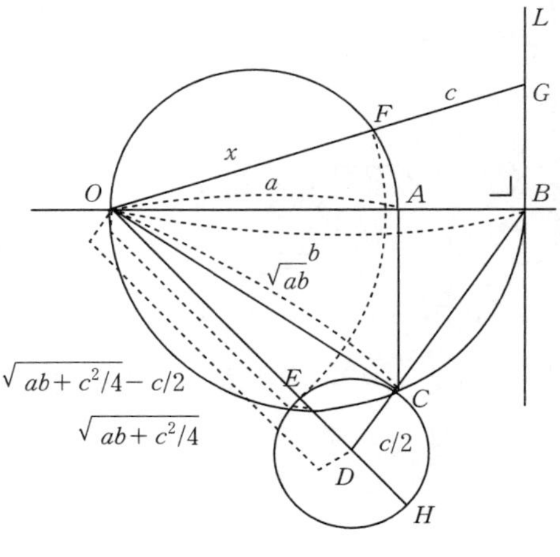

6. 표 만들기

표는 자료를 체계적으로 정리하는 효율적인 수단이다. 우리 반 학생들이 좋아하는 음식, 과일, 계절, 장소 등을 조사한 자료를 표로 정리하면 한눈에 알아보기 쉽다. 예를 들어, 다음과 같이 어느 반 학생들이 좋아하는 음식을 조사한 자료를 다음과 같은 표로 정리하면, 음식별로 좋아하는 학생 수, 가장 많은 학생이 좋아하는 음식, 가장 적은 학생이 좋아하는 음식을 알아보기 쉬우며, 이를 토대로 어떤 음식을 많이 준비하여야 하는지에 대해서 생각할 수 있다(교육인적자원부, 2004a, pp. 92−93).

좋아하는 음식	라면	김밥	햄버거	피자	자장면	계
학생 수						

표를 만들 때에는 우선 문제에 나타난 자료를 잘 나타낼 수 있는 틀을 어떻게 만들지 궁리해야 하며, 그 틀에 문제에서 주어진 자료를 차례로 적어 나가야 한다. 이를테면, "어느 학교의 금년의 학생 수는 879명이다. 이것은 작년에 비하여 남학생이 10% 증가하고, 여학생이 4% 감소한 것이지만, 전체로는 29명이 증가한 것이다. 금년의 남, 여 학생 수를 각각 구하여라."와 같은 문제를 생각해 보자. 다음과 같은 표를 만든 다음 문제에 주어진 정보를 표에 채우고 빈칸에 들어갈 수나 식을 생각하면 쉽게 답을 구할 수 있는 식을 만들 수 있다.

	남학생	여학생	전체
작년			850명
	10% 증가	4% 감소	29명 증가
금년			879명

표를 이용하면 수량을 순서에 따라 변화시키면서 이에 대응되는 수량을 구하고, 이들 사이에서 성립되는 함수 관계를 예상하여 이를 문제해결에 적용할 수 있다. 다음과 같은 문제를 생각해 보자. "1개에 150원 하는 배와 1개 100원 하는 사과를 합해서 9개 사는데, 그 금액이 1,200원이 되게 하려면 각각 몇 개를 사야 하는가?" 다음과 같이 표를 만들어 조사하면 '배 6개, 사과 3개'라는 답을 구할 수 있다.

배의 개수	1	2	3	4	5	6
사과의 개수	8	7	6	5	4	3
배의 대금	150	300	450	600	750	900
사과의 대금	800	700	600	500	400	300
총 금액	950	1,000	1,050	1,100	1,150	1,200

이와 같이 답이 나올 때까지 표에 수치를 계속 적어 가면서 알아보는 것도 한 가지 방법이지만, 표를 중간까지만 만들고 표에 들어 있는 규칙성을 찾는 것도 좋은

방법이다. 위의 문제라면, 배의 개수가 3이나 4일 때까지 조사했을 즈음에 표를 살펴서, 배의 개수가 하나씩 늘어갈 때마다 총 금액이 50원씩 늘어간다는 것을 알아내고, 이 규칙을 이용하여 문제를 해결할 수 있다. 표를 만들어 체계적으로 조사하면 이와 같이 일반적인 규칙을 발견하는 데 편리하다.

주먹구구식으로 조사할 때는 모든 경우를 고려하지 못하고 빠뜨리기가 쉽다. 그러나 표를 만들어 조사하면 그럴 위험이 줄어든다. 경우의 수가 많아지면 모든 경우를 생각하는 것이 쉽지 않고 한두 가지 경우를 빠뜨리기 쉽기 때문에 표를 만드는 것이 효과적이다.

과녁 맞히기 놀이를 하였습니다. 혜송이는 3번 쏘아서 27점을 얻었습니다. 몇 점짜리를 몇 번 맞혔는지 모두 말하시오. 단, 빗맞은 것은 없습니다.

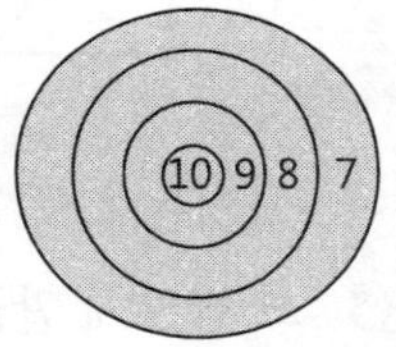

다음과 같은 표를 만들어 조사하면 빠뜨리지 않고 가능한 모든 경우를 고려하기 쉽다.

10점짜리	9점짜리	8점짜리	7점짜리	점수
3번				30점
2번	1번			29점
2번		1번		28점

예 1

다음 그림과 같은 (10×2) 점판에 서로 합동이 아닌 삼각형을 모두 몇 가지나 만들 수 있는가?

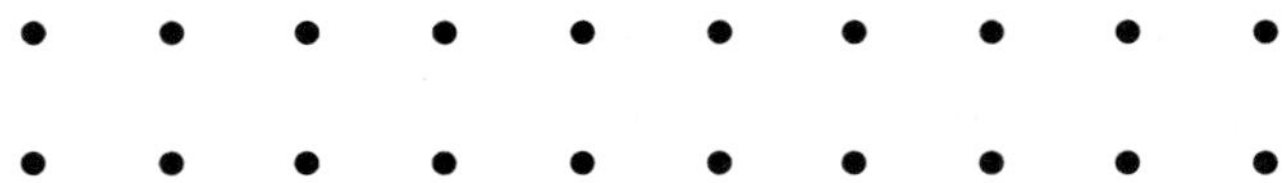

(2×2) 점판에 만들 수 있는 삼각형은 다음과 같다.

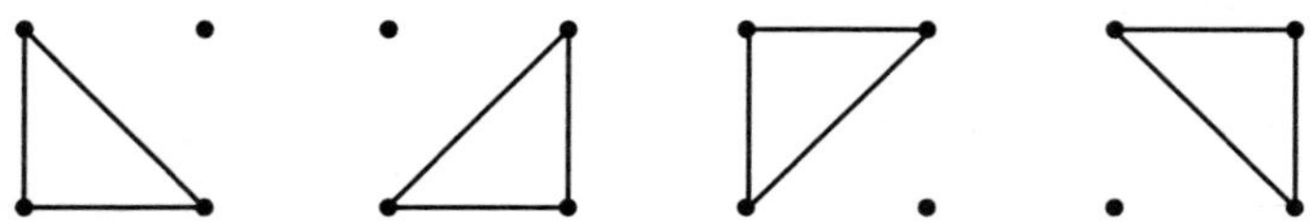

이 4가지는 합동인 삼각형이므로, 만들 수 있는 삼각형은 1가지이다.

(3×2) 점판에 만들 수 있는 삼각형은 다음 4가지이다(직각삼각형 3개, 둔각삼각형 1개, 밑변의 길이가 1인 것 2개, 2인 것이 2개).

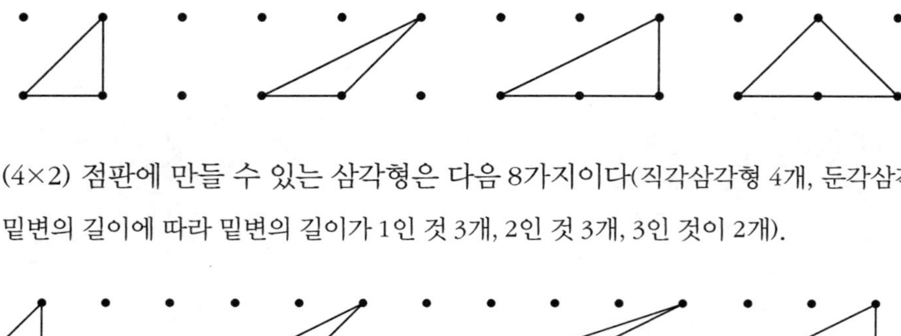

(4×2) 점판에 만들 수 있는 삼각형은 다음 8가지이다(직각삼각형 4개, 둔각삼각형 4, 밑변의 길이에 따라 밑변의 길이가 1인 것 3개, 2인 것 3개, 3인 것이 2개).

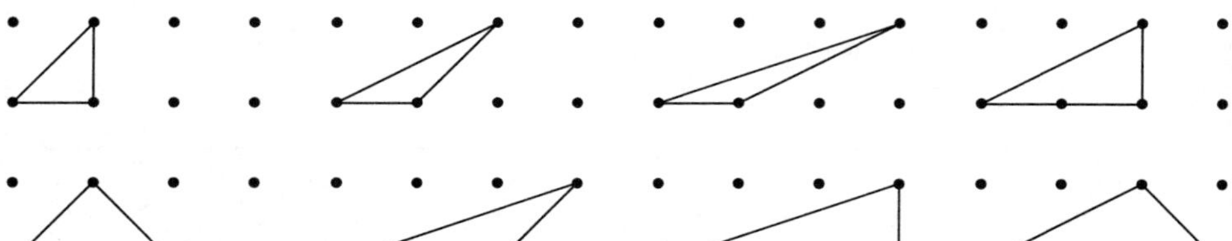

이상을 표로 정리하면 다음과 같다.

점판 종류	각의 크기		합	점판 종류	밑변 길이			합
	직각	둔각			1	2	3	
2×2	1	0	1	2×2	1			1
3×2	3	1	4	3×2	2	2		4
4×2	4	4	8	4×2	3	3	2	8

밑변의 길이를 늘려가면서 다음과 같은 표를 만들 수 있다.

점판	밑변 길이					합
	1	2	3	4	5	
(2×2) 점판	1					1
(3×2) 점판	2	2				4
(4×2) 점판	3	3	2			8
(5×2) 점판	4	4	3	3		14
(6×2) 점판	5	5	4	4	3	21

(10×2) 점판의 경우 밑변의 길이가 9인 삼각형까지 만들 수 있고, 밑변의 길이가 1부터 9까지 각각 만들 수 있는 삼각형을 더하면 9+9+8+8+7+7+6+6+5=65(개)가 된다.

(2×2) 점판에서 (10×2) 점판까지의 경우를 모두 한 장의 표로 정리하면 다음과 같다.

삼각형 / 점판	각에 따른 삼각형의 수		밑변의 길이에 따른 삼각형의 수									삼각형 개수의 합
	직각삼각형	둔각삼각형	1	2	3	4	5	6	7	8	9	
(2×2) 점판	1	0	1									1
(3×2) 점판	3	1	2	2								4
(4×2) 점판	4	4	3	3	2							8
(5×2) 점판	5	9	4	4	3	3						14
(6×2) 점판	6	15	5	5	4	4	3					21
(7×2) 점판	7	23	6	6	5	5	4	4				30
(8×2) 점판	8	32	7	7	6	6	5	5	4			40
(9×2) 점판	9	43	8	8	7	7	6	6	5	5		52
(10×2) 점판	10	55	9	9	8	8	7	7	6	6	5	65

예 2

다음의 두 조건을 모두 만족하는 서로 다른 세 수를 구하시오.

- 세 수의 곱은 36이다.
- 세 수의 합에 5를 더하면 완전제곱수가 된다.

다음과 같이 표를 만들어 모든 경우를 빠짐없이 생각해 보면 답을 구할 수 있다.

A	B	C	A·B·C	A+B+C	A+B+C+5
1	1	36	36	38	43
1	2	18	36	21	26
1	3	12	36	16	21
1	4	9	36	14	19
…	…	…	…	…	…

7. 예상과 확인

예상과 확인은 문제의 답을 미리 예상해 보고 그 답이 문제의 뜻에 맞는지 확인해 보는 과정을 반복하면서 문제를 해결해 가는 전략이다. 처음에 예상을 한 후, 예상이 문제에 주어진 조건을 만족하는지 확인해 본다. 확인 결과 예상이 일치하지 않으면, 다시 예상하고 확인하는 것을 반복한다.

예상이 빗나가 다시 예상을 할 때, 단순히 처음과 다른 예상을 할 수도 있다. 그렇지만 의식적인 반성 없이 소박하게 예상하고 확인하는 과정으로 문제를 풀려면 꽤 여러 번의 시행착오를 거쳐야 할 것이다. 좀 더 체계적으로 예상하고 확인하면 시행착오의 반복 횟수를 줄여서 문제해결에 들어가는 시간과 노력을 절약할 수 있다. 처음 예상한 값을 바탕으로 다음에 예상할 값을 처음 예상한 값보다 크게 할 것인지 아니면 작게 할 것인지를 생각하면서 예상해 나가면 그렇지 않을 때에 비해 적은 횟수의 시행착오를 통해 정답 또는 정답에 가까운 값을 찾아 나갈 수 있다. 다음과 같은 문제를 생각하여 보자. "철수와 영희가 다트 놀이를 하고 있다. 과녁은 안쪽의 7점짜리 부분과 바깥쪽의 3점짜리 부분으로 되어 있다. 철수는 다트 핀을 18번 던져 102점을 얻었다. 철수는 7점짜리 부분과 3점짜리 부분을 각각 몇 번씩 맞혔을까?"

7점짜리 부분을 10번 맞혔다고 예상해 보자. 그러면 3점짜리 부분은 8번 맞혔을 것이다. 이때 얻은 점수는 $7\times10+3\times8=94$(점)이 된다. 얻은 점수가 문제에 주어진 점수 102점보다 적으므로 7점짜리 과녁을 맞힌 횟수를 늘려서 다시 예상해 본다. 이번에는 7점짜리 부분을 15번 맞혔다고 하자. 그러면 3점짜리 부분은 3번 맞혔을 것이다. 이때 얻은 점수를 계산하면 $7\times15+3\times3=114$(점)이다. 얻은 점수가 문제에 주어진 점수 102점보다 많으므로 이번에는 7점짜리 부분을 맞힌 횟수를 줄여야 한다. 이와 같은 방법으로 예상과 확인을 거듭하여 7점짜리 부분을 맞힌 횟수가 12번임을 알 수 있다.

예상과 확인은 우리가 문제에 직면했을 때 흔히 사용하는 매우 자연스런 방법이며, 특히 문제를 푸는 방법이 전혀 생각나지 않을 때 대단히 쓸모가 있다. 그러나 답이 여러 개이거나 자연수의 범위를 벗어나는 수일 때 예상과 확인 방법으로 정확한 답을 모두 찾기 어려울 수 있다.

예상과 확인은 일련의 계속되는 시도로 이루어진다. 각각의 시도는 이전에 생긴 오류를 수정하고, 그 결과 일반적으로 오류는 점점 줄어 바라는 최종 결과에 더 가까워진다. 예상과 확인의 이러한 점을 고려할 때, 예상과 확인을 단순히 시행착오라고 특징짓는 것보다는 잇따른 접근(successive approximations)이라고 하는 것이 더 적절해 보인다(Polya, 1981). 잇따른 접근법은 모든 수준에서 매우 다양한 절차에 자연스럽게 적용된다. 사전에서 단어를 찾을 때 찾는 단어의 알파벳 순서를 고려하여 나온 단어를 보아 가며 사전을 앞뒤로 넘겨 가면서 찾는데, 이것도 잇따른 접근 방법을 사용하는 것이다.

이제 예상과 확인 전략을 사용하여 문제를 해결하는 실제 예를 살펴보자.

예 1

영희는 어제 문방구에서 400원짜리 공책 7권과 500원짜리 가위 2개를 샀다. 오늘 어머니께서 영희에게 용돈 1,500원을 주셨다. 영희가 지금 가지고 있는 돈은 4,300원이다. 영희가 어제 처음에 가지고 있었던 돈은 얼마인가?

구하려는 것은 영희가 어제 문방구에서 학용품을 사기 전에 가지고 있었던 돈의 액수이다. 영희가 처음에 가지고 있던 돈을 예상하고 예상이 맞는지 확인해 보자.

(1) 영희가 처음에 가지고 있던 돈이 3,000원이라고 하자. 400원짜리 공책 7권과 500원짜리 가위 2개를 사는 데 사용한 돈은 $400 \times 7 + 500 \times 2 = 2{,}800 + 1{,}000 = 3{,}800$(원)이다. 그러므로 처음 예상은 틀렸다. 영희가 처음에 가지고 있던 돈은 3,800원보다 많았다.

(2) 영희가 처음에 가지고 있던 돈이 5,000원이라고 하자. 이때 영희가 지금 가지고 있는 돈을 계산하면 $5{,}000 - (400 \times 7 + 500 \times 2) + 1{,}500 = 2{,}700$(원)이다.

영희가 지금 가지고 있는 돈은 4,300원이므로 예상이 또 빗나갔다. 그렇지만 영희가 처음에 가지고 있었던 돈이 5,000원보다 많았다는 것을 알게 되었다.

(3) 영희가 처음에 가지고 있던 돈이 6,000원이라고 하자. 이때 영희가 지금 가지고 있는 돈을 계산하면 $6{,}000-(400\times7+500\times2)+1{,}500=3{,}700$(원)이다. 영희가 지금 가지고 있는 돈은 4,300원과의 차이가 줄어들었지만 아직 600원이 부족하다.

(4) 영희가 처음에 가지고 있던 돈이 5,600원이라고 하자. 이때 영희가 지금 가지고 있는 돈을 계산하면 $6{,}600-(400\times7+500\times2)+1{,}500=4{,}300$(원)이다. 예상이 적중했다!

앞의 (2)의 예상과 확인 후에, 다음과 같이 생각하여 답을 구할 수도 있다. 영희가 처음에 가지고 있던 돈이 5,000원이라고 예상했을 때, 지금 가지고 있는 돈은 2,700원이 된다. 영희가 실제로 지금 가지고 있는 돈은 4,300원이므로, $4{,}300-2{,}700=1{,}600$(원)을 예상한 값 5,000원에 더해 주면 처음에 영희가 가지고 있던 돈 6,600원을 구할 수 있다.

예 2

$$x+\frac{x}{7}=9$$

식의 조작을 통한 방정식 풀이법을 알고 있는 학생이라면 간단한 식의 조작을 통해 x의 값을 구할 수 있을 것이지만, 식의 조작을 할 수 없는 학생도 다음과 같은 예상에 기초하여 이 문제의 해답에 접근할 수 있다.

먼저, 임의의 편리한 값을 x의 값으로 예상하자. 이를테면 $x=7$일 것이라고 예상하자. 그러면 $x+\frac{x}{7}=7+1=8$이다. 문제에서 주어진 $x+\frac{x}{7}$의 값은 9이므로, x의 값을 7보다 조금 큰 값으로 다시 예상하고 확인하는 과정을 반복하여 x의 참값에 접근해 갈 수 있다.

또는 위의 예상 결과를 바탕으로 다음과 같이 문제를 해결할 수도 있다. 문제에서 주어진 $x+\frac{x}{7}$의 값은 9인데, 이 값은 $x=7$일 것이라고 예상하고 구한 $x+\frac{x}{7}$의 값 8의 $\frac{9}{8}$배이다. 이로부터 비례적 사고를 통해 x의 값이 7의 $\frac{9}{8}$배, 곧 $\frac{63}{8}$이라고 예상할 수 있다. 실제로 $x=\frac{63}{8}$일 때, $x+\frac{x}{7}=\frac{63}{8}+\frac{9}{8}=9$이다.

8. 규칙성 찾기

규칙성 찾기는 그 문제에 주어진 조건을 분석하여 어떤 규칙성을 찾아내고 이 규칙성을 이용하여 계산을 확대해 감으로써 문제를 해결하게 하는 전략이다. 또한 경우에 따라 불충분하게 주어진 정보에 대하여 이에 대한 규칙성을 발견하고 이를 일반화시킬 수 있는데, 이 일반화에 대한 타당성을 증명해야 함은 또 다른 하나의 문제이기도 하다. 이 전략은 자연수 변수 n이 명시적 또는 암시적으로 나타나 있는 문제에서 주로 적용되며, 이 전략은 그림 그리기나 표 만들기 전략의 도움을 필요로 하지만, 식 세우기 등의 전략의 보조 전략으로 이용되기도 한다. 그러나 경우에 따라서는 찾은 규칙이 옳지 않은 경우도 있을 수 있음을 주의해야 한다.

규칙성 찾기 전략은 다시 몇 가지로 구분될 수 있다. Kaye Stacey(스테이시, 1989)는 패턴 일반화 문제해결에서 초등학교 학생들이 사용하는 전략을 세기 전략, 차이 전략, 전체－대상 전략, 선형적 전략의 4가지 유형으로 분류하였다. 예를 들어, 다음 그림과 같이 증가하는 패턴에서 20번째 크리스마스트리에 있는 전구의 개수를 구하는 과제를 해결할 때, 세기 전략을 사용하는 학생들은 20번째 나무의 그림을 그리고 전구의 개수를 센다.

[그림 6-1] 크리스마스트리와 전구 패턴

출처: Stacey, 1989, p. 149.

차이 전략은 전구의 개수의 수열 3, 7, 10…에서 이웃한 두 수 사이의 차 4를 인식하여 4를 반복하여 더하는 방식으로 문제를 해결하는 것이다. 전체-대상 전략은 $M(mn)=m\times M(n)$이라는 모델을 가정하여, 예를 들어 1000번째 나무의 전구의 개수를 10번째 나무의 전구의 개수에 100을 곱하여 해결($M(1000)=100\times M(10)$)하려는 것이다. 선형적 전략을 사용하는 학생은 $M(n)=an+b$와 같은 선형 모델을 사용하여 문제를 해결하려고 한다.

John K. Lannin(래닌, 2003, 2005)은 학생들이 패턴 일반화를 이끌어 내기 위해 사용하는 전략을 관찰하고, 이를 비명시적 전략과 명시적 전략으로 구분하였다. 비명시적 전략에는 세기 전략과 점화 전략이 있다. 점화(recursive) 전략은 수열의 이전 항들에 기초하여 그 다음 항을 결정해 가는 전략이다. 명시적 전략은, 비명시적 전략과 달리, 주어진 종속변인과 독립변인에 대한 인식을 바탕으로 일반식을 이끌어 낼 수 있는 전략을 의미한다. 명시적 전략에는 전체-대상 전략, 추측과 확인 전략, 문맥적(contextual) 전략이 있다. 추측과 확인 전략은 문제 상황에 나오는 다양한 수와 연산을 가지고 여러 가지 시도를 해 보면서, 규칙이 성립하는 이유를 고려하지 않은 채 규칙을 추측하는 것이다. 문맥적 전략은 문제 상황에서 제공된 정보에 기초하여 규칙을 구성하는 것으로, 문제 상황에 대한 구조적 통찰에 기초한 것이다. 예를 들어, 다음 그림과 같이 정육면체를 이어 붙여 막대를 만들고 표면에 한 장씩 스티커를 붙일 때, 가운데 정육면체에는 4장씩의 스티커가 붙고 양쪽 끝의 정육면체에 각각 5장이 붙으므로 $4(n-2)+10$이라고 해결하는 것이 문맥적 전략에 해당한다.

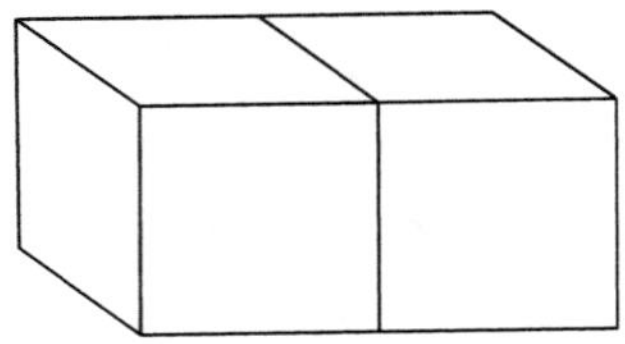

[그림 6-2] 정육면체와 스티커 패턴

출처: Lannin, 2005, p. 256.

Mark Driscoll(드리스콜, 1999)은 패턴 일반화 과제 해결 전략을 '표를 사용한 전략'과 '표를 사용하지 않는 전략'의 두 가지로 나누었다. 표를 사용한 접근은 다시, 수직 방향의 점화 관계(recursive relation)의 탐구와 수평 방향의 함수적 관계(functional relation)의 탐구로 나누어진다. 이와 같이 표를 사용하여 함수적 관계를 찾는 접근은 $n=1, 2, 3, 4$의 경우를 관찰하고 그로부터 일반적인 규칙을 유도하려고 한다는 점에서 성격상 '귀납적'인 접근이라고 할 수 있다.

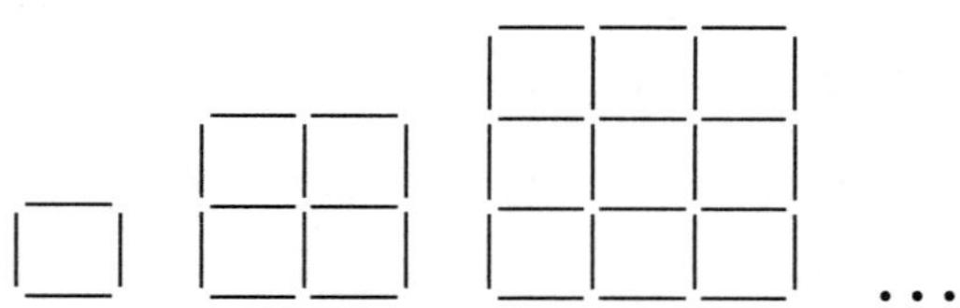

한 변에 있는 이쑤시개의 수	전체 이쑤시개의 수
1	4
2	12
3	24
4	30
…	…

[그림 6-3] 표를 사용한 접근

출처: Driscoll, 1999, p. 95.

표를 사용하지 않고 시각적 조직화와 세기 방법에 의존하여 위의 문제를 해결할 수 있다. 예를 들어, 그림에 대한 구조적 통찰에 의해 '가장자리의 성냥개비 개수 $=4\times n$, 내부의 성냥개비 개수$= n\times(n-1)\times 2$'를 구해 문제를 해결할 수 있다. 또는 다음 그림과 같이, 두 부분으로 분할하고 분할된 각 부분이 $2\times(1+2+\cdots+n)$임을 이용하여 해결할 수도 있다(Arcavi, 2003). 이러한 접근은 Lannin(2005)의 문맥적 접근에 해당하는 것으로 볼 수 있다.

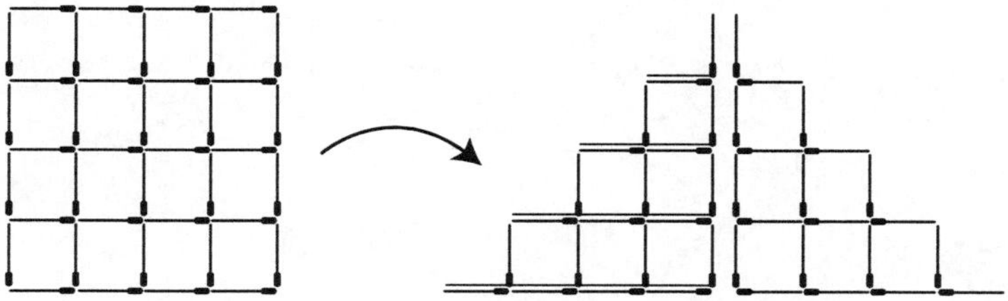

[그림 6−4] 분할과 재구성에 의한 접근

출처: Arcavi, 2003, p. 231.

요약하면, 규칙성 찾기는 귀납적 추론 방법인 동시에 다양한 보조 전략이 사용되며 정당화 과정을 통하여 보완되어야 한다.

예 1

다음과 같이 삼각형 모양으로 배열된 바둑돌이 있습니다. 각 단계의 바둑돌의 개수가 어떻게 달라지는지 규칙을 찾아봅시다.

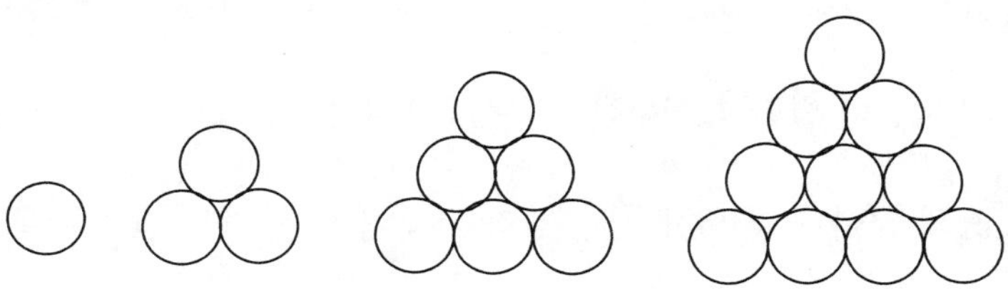

이 문제는 n번째 배열이 $1+2+3+4+\cdots+n$개의 삼각형으로 이루어진다는 규칙을 찾는 문제다. 이러한 규칙을 찾는 데는 (1)과 같이 표를 이용하는 방법이 사용될 수 있으며 (2)와 같은 방식으로 그림을 재구성하는 방법도 가능하다.

(1)

첫 번째	두 번째	세 번째	네 번째	…	n번째		
1	3	6	10				
	+2	+3	+4		$+n$?		

(2)

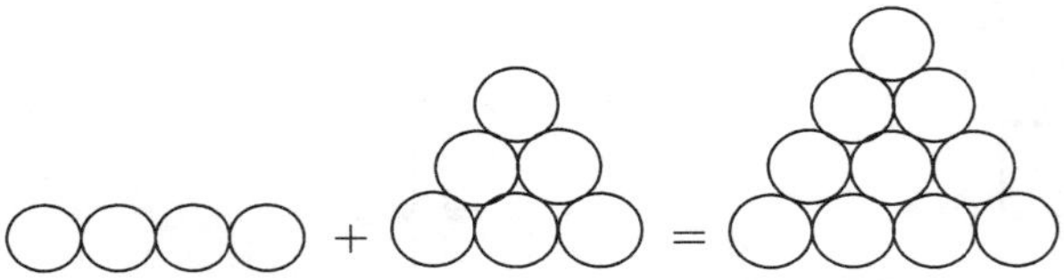

예 2

검은 정삼각형의 각 변의 중점끼리 연결하여 생기는 보다 작은 정삼각형 중 가운데 것을 오려내 버리는 활동을 계속할 때 생기는 그림이다. 첫 번째 검은 삼각형의 넓이를 400이라고 할 때 n번째 그림에서 검은 부분의 넓이를 구하시오.

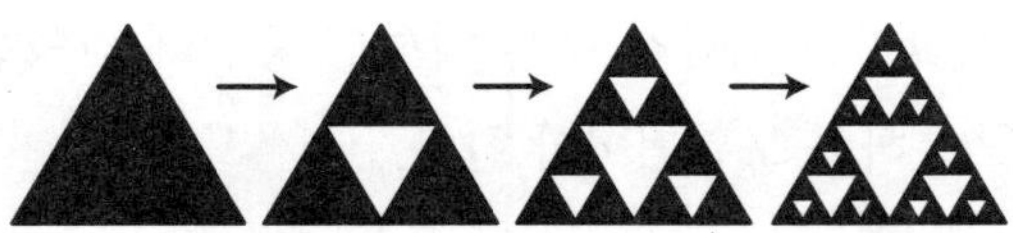

이 문제 역시 다양한 방법에 의하여 규칙성을 찾을 수 있다.

(1) 검은색의 작은 삼각형의 넓이가 $\frac{1}{4}$ 씩 줄어든다는 것을 찾아낸 후 작은 삼각형의 개수에 대한 규칙을 찾는 것이다. 작은 삼각형은 1개 → 3개 → 9개 → 27개와 같이 변화하므로 검은 부분의 넓이는 $3^{n-1}\left(\frac{1}{4}\right)^{n-1}\times 400$이 된다.

(2) 의 넓이가 첫 번째 검은 삼각형 넓이의 $\frac{3}{4}$ 라는 점에 주목하고, 하나의 검은 삼각형에 대하여 다시 $\frac{3}{4}$의 넓이만 남는다는 사실에 주목하여

$\left(\frac{3}{4}\right)^{n-1}\times400$과 같이 넓이를 구할 수도 있다.

9. 논리적 추론

수학은 논리를 바탕으로 하여 전개된다. 수학교육의 중요한 목적 중 하나는 추론력, 곧 귀납과 유추에 의한 개연적 추론 능력과 논리에 기초한 연역적 추론 능력을 향상시키는 것이다. 추론은 이미 알려진 사실이나 판단을 전제로 하여 이치에 맞고 조리 있게 새로운 사실이나 판단을 이끌어 내는 사고 작용이다. 어떤 주장이 사실을 바탕으로 논리적으로 전개되어 있는가는 그 주장이 합리적인 주장인지 그렇지 않은지를 구분하는 준거이다. 가설을 세우고 그 가설 위에서 타당한 정보를 이용하여 논리적으로 이치를 밝히는 것은 수학을 비롯한 제반 학문의 원리다.

학교교육에서는, 특히 초등학교 수준에서는, 연역적 체계에 의존한 엄밀한 논리를 지나치게 강조하기보다는 경험과 기존 지식을 바탕으로 이치에 맞고 조리 있게 정리하여 증명하는 습관을 갖게 하는 데 초점을 둘 필요가 있다. 자신의 생각에 대해서 스스로 납득하고, 다른 사람을 설득하는 합리적인 태도를 몸에 익히게 하는 것이 중요하다. 조리 있게 생각하고 설명하는 것, 주어진 정보를 명료하게 분석, 정리한 자신의 생각을 이치에 맞게 말하고 기술하는 것은 논리적 사고의 바탕이며, 장차 형식적인 연역적 증명의 기틀이 된다. '…이면 …이다'의 형태로, 가능성이 있는 경우를 점검해 보고 불가능한 경우를 제거해 가며 해를 얻는 논리적인 추론은, 표 만들기 전략과 함께 사용되기도 한다. "A, B, C, D, 4명의 학생은 모자, 장갑, 가방을 벗어 놓았다. 얼마 후에 네 사람은 모자, 장갑, 가방을 하나씩 들었는데, 모두 다른 사람의 것들을 들었고, 같은 사람의 것을 두 개 이상 들지 않았다. A는 B의 모자를, B는 D의 장갑을, D는 C의 가방을 들었다. 각각 누구의 무엇을 들었는지 알아보아라."라는 문제에서, 표를 만들어 문제에 주어진 정보를 기록하면 다음과 같다.

	A	B	C	D
모자	B			
장갑		D		
가방				C

주어진 자료로부터 논리적으로 추론해 보자. A는 B의 모자를 들었으므로 C나 D의 장갑을 들었음에 틀림없다. 그런데 B가 D의 장갑을 들었으므로 A는 C의 장갑을 들어야 한다. 그러면 A가 든 가방은 D의 것이다.

	A	B	C	D
모자	B			
장갑	C	D		
가방	D			C

그러면 D는 누구의 모자를 들었을까? A가 B의 모자를 들었으므로, D는 A나 C의 모자를 들었을 것이다. 그런데 이미 D는 C의 가방을 들고 있으므로, C의 모자를 들었을 리 없다. 따라서 C는 A의 모자를 들었다……. 이와 같이 가능한 여러 경우를 논리적으로 점검하여 답에 접근해 갈 수 있다.

예 1

갑, 을, 병 3명의 교사가 학생들에게 축구, 야구, 농구, 배구, 테니스, 탁구 6종목의 운동을 각각 2개씩 맡아서 가르친다. 다음을 이용하여 세 교사가 맡아서 가르치는 운동은 각각 무엇인지 알아보시오.

① 농구 선생님과 야구 선생님은 친하다.
② 교사 을의 나이가 가장 적다.
③ 교사 갑은 배구 선생님과 야구 선생님과 친하다.
④ 배구 선생님은 축구 선생님보다 나이가 많다.

⑤ 교사 을은 축구 선생님과 테니스 선생님과 친하다.

다음과 같은 표를 만들자.

	축구	야구	농구	배구	테니스	탁구
갑						
을						
병						

(1) ③에서 교사 갑은 배구와 야구를 가르치지 않는다. ⑤에서 교사 을은 축구와 테니스를 가르치지 않는다. 이 조건을 표에 표시하면 다음과 같다.

	축구	야구	농구	배구	테니스	탁구
갑		×		×		
을	×				×	
병						

(2) ②에서 교사 을이 가장 젊고 ④에서 배구 선생님이 축구 선생님보다 나이가 많으므로, 교사 을은 배구를 가르치지 않는다. 이로부터 교사 병이 배구를 가르침을 알 수 있다.

	축구	야구	농구	배구	테니스	탁구
갑		×		×		
을	×			×	×	
병		×		○		

(3) ③에서 교사 갑은 배구 선생님(교사 병)과 야구 선생님과 친하므로, 교사 병은 야구 선생님이 아니다. 이로부터 교사 을이 야구를 가르침을 알 수 있다.

	축구	야구	농구	배구	테니스	탁구
갑		×		×		
을	×	○		×	×	
병		×		○		

(4) ①에 의해 농구 선생님과 야구 선생님은 다른 사람이므로, 교사 을은 농구를 가르치지 않는다. 이로부터 교사 을은 탁구를 가르침을 알 수 있다.

	축구	야구	농구	배구	테니스	탁구
갑		×		×		×
을	×	○	×	×	×	○
병		×		○		×

(5) ④로부터 배구를 가르치는 교사 병의 나이가 교사 갑의 나이보다 많으므로, 축구를 가르치는 것은 교사 갑임을 알 수 있다.

	축구	야구	농구	배구	테니스	탁구
갑	○	×		×		×
을	×	○	×	×	×	○
병	×	×		○		×

(6) ⑤로부터 축구 선생님(교사 갑)과 테니스 선생님은 같은 사람이 아니다. 따라서 교사 갑은 테니스 선생님이 아니다. 이로부터 교사 갑은 농구를 가르치고, 교사 병은 테니스를 가르침을 알 수 있다.

	축구	야구	농구	배구	테니스	탁구
갑	○	×	○	×	×	×
을	×	○	×	×	×	○
병	×	×	×	○	○	×

예 2

삼각형의 내각의 합은 얼마인지 알아보아라.

삼각형의 내각의 합이 얼마인지 알아보는 한 가지 방법은 각도기로 세 내각의 크기를 재어 합해 보는 것이다. 그러나 이와 같은 실험, 실측에 의해서는 모든 삼각형에 대해서 내각의 합이 얼마라고 주장하기 어렵다. 이제 실험, 실측이 아닌 논리적인 추론에 의거하여 삼각형의 내각의 합이 얼마인지 알아보자.

(1) 아래 그림과 같은 직각삼각형의 내각의 합은, 세 각의 크기를 재지 않고도, 2직각이라는 것을 알 수 있다. 직사각형은 4개의 각이 직각인 사각형이다. 주어진 직각삼각형과 합동인 직각삼각형을 하나 아래와 같이 붙이면 직사각형이 된다. 직사각형의 내각의 합이, 직사각형의 정의에 의해, 4직각이므로 직각삼각형의 내각의 합은 2직각이다.

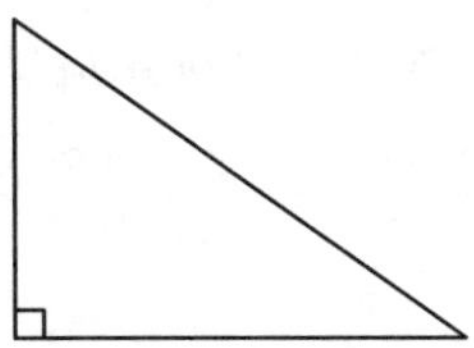

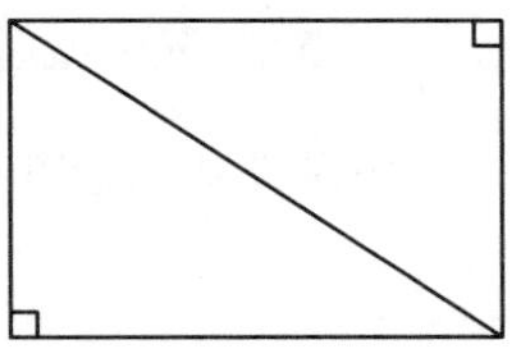

(2) 직각삼각형이 아닌 삼각형 ABC는 아래와 같이 두 개의 직각삼각형으로 나눌 수 있다.

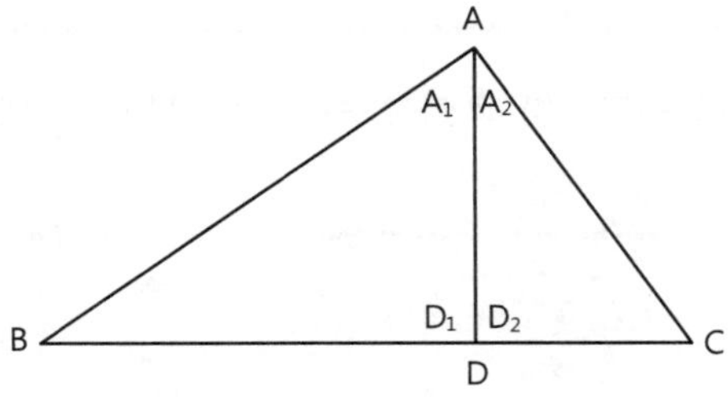

△ABD에서 $\angle A_1 + \angle B + \angle D_1 = 2$직각 … ①

$\triangle ACD$에서 $\angle A_2 + \angle C + \angle D_2 = 2$직각 ⋯ ②

①, ②를 변변 더하면

$\angle A_1 + \angle A_2 + \angle B + \angle C + \angle D_1 + \angle D_2 = 2$직각$+2$직각

$\angle A_1 + \angle A_2 = \angle A$이고, $\angle D_1 = \angle D_2 =$직각이므로

$\angle A + \angle B + \angle C + 2$직각$=2$직각$+2$직각

$\therefore \angle A + \angle B + \angle C = 2$직각

10. 여러 가지 방법으로 문제해결하기

지금까지 여러 가지 문제해결 전략에 대해서 살펴보았다. 하나의 문제해결 전략이 모든 문제를 해결하는 데 적절한 것은 아니며, 한 문제를 여러 가지 전략으로 해결할 수 있다. 한 문제를 푸는 문제해결 과정의 각 단계에서 다양한 전략이 사용될 수도 있으며, 문제의 유형에 따라 특정한 전략이 더 자주 사용될 수도 있다. 각각의 문제해결 전략에 대한 이해를 바탕으로, 주어진 문제를 다양한 전략을 사용하여 해결하고 풀이를 비교하고 적절한 전략을 선택하는 경험은 문제해결력 신장에 유익하다.

다음 문제를 앞에서 살펴본 여러 가지 문제해결 전략을 사용하여 풀어 보도록 하자.

문제

닭과 돼지가 합하여 50마리 있다. 그 다리 수가 140개일 때 닭과 돼지는 각각 몇 마리 있는가?

1) 예상과 확인

구하려고 하는 것이 무엇인가를 확인하고, 닭과 돼지의 수를 예상해 본다. 그리

고 닭과 돼지의 다리 수가 140개가 되는지 확인한다. 140개가 아니라면 어떤 것의 개수를 늘려야 하는지 생각하여 다시 예상하고 확인하는 과정을 다리 수가 140개가 될 때까지 되풀이한다.

"닭과 돼지가 각각 몇 마리일 때 다리의 수가 140개가 되는가?

- 아마도 닭이 10마리일 거야.
- 닭이 10마리이면, 돼지는 50−10=40(마리)가 되고, 닭의 다리는 10×2=20, 돼지의 다리는 40×4=160이니까, 다리는 모두 20+160=180, 다리가 너무 많아. 이건 아니야.
- 그러면 닭은 25마리일까? 그래, 25마리라고 해 보자.
- 닭이 25마리라고 하면, 돼지도 25마리가 된다. 그러면 닭의 다리는 25×2=50, 돼지의 다리는 25×4=100이니까, 다리는 모두 50+100=150, 다리가 그래도 140개보다 많아. 이것도 아니야. 그러나 비슷해졌어. 닭의 수를 조금만 더 늘려 보자.
- 아마도 닭이 30마리일 거야. 그러면, 돼지는 20마리가 되고. 닭의 다리는 30×2=60, 돼지의 다리는 20×4=80이니까, 다리는 모두 60+80=140, 맞았다!

2) 표 만들기

다음과 같이 닭의 수, 돼지의 수, 다리의 수를 기록하는 표를 만들어 문제를 풀 수 있다.

닭	돼지	다리의 수
0	50	2×0+4×50=200
1	49	2×1+4×49=198
2	48	2×2+4×48=196

3	47	$2\times3+4\times47=194$
4	46	$2\times4+4\times46=192$
…	…	…
29	21	$2\times29+4\times21=142$
30	20	$2\times30+4\times20=140$

위의 표를 만들어가는 과정에서 닭의 수가 1, 2, 3, 4… 증가함에 따라 돼지의 수는 50, 49, 48, 47…로 하나씩 감소하고, 다리의 수는 200, 198, 196, 194, 192…와 같이 2씩 감소함을 알 수 있다. 닭이 한 마리 줄고 돼지가 한 마리 늘어날 때마다 다리의 수가 2씩 증가한다. 그러므로 처음에 다리의 수 200개에서 60개의 다리가 줄어야 주어진 다리의 수 140개가 되므로 닭을 30마리 늘려야 한다. 이와 같이 표에서 발견한 이 규칙을 이용하면 표를 끝까지 만들지 않고도 문제를 해결할 수 있다.

3) 그림 그리기

다음과 같이 두 가지 형태의 그림을 이용하여 위의 문제를 해결해 보자.

① 닭을 , 돼지를  로 나타내기로 하자. 모두 닭이라고 하면 닭이 50마리인 것을 다음 그림과 같이 나타낼 수 있다. 이때 다리가 100개이므로 40개의 다리를 늘이기 위해서는 닭 20마리를 돼지로 바꾸면 된다(박교식, 2003).

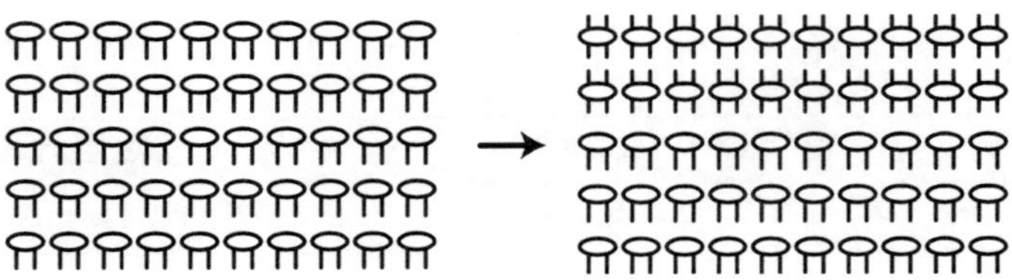

② 다리의 수를 면적도를 이용하여 나타내어 문제를 해결해 보자.

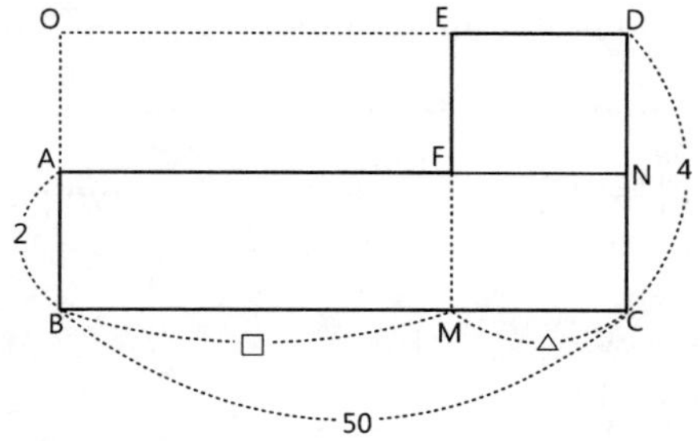

ㅁABCN의 넓이는 2×50=100이고 ㅁEFND의 넓이는 140−100=40이므로, 이를 DN=4−2=2로 나누어 돼지의 수 △=20을 구할 수 있다. 왼쪽의 들어간 부분 ㅁAFEO에 주목하여, ㅁOBCD의 넓이에서 도형 ABCDEF의 넓이를 빼어 닭의 수 ㅁ를 구할 수도 있다.

4) 단순화하기

원래의 문제에서 닭과 돼지를 합한 수는 50이고 다리의 수는 140개이다. 문제에 주어진 수치를 단순화하여 닭과 돼지를 합하여 5마리 있고, 다리의 수의 합이 14개인 경우를 생각해 보자.

앞에서 사용한 것과 같은 예상과 확인이나 그림 그리기 전략을 사용하여 닭 3마리, 돼지 2마리일 때 머리 수가 5, 다리 수가 14가 됨을 쉽게 알아낼 수 있다. 이것을 각각 10배 하면 닭 30마리, 돼지 20마리, 머리 수 50, 다리 수 140이 되어, 원래 문제의 답을 구할 수 있다.

5) 식 만들기

닭의 수를 x, 돼지의 수를 y라고 하면, 다음과 같은 이원일차연립방정식을 만들 수 있다.

$x+y=50$ ·· ①

$2x+4y=140$ ·· ②

②식의 양변을 2로 나누면 $x+2y=70$ ··································· ③

③에서 ①을 빼면 $y=20$을 얻는다.

이것을 ①에 대입하면 $x=30$을 얻는다.

6) 논리적 추론

식이나 표나 그림을 사용하지 않고 다음과 같이 논리적인 추론에 의하여 문제를 해결할 수도 있다(박교식, 2003, p. 70).

① 닭에게는 한 다리로, 돼지에게는 두 다리로 서 있으라고 한다. 그러면 땅에 닿아 있는 다리는 70개다. 닭과 돼지를 합쳐 50마리이므로 다리와 머리를 일대일로 짝지으면 20개의 다리가 남는다. 이 남는 다리는 돼지의 다리이다. 이로부터 돼지가 20마리, 닭이 30마리임을 알 수 있다.

② 돼지에게 뒷다리로만 서 있고, 앞다리는 들고 있으라고 한다. 그러면 닭과 돼지 모두 두 다리로 서 있으므로 땅에 닿아 있는 다리는 100개다. 나머지 40개는 모두 돼지가 들고 있는 앞다리다. 따라서 돼지는 20마리, 닭은 30마리이다.

이와 같이 한 문제를 여러 가지 전략을 사용하여 다양한 방법으로 해결해 보고 그것을 비교하는 경험을 통해 각각의 전략이 지니고 있는 장점, 그리고 각 전략에 따른 다양한 풀이 속에 공통적으로 드러나는 문제의 핵심 구조를 이해할 수 있다.

제 7 장

문제설정

제 7 장

문제설정

이 장에서는 문제설정의 의미와 교육적 가치, 문제설정의 유형, 문제설정을 위한 전략과 절차 등을 살펴본다. 또한 문제설정이 이용될 수 있는 학습 상황을 몇 가지 구체적 사례를 통해 고찰한다.

1. 문제설정의 의미와 가치

학생들 역시 문제를 만드는 경험을 해야 한다는 아이디어는 문제해결이 수학교육의 중요한 이슈로 등장한 1980년대 이후에 더욱 주목을 받게 되었다. 이 아이디어는 학자에 따라 'problem posing(Brown & Walter, 1983)' 'problem generation(Silver, 1993)' 'problem formulation(Kilpatrick, 1987)' 등의 용어로 사용되었으며, 우리나라에서는 '문제설정'을 비롯하여, '문제 만들기' '문제생성' '문제제기' '문제 형식화' 등의 여러 가지 용어로 번역되어 사용되고 있다.[1] 이들 용어는 크게 두 가지 관점으

1) 이 책에서는 혼란을 피하기 위해 '문제설정'이란 용어를 주로 사용하기로 한다.

로 생각해 볼 수 있다. 먼저 어떤 문제가 이미 존재하는 상황에서 그 문제의 조건이나 자료의 일부 혹은 전부를 변경하는 것과 같은 문제의 변형 활동이다. 다른 하나는 현실적 상황이나 교구, 자료 등을 토대로 새롭게 문제를 만드는 것으로, 기존의 문제에 의존하지 않고 독자적으로 문제를 창안하는 활동이다.

문제설정은 처음에는 문제해결 능력의 신장에 도움을 주는 수단으로 등장하였다. Polya(1957)는 문제해결 과정을 '이해, 계획, 실행, 반성'의 4단계로 구분하였는데, 이 중 두 번째 단계인 '계획' 단계에서 다음과 같이 문제설정을 유도하는 발문을 권고하고 있다.

- 보다 접근하기 쉬운 관련된 문제를 생각해 낼 수 있는가?
- 미지인 것이 같거나 유사한 문제를 생각해 보아라.
- 보다 특수한 또는 일반적인 문제는 없는가?
- 유사한 문제는 없는가?
- 새로운 미지인 것과 새로운 자료가 서로 보다 더 가깝게 되도록 하기 위해 미지인 것이나 자료 또는 필요하다면 두 가지 다 변형할 수 있는가?

문제해결의 두 번째 단계인 '계획' 단계에서는 문제해결을 위한 실제적인 아이디어를 구상한다. 이때 주어진 문제와 어떤 식으로든 관련이 있는 문제를 생각해 내고, 그에 대한 해법을 구상하는 것은 주어진 문제해결에 도움이 된다는 것이 Polya의 생각이다. 물론 그는 문제설정을 문제해결을 위한 수단으로서만 본 것은 아니다. 그는 문제를 다 풀고 난 반성의 단계에서 항상 좀 더 나은 문제를 찾아보는 것이 필요하며, 학생들이 스스로 고안한 문제를 풀 기회가 없다면 그들의 수학적 경험은 불완전한 것이라고 주장하였다.

Schoenfeld(1980) 역시 문제설정을 문제해결의 수단으로 사용하였다. 그는 문제해결에 도움이 되는 전략을 제안하였는데, 그 가운데 다음과 같은 것들이 문제설정과 밀접하게 관련되어 있다.

• 일반성을 잃지 않으면서 대칭성을 이용하여 문제를 단순화하여라.
• 조건 중에서 변수를 차례로 바꾸어 보고 귀납적으로 패턴을 찾아보아라.
• 구조가 변하지 않도록 조건의 일부만 바꾸어라.
• 어떤 조건을 완화시켜 그 문제를 새롭게 손질해 보아라.
• 문제를 경우별로 나누고 각각의 경우에 대하여 조사하여라.
• 보다 간단한 닮은 문제를 조사해 보아라.
• 나머지를 고정하고 한 개의 변수나 조건의 역할을 조사해 보아라.
• 문제의 형식이나 조건, 결과가 닮은 문제를 조사하여라.

위에 제시된 권고들은 모두 주어진 문제에 포함된 조건이나 자료를 약화 또는 강화함으로써, 새로운 문제를 창출해 내는 활동을 부추기고 있다. Schoenfeld도 Polya와 마찬가지로 주어진 문제의 변형을 통해 해법에 대한 아이디어를 얻을 수 있다고 생각한 것이 분명하다.

문제설정은 문제해결 그 자체뿐만 아니라 수학에 대한 이해의 폭을 넓힌다. Ernest Paul Goldenberg & Marion Walter(골든버그 & 월터, 2003)에 의하면 수학을 이해한다는 것은 기호로 표시된 수학적 언어로부터 의미를 이끌어 낼 수 있다는 것과 기호를 변형하고 의미를 표현하기 위해 조작하는 기능을 발달시킨다는 것을 의미한다. 그들은 이와 관련하여 고등학교 2학년 우등생인 리자의 활동을 소개하고 있다. 리자에게 $(8\sqrt{2})^{x}=16$이라는 문제를 제시하자, 8, 16, $\sqrt{2}$가 모두 2의 거듭제곱 형태로 표현될 수 있다는 사실을 알고 이 문제를 $(2^{3.5})^{x}=2^{4}$으로 고쳐 썼다. 그러나 그녀는 이 방정식을 어떻게 해결해야 할지는 몰랐다. 이때 교사는 풀이 방법을 제시해 주는 대신, 보다 간단한 수를 사용해 유사한 문제를 만들어 보도록 했다. 리자는 $(2^{3})^{x}=2^{6}$이라는 문제를 만들었고, 바로 x가 2라는 사실을 알게 되었다.

이 방법은 '관련된 문제 찾기' 혹은 '단순한 문제 찾기' 전략에 해당하는 것으로, 어찌 보면 너무 우회적이어서 답답하게 보일지도 모른다. 그러나 이것이야말로 진정한 문제를 만났을 때 수학자들이 하는 방법인 것이다. 리자의 보기에서 제시된 접근 방법은 문제 만들기를 통한 문제해결의 예일 뿐만 아니라 문제에 내재한 수학적 아이디어를 이해하기 위해 지수, 로그, 방정식 풀이에 관해 학습자가 평소 알고 있던 지식을 어떻게 사용했는지를 설명하고 있다. 그러므로 문제설정을 수반하는 활동은 리자가 지수와 로그에 대해 이해하고, 지수와 로그 방정식을 푸는 능력을 강화하는 데 도움이 되었다고 말할 수 있다.

문제설정은 문제해결 능력이나 수학적 이해력의 향상 등과 같이 교육과정의 목표에 도달하기 위한 수단으로서뿐만 아니라 수학교육의 목표 그 자체로서 중요한 의미를 갖는다. Kilpatrick(1987)은 문제설정을 지도의 수단으로서뿐만 아니라 목표로 보아야 하며, 학생 스스로 문제를 발견하고 만들어 가는 경험이 교육의 일부가 되어야 한다고 주장했다. NCTM(1989, 1991)은 문제해결과 더불어 문제설정 경험을 학생들에게 풍부하게 제공할 것을 권고하였다. 그들에 의하면 수학의 본질은 탐구하고 유추하고 조사하고 평가하는 활동 그 자체로서, 주어진 문제를 푸는 문제해결 경험 그 자체뿐만 아니라 주어진 상황으로부터 문제를 새롭게 꾸며 보거나 주어진 문제의 조건을 바꾸어 새로운 문제를 구성해 보는 경험이 수학의 본질을 이해하는 데 도움이 된다는 것이다. Silver(1993) 역시 문제설정을 수학교육의 목표와 수단으로 간주하였으며, 그 의의와 역할을 6가지 항목으로 다음과 같이 구체화하였다.

첫째, 문제설정을 창조적 활동의 일면 또는 특별한 수학적 능력으로 본다.

둘째, 문제설정을 탐구 지향 교수의 한 특징으로 본다.

셋째, 문제설정을 수학적 활동의 독특한 특징으로 본다.

넷째, 문제설정을 학생들의 문제해결력을 개선하는 수단으로 본다.

다섯째, 문제설정을 학생들에게 수학적 이해를 제공하는 수단으로 본다.

여섯째, 문제설정을 학생의 수학에 대한 성향을 개선하는 수단으로 본다.

문제설정이 수학교육의 목표 그 자체로 간주되어야 한다는 주장의 이면에는 수학을 구성적 학문으로 보는 최근의 수학관이 뒷받침되어 있다. Goldenberg & Walter(2003)는 수학을 '문제 만들기에 관한 학문'이라고 규정하면서, 이러한 힘이 수학의 발전을 이끌어 왔음을 역설하고 있다.

> 문제해결에 관련된 책을 내면서, 한 장 전체를 문제설정에 할애하는 이유는 무엇일까? 그것은 수학이 문제 만들기에 관한 학문이기 때문이다. 수학은 실제적인 문제를 해결해야 하는 요구뿐만 아니라 내적인 대상과 구조에 대한 지적인 호기심으로 인해 발전해 왔다. 수학을 좋아하는 사람으로서 수학을 경험하기 위해서, 학생들은 'what ifs'와 'why'를 묻는 성향을 계발하고, 문제를 해결하는 데 시간을 들여야 한다. 만약, 이러한 문제가 그들이 스스로 만든 것이라면 더 좋다. 그들만의 문제를 만드는 과정은 그들에게 흥미를 느끼게 할 것이다(p. 69).

물론 어린 학습자들이 구성한 문제는 노련한 전문 수학자들이 구성한 문제에 비해 질적으로 낮은 수준이거나 오류가 개입될 가능성이 높다. 그러나 학습자들이 만든 최종 산물보다는 그들이 만들어 가는 과정이나 경험 그 자체에 보다 큰 가치를 두는 사람이라면, 문제를 만드는 경험은 교육적으로 매우 의미 있는 활동으로 간주될 수 있다. 학습자들은 문제를 만들고, 자신이 만든 문제의 타당성을 검증하는 과정에서 수학의 본질이나 수학자의 입장을 더욱 잘 이해하게 되기 때문에 수학학습 성취도나 태도의 측면에서도 긍정적인 효과를 이끌어 낼 수 있다.

일반적으로 수학 성취도가 높은 학습자들이 문제설정에도 능숙한 것이 사실이지만, 간혹 수학 성취도가 낮은 학생들 가운데 문제설정에 능숙하거나 흥미를 느끼는 경우가 발견된다. 이러한 경우는 학생들을 수학 수업에 끌어들일 수 있는 절호의 기호를 얻게 되는 셈이다. 수학 성취도가 낮은 학생으로서는 자신이 수학 수업에 어떤 역할을 하고 있다는 느낌은 수학 성취와 관련된 자존감을 향상시키고 수학 과목에 대한 부정적 인식을 긍정적인 방향으로 전환하는 데 매우 중요한 역할을 하게 된다. 문제설정이 수학에 대한 태도에 긍정적인 역할을 한다는 것은 임문규(1992)의 연구 결과에서도 뒷받침된다. 그에 의하면 문제설정은 정의적 측면에서 다음과 같은 이점이 있다.

첫째, 학생들이 적극적으로 수업에 참가하게 되며, 발표의 횟수가 많아진다.

둘째, 학생들에게 이미 배운 지식을 종합적으로 사용하는 기회를 줄 수 있다.

셋째, 학력이 낮은 학생이라도 나름대로 의미 있는 문제를 만들 수 있게 된다.

넷째, 발견 및 타인에게 인정받는 즐거움의 기회가 많아진다.

다섯째, 항상 문제를 발전시키려고 하는 태도가 만들어진다.

여섯째, 자기의 능력에 맞게 누구라도 학습에 몰두하도록 격려받게 된다.

이상의 내용을 정리하면, 문제설정은 문제해결 능력 및 수학에 대한 이해도 향상, 수학에 대한 긍정적 태도 형성에 기여할 수 있는 등 수학교육을 위한 수단이나 도구적 성격을 가지고 있다. 뿐만 아니라 수학이 구성적 학문이라는 관점에서 보면 문제 만들기 그 자체가 수학교육의 목적으로 간주될 수 있다.

2. 문제설정 유형

앞 절에서 언급된 바와 같이 문제설정은 크게 두 가지 유형이 있다. 먼저 어떤 완성된 형태의 문제가 이미 존재하는 상황에서 그 문제의 조건이나 자료의 일부 혹은 전부를 변경하는 것과 같은 문제의 변형 활동이다. 다른 하나는 기존의 문제에 의존하지 않고, 현실적 상황이나 교구, 자료 등을 토대로 새롭게 문제를 만드는 것이다. 여기서는 전자를 '문제 변형'으로, 후자를 '자료 변형'이라 명명하고, 이러한 관점에서 Polya와 임문규가 제시한 문제설정의 유형을 살펴보겠다.

1) Polya의 문제설정 유형

앞에서 언급되었듯이, Polya(1957)는 문제해결 과정에서의 문제 만들기의 중요성을 역설하였다. 그는 주어진 문제를 풀고 난 뒤에도 좀 더 나은 문제를 반드시 찾아보아야 한다며 문제 만드는 몇 가지 방법을 제안하였다. 먼저 '역할 바꾸기'

방법은 문제의 구성 요소인 '주어진 것(자료나 조건)'과 '구해야 할 것(미지의 것)'을 서로 바꾸는 방법이다. 즉, 주어진 것은 구해야 할 것으로, 구해야 할 것은 주어진 것으로 바꾸면 새로운 문제가 탄생한다. 다음은 '일반화'의 방법으로 예를 들어, 삼각형의 문제를 풀고 나서, 사각형, 오각형인 경우를 생각하고, 이를 이용하여 최종적으로 임의의 n각형일 때의 문제를 만들 수 있다. 역으로 '특수화'의 방법은 주어진 문제 상황의 특별한 사례를 찾아 문제를 만드는 방법이다. 예를 들어, 삼각형의 문제를 풀고 나서, 정삼각형 혹은 직각삼각형의 문제로 바꿀 수 있다. 마지막으로 '유추'의 방법은 주어진 문제와 '주어진 것' 혹은 '구해야 할 것'이 같거나 조건이나 자료의 일부가 유사한 점이 있는 형태로 문제를 바꾸는 방법을 의미한다. 예를 들어, 직사각형의 넓이를 구하는 문제를 해결한 후, 평행사변형의 넓이 구하는 문제, 혹은 직육면체의 부피 구하는 문제를 만드는 것이 이에 해당한다. 이처럼 Polya가 제안한 문제 만들기 방법은 일반화, 특수화, 유추 등의 수학적 사고와 밀접하게 관련되어 있기 때문에 문제 만들기 활동을 통해 수학적 사고를 아울러 지도할 수 있는 장점이 있다. 지금까지 기술한 내용을 직육면체의 대각선의 길이를 구하는 문제를 예로 들어 설명하면 다음과 같다.

〈표 7-1〉 Polya의 문제설정 유형 및 보기

<table>
<tr><td colspan="2">원 문제</td><td>직육면체의 가로, 세로, 높이가 주어졌을 때, 대각선의 길이를 구하여라.</td></tr>
<tr><td rowspan="4">새로운 문제</td><td>역할 바꾸기</td><td>직육면체의 가로, 세로 및 대각선이 주어졌을 때, 높이를 구하여라.</td></tr>
<tr><td>일반화</td><td>대각선의 한 끝 점에서 나온 세 모서리와 이들이 이루는 각이 주어졌을 때, 육면체의 대각선의 길이를 구하여라.
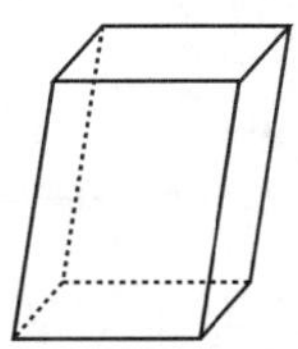</td></tr>
<tr><td>특수화</td><td>한 변이 주어진 정육면체의 대각선의 길이를 구하여라.</td></tr>
<tr><td>유추</td><td>모서리의 길이가 주어진 정팔면체의 대각선의 길이를 구하여라.</td></tr>
</table>

2) 임문규의 문제설정 유형

임문규 외(2001)는 문제설정을 수학적 세계로부터의 문제설정과 실세계 상황으로부터의 문제설정으로 구분하였다. 수학적 세계로부터의 문제설정은 다시 수학 문제로부터의 문제설정과 수학 문제 이외의 요소로부터의 문제설정으로 구분된다.

A. 수학적 세계로부터의 문제설정

수학적 세계란 수학에 관련된 모든 것을 아우르는 상황으로 여기서는 수학 문제 그 자체와 수학 문제 이외의 것, 즉 수학교과에서 다루는 용어, 기호, 식, 정리, 자료 등을 의미한다.

A－1. 수학 문제로부터의 문제 변형

교과서나 참고서에 제시된 문제를 푼 후, 기존의 문제 상황을 바꾸거나 조건을 변화시켜 유사하거나 새로운 문제를 만들 수 있다. 이 경우 새롭게 만들어지는 문제가 기존 문제(혹은 원형 문제)를 근간으로 한다는 점에서 문제 변형이라 할 수 있다. 구체적인 보기로는 다음과 같은 것들이 있다.

① 원 문제와 유사 또는 새로운 발전적 문제설정
② 다양한 해결 방법에 따른 문제설정
③ 일반에서 특수로 혹은 그 역 방향으로의 문제설정
④ 조건이 과부족한 문제해결에서의 문제설정

A－2. 수학 문제 이외의 것으로부터의 문제 창안

수학 문제가 아니라 수학 문제를 구성하는 요소들, 예를 들어 수학 용어, 기호, 문자 등으로부터 수학 문제를 만들 수 있다. 이 경우는 상황으로부터 문제를 만들기 때문에 문제 창안에 해당된다. 구체적인 보기로는 다음과 같은 것들이 있다.

① **용어**: 길이, 무게, 넓이, 부피, 단위, 삼각형, 곱셈, 배수, 분수, 부등식, 함수 등의 수학적 용어로부터의 문제설정

② **숫자 및 문자**: 자연수나 분수, 소수 등의 수와 도형에서의 꼭짓점이나 변 등을 나타낼 때 사용하는 알파벳이나 한글 등의 문자, 덧셈, 뺄셈, 부등호 등의 수학적 기호 등으로부터의 문제설정

③ **도형 및 모형**: 점, 선, 삼각형, 사각형 등의 도형 개념과 구나 원뿔 등의 모형으로부터의 문제설정

④ **그래프**: 함수 그래프, 통계 그래프 등 그래프로부터의 문제설정

⑤ **식**: 등식, 방정식, 부등식 등 수학적 개념이나 원리, 규칙, 관계 등을 나타내기 위해 사용되는 여러 가지 식으로부터의 문제설정

⑥ **자료**: 신장, 체중, 성적, 인구 통계 등 여러 가지 통계 자료로부터의 문제설정

⑦ **교구**: 자, 삼각자, 각도기, 컴퍼스 등과 같은 수학 교구로부터의 문제설정

B. 미수학적 상황으로부터의 문제 창안

미수학적 상황이란 아직 수학화되지 않은 실세계 상황을 의미한다. 많은 수학적 발견 및 활동은 미수학적 세계에서 수학적 세계로 발전되어 왔다. 미수학적 상황에 해당하는 구체적인 보기로는 다음과 같은 것들이 있다.

① **일상생활**: 가정생활, 학교생활, 시장 보기 등 모든 사람이 공통적으로 경험하는 일상생활 관련 소재로부터의 문제설정

② **뉴스의 내용**: 신문이나 잡지, 텔레비전 뉴스에서 나오는 시사적 소재로부터의 문제설정

③ **역사적 사실**: 수학자나 과학자의 전기, 한국사나 세계사 등의 소재로부터의 문제설정

④ **서적**: 교과서, 참고서, 전기, 소설, 등의 소재로부터의 문제설정

⑤ **타 교과 내용**: 과학, 사회, 국어, 음악, 체육 등 수학 이외의 교과로부터의 문제

설정

⑥ 그림이나 모형: 신문이나 잡지 등에서 볼 수 있는 그림이나 사진으로부터의 문제설정

⑦ 놀이나 게임: 술래잡기, 줄넘기, 제기차기, 축구, 야구 등 놀이나 운동경기로부터의 문제설정

3. 문제설정 전략 및 단계

1) 문제설정을 위한 일반적인 전략

문제설정 활동이 교육적으로 가치가 있다 해도, 학습자가 문제를 제대로 만들지 못하거나 수학적으로 의미 없는 문제를 만드는 것은 곤란하다. 따라서 학습자들에게 문제설정을 요구하기 전에 문제설정 방법에 대한 구체적인 지도가 필요하다. 학습자의 학년이나 연령, 성취 수준, 문제 상황 등에 관계없이 가장 보편적으로 적용되는 문제설정 전략으로는 임문규 외(2001)가 제시한 다음과 같은 항목들을 생각해 볼 수 있다.

- 폭넓고 다양하게, 그리고 자유롭게 생각할 것
- 자기 스스로도 문제를 만들 수 있다는 자신감을 가지고 여러 모로 시행착오를 겪을 것
- 지금까지의 학습 경험 및 지식에서 유사한 문제 등과 연결시킬 것
- 여러 각도에서 많은 의문을 품을 것
- 자기가 생각한 것은 모두 기록하든지 발표할 것
- 자기 주위의 가까운 것에 대하여 생각할 것
- 새롭고 발전적인 문제를 만들려고 노력할 것
- 상황 및 속성과 수 등을 변경하고 역으로도 생각해 볼 것

- 처음에는 자기가 풀 수 있는 문제를 만들도록 할 것
- 일반화하든지 특수화할 것
- 차원을 확대 및 축소할 것
- 다른 도형을 생각해 볼 것
- 다른 단위 및 연산을 생각해 볼 것
- 다른 단원 및 타 교과와 연결 지어 생각해 볼 것

2) 문제설정 단계

여기서는 문제를 설정할 때 혹은 문제설정을 지도할 때 참고할 수 있는 단계 이론에 대해 살펴보기로 한다.

(1) Brown과 Walter의 문제설정 2단계

Stephen Brown & Marion Walter(브라운 & 월터, 1983)는 『문제설정의 기술(*The Art of Problem Posing*)』에서 몇 가지 수학적 보기를 통해 문제설정의 과정을 '수용(Accepting)'과 '도전(Challenging)'의 두 단계로 나누어 설명하고 있다. 여기서 수용과 도전의 대상은 '주어진 것(the given)'을 의미하는데, 경우에 따라서는 수학 문제가 될 수도 있고 교구나 기타 자료가 될 수도 있다. Brown & Walter는 주어진 것 수용하기 단계(1단계)에서 사용할 수 있는 4가지 전략을 소개하고 있으며, 주어진 것 도전하기 단계(2단계)를 다시 5개의 하위 단계로 구분하고 있다(〈표 7－2〉 참고).

〈표 7－2〉 Brown & Walter의 문제설정 단계

단계	단계명	전략 또는 하위 단계
1단계	주어진 것 수용하기	전략 1: 관찰－질문－추측하기 전략 2: 내적 탐구와 외적 탐구 전략 3: 정확한 탐구와 근사적 탐구 전략 4: 역사적 탐구(실제적 대 가설적)

2단계	주어진 것 도전하기	0 단계: 출발점 선택하기 1 단계: 속성 찾아 열거하기 2 단계: 속성 부정하기(what－if－not－ing) 3 단계: 질문하기 혹은 문제설정하기 4 단계: 설정한 문제 분석하기

제1단계 주어진 것 수용하기(Accepting the given)

이 단계는 주어진 문제를 이해하고 분석하는 단계로, 원래의 문제를 그대로 받아들이되 문제에서 요구하는 것보다 더 많은 것을 탐구해야 한다. 이 단계에서 사용할 수 있는 구체적인 전략으로는 다음과 같은 4가지가 있다.

↘ 전략 1: 관찰－질문－추측하기

탐구 대상이 구체적인 것이든 추상적인 것이든 간에 탐구에는 여러 가지 형태가 있다. 특히 새로운 문제를 만들기 위해 할 수 있는 탐구에는 단지 질문을 던지는 것 이외에 관찰과 추측이 유효한 전략이 될 수 있다. 예를 들어, 피타고라스 정리를 만족하는 정수(integer) 쌍을 생각해 보자.

x	y	z
3	4	5
5	12	13
7	24	25
8	15	17
9	40	41
12	35	37

이 표를 관찰하고, 관찰한 것에 대해 질문하고 추측을 하면 다음과 같은 다수의 질문과 추측이 제기될 수 있다.

① z가 $y+1$ 혹은 $y+2$가 되는 경우가 보인다.

② z는 항상 홀수인가?

③ z는 소수이거나 아니면 5로 나누어 떨어지는가?

④ x와 y는 홀수와 짝수의 짝으로 되어 있는 것처럼 보인다.

⑤ y는 항상 4로 혹은 5로 나누어 떨어지는가?

⑥ x가 홀수이면, z는 $y+1$이다.

⑦ x가 짝수이면, z는 $y+2$이다.

⑧ 세 수의 쌍에서 4로 나누어 떨어지는 수와 5로 나누어 떨어지는 수가 반드시 포함되어 있다.

⑨ 모든 홀수가 x의 해가 되는 것처럼 보인다.

⑩ x에 대해 어떤 수를 선택하든지 y와 z에 해당하는 값을 찾을 수 있을까?

⑪ 5의 모든 배수가 표의 어느 부분에서는 나타나는가?

⑫ $z=y+1$이면 $y+z=x^2$이 되는 것처럼 보인다.

⑬ x가 짝수이면, $z+y=x^2/2$이다.

⑭ z는 $4n+1$로 나타낼 수 있다.

⑮ $z=y+1$을 만족하는 세 수의 쌍에 대해서만 어떤 두 개의 y의 차이가 어떤 두 개의 z의 차이와 같다는 사실이 항상 성립되는가?

⑯ x가 결정되면, y와 z도 유일하게 결정되는가? z에 대해서도 마찬가지인가?

이 중 ④번의 관찰을 생각해 보자. x와 y는 홀수와 짝수의 짝으로 되어 있는 것처럼 보인다. 이 관찰에 따라올 수 있는 질문은 다음이다. "이것을 만족하지 않는 피타고라스 정수 쌍을 찾을 수 있는가?" 이 질문은 관찰에 의해 제기된 것이지만, 명백한 규칙성이나 예측 가능성에 근거한 추측에 의해서도 기타 다른 질문들이 제기될 수 있다. 이처럼 새로운 방식으로 사물을 보는 데 도움이 되는 발견술은 ① 관찰하기 ② 질문하기 ③ 추측하기의 3가지이다. 이 3가지 활동이 결합되면 사물의 본질을 파악하는 힘을 얻게 된다.

↘ 전략 2: 내적 탐구와 외적 탐구(Internal Versus External Exploration)

오늘날의 기술 사회에서는 새로운 것을 접했을 때 그것이 다른 현상과 어떻게 관련되어 있는가보다는 각 부분이 어떻게 잘 조합되어 있는가에 더 많은 관심을 기울이게 된다. 예를 들어, 자동차를 내적으로(internally) 본다는 것은 각 부분이 잘 맞는지에 대해 질문하는 것이다. 그러나 자동차에 대해 외적으로(externally) 질문한다는 것은 한 자동차가 다른 자동차들과 어떻게 관련되어 있는가뿐만 아니라 그것이 교통의 수단으로서 혹은 삶의 질과 같은 사회적 현상과 어떻게 관련되어 있는가에 대한 물음을 던지는 것과 관련된다. 예를 들어, 이등변삼각형을 공부하는 학생이 어떤 질문을 제기할 수 있을지 생각해 보자.

① 왜 이등변삼각형이라 부르는가?
② 양 끝각이 같다는 것을 어떻게 증명할 수 있나?
③ 이등변삼각형을 어떻게 분류할 수 있나? 분류한다면 어떤 기준을 설정할 수 있나?
④ 이등변삼각형은 어떤 종류의 대칭인가?
⑤ 이등변삼각형의 한 각이 다른 각의 두 배라면, 삼각형의 모양이 결정되는가?
⑥ 삼각형의 외각 사이에 어떤 관계가 존재하는가? 외각은 내각과 어떻게 관련되어 있는가?
⑦ 사람들로 하여금 이등변삼각형을 연구하게 한 동기는 무엇이었나?
⑧ 두 개의 합동인 이등변삼각형으로 구성할 수 있는 도형으로는 어떤 것이 있는가?
⑨ 합동인 이등변삼각형들로 자전거 바퀴통(hub)을 만들 수 있는가?

이 목록의 대부분은 이등변삼각형의 각 부분들이 어떻게 관련되어 있는가에 관한 내적 질문에 해당된다. 한 삼각형이 독자적으로 다른 삼각형과 어떻게 관련되어 있는지를 묻는 외적 질문이 최초로 등장하는 것은 ⑧번이다. 이처럼 대부분은 내적 탐구로 시작하지만, 차츰 탐구의 대상이 외적인 것으로 이동하게 된다. 이로써 우리는 무의식중에 스스로에게 가하는 제약으로부터 자유로워지며, 사고의 폭을 확장하게 된다.

↘ 전략 3: 정확한 탐구와 근사적 탐구(Exact Versus Approximate Explorations)

어떤 문제를 탐구하기 위한 또 다른 전략은 우리가 반드시 정확한 답을 구할 필요는 없다는 사실에 근거한다. 실제로 많은 경우, 정확한 계산이 요구되지 않는 상황에서도 정확한 답을 요구하는 식으로 질문이 구성된다. 그러나 수학의 세계에서는 정확한 답을 얻을 수 없는 경우뿐만 아니라 정확한 답이 불필요하거나 바람직하지 않는 경우가 많다는 것을 알아야 한다. 따라서 우리가 제기한 질문들을 대상으로 그것이 반드시 정확한 답을 요구하는 것인지 검토해 보아야 하며, 그렇지 않을 경우 질문의 형태를 대략적인 답을 요구하는 형태로 변형하여 탐구할 필요가 있다.

↘ 전략 4: 역사적 탐구(실제적 대 가설적)

이 전략은 비록 역사에 대해 무지하다 해도, 사고(thinking)의 역사적 방식을 이용해서 중요한 질문을 창출하는 방법과 관련된다. 이등변삼각형의 경우 "사람들로 하여금 이등변삼각형을 연구하도록 한 동기는 무엇이었나?"라는 질문을 던졌다. 이 질문에 대한 탐구는 역사 공부와 관련된다. 그러나 이 질문을 우리가 역사가일 필요까지는 없게끔 수정할 수 있다. 조상들이 했을지도 모를 것을 자유롭게 상상하면, 다음과 같은 질문들이 제기될 수 있다.

"사람들로 하여금 이등변삼각형을 조사하도록 자극했을 법한 것으로 어떤 것이 있을까?" 또는 "사람들로 하여금 피타고라스의 관계에 대해 흥미를 가지도록 만들었을 법한 것으로 어떤 것이 있을까?" 어떤 것의 중요도를 따진다는 것은 그것을 증명하거나 더 일반적으로 조사하는 것뿐만 아니라 그것이 왜 연구할 가치가 있는지를 따져 보는 것이다. 증명하려는 것이 중요한지 아닌지, 혹은 왜 중요한지 등의 관점을 가지고 사물을 탐구하게 되면, 질문을 제기할 때 매우 여러 가지 관점에서 사물을 보게 된다. 가상－역사(Pseudo－history)는 탐구 대상의 중요도를 따지는 일련의 질문들을 제작하는 데 사용되는 도구가 될 수 있을 것이다.

이상에서 논의한 바와 같이 문제제기의 첫 단계는 주어진 것을 수용하는 것이 주요 활동이며, 이러한 활동을 뒷받침하기 위한 질문 목록을 정리하면 〈표 7－3〉과 같다. 표에 제시된 질문 목록은 특수한 내용에 제한적이지 않고 모든 내용에 적용될 수 있도록 일반적이다.

〈표 7－3〉 주어진 것을 수용하는 데 도움이 되는 질문 목록

- 식이 존재하는가?
- 식은 무엇인가?
- 식이 제공된 목적은 무엇인가?
- 이 조건을 만족하는 대상이나 경우는 몇 가지인가?
- 최대값은 무엇인가?
- 최소값은 무엇인가?
- 답의 범위는 무엇인가?
- 패턴이 존재하는가?
- 이 경우 패턴은 무엇인가?
- 반례가 존재하는가?
- 확장될 수 있는가?
- 존재하는가?
- 해가 존재하는가?
- 해를 찾을 수 있는가?
- 정보를 정리할 수 있는가?
- 표를 만들 수 있는가?
- 증명할 수 있는가?
- 어떤 경우 거짓이고, 어떤 경우 참인가?
- 상수인가?
- 무엇이 상수이고, 무엇이 변수인가?
- 그것은 우리가 특수화할 수 있는 것에 의존적인가?
- 제한적인 경우가 존재하는가?

- 영역은 무엇인가?
- 유사한 상황의 어느 부분에서 증명이 파기되는가?
- 통합된 주제가 존재하는가?
- 관련되는가?
- 고의성 없이 어떤 제한을 부과하지는 않고 있나?
- 언제 관련되는가?
- 그것으로 무엇이 상기되는가?
- 파기된 것처럼 보이는 것을 어떻게 재고하는가?
- 어떻게 그것을 기하적으로 볼 수 있을까?
- 어떻게 그것을 대수적으로 볼 수 있을까?
- 어떻게 그것을 해석적으로 볼 수 있을까?
- 공통점은 무엇인가?
- 증명하기 위해 무엇이 필요한가?
- 그 상황의 주요 특징은 무엇인가?
- 그 상황에 현재 부과된 주요 규약은 무엇인가?
- 실제 자료를 검토하는 것이 흥미로운 어떤 것을 제안해 주나?
- 이것이 다른 것과 어떻게 관련되나?

제2단계 주어진 것 도전하기(Challenging the given)

소위 "what−if−not" 전략으로 대표되는 이 단계는 세부적으로는 5단계로 구체화된다. 물론 문제설정 과정이 아래에서 제시된 것과 같이 반드시 선형적인 것은 아니며, 각 부분은 다른 부분에 영향을 끼치는 식으로 작용한다. 즉, 새로운 질문은 새로운 속성을 창출하고, 역으로 새로운 속성은 새로운 질문을 창출할 수 있다. 그리고 이것으로 인해 우리는 최초의 현상을 새로운 관점에서 보게 될지도 모른다. 만약 우리의 정신이 편협한 한 가지 관점으로 귀착되지 않기를 바란다면, 아래에 제시된 5단계를 문제설정을 위해 기계적으로 지켜야 할 절차로서보다는 자유로운 탐구를 위한 시금석 정도로 간주하는 것이 바람직할 것이다.

↘ 0단계: 출발점 선택하기

출발점을 선택하지 않고는 아무것도 시작할 수 없으므로, 출발점을 선택하는 것을 "what−if−not" 전략의 0단계라고 명명한다. 이 단계에서 중요한 것은 새로운 관점으로 사물을 바라보고, 그러한 새로운 관점이 생산적임을 입증하는 것이다. 예를 들어, $x^2 - x + 41$이라는 식이 x에 관계없이 항상 소수(prime number)가 된다고 학생들을 속일 수 있다. 그러면 학생들은 주어진 식의 x 대신 1, 2, 3을 대입해 보고 그것을 한층 확신하게 된다. 그러나 "x의 어떤 값이 공식을 파기시키는가?"와 같은 질문을 하면서 학생들의 관점을 이동시키게 되면 긍정적인 단서를 찾는 사람들보다 훨씬 빨리 '속임수'를 발견하게 된다. $x = 41$인 경우 계산하지 않고도 공식의 값이 41^2이 됨을 알 수 있기 때문이다. 물론 이와 같은 관점의 이동이 반드시 '아하 경험(ah−ha experience)을 양산하는 것은 아니며, 이것이 반드시 생산적인 것도 아니다.

그러나 우리가 '주어진 것'을 너무 당연하게 받아들이면 우리 앞에 있는 현상을 제대로 판단하지 못하게 된다. 우리는 '주어진 것'을 수용함으로써 증명을 시작하도록 훈련받았다. 예를 들어, 직각삼각형에 대한 피타고라스의 정리를 증명해야 하는 경우, 우리는 각 C가 직각이고, 변이 a, b, c인 직각삼각형이라는 조건을 수용함으로써 증명을 시작하며, '주어진 것'에 대한 명확한 진술은 증명의 착수를 위해 필수적이다. 그러나 이러한 훈련은 수학적 사고에 대한 중요한 점을 숨기게 된다. 무엇보다도 대부분의 맥락에서는 '주어진 것'을 찾기란 쉽지 않다. 우리가 무엇을 주어진 것으로 받아들일지는 우리의 목적, 이용 가능한 지적 수단, 심미적 욕구 등에 달려 있다.

또한 우리가 주어진 것을 당연한 것으로 받아들인다는 것은 우리의 일이 주어진 것에 근거하여 어떤 것을 증명하는 것으로 귀결된다. 그러나 수학에는 증명 그 이상의 일이 있다. 새로운 아이디어를 떠올리고, 이전 아이디어를 유지하기 위해 적절한 이미지를 찾고, 우리가 이미 학습한 아이디어의 중요성을 평가하고, 새로운 관련성을 찾는 등의 행위 역시 수학적 행위인 것이다. 이러한 이유에서 이전의 문제해결에서와 같이 주어진 것을 단지 상세화하고 수락하는 행위 그 이상의 새로운 관점이 필요한 것이다.

문제설정을 위한 출발점은 크게 두 가지 경우로 구분된다. 하나가 정리(theorem)로부터 출발하는 것이며, 다른 하나는 구체물로부터 출발하는 것이다. 두 가지 중의 한 가지를 출발점으로 선택하고 나면, 그것으로부터 속성을 찾는 일에 착수해야 한다.

↘ 1단계: 속성 찾아 열거하기

어떻게 해야 '주어진 것'을 수용하는 일 이상의 것을 할 수 있겠는가? 무엇이 '주어진 것'인가를 상세화하는 것은 때로는 매우 어려울 수 있다. 여기서는 정리로부터 출발하는 것과 구체적인 자료로부터 출발하는 것으로 경우를 나누어 설명하도록 하겠다.

• 정리 이용하기

이미 언급되었듯이 우리 앞에 놓여 있는 모든 것에 대해 매우 여러 가지 관점으로 볼 수 있다. 마찬가지로 피타고라스의 정리도 매우 다양한 관점으로 속성을 기술할 수 있다. 다음이 그러한 예들이다.

－이 명제는 정리다.
－이 정리는 선분의 길이를 다루고 있다.
－이 정리는 직각삼각형을 다루고 있다.
－이 정리는 넓이를 다루고 있다.
－이 정리는 제곱을 다루고 있다.
－변수가 3개 있다.
－변수는 등호로 연결되어 있다.
－두 변수 사이에 플러스 기호가 있다.

–세 지수는 같다.

–지수는 양의 정수다.

위에 제시된 10개의 속성들 중 앞의 5개는 피타고라스 정리를 기하적으로 관찰한 결과에 기인한 것이며, 뒤의 5개는 대수적으로 관찰한 결과에 기인한 것이다. 그러나 그 이상의 성질을 발견할 수도 있다. 어떤 것은 명제의 존재성에 초점을 둔 반면, 다른 것은 명제의 논리성에 초점을 두고 있다. 이러한 구분은 '주어진 것'을 보는 여러 가지 방법이 있음을 시사한다. 분명 사람마다 다른 목록을 작성할 것이며, 속성 목록은 완전할 수도 없고 다른 것으로부터 완전히 독립적일 수도 없다.

• 구체적 자료 이용하기

다음 기하판에 대해 어떤 속성을 찾을 수 있을지 생각해 보자.

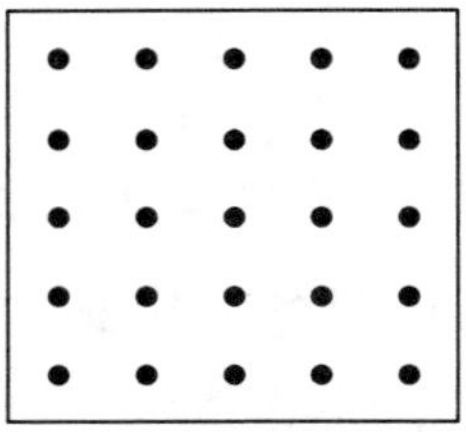

기하판을 보고 속성을 찾게 하면, 어떤 사람은 25개의 못이 정사각형 배열로 박혀 있다고 말할 것이며, 다른 사람은 보드가 하얀색이라고 말할지 모른다. 이처럼 한 가지 사물에 대해 사람들이 제기하는 속성은 다양하다. 다음은 사람들이 찾을 가능성이 있는 속성 목록이다.

–보드는 정사각형이다.

–점은 규칙적으로 배열되어 있다.

–점은 정사각 격자 형태로 배열되어 있다.

–점에 못이 박혀 있다.

－추가로 이용되는 물건은 고무줄 밴드다.

－보드 위에는 5×5, 즉 25개의 못이 박혀 있다.

－보드는 단단하다.

－점은 보드의 한쪽 면에만 있다.

－못은 같은 높이이다.

－보드는 옮겨 놓지 않는 한 고정되어 있다.

－보드는 단순연결이다(simply connected).

－보드는 유한하다.

위에 제시된 12가지의 속성 가운데 어떤 것은 너무 자명하거나 시시하게 느껴질지 모르지만, 때로는 이러한 것들이 의미 있는 발견으로 이끌기도 한다. 즉, 어떤 속성이 중요한가의 질문은 그것을 탐구하기 전에는 대답하기 매우 곤란하다. 또한 요가 전문가와 수학자가 보드에 대해 갖는 관점이 다르듯이, 보드의 목적을 무엇으로 설정하는가에 따라 속성의 중요성은 달라질 수 있다. 수학자로서 보드가 흰색이라는 것은 그리 중요하게 생각되지 않을지도 모르지만, 모든 보드가 같은 색이라든지 혹은 보드마다 다른 색이라는 점은 중요한 속성이 될지 모른다. 따라서 속성을 찾을 때는 중요도를 따지지 말고 찾을 수 있는 최대한의 것을 찾은 뒤, 의미가 없다고 판단되는 것을 차후에 버리면 된다.

↘ 2단계: 속성 부정하기: '만약 ～이 아니라면(what-if-not-ing)'

이 단계에서는 전 단계에서 찾은 속성 가운데 몇 가지의 속성을 택해서 그것을 부정하는 것으로 시작한다. 즉, "만약 임의의 속성을 부정한다면 어떻게 될까?: 그것을 무엇이라 부르면 좋겠는가?"를 묻는다. 예를 들어, 기하판을 이용해 찾은 12가지 속성 가운데 첫 번째 속성인 '보드는 정사각형이다.'를 부정해 보자. "보드가 정사각형이 아니라면 어떻게 될까?"를 자문하면서 자유롭게 상상하면 정사각형 대신 다음과 같은 여러 가지 모양을 생각해 낼 수 있다.

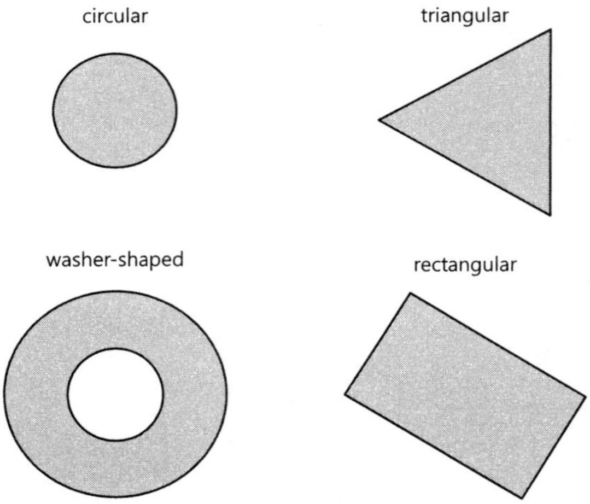

위에서 그린 그림을 보면 우리가 암묵적으로 평면이라는 가정을 해 왔음을 알 수 있으며, 따라서 평면은 기하판의 또 다른 속성이 될 수 있음을 알 수 있다. 결국 속성을 부정하는 활동은 새로운 기하판을 만드는 일 이외에도 새로운 속성을 찾아내는 데 도움이 될 수 있다.

정리하면, 이 단계의 활동은 크게 두 가지로 구분된다. 먼저 전 단계에서 열거된 속성 중에 하나를 택하고, 그것을 부정하면 어떻게 될지 질문한다(2(a) 단계). 다음은 부정된 속성에 대한 대안을 제시한다(2(b) 단계). 기하판의 예를 들면 전 단계에서 열거된 속성 가운데 하나인 '보드의 모양이 정사각형이다.'를 선택하고, "보드의 모양이 정사각형이 아니라면 어떻게 되나?"라는 질문을 던진다(2(a) 단계). 이어서 "보드의 모양이 삼각형이다." 혹은 "보드의 모양이 원이다."라고 질문에 대한 답을 제시한다(2(b) 단계).

↘ 3단계: 질문하기 혹은 문제설정하기

이 단계는 전 단계에서 채택된 대안을 심도 있게 탐구하는 활동으로 구성된다. 여기서 심도 있게 탐구한다는 것은 그것에 대한 질문을 하는 것을 의미한다. 기하판의 예로 돌아가 보자. 정사각형 대신 원을 기하판 모양으로 택하고, 점의 간격을 그대로 두려 한다면 정사각형 보드에 있던 점들 중 일부가 제거되어야 한다. 이것으로 우리는 "주어진 정사각형 보드를 이용해 최대 크기의 원모양 보드를 만들려면 점을 몇 개 제거해야 하는가?"와 같은 질문을 던질 수 있다. 2×2 보드로 원을 만들기 위해서는 모든 점을 제거해야 한다. 물론 이때의 가정은 원의 경계가 주어진 정사각형을 넘지 못한다는 것임은 두말할 여지가 없다. 3×3 보드는 9개의 점 중 4개를 제거해야 하며, 4×4 보드는 12의 점이 제거되어야 한다.

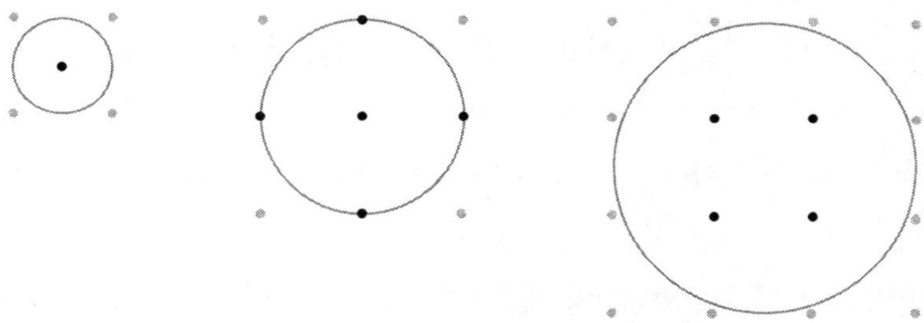

이것을 표로 정리하면 다음과 같다.

보드의 크기	정사각형 보드 위에 있는 점의 개수	제거되어야 할 점의 개수	원 보드 위의 점의 개수
1×1	1	0	0
2×2	4	4	0
3×3	9	4	5
4×4	16	12	4
5×5	25	12	13
6×6	36	20	16
7×7	49	20	29
8×8	64	32	32
9×9	81	32	49

표를 정리하고 나면 $n \times n$ 기하판으로 만들 수 있는 최대 원 보드 위의 점의 개수

를 예측해 볼 수 있을 것이다. 이처럼 이 단계의 주요 활동은 새로운 질문들을 제기하는 것이다. 어떤 소재에 대해 다양한 질문을 양산하기 위해서는 제1단계에서 이미 제시한 여러 가지 탐구 전략을 활용할 수 있다.

↘ 4단계: 설정한 문제 분석하기

이 단계에서는 전 단계에서 제기된 새로운 질문 중 몇 개를 선택하여 분석하거나 그것에 대한 답을 찾는 활동을 한다. 예를 들어, 피타고라스 정리에 대해 나열된 속성 가운데 7번째 것("변수는 등호로 연결되어 있다.")을 생각해 보자. 이것을 부정하면, 즉 $a^2+b^2<c^2$을 가정하면, 다음과 같은 질문을 제기할 수 있다. "이 부등식은 기하적으로 중요한 의미를 지니는가?" 또는 "이 부등식을 만족하는 자연수로는 어떤 것이 있는가?" 이 가운데 전자를 택했다면 그에 대한 분석을 시작해야 한다. 먼저 대수적 부등식을 다음과 같은 기하적 명제로 변환할 수 있다. "직각삼각형의 두 변의 제곱의 합은 빗변의 제곱보다 작다." 그러나 우리는 직각삼각형에서는 그런 일이 벌어질 수 없음을 알기 때문에 과연 어떤 조건 하에서 부등식이 성립하는가를 생각하게 된다. 이때 코사인 법칙($a^2+b^2=c^2+2ab\cos C$)을 생각해 보면, 부등식이 성립하기 위해서는 $2ab\cos C$ 가 음수여야 한다. 즉, 각 C가 둔각이어야 한다. 물론 코사인 법칙을 모르는 사람들도 이 부등식을 나름대로 납득할 수 있다. 피타고라스 정리는 두 변의 제곱의 합이 빗변의 제곱과 같다. 따라서 빗변의 제곱이 두 변의 제곱의 합보다 크기 위해서는 각 C가 적어도 직각보다는 커야 한다는 것을 알 수 있다.

이상으로 Brown & Walter가 제시한 문제설정 단계 및 전략에 대해 살펴보았다. 처음에는 여기 제시된 수많은 질문과 도전 과제에 압도당했을지 모르겠지만, 일단 출발점을 택하고 단계에 따라 전략들을 순차적으로 실행하는 연습을 하다 보면 이러한 과정들이 자연스럽게 내면화될 것이다.

(2) 竹内芳男(다케우치)와 橋本吉彦(하시모토)의 문제설정 지도 5단계

竹内芳男는 원문제를 통한 문제 만들기 즉, 문제의 변형 관점에서 다음과 같은 5단계를 제시하였다.

제1단계	제2단계	제3단계	제4단계	제5단계
원문제의 해결	문제 만들기	만든 문제의 발표, 분류, 정리	만든 문제의 해결	정리 및 발전
P_0의 해결	P_0 → P_1, P_2, ⋮, P_k	P_i의 발표, 분류, 정리	P_i의 해결	정리 및 발전

제1단계는 문제를 학생들에게 제시하고 스스로 문제를 풀어 보도록 한다. 그 후 발표와 토의에 의해 해결 과정을 돌아보고 문제의 어떤 점에 착안하여 문제를 해결했는지를 명확히 한다.

제2단계는 주어진 문제의 속성을 나열해 보고 그 각각의 속성을 변형시켜 가며 새로운 문제를 만들어 가게 한다. 만약 문제를 만들지 못할 경우는 간단한 예시를 들어 주어 문제 만드는 데 도움을 줄 수 있다.

제3단계는 학생들이 만든 문제를 발표하게 하고 학생들이 발표한 문제를 일정한 관점에서 분류 및 정리하게 한다. 교사는 학생들이 문제를 만드는 동안 학생들 사이를 돌아다니며 그들의 반응을 점검하고, 가능한 한 다양한 문제들이 발표될 수 있도록 준비한다. 또한 학생들이 발표한 다양한 문제들을 분류하는 활동은 문제를 만드는 방법이나 발전시켜야 할 방향, 각자 만든 문제의 가치, 수학의 내용 등을 깊게 이해하는 데 도움이 된다. 분류의 방법으로는 먼저 한 개의 문제를 제출하도록 한 후 그것과 비슷한 문제를 발표하도록 하는 것이 있다. 또는 몇 개의 문제를 발표시켜 그것을 먼저 분류 정리해 가는 방법이 있다. 분류 정리의 관점은 교사가 미리 기준을 세워도 좋지만 강요하는 것은 좋지 않다. 또 분류해 나가면서 분류의 기준이 다듬어지기도 하기 때문에 처음부터 완전한 것을 요구할 필요는 없다.

제4단계는 전 단계에서 학생들이 흥미를 보인 문제나 수학적으로 가치가 있다고 인정되는 문제를 뽑아 함께 풀어 보고 그 외에 자기가 만든 문제나 친구가 만든 문제를 개별적으로 풀어 보도록 한다.

제5단계는 학습 과정을 되돌아보고, 문제 만들기 전략을 확인시킨다. 또한 주어진 문제와 새롭게 만든 문제의 해결 과정을 비교함으로써 문제의 내용이나 구조를 보다 깊게 이해할 수 있음을 느끼도록 하여 발전적으로 고찰하는 것의 의의를 깨닫게 한다. 더욱이 새롭게 만든 문제를 계속 발전시켜 나갈 수 있음을 환기시켜 준다.

한편 橋本吉彦는 좋은 문제를 만들기 위해서는 원문제의 선정이 중요하다는 생각에서 원문제의 선정을 첫 단계로 설정하고, 竹內芳男가 제시한 5단계의 마지막 단계인 정리 및 발전 단계를 뺀 다음과 같은 5단계를 제시하였다.

제1단계	원문제의 선정
제2단계	원문제의 해결
제3단계	문제 만들기
제4단계	만든 문제의 발표
제5단계	만든 문제의 해결

(3) 임문규의 문제설정 지도 7단계

임문규 외(2001)는 문제설정을 '수학의 문제로부터'와 '실세계적인 상황으로부터'의 두 가지 경우로 구분하고, 각 경우에 적합한 문제설정 지도 단계를 제시하였다. 그러나 '수학의 문제로부터'의 문제설정 지도 단계는 竹內芳男가 제시한 것과 거의 동일하기 때문에 여기서는 '실세계적인 상황으로부터'의 문제설정 지도 단계만을 제시하면 다음과 같다.

제1단계	제2단계	제3단계	제4단계	제5단계	제6단계	제7단계
상황의 설정	학생 개인 문제 만들기 (what if not 전략 이용)	만든 문제 발표	학급 문제 구성 및 결정	학급 문제 해결	학급 문제 해결 검토	발전적 문제설정

제1단계는 교사가 학생들에게 문제 만들기의 소재를 제공해 주는 단계로 실세계적 상황이라 해도 수학 교과의 내용을 풍부하게 품고 있는 것이 바람직하다. 때로는 학습 내용과 관련된 현실 세계의 상황을 학생들과 함께 토론하면서 상황을 설정할 수도 있다.

제2단계는 전 단계에서 제시된 상황을 바탕으로 학생들이 개별적으로 문제를 만드는 단계다. 이때 "what－if－not" 전략이 사용된다.

제3단계는 학생들이 자신이 만든 문제를 발표하는 단계로 교사는 가급적 많은 학생들이 고루 참여할 수 있도록 배려해야 한다.

제4단계는 학생들이 발표한 문제 가운데 가치 있다고 판단되는 것을 학급의 문제로 선정하는 단계이다. 선정 준거는 학생들이 토론을 통해 구성하는 것이 좋으며, 비록 불완전하고 오류가 있는 문제라 해도 수정 및 보완 작업을 거치면 학급의 문제로 선정될 수 있다.

제5단계는 전 단계에서 선정된 학급 문제를 해결하는 단계이다. 문제의 난이도에 따라 개인별로 혹은 집단별로 해결하도록 한다.

제6단계는 학급 문제의 풀이 과정을 발표하고 토론하는 단계이다. 가급적 여러 가지 풀이 방법이 나올 수 있도록 발표 과정에 학생들을 고루 참여시키도록 하며, 풀이 방법 간의 차이점과 공통점, 더 나은 풀이 방법에 대해 논의하는 과정을 경험하는 것이 좋다.

제7단계는 학급 문제 혹은 자신이 만든 문제를 바탕으로 새롭고 도전적인 문제를 만들어 보는 단계이다. 혹시 수업시간의 제약으로 시간을 확보하지 못한다면 방과 후 과제로 제시해 주는 것이 좋다.

4. 문제설정 사례

문제설정의 구체적 사례를 새로운 내용을 학습하는 상황과 개념 및 원리에 대한 통찰력을 향상시키고자 하는 상황으로 나누어 살펴보고자 한다.

1) 새로운 내용을 학습할 때

문제설정은 이미 알고 있거나 학습한 내용을 응용하는 데뿐만 아니라 새로운 내용을 학습하는 상황에서도 유용하게 사용될 수 있다. 물론 아무것도 모르는 상황에서 새로운 문제를 만들기란 쉽지 않기 때문에 문제설정을 유도하기 위한 수학적 상황이 기본적으로 필요하다. 아래 제시된 문제 A와 문제 B는 이에 대한 보기가 될 것이다. 우선 문제 A는 탐구적 성격을 지니고 있으며, 수론을 학습하는 데 기초를 제공할 수 있다. 문제 B는 정형화된 계산이지만, 문제설정 활동을 활용하면 자료의 평균을 이해하는 활동을 고안하는 데 이용될 수 있다.

문제

A: 어떤 수들이 둘 혹은 그 이상의 연속인 자연수들의 합으로 표현될 수 있는가?

B: 7, 4, 7, 6, 3, 8, 7의 평균을 구하여라.

새로운 내용을 학습할 때 도움이 되는 질문들로는 해의 존재성, 해의 유일성, 극단적 사례, 특수성, 일반성, 유추, 표현 방식, 주어진 것과 구해야 할 것 등에 관한 것이 있다. 이들 항목을 문제 A와 문제 B에 적용하면 각 문제에 적합한 새로운 문제들을 만들 수 있다(〈표 7-4〉).

〈표 7-4〉 **유용한 질문과 그로부터 도출된 문제**(Goldenberg & Walter, 2003, p. 75-77)

아이디어와 유용한 질문	맥락 A와 맥락 B로부터 도출된 문제
존재성 • 해를 가지고 있나?	A1 명백히 2와 같은 수는 그런 식으로 표현되지 않는다. 문제를 어떤 식으로 변형하면 해집합이 공집합이 되는가?
유일성 • 해는 유일한가? • 그 방법이 유일한가? • 얼마나 많은 방법으로 이 문제를 풀 수 있는가?	A2 15는 7+8, 4+5+6, 1+2+3+4+5와 같이 여러 가지로 표현된다. 이와 같이 합으로 표현될 때 한 가지 방식으로만 표현되는 수는 무엇인가? B1 평균을 가지고 있지 않거나 하나 이상의 평균을 가지고 있는 집합이 존재하는가?
극단적인 혹은 후퇴한 경우 • 최대치 혹은 최소치가 존재하는가?	A3 어떤 수들이 둘 혹은 그 이상의 연속인 정수들의 합으로 표현될 수 있는가? 혹은 차이가 1인 둘 혹은 그 이상의 유리수의 합으로 표현될 수 있는가? B2 평균은 집합에 존재하는 가장 큰 수보다 클 수 있는가? 혹은 같을 수 있는가?
특수성 • 특수한 경우가 존재하는가? • 규약을 추가할 수 있는가? • 영역을 제한할 수 있는가?	A4 어떤 수들이 1로 시작하는 연속인 자연수들의 합으로 표현될 수 있는가? A5 어떤 수들이 홀수 개의 연속인 자연수들의 합으로 표현될 수 있는가? 두 개 혹은 세 개의 연속인 자연수들의 합으로 표현될 수 있는 수에 대해 무엇을 말할 수 있나? A6 어떤 수들이 둘 혹은 그 이상의 연속인 홀수들의 합으로 표현될 수 있는가?
일반성 • 그것은 특별한 경우인가? 제약을 줄일 수 있나? • 영역을 확장할 수 있나?	B3 수직선 위의 임의의 7개의 점들의 평균에 대해 어떤 이야기를 할 수 있는가? B4 평면 위의 점들의 평균을 어떻게 의미 있게 규정할 수 있는가? 두 점 혹은 세 점의 평균은 어떤 의미인가?
유추 • 그 문제가 당신에게 어떤 생각을 떠올리게 하나?	A7 연속인 자연수들의 합은 삼각수 또는 연속인 자연수의 곱(팩토리얼)을 떠올리게 한다.

<table>
<tr>
<td>이해와 표현
• 이 문제는 기하적으로, 대수적으로, 해석적으로 어떻게 보이는가?</td>
<td>A8
1+2+3+4+5+6−
(1+2+3)
4+5+6
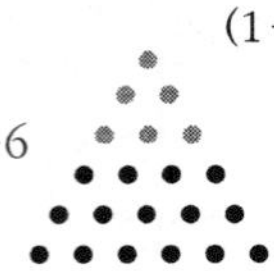
$$\sum_{i=k}^{n} i = \sum_{i=1}^{n} i - \sum_{i=1}^{k-1} i = \frac{n(n+1)}{2} - \frac{k(k-1)}{2} = \frac{n^2-k^2}{2} + \frac{n+k}{2}$$

A9 산술평균과 제곱의 차
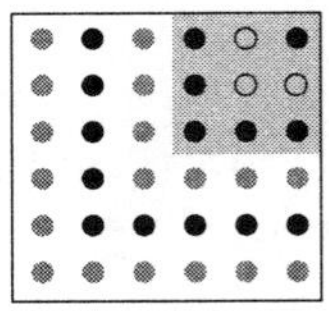
$7+9+11=(1+3+5+7+9+11)-(1+3+5)$
$6^2-3^2=(6-3)(6+3)$</td>
</tr>
<tr>
<td>주어진 것과 결과의 시험
• 주어진 것의 규약을 풀면 같은 결과를 얻을 수 있나? 더 적은 정보로 같은 것을 얻을 수 있나?
• 같은 결과를 위해 다른 정보나 자료를 이용할 수 있나? 예를 들어, 결과로 시작하여 거꾸로 작업할 수 있는가?</td>
<td>B5 중앙값과 최빈값이 7이고, 평균이 6, 범위가 5인 일곱 개의 수를 찾아라. 그러한 집합이 몇 개나 가능한가? 오직 자연수만 사용하면 어떻게 되는가?

B6 주어진 수들이 정수가 아니라 해도, 해는 여전히 정수인가? 주어진 수에 대해 어떤 조건이 주어져야 결과가 정수가 되는가? 결과가 무리수가 될 수 있는가? 그렇다면 어떤 경우인가?</td>
</tr>
</table>

그 외에 수학 용어나 문장의 문구, 정리(theorem), 상황 등을 그 역할의 관점에서 조사하는 것은 문제설정을 위한 또 다른 전략이 될 수 있다. 특히 수학 용어는 새로운 개념이나 원리를 학습할 때 결정적 역할을 하는 경우가 많기 때문에 다음에 기술된 질문들을 점검해 보는 것이 도움이 될 것이다.

① 용어가 문제의 본질적인 부분을 기술하는가? 혹은 속임수인가? 속임수라면 무시하라.

② 용어가 필수적이라면, 규약을 더 가하거나 규약을 감할 수 있나?

③ 용어가 필수적이라면, 세부사항의 일부를 어떻게 바꿀 수 있나? (예를 들어, 정의역을 바꾸거나 변수를 새로 만드는 것과 같이)

④ 어떤 암묵적인 질문들이 언급되지 않은 채 남아 있나? (예를 들어, 존재성, 유일성, 기타 규약의 결여, 암시된 정의역, 극단적 사례의 결핍 등)

주어진 맥락이나 문제를 탐구한 후, 다음 단계에서 해야 할 일은 속성을 찾아서 그중 몇 개를 부정해 보는 것이다. 〈표 7−5〉는 문제 B의 속성과 가정(〈표 7−6〉)을 바탕으로 "what−if−not" 전략을 적용한 결과를 정리한 것이다. 이러한 새 문제들은 학생들에게 새로운 관점을 가지고 깊이 있게 주제를 탐색하게 하는 기회를 제공한다. 또한 학교에서 제공하는 표준적 방식과 대조되는 비표준적 풀이 방식을 접할 수 있는 기회를 제공한다. 예를 들어, 7개 수치의 평균을 계산하는 것은 정형적이고 표준적인 절차이다. 그러나 자료 한 세트가 어떤 식으로 변형이 되면 평균에 어떤 영향을 미치는지를 묻는 문제는 공식을 적용하는 차원을 넘어서서 문제에 내재된 새로운 의미를 파악하게 한다. 뿐만 아니라 몇몇 문제들은 교육과정상 다른 주제와 상호 관련되어 있다. 예를 들어, 〈표 7−6〉의 문제 i1, i2, i3는 학생들이 수열을 공부할 때 접하게 되는 아이디어다.

〈표 7−5〉 문제 B의 속성 혹은 가정

a. 7개의 자료가 주어졌다.
b. 아직 평균을 모른다.
c. 수치가 모두 다르지는 않다.
d. 최소값은 3이다.
e. 최대값은 8이다.
f. 수치들이 크기대로 나열되어 있지 않다.
g. 수들은 모두 자연수다.
h. 한 세트의 자료가 주어졌다.
i. 수치가 주어졌다.

〈표 7-6〉 문제 B의 변형

a1	만약 7개의 자료 중 5개만 주어졌다면 어떻게 될까? 원자료의 평균을 안다면 잃어버린 자료를 찾을 수 있나?
a2	7개의 자료 중 5개를 선택하는 모든 경우의 평균을 구하면 어떻게 되겠는가? 이들 평균의 히스토그램으로부터 무엇을 배울 수 있겠는가?
a3	7개의 자료가 8개의 자료를 가진 모집단으로부터 표집된 것이라면 어떻게 되겠는가? 8개의 자료에 대해 합리적으로 추론할 수 있겠는가? 문제 a2의 아이디어가 이 질문에 답하는 데 도움이 되는가?
b1	자료는 모르고 평균만 안다면 어떻게 되겠는가? 자료에 대해 어떤 말을 할 수 있는가? 자료를 예측할 수 있는가?
c1	수치들이 모두 다르다면 어떻게 되겠는가? 평균이 6인 7개의 정수들로 구성된 자료들을 찾을 수 있는가? 중앙값이 7이거나 범위가 5인 자료들을 만들 수 있겠는가?
e1	최고값이 8이 아니라 18이라면 어떻게 되겠는가? 평균, 최빈값, 중앙값, 범위 등이 어떻게 변하는가?
g1	자연수가 아닌 수가 있다면 어떻게 되겠는가? 자료의 모든 수치들이 원수치들보다 $\frac{1}{2}$ 씩 크다면 어떻게 되는가? 평균은 어떻게 이동하는가?
h1	한 세트 대신 두 세트의 자료가 주어졌다면 어떻게 되겠는가? 두 번째 세트가 2, 6, 7, 9라고 가정하자. 두 집합을 합친 자료(11개의 자료)의 평균은 두 집합의 평균을 어떤 식으로든 결합하면 도출되는가? 그것이 바로 평균의 평균을 구하는 일이 되겠는가?
h2	두 세트의 자료 평균이 각각 7과 10이라는 것을 안다면 어떻게 되겠는가? 두 세트를 합한 것의 평균에 대해 무엇을 이야기할 수 있는가?
i1	수치가 전혀 주어지지 않았다면 어떻게 되겠는가? 여기 한 가지 가능성이 있다. 그 세트가 7개의 원소를 가지고 있고 평균이 6이라 가정하자. 그 수치에 대해 어떤 말을 할 수 있는가? 다음에는 최소값이 1이라 가정하자. 최대값으로 가능한 값은 얼마인가?
i2	더 일반적으로, 그 세트가 n개의 원소를 가지고 있고, 평균이 m이라 가정하자. 수치에 대해 어떤 말을 할 수 있나?
i3	평균이 m인 n개의 수열 세트를 가정해 보자. 수치들에 대해 어떤 말을 할 수 있나?

2) 개념이나 원리에 대한 통찰력을 향상시키고자 할 때

학생들이 수학적 개념이나 원리를 제대로 이해하지 못하는 경우가 많은데, 이는 대체로 공식에 수치를 대입하는 것 이상의 활동을 하지 못했기 때문이다. 다음에 제시할 보기는 사다리꼴의 넓이 개념에 대한 이해와 통찰을 얻는 데 도움이 되도록 고안된 문제설정의 보기이다. 먼저 문제설정을 위한 원 문제가 다음과 같이 제공된다.

문제

ABCD는 두개의 변 AB와 CD가 평행한 사다리꼴이다. AB = 6cm, CD = 13cm, AD = 10cm, 높이는 8cm이다. 넓이를 구하여라.

불필요한 정보를 제공하지 않는 것이 좋은 문제라는 관점에서 보면 이 문제는 좋은 문제가 아닐 수 있다. 그러나 이 경우는 사다리꼴의 넓이 개념에 대한 통찰을 제공할 목적으로 의도적으로 과잉 정보가 제공된 경우다. 이제 이 문제에 기초하여, 해의 존재성이나 유일성, 특수성과 일반성 등 앞의 사례에서 제시한 항목에 맞게 새로운 문제를 만들 수 있다.

① 주어진 조건을 만족하는 사다리꼴을 만들 수 있는가? 그렇다면 그것은 하나인가?(이 문제의 경우는 아니다) 만약 그렇지 않다면 왜 그런가?

② 주어진 조건보다 더 적은 조건으로 넓이를 구할 수 있는가? 생략해도 좋은 조건은 무엇인가? 이 문제의 답은 하나인가?

③ 다른 길이로 이루어진 같은 넓이의 사다리꼴이 존재하는가?

④ 넓이가 같고, 평행인 변의 길이가 같고, 높이가 같지만, 모양이 다른 사다리꼴이 존재하는가? 문제에서 제시된 특정한 수치에 따라 답이 달라질 수 있는가?

⑤ 넓이와 높이가 같고, 평행인 변의 길이가 다른 두 사다리꼴이 존재하는가?

⑥ 주어진 사다리꼴에 대하여 높이는 같고 넓이가 두 배인 사다리꼴이 존재하는가?

⑦ 정사각형으로 이 사다리꼴을 덮으면, 아래 그림과 같이 $6+7+8+9+10+11+12+13$(개)의 정사각형 8열을 볼 수 있다.

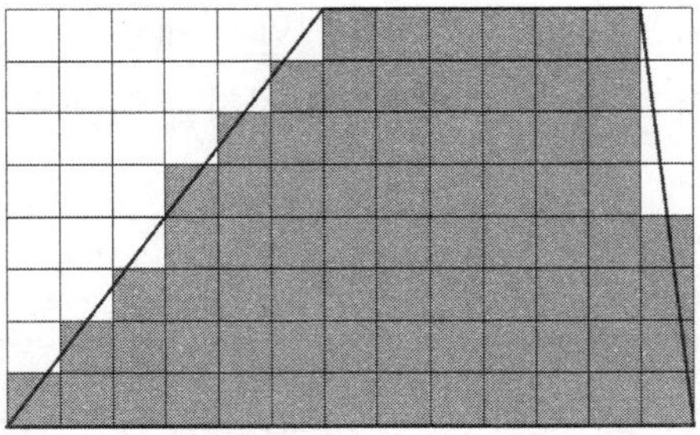

이것은 유한개의 연속인 수들의 합으로서, 공식 $S=\frac{n}{2}(a_1+a_n)$ (항의 개수가) n이고, 초항과 n번째 항이 각각 a_1과 a_n)을 사용하도록 배우는 급수의 특별한 경우이다. 그런데 이 공식은 $A=\frac{b_1+b_n}{2}h$ 로 표현되는 사다리꼴의 공식과 매우 비슷하며, 때로는 사다리꼴의 두 밑변의 평균으로 설명되기도 한다. 그렇다면 우리는 이런 식으로 어디까지 유추할 수 있겠는가? 여기에서 더 배울 수 있는 내용은 무엇인가?

⑧ 사다리꼴의 두 밑변의 길이가 같다면, 계산이 무엇과 같아지는가? 그리고 이러한 조건에서는 사다리꼴이 어떤 모양이 되는가? 두 밑변 중 한 변이 0이라면 어떻게 되는가? 이번에는 어떤 모양이 되는가?

이 간단한 보기는 문제설정을 통해 사다리꼴의 넓이 공식에 대한 통찰력을 제공할 수 있음을 보여 준다. 뿐만 아니라 학생들이 사다리꼴의 넓이가 여러 가지 모양에 어떻게 의존하고 있는지, 사다리꼴의 넓이 공식이 평행사변형과 삼각형의 넓이 공식, 등차수열의 합, 그리고 산술평균의 계산 등과 어떻게 관련이 있는지를 이해하는 데 도움을 줄 수 있다.

제 8 장

문제해결 지도 이론

1. 문제해결 과정과 지도 단계
2. 문제해결 지도 유형
3. 문제해결 지도 발문
4. 문제해결 평가
5. 문제해결 교실문화

제 8 장

문제해결 지도 이론

이 장에서는 문제해결 수업 단계와 모형, 지도 유형, 문제해결 지도에 필요한 발문 및 평가, 교실 문화 등 문제해결 지도와 관련된 전반적인 내용들을 다룬다.

1. 문제해결 과정과 지도 단계

우리는 매일 끊임없이 새로운 문제에 부딪히고, 이를 어떤 식으로든 해결해 가며 살아간다. 따라서 문제해결력은 인간이 일상생활을 영위해 가는데 없어서는 안 될 필수적인 능력이다. 그렇기에 인간이 어떤 과정을 거쳐 문제를 해결하는지, 그리고 가장 바람직한 문제해결 과정은 무엇인지에 대한 연구는 수학교육분야뿐만 아니라 인지심리나 정보처리 분야에서도 관심을 갖는 대표적인 주제가 되어 왔다. Poincare, Hadamard, Polya 등은 수학자로서 자신의 수학적 정신 활동에 대해 자성하면서 문제해결 과정을 분석하고자 하였으며, 러시아의 심리학자인 Krutetskii는 수학영재를 대상으로 문제해결 과정을 관찰하고 분석하여, 수학적 능력의 구조를 밝히고자 하였다.

Polya는 자신이 수학 문제를 해결해 왔던 경험을 분석하여, 수학적 문제해결의 과정을 '문제 이해 → 계획의 작성 → 계획 실행 → 반성'의 4단계로 구분하여 제시하였다. Leone Burton(버튼, 1979)은 '도입(문제를 이해하라) → 공략(문제를 푼다) → 검토(풀이를 검토한다) → 확장(문제를 일반화한다)'이라는 문제해결 과정을 제시하였는데, Burton의 문제해결 과정은 문제를 풀고 난 후에 문제의 의미에 대한 음미, 후속학습을 위한 일반화 등의 학습활동을 강조하였다. 이는 Polya의 문제해결 4단계 중 반성의 단계를 중시한 것이라고 할 수 있다.

한편, Schoenfeld(1985)는 Polya가 제시한 문제해결 단계를 바탕으로, 탐구의 단계를 추가하여 '분석 → 계획 → 탐구 → 실행 → 검증'이라는 문제해결 모델을 제시하였다. 여기에서 탐구 단계는 문제해결 전략의 핵심 과정으로, Polya가 제시한 '계획의 작성' 단계에 해당한다. 이 단계에서는 주어진 문제가 복잡하고 어려운 경우, 문제를 분석하고 분해하여 주어진 문제와 근본적으로 동치이나 수치나 조건을 완화한 수정된 문제에 대해서 생각해 보고, 이 문제에서의 결과나 방법을 생각해 보아 원래의 문제를 해결할 수 있는 실마리를 찾는다. 이를 도식화하면 [그림 8-1]과 같다. Schoenfeld는 Polya와 달리 일반적 전략의 중요성을 인식하고, 이 다섯 단계 중 탐구 단계를 특히 중요시하였다.

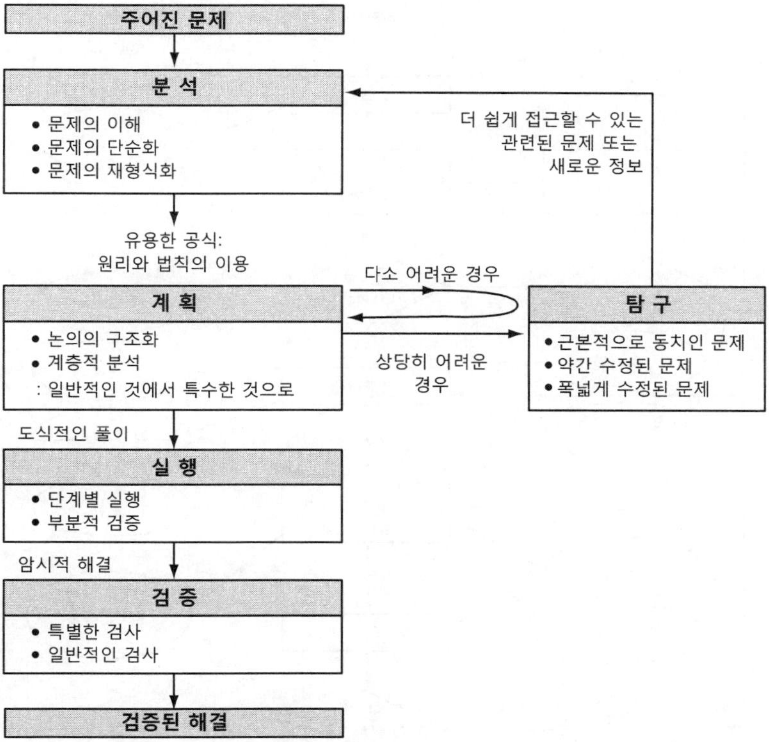

[그림 8-1] Schoenfeld의 문제해결 과정

출처: Schoenfeld, 1985, p. 110.

Krulik & Rudnick(1980)은 교사의 도움을 받은 학생의 문제해결 과정과 그 과정에서 사용하는 문제해결 전략을 다음 [그림 8-2]와 같이 순서도를 사용하여 설명하였다.

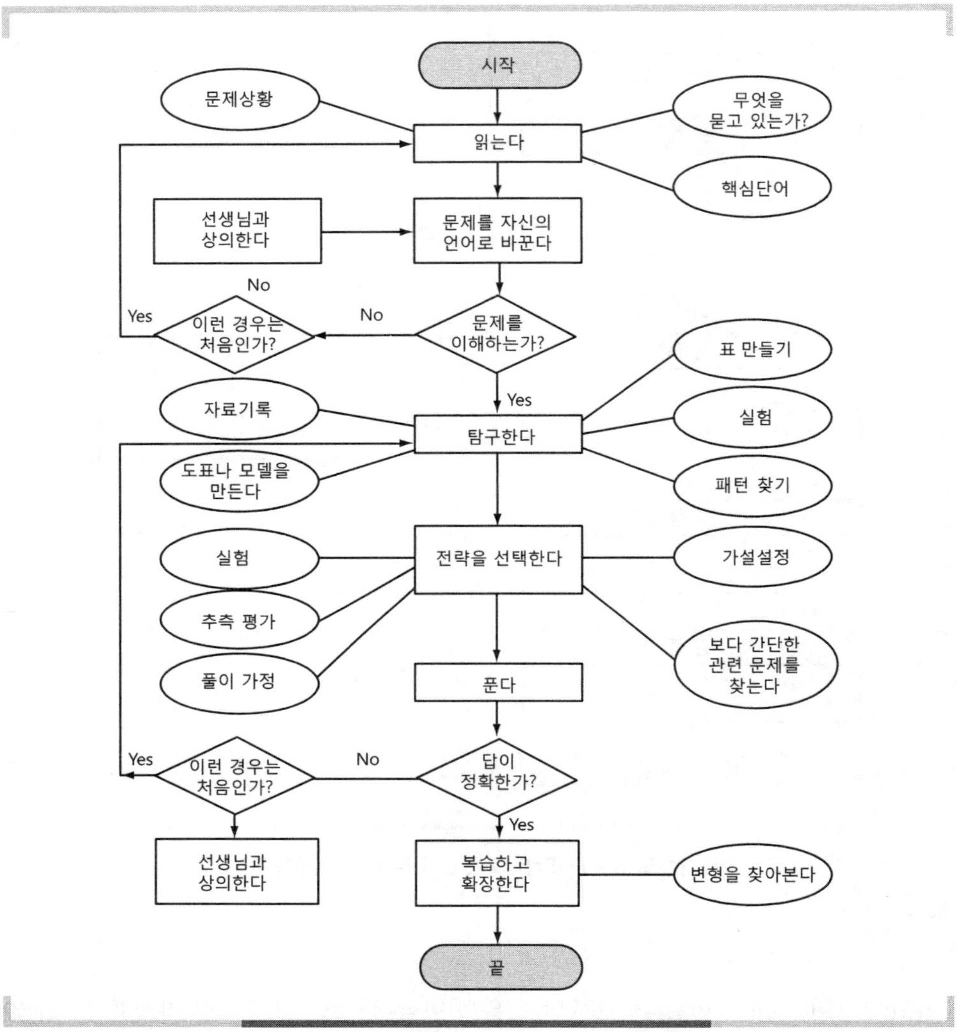

[그림 8-2] Krulic과 Rudnick의 문제해결 과정

片桐重男(1988)은 Fehr, Dewey, Polya 등 여러 학자의 모형을 비교·분석하여, 문제해결 단계를 다음과 같이 5단계로 제시하였다.

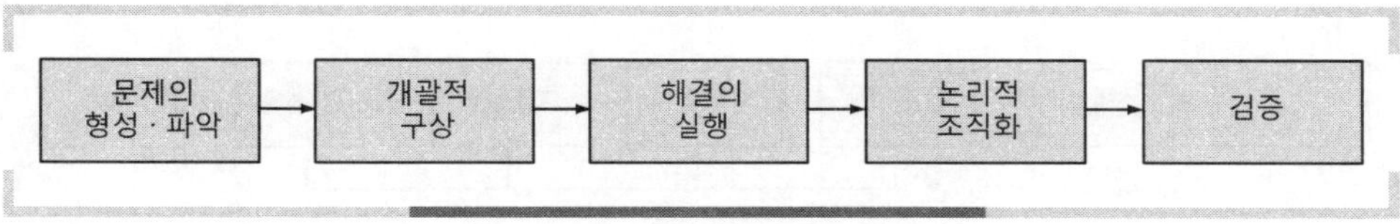

[그림 8－3] 片桐重男의 문제해결 단계

문제의 형성 · 파악 단계는 Polya의 문제해결 4단계 중 문제 이해 단계에 해당하며, 이 단계에서는 문제 상황이나 용어의 의미를 명확히 함으로써 문제를 형성하고 또한 문제를 이해한다. 개괄적 구상의 단계는 Polya의 계획의 작성 단계에 해당하며, 이 단계에서는 문제를 해결할 방향이나 방법을 설정한다. 예를 들면, 주어진 문제와 비슷한 문제를 떠올려 그 문제에서의 해결 방법을 주어진 문제에 적용하려는 유추적인 사고를 하거나, 특별한 경우를 조사하거나 문제의 조건을 단순화시켜 결과를 가늠해 보기도 한다. 해결의 실행 단계는 Polya의 계획 실행 단계와 유사하며, 개괄적 구상의 단계에서 구상했던 해결 방법에 따라 문제를 해결해 나가게 된다. 논리적 조직화 단계는 얻은 해를 논리적, 연역적으로 다듬고 발전시키는 단계이며, 검증 단계는 해결한 문제를 바탕으로 새로운 해를 생각하거나 새로운 문제로 발전시키고, 주어진 문제의 해결 방법을 새로운 문제 및 그 해와 통합하고 일반화시키는 단계다. 논리적 조직화 단계와 검증의 단계는 Polya의 문제해결 단계 중 4단계인 반성 단계와 비슷하다고 할 수 있다.

강옥기 등(1985)은 Polya, Burton, Schoenfeld 등의 문제해결 단계를 분석하고, 교실 수업에서 문제해결의 지도를 보다 용이하게 하며 학생들에게 문제해결 과정을 쉽게 익히도록 하기 위해 문제해결 과정을 '문제의식 → 문제이해 → 계획수립 → 계획실행 → 반성'의 5단계로 설정하였다. 그리고 이를 지도하기 위한 문제해결 모형을 [그림 8－4]와 같이 도식화하여 제시하였다.

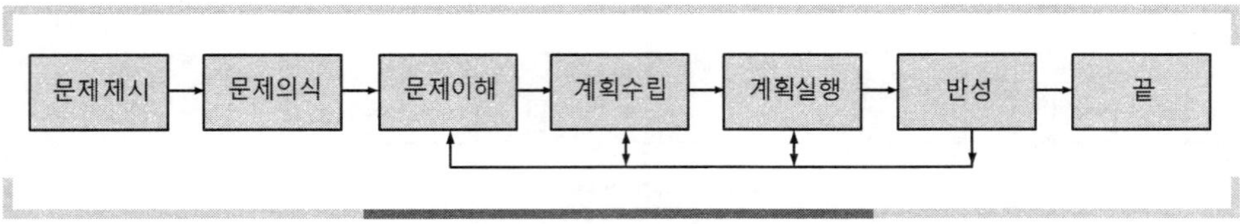

[그림 8-4] 강옥기 등의 문제해결 모형

출처: 강옥기 외, 1985, p. 50.

이 모형은 Polya의 문제해결 단계에 문제의식 단계를 추가한 것인데, 그것은 문제해결자는 어떤 어려움이 존재함을 깨닫고 이것을 해결하고자 하는 의욕을 가져야 문제해결 활동이 시작된다는 취지에서이다.

Schoenfeld는 교사와 학생들이 함께 토론하면서 문제해결 단계 및 전략을 익히고 나서, 다음에는 학생을 소집단으로 나누어 각 집단별로 문제를 해결해 보도록 하는 문제해결 수업 형태를 권고하였는데, 강옥기 등은 그 제안에 따라 다음과 같은 한국교육개발원 문제해결 수업 모형을 구안하였다.

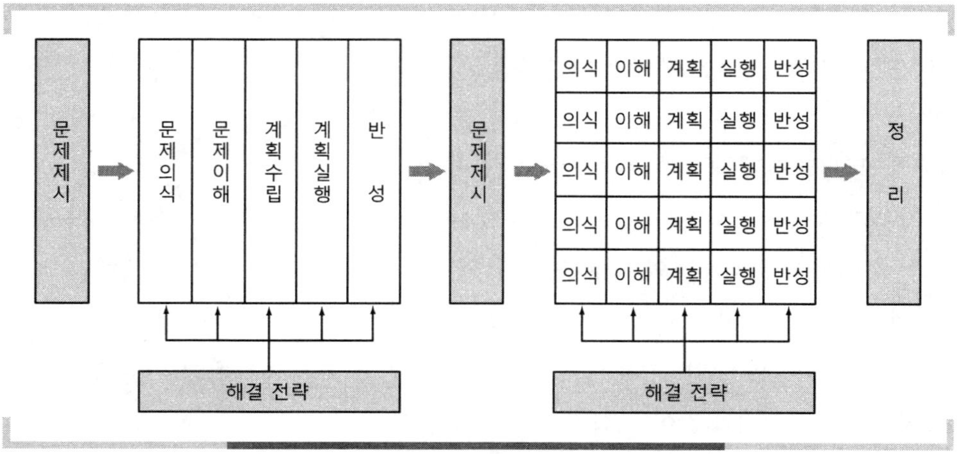

[그림 8-5] 한국교육개발원의 문제해결 수업 모형

출처: 강옥기 외, 1985, p. 57.

이 모형에서는 먼저 문제를 제시한 후, 교사와 학생이 함께 토론하면서 문제해결 단계 및 전략을 익히게 된다. 이때 교사는 학생들에게 문제해결 단계를 하나하나 구분해 줄 필요는 없으나, 적당한 발문을 통해 각 단계를 거치도록 해야 한다. 교사의 안내에 따라 학생들은 문제해결 과정을 거치며 문제해결에 필요한 아이디어를 찾는 방법을 익히게 되고, 규칙성 찾기, 표 만들기, 그림 그리기, 식 세우기, 단순화하기 등과 같은 여러 가지 문제해결 전략을 습득하게 된다. 교사와 학생이 함께 문제를 해결하는 훈련을 한 후에 학생들을 소그룹으로 나누어 앞에서 학습한 문제해결 단계 및 전략으로 학생들 스스로 문제를 해결해 보게 한다. 이때 교사는 궤간순시를 통해 각 소그룹의 문제해결 과정을 살펴보고, 필요한 경우 적절한 발문을 통해 도움을 줄 수 있다. 각 소그룹별로 문제해결을 한 후에는 각 그룹의 문제해결 방법에 대해 발표를 시키고, 이를 정리 · 요약한다.

이러한 문제해결 수업에서 교사는 학생들에게 문제해결 과정을 직접 제시하는 것이 아니라, 학생 스스로 발견하도록 도와주는 안내자의 역할을 해야 한다. 따라서 교사 주도 하에 문제를 해결하는 수업 부분에서는, 학생들에게 문제해결을 위한 기본적인 사고 단계와 사고 전략을 강조해야 한다. 그러나 이와 같은 사고 방법에 대한 훈련은 몇 시간 또는 몇 주간의 학습과 같이 단기간에 성과를 거둘 수 있는 것이 아니므로, 오랜 기간에 걸쳐 문제해결을 위한 사고 훈련을 시켜야 한다.

2. 문제해결 지도 유형

1) 문제 중심 학습

문제 중심 학습(Problem Based Learning: PBL)은 학생들이 실제적인 문제를 가지고 과제 발표와 토론을 통해 협동적으로 문제를 해결해 나가는 학습이다. 학습자에게 주변의 환경이나 지식을 이용하여 문제를 해결해 가는 지적인 경험을 제공하는 것이 교육의 목적이라고 한 Dewey의 주장은 문제 중심 학습의 이론적 기초로 제시되기도 하는데, 문제를 해결하는 과정에서 학습자들의 자기주도적 학습력과 문제해결력 함양이 가능토록 하는 데 초점이 맞춰진다. 여기서 문제는 그 조건과 구하고자 하는 것이 명확하게 드러난 잘 구조화된(well-structured) 것이 아닌, 개방적(open-ended)이고 비구조화된(ill-structured) 그러한 문제이다. 이와 같은 문제는 접근하는 방식에 따라 여러 가지 결론을 얻을 수 있으며, 학습자의 수준과 그들의 노력에 따라 결과물의 수준, 질 등이 다르게 나타날 수 있다. 또한 이런 문제는 학생들이 처해 있는 현실에 바탕을 두며 학생들에게 실질적인 도움을 준다. 따라서 학생들에게 틀에 박힌 계산 방법이나 기계적으로 연습한 방법만으로는 쉽게 해결할 수 없는 유의미하고 흥미로운 문제들을 제시해야 한다. 그리고 이 학습 모형에서 학생들은 학습 목표를 스스로 결정할 수 있으며, 모든 학생들이 문제탐구에 참여하고 해결하려고 노력하기 전에는 문제해결 방법을 제시하거나 알려 주지 않는다. 학생들은 나름의 해결 방법을 찾기 위해 토론하고, 비평하고, 설명하며, 필요하면 해결 방법을 정당화하기도 한다. 문제 중심 학습은 상대주의적 인식론에 바탕을 둔 구성주의 학습 모형이다. 따라서 학습자 중심의 교육환경을 강조하고, 학습자가 속해 있는 사회 구성원과의 상호작용을 통한 지식의 습득을 강조한다.

문제 중심 학습의 일반적인 절차는 다음과 같다.

① 문제 상황 도입하기

이 단계는 학생들이 처음으로 문제 상황과 접하는 단계다. 따라서 학생들이 흥미를 유발할 수 있는 상황을 만드는 것이 중요하다. 문제 상황의 배경이 될 만한 내용으로 토론을 진행하거나 관련된 신문기사를 제시하거나 비디오를 함께 시청하는 등의 방법을 사용할 수 있다.

② 문제 상황 제시하기

도입 단계를 통해 학생들이 문제 상황에 대한 흥미를 갖게 한 후, 문제 상황을 직접적으로 제시하는 단계이다. 문제 상황을 제시하는 방법은 여러 가지 형태가 있을 수 있는데, 이때 중요한 것은 학습자가 주어진 문제의 주체라는 느낌을 갖게 하는 것이다. 이 단계에서는 학습자에게 문제 해결의 책임이 있음을 강조한다.

③ 문제 상황 파악하기

이 단계에서 학생은 제시된 문제 상황을 이해하고 문제에 대해 알고 있는 것과 모르는 것, 알아야 할 것과 해야 할 것 등을 파악하고 문제를 정의한다.

④ 문제 재정의하기

이 단계는 광범위하게 제시된 문제 상황에서 탐구 방향을 안내할 주제를 선정하고 구체적인 탐구를 수행할 수 있도록 문제를 재정의하는 과정이다. 문제에서 꼭 해결해야 하는 갈등 상황들을 소주제로 나열할 수 있다.

⑤ 탐구 및 자료 수집하기

주어진 가설을 긍정하거나 부정하려고 할 때 필요한 질문의 형태로 제안하고, 이를 탐구하는 데 필요한 정보를 수집한다.

⑥ 자료 분석하기

탐구 과정에서 수집한 자료를 분석하고 판단한다. 자료 분석의 결과에 따라 가설에 문제가 있으면 새로운 가설을 설정한다.

⑦ 문제 종합하기

탐구 또는 분석 과정에서 유의미하고 새로운 정보가 쌓이게 되면 학생들은 지금까지의 탐구 과정을 요약하고, 같은 그룹의 학생들이 모두 같은 생각을 공유하고 있는지 확인한다. 이 과정을 통해 불필요한 자료나 더 필요한 자료가 있는지 점검한다.

⑧ 문제해결하기

학생들은 활용 가능한 정보가 어떤 것인지 판단하고, 가능한 해결 방법을 찾는다.

⑨ 정리하기

새롭게 알게 된 지식과 기능을 정리하고, 이를 이전에 알고 있던 사실들과 비교한다. 탐구 과정에서 학습한 것들을 종합하고 요약하며, 이러한 문제해결 방법이 다른 문제 상황에 어떻게 적용될 수 있을지 생각해 본다. 그리고 문제해결 과정 전반에 대해 적합한 학습 자료를 수집하고 선정하여 필요한 지식과 정보를 얻어내었는지, 주어진 과제를 잘 수행하여 집단 활동에 도움이 되었는지에 대하여 자기평가, 동료평가, 모둠평가를 실시한다.

학자에 따라 문제 중심 학습을 위한 수업 모형을 다양하게 제시하고 있는데, 그 중 캐나다 McMaster 의과대학 교수인 Howard. S. Barrows(배로우즈)는 의대생들을 훈련시키기 위해 문제 중심 학습을 채택하고, 이를 위한 수업 모형을 개발하였다. 다음은 Barrows & Myers(1993)가 제시한 문제 중심 학습의 전개 과정이다.

• 수업 시작 단계
  1. 수업 소개
  2. 수업 분위기 조성
• 문제 탐색 단계
  1. 문제 제시
  2. 문제의 내면화(문제에 대해 주인의식을 느끼도록 한다.)
  3. 최종 산출물에 대한 소개
  4. 그룹 내 각자의 역할 분담

구분	아이디어(가설)	사실	학습과제	활동 계획
내용	문제의 원인, 결과, 가능한 해결책 등을 제안하여 가설 설정	생성된 가설을 뒷받침하는 정보 탐색 및 종합	문제해결을 위해 자신이 해야 할 사항을 자세히 기록	활동 계획 수립

  5. 문제의 해결안에 대한 사고

구분	아이디어(가설)	사실	학습과제	활동 계획
내용	확대/집중	종합/재종합	규명/정당화	계획의 공식화

  6. 자료 수집 · 조사
  7. 가능한 해결책 탐색
  8. 추후 계획 설정
• 문제 추수 단계
  1. 활용된 자료와 접근 방식에 대한 비평
  2. 문제에 대해 새로운 접근 시도

구분	아이디어(가설)	사실	학습과제	활동 계획
내용	문제 수정	새로운 지식의 적용과 재종합	필요한 경우, 새로운 학습 과제 설정	앞서 세웠던 활동 계획에 대한 재설계

• 결과물 제시 및 공표 단계
• 문제해결 이후 단계
  1. 배운 지식의 추상화와 정리 작업(정의, 도표, 목록, 개념, 일반화, 원칙들을 만들기)
  2. 자기 평가(동료 평가 후에)
    - 문제해결 과정에 대한 논리적 사고
    - 적합한 학습자료를 선정하여 필요한 지식과 정보를 얻어내었는지
    - 주어진 과제를 잘 수행하여 집단 활동에 도움이 되었는지
    - 문제해결을 통해 새로운 지식의 습득 또는 기존의 지식이 심화되었는지

[그림 8-6] Barrows & Myers의 문제 중심 학습 모형

문제 중심 학습에서는 문제를 스스로 파악하고 해결 방법을 모색하는 학습자의 역할을 매우 강조하며, 교사는 이 과정을 도와주는 조력자가 되어야 한다. 교사는 학습을 돕는 입장에서 지속적인 피드백을 해야 하고, 학생들로 하여금 학습의 주체가 자기 자신임을 인식하고 스스로 문제를 해결할 수 있도록 자신감을 북돋아 주어야 한다.

2) 창의적 문제해결 모형

창의적 문제해결(Creative Problem Solving: CPS)은 개인이나 집단이 어떤 문제를 해결하기 위하여 창의적으로 사고하려는 노력들을 통칭한다. CPS는 창의성 교육재단(Creative Education Foundation)의 창사지인 Alex Osborn(오스본)이 그의 저서 *Applied Imagination*(1953)에서 CPS의 7단계(오리엔테이션－준비－분석－가설－부화－종합－확인)를 제시한 이후 40여 년 동안 수정 보완을 거치면서 발전해 왔다.

Sidney J. Parnes(파너스)는 Osborn의 접근법을 수정하여 5단계 모형을 제시하였는데, 그 과정은 '사실 발견' '문제 발견' '아이디어 발견' '해결 발견' '수용 발견'이다. 그는 CPS를 보급하면서 상상과 시각화와 같은 개념을 강조하였다.

Isaksen & Treffinger(1987)는 발산적 사고 도구와 수렴적 사고 도구를 균형 있게 사용해야 함을 강조하면서, CPS를 6단계로 제시하였다. 이 6단계는 3가지 활동 요소(문제의 이해, 아이디어 생성, 행위를 위한 계획) 안에 구체적인 수준의 단계(stage)로 제시되고 있다. CPS의 6단계는 다음과 같다.

① 문제의 이해

- 1단계: 관심 영역 발견(Mess Finding)
- 2단계: 자료 발견(Data Finding)
- 3단계: 문제 발견(Problem Finding)

② 아이디어 생성

• 4단계 : 아이디어 발견(Ideas Finding)

③ 행위를 위한 계획

• 5단계: 해결방법 발견(Solution Finding)
• 6단계: 수용 발견(Acceptance Finding)

1단계 관심 영역 발견(Mess Finding)은 문제를 해결하기 위해 가장 중요하거나 시발점을 찾기 위하여 본인이 중요하게 생각하는 목표나 개인적으로 문제를 다루는 스타일을 고려하는 것을 말한다. 이 단계의 주요 관심사는 창의적 문제해결 노력이 바르게 나아갈 수 있도록 목표와 영역을 정하는 것이다. Mess Finding에서 'mess'의 의미는 체계가 없고, 광범위하고, 일반적이며, 정의가 제대로 잘되지 않은 장면들을 뜻한다. 이 단계의 기본 목적은 좀 더 포괄적인 목표 또는 출발 지점을 확인하고 선택하는 데 있다. 이를 위해서 관심 영역에 대한 진술문을 작성하는데, 수업을 통해 나아가기를 원하는 방향을 가급적 명쾌하고 간결한 형태의 문장으로 나타내는 것이 좋다. 이렇게 작성한 다양한 관심 영역 진술문을 학생들의 흥미와 영향력, 상상력의 활용 여부, 중요성, 즉시성의 정도 등에 따라 평가하고 선정한다.

2단계 자료 발견(Data Finding)에서는 '관심 영역'들의 음미에 중요한 여러 가지 정보를 수집하여, 문제를 바르게 진술하는 데 도움이 되게 한다. 이전 단계에서 수집한 모든 정보를 검토하고, 문제를 더 잘 이해하기 위해 그 문제를 둘러싼 모든 정보들 — 사실, 느낌, 의문점, 스스로 느끼는 예감과 관심(걱정) — 들을 면밀히 검사하게 된다. 자료 발견 단계에서는 학습과제나 문제 상황과 관련된 모든 정보를 고려하게 된다. 이 단계에서는 '누가, 언제, 어디서, 무엇을, 왜, 어떻게'라는 6개의 의문사로 시작되는 질문들을 제안하고 바라는 미래의 상태와 현재의 실제 모습을 다양하게 기술해 봄으로써 다양한 자료를 찾을 수 있다. 지식, 경험, 지각, 느낌, 의

문점 등과 관련된 풍부한 자료 중에서 실제의 상황을 이해하는 데 도움이 될 수 있는 자료들만 선별하고 분류하여 조직해야 한다.

3단계 문제 발견(Problem Finding)에서의 중요한 일은 이전 단계에서 접했던 중요한 정보를 가지고 한 문제를 형식화하는 것, 즉 문제를 정하는 것이다. 다시 말해 해결하고자 하는 학습 문제나 관심이 있는 구체적인 영역을 진술하는 것이다.

4단계 아이디어 발견(Ideas Finding)에서는 문제해결에 도움이 될 수 있는 독특하고 독창적인 다양한 아이디어들을 생성해 낸다. 즉, 확산적 사고에 보다 중점을 두는 것으로, 이 단계를 거치는 동안 새롭고 특이한 아이디어를 생산하기 위해 여러 가지 다양한 기술 혹은 전략을 사용하게 된다. 그런 다음 이들 가운데서 특히 그럴듯하고 유망해 보이는 한 개 또는 몇 개의 아이디어를 선택한다.

5단계 해결방법 발견(Solution Finding)에서는 한 개 또는 몇 개의 유망한 아이디어를 가지고 그것들을 분석하고 개발하고 다듬는다. 몇 가지 아이디어들을 분류하고 좁히고 선택하는 활동을 강조하기도 하고, 준거를 생성하여 그것을 아이디어에 적용하는 활동을 강조하기도 한다. 이 단계에서는 유망한 아이디어들을 체계적으로 음미하고 발전시키는 기회를 가진다.

6단계 수용 발견(Acceptance Finding)은 현재의 상황을, 바라는 미래 상태로 바꾸는 행동에 초점을 둔다. 최종적으로 선택한 아이디어를 실현시키기 위한 구체적인 행위 계획을 수립한다.

3) 인지적으로 안내된 수업

인지적으로 안내된 수업(Cognitively Guided Instruction: CGI)은 미국 위스콘신 대학교(University of Wisconsin–Madison)의 Capenter, Fennema, Franke 등의 주도로 1985년부터 1996년까지 수행된 교사교육 프로젝트이다. 이 프로젝트는 학생들의 수학적 사고 능력을 기르기 위한 연구와 이러한 능력의 개발이 수업에 미치는 영향에 대한 연구, 교사들이 실제로 수업을 진행할 때 영향을 주는 지식과 신념에 대한 연구, 그리고 학생들의 수학적 사고를 이해하는 것이 교사의 지식과 신념, 수업의 실제에 어떻게 영향을 주는지에 관한 연구를 통합하는 것을 기초로 한 전문성 신장 프로그램이다(Carpenter et al., 2000, p. 3). 즉, '가르치는 것'과 '배우는 것'에 대한 연구를 통합하기 위한 시도에서 출발하였으며, 교육 과정 또는 교수 방법의 개발보다는 교사가 학생들이 수학적으로 사고하는 방법을 이해하고 이를 바탕으로 수업을 계획하거나 개선할 수 있도록 돕고, 이를 통해 교실 수업의 큰 변화를 이끌기 위한 것이다.

대부분의 교사교육 프로그램에선 어떻게 지도할 것인가에 대한 방법을 구체적으로 제공하고 있다. 반면 CGI 프로그램은 학생의 수학적 사고에 대한 이해를 촉진할 뿐, 구체적인 교수방법론을 제공하지는 않는다. CGI 프로그램은 교사들이 학생들의 수학적 사고와 발달에 대해 이해하도록 다양한 경험을 제공하지만, 지도의 문제는 전적으로 교사의 자발적인 의사결정에 맡긴다. 이 프로그램의 주요 전제는 가르치는 일은 매우 복잡하기 때문에, 무엇을 가르치고, 어떻게 가르치며, 누구를 개별적으로 지도하고, 진도를 얼마나 빨리 나가야 하며, 학생들에게 어떻게 반응해야 할 것인가 등에 관해 교사 이외의 그 어느 누구도 정확한 판단을 내릴 수 없다는 것이다. 따라서 CGI 프로그램에서는 교실을 어떻게 조직하고, 수업을 어떻게 진행할 것인가에 대한 명확한 지침을 제공하지 않으며, 교사의 결정과 판단을 최대한 존중한다. 그들은 좋은 수업은 학생에 대한 교사의 정확한 이해와 판단으로부터 귀결된다는 믿음을 가지고 있는 듯하다.

이처럼 CGI 교사들이 자신의 의사결정에 따라 다양한 형태의 수업을 이끌어 나가지만, 그럼에도 불구하고 CGI 교실의 에피소드를 살펴보면, CGI 교실이 전형적인 교실과 대비되는 몇 가지 특징을 가지고 있음을 알 수 있다. 다음은 CGI 교실 에피소드의 한 예이다.

김 교사는 전체 학생을 양탄자에 둥글게 앉힌 채 수업을 하였다. 먼저 김 교사는 결과를 모르는 첨가하기 문제를 큰 소리로 읽었다. "돌고래 6마리가 헤엄치고 있었다. 돌고래 5마리가 더 왔다. 돌고래는 모두 몇 마리인가?" 학생은 먼저 자신이 선택한 자료를 이용하여 개별적으로 그 문제를 해결하였다. 학생이 활동을 마쳤을 때 김 교사는 4명의 학생에게 풀이를 발표하게 하였다. 비록 학생 4명이 모두 합하기 전략을 사용하였지만 각자 다른 자료를 이용하였다. 각 학생은 산가지, 도미노, 빗금표시를 사용하거나 수에 대한 응용 지식과 합하기를 결합한 전략을 사용하였다. 김 교사는 학생의 발표를 주의 깊게 듣고 학생의 의도를 명확히 파악하기 위해 필요하다면 질문을 하였고, 다른 학생들도 경청하도록 하였다. 김 교사는 학생 4명이 발표한 후에 다른 문제를 제시하였고 그러한 과정을 반복하였다(Carpenter et al., 1999, p. 96).

위의 에피소드에서 알 수 있듯이, 대부분의 CGI 교사는 문제를 제시하고, 학생으로 하여금 자신의 해결방법을 발표하도록 하며, 다른 학생들이 발표한 다양한 전략과 비교하도록 한다. 따라서 CGI 교수법의 특징은 문제해결 및 의사소통에 기초한 수업, 구성주의에 터한 학생들의 이해를 지향하는 수업, 교수판단의 주체로서의 새로운 교사의 역할 등으로 요약되며 구체적 내용은 다음과 같다(김수미, 2005).

① 문제해결에 기초한 교육과정

전통적인 수학수업은 수학적 개념이나 원리, 법칙들을 중시하며, 이러한 내용들이 우선적으로 지도된다. 문제해결은 그러한 개념이나 원리, 법칙들이 제대로 정착되었는지를 확인하기 위한 절차로 사용된다. 반면 CGI 교실에서는 모든 학습 활동이 문제해결로부터 시작된다. 학생들은 교사가 제시한 다양한 문장제를 해결하면서, 그러한 과정에서 수학적 개념이나 기능을 배우게 된다. 문제의 형태는 수식이나 두 자릿수 혹은 세 자릿수를 더하는 여러 가지 방법을 발견하는 것, 또는 홀수나 짝수와 같은 수학적 개념을 논의하는 것 등으로 다양하게 구성될 수 있다. 따라서 수학의 원리나 개념이 난이도나 상하관계를 따라 계통적으로 제시되는 전통적 수업과 달리 CGI 교실에서는 여러 가지 개념과 원리가 문장제를 통해 통합적으로 경험되는 특징을 가지고 있다. 또한 CGI 교실에서는 학생들이 문제를 해결할 수 있는 최선의 방법을 찾기 위해 능동적으로 참여한다. 학생은 스스로 전략을 결정하고, 전략을 실행하며, 자신이 발견한 전략을 정당화해야 한다. 결국 CGI 수업의 성패는 학생의 수준과 특성에 맞는 적합한 문제를 선택하는 것에 달려 있는 것이다.

② 주된 수업 수단으로서의 의사소통

CGI 교실에서 의사소통하는 것은 문제해결과 밀접하게 관련되어 있다. 문제가 어떻게 해결되었는가에 대해 말하고, 쓰고, 그리는 등의 다양한 활동을 하게 되며, 이를 통해 학생들은 자신이 행한 것에 관하여 반성하고, 다른 학생의 전략을 들을 기회를 가지게 된다.

CGI 교실에서 의사소통하는 방법은 여러 가지이다. 구두나 지필로 할 수 있으며, 대/소집단에서 또는 교사나 다른 학생과의 개인적인 상호작용 과정에서 이루어진다. 학생은 문제를 해결하기 위해 사용했던 교구나 자료들을 이용하여 자신의 전략을 설명하거나 또는 자신이 했던 것을 그냥 말로 설명할 수도 있다.

학생으로 하여금 자신의 생각을 발표하도록 하는 것은 학생뿐만 아니라 교사에게도 이롭다. 같은 문제라 해도 학생들은 통상 매우 다양한 방법으로 접근하기 때문에, 교사들은 학생들의 발표를 통해 학생들에 대해 더욱 정확하게 알 기회를 가지게 된다.

③ 이해를 지향하는 수업

CGI 프로그램의 기본철학은 구성주의이다. 즉, 그들은 지식은 전달될 수 없으며, 학생 스스로 관계를 구성함으로써 이해하는 것이라고 생각한다. 물론 구성주의를 표방한다고 해서, 수업시간에 교사가 학생에게 어떤 것도 말해서는 안 된다는 것을 의미하는 것은 아니다. 때로는 다른 사람이 지적해 주는 것이 이해에 보탬이 되기도 하지만, 여기서 중요한 것은 어느 경우에든 관계성이 강조된다는 것이다. 관계성은 문제에 제시된 수치 사이에, 문제와 문제 사이에, 그리고 학생들의 전략들 사이에도 내재되어 있다. 예를 들어 8, 7, 15 간의 관계를 인식하도록 하기 위해서는 다음과 같은 두 가지 문제를 제시하여 풀도록 한다.

문제

- 송이는 금붕어를 8마리 가지고 있고, 다빈이는 7마리 가지고 있다. 송이와 다빈이는 금붕어를 모두 몇 마리 가지고 있는가?
- 다빈이는 조개를 15개 주워서 송이에게 8개 주었다. 다빈이는 조개를 몇 개 가지고 있는가?

또는 학생들이 계산을 위해 사용하는 직접적 모델링 전략, 수세기 전략, 수에 관한 지식의 활용들 간의 관계를 살펴보도록 지시할 수 있다. 이처럼 CGI 교사의 주요 임무는 학생들로 하여금 문제해결에 내재된 관계성을 이해하도록 돕는 것이다.

④ 새로운 교사의 역할

CGI 교실에서는 학습자가 능동적으로 수업에 참여하므로, 전통적 수업에 비해 교사의 역할이 축소된 것은 사실이다. 그러나 교사는 학생이 활동하는 동안 그저 쉬는 것이 아니라, 학생의 수학적 사고를 이해하기 위해 끊임없이 관찰하고 탐색해야 하며, 학생이 보다 높은 수준의 해결전략에 이르도록 새로운 문제를 제시하거나, 발문하거나, 안내해야 하는 중요한 역할을 맡고 있다.

잘 훈련된 CGI 교사라면, 학생이 생각하는 방식을 이해하고 문제를 해결할 때 무엇이 더 쉽게 또는 더 어렵게 만드는지를 이해하며, 그 다음에 너무 쉽거나 너무 어렵지도 않는 문제를 선정하여 학생이 해결하도록 한다. 또한 CGI 교사는 학생의 지식이 성장할 수 있는 문제해결 경험을 제공한다. 학생이 학습해야 할 중요한 개념이 있다면 이를 소홀히 취급하지 않고, 또한 우연히 가르치지도 않는다. 학습해야 할 개념을 탐구할 수 있는 문제 상황을 사전에 선택하며, 선택된 개념에 초점이 주어지도록 계획된 질문을 던짐으로써, 학생의 수학적 지식이 성장하고 발달하도록 돕는다. 결국 유능한 CGI 교사라면 학생에게 적절한 문제의 선정과 제시에 능해야 하며, 이는 기본적으로 학생의 사고에 대한 이해를 전제로 한다.

이상에서 논의된 CGI 수업의 특징을 전통적 수업과 대비하여 정리하면 〈표 8-1〉과 같다.

〈표 8-1〉 전통적 수업과 대비되는 CGI 수업의 특징

	CGI 수업	전통적 수업
수업 철학	구성주의	교사, 교육과정에 따라 다양
수업 주제	학생	교사
수업 기반	문제해결	수학적 개념, 원리, 법칙
수업 구성	통합적	계열적
수학적 의사소통	필수	선택
교구 용도	문제해결 수단	수학적 개념, 원리 등을 설명하기 위한 수단
교실 분위기	자유로운 분위기	통제적 분위기

3. 문제해결 지도 발문

문제해결의 다양한 전략은 수학적 사고 · 태도와 기본적으로 다르지 않다. 문제해결의 과정에서 끊임없이 사고활동을 하게 되고, 이와 같은 사고활동의 산물로 문제가 해결되는 것이다. 문제해결을 수행하는 학습자는 다양한 사고활동경험을 축적해 갈 수 있으며, 이에 따라 문제해결에 성공할 수 있다. 그러므로 문제해결지도에서는 학생으로 하여금 해결에 유효한 사고활동을 하도록 부추겨야 한다. 그렇다면 수학적 사고와 태도는 어떻게 길러질 수 있는가? 수학적 사고와 태도는 본질적으로 학생들의 수학적 활동과 긴밀하게 결합되어 있으므로 그 지도 역시 수학적 활동 속에서 이루어져야 한다. 그런 의미에서 수학적 사고와 태도를 기르기 위하여 학생이 교사와 어떠한 상호작용을 하여야 하는가는 대단히 중요한 문제이다. 최근 사고 · 태도를 기르기 위한 교사와 학생의 상호작용, 적절한 발문을 사용한 지도 방법에 대한 연구가 활발하게 이루어지고 있다. 학생에게 발문을 하게 되는 목적은 결국 학생 스스로 그와 같은 발문을 자기 자신에게 함으로써, 발문 내용이 추구하는 바람직한 행동의 방향으로 변화를 가져오게 하는 것이다.

앞의 3장 4절에서 이미 Polya의 발문 모형을 문제해결 과정과 관련하여 알아보았다. 여기에서는 다음에 片桐重男의 『발문분석일람』(이용률 외 공역, 『問題解決過程과 發問分析』, 1992, pp. 213－216)과 Burton의 발문모형(*Thinking Things Through Problem Solving in Mathematics*, 1984, pp. 24－245)을 제시한다.

1) 片桐重男의 문제해결 단계와 발문

片桐重男(1988)은 문제해결과정을 5단계로 구분하고, 각 단계의 진행에 도움이 되는 수학적 사고 및 태도를 자극하는 발문을 목록화하여 다음과 같이 제시하였다.

(1) 문제를 형성 · 파악하는 단계

〈수학적 태도의 발문〉

A 11　어떤 사실(까지)을 알 수 있는가, 또는 이용할 수 있는가. (문제를 명확히 하려는 태도)

A 12　어떻게 되어 있으면 알겠는가. 그것을 분명하게 말할 수 있는가. (문제를 명확히 하려는 태도)

A 13　무엇을(어디에서부터) 모르는가(구하려 하는가). (문제를 명확히 하려는 태도)

A 14　이상하다고 여겨지는 것이 있는가. (의문의 눈으로 보려는 태도)

〈방법에 관련된 수학적 사고의 발문〉

T 11　어떤 점이 같은가. 공통적인 것은 무엇인가. (추상화의 생각)

T 12　말의 뜻이 무엇인지 분명하게 하여라. 일상어로 말해 보아라. (추상화의 생각)

T 13　무엇(어떤 조건)이 중요한가. (추상화의 생각)

T 14　어떤 경우(상태)의 것을 생각해야 하는가. 어떤 경우(상태)의 것으로 보는가. (이상화의 생각)

T 15　그림(図)으로(수〈數〉로서) 나타내어 보아라. (도형화, 수량화의 생각)

T 16　간단한(작은) 수로 치환해 보아라. (단순화의 생각)

T 17　조건을 간단히 하여라. (단순화의 생각)

T 18　예를 들면 어떤 것인가. (구체화의 생각)

〈내용에 관련된 수학적 사고의 발문〉

I 11　무엇을 먼저 정하지 않으면 안 되는가. (함수적인 생각)

I 12　어떤 조건이 불필요한가. 포함되지 않는 것이 있는가. (함수적인 생각)

(2) 해결 방안을 구상하는 단계

〈수학적인 태도의 발문〉

A 21 어떤 방법으로 해결할 수 있을 것 같은가. (해결 방안을 개괄적으로 구상하려는 태도)

A 22 결과가 어떻게 될 것 같은가. (해결 방안을 개괄적으로 구상하려는 태도)

〈방법에 관련된 수학적 사고의 발문〉

T 21 기지의 방법과 같이 해결할 수 없는가. (유추적인 생각)

T 22 기지의 사실과 같아지게 할 수 없는가. (유추적인 생각)

T 23 특별한 경우를 생각해 보아라. (특수화의 생각)

〈내용에 관련된 수학적 사고의 발문〉

I 21 무엇을 바탕(단위)으로 보면 좋을 것 같은가. (단위의 생각)

I 22 얼마쯤 될 것 같은가. (개괄적인 파악의 생각)

I 23 의미(성질)가 같은 것은 없는가. (표현, 조작, 성질의 생각)

(3) 해결을 실행하는 단계

〈수학적인 태도의 발문〉

A 31 알고 있는 것(알 수 있는 것)을 써서 생각해 보아라. (줄이 맞게 생각하려는 태도)

A 32 구하려는 것에 접근하고 있는가. (줄이 맞게 생각하려는 태도)

A 33 분명하게 말할 수 없는가. (명확히 하려는 태도)

〈방법에 관련된 수학적 사고의 발문〉

T 31　어떤 규칙이 있을 것 같은가, 자료를 모아 보아라. (귀납적인 생각)

T 32　알고 있는 것(알 수 있는 것)을 바탕으로 생각해 보아라. (연역적인 생각)

T 33　이 사실을 말할(알) 수 있으려면 무엇을 알아야 되는가. (연역적인 생각)

T 34　간단한 경우를(수로 나타내어서) 생각해 보아라. (단순화의 생각)

T 35　조건을 고정시켜(일정하게 해) 보아라. 그 조건의 특수한 경우를 생각해 보아라. (특수화의 생각)

T 36　그림(図)을 그려서 나타낼 수 없는가. (도형화의 생각)

T 37　수(數)를 써서 나타낼 수 없는가. (수량화의 생각)

〈내용에 관련된 수학적 사고의 발문〉

I 31　단위(점 등)를 바탕으로 생각해 보아라. (단위의 생각)

I 32　무엇을 단위로 하여 생각하면 좋을까. (단위의 생각)

I 33　언어(방법, 나타내고 있는 것)의 의미를 바탕으로 생각해 보아라. (표현, 조작, 기본 성질의 생각)

I 34　정해진 수법에 따라 (계산)해 보아라. (알고리즘의 생각)

I 35　그것(식, 기호)은 어떤 사실을 나타내고 있는가. (식에 관한 생각, 표현의 생각)

I 36　식으로 나타낼 수 없는가. (식에 관한 생각)

(4) 논리적으로 조직화하는 단계

〈수학적인 태도의 발문〉

A 41　어째서 이렇게 하는 것이 (항상) 옳은가. (줄이 맞게 생각하려는 태도)

A 42　보다 정확하게 말할 수 없는가. (명확하게 하려는 태도)

A 43　보다 간단하고 알기 쉽게 말할 수 없는가. (명확하게 하려는 태도)

〈방법에 관련된 수학적 사고의 발문〉

T 41 다른 경우에도 (항상) 적용되도록 할 수 없는가. (일반화의 생각)

T 42 이러면 된다(이것은 틀리다, 성립되지 않는 경우가 있다)는 것을 설명할 수 없는가. (연역적인 생각)

T 43 어떤 사실을 근거로 하여 그렇게 생각했는가. 기지의 사실을 바탕으로 설명할 수 없는가. (연역적인 생각)

〈내용에 관련된 수학적 사고의 발문〉

I 41 알고 있는 말의 뜻(성질, 방법)을 바탕으로 달리 나타내 보아라(설명해 보아라). (표현, 성질, 조작의 생각)

I 42 그림(図)을 그려서(식을 써서) 보다 확실하게 나타내어라. (도형화, 식에 관한 생각)

I 43 표기법(계산 방법)을 간결하게 정리할 수 없는가. (알고리즘의 생각)

I 44 단위에 주목하여 그것을 바탕으로 달리 나타내 보아라. (단위의 생각)

(5) 검증하는 단계

〈수학적인 태도의 발문〉

A 51 좀 더 간단히 할 수 없는가. (사고 노력을 절약하려는 태도)

A 52 보다 나은 방법은 없는가. 보다 효과적으로, 보다 간단하게 할 수는 없을까. (보다 나은 방법을 구하려는 태도)

A 53 정리하여, 세련되게 할 수 없을까. (보다 나은 방법을 구하려는 태도)

A 54 다른 방법은 없을까. (보다 나은 방법을 구하려는 태도)

A 55 새로운 문제를 만들어 낼 수는 없을까. (보다 새로운 것을 구하려는 태도)

〈방법에 관련된 수학적 사고의 발문〉

T 51 정리해서 나타낼 수 없을까. 비슷하거나 같은 점은 없는가. (통합적인 생각)

T 52 이미 알고 있는 것 가운데, 이것과 같아 보이는 것은 없는가. 이것의 특별한 경우라고 여겨지는 것은 없는가. (통합적인 생각)

T 53 다른 관점에서 볼 수 없는가. (발전적인 생각)

T 54 조건을 변경하면 어떻게 되겠는가. (발전적인 생각)

〈내용에 관련된 수학적 사고의 발문〉

I 51 조건을 어떻게 바꿀 수 있는가. (함수적인 생각)

I 52 이들 사이에는 어떤 관계가 있는가. (함수적인 생각)

I 53 이런 것은 어떻게 처리하면 좋겠는가. (알고리즘의 생각)

I 54 식으로부터 무엇을 알 수 있는가(어떤 문제를 만들 수 있는가). (식을 읽으려는 생각)

2) Burton의 발문 모형

Burton(1984)은 문제해결 전략을 조직에 관한 발문과 그에 대응되는 구체적인 순서에 관한 발문을 관련지어, 다음과 같이 발문 모형을 제시하고 있다.

〈표 8-2〉 Buton의 발문모형

단계	조직에 관한 발문(organizing)	순서에 관한 발문(procedure)
도입 (entry)	1. 문제는 무슨 말을 하고 있는가. 2. 문제가 요구하는 것은 무엇인가. 3. 해결에의 착수를 용이하게 하기 위해서 무엇을 활용하면 좋을 것 같은가.	1. 문제를 시험해 보아라. 2. 짐작해 보고, 검증해 보아라. 3. 용어나 관계의 뜻을 명확히 하여라. 4. 정보를 끄집어내어라. 5. 정보를 정리하여라. 6. 어떤 표현 방법을 이용할지 생각을 하여라. 7. 어떤 기록 방법을 이용할지 생각을 하여라.

<table>
<tr><td>착수
(attack)</td><td>1. 관련을 지을 수 없겠는가.
2. 이용할 만한 것으로서 생각나는 것이 없는가.
3. 패턴이 없는가.
4. 방법이나 까닭을 알아낼 수 없겠는가.
5. 문제를 분해할 수 없겠는가.
6. 문제를 다른 관점에서 볼 수 없겠는가.</td><td>1. 조직적으로 시행해 보아라.
2. 관계를 찾아내어라.
3. 관계를 분석해 보아라.
4. 조건을 단순화해 보아라.
5. 답에서 볼 수 있는 성질을 알아보아라.
6. 특수한 경우를 생각해 보아라.
7. (다시) 추측해 보아라.
8. 가설을 세우고 검증해 보아라.
9. 관련이 있는 문제를 생각해 보아라.
10. 변수를 조직적으로 조정해 보아라.
11. 어떤 해법을 이용하여 달리 풀 방법을 알아보아라.
12. 거꾸로 생각해 보아라.
13. 문제의 한 측면만을 생각해 보아라.
14. 가능한 경우를 가려내어라.
15. 문제를 여러 경우로 분해해 보아라.
16. 문제를 변형시켜 보아라.
17. 고정관념을 버려라.
18. 표기 방법을 생각해 보아라.
19. 달리 표현해 보아라.
20. 일반화하여라.</td></tr>
<tr><td>검토 · 발전
(review · extension)</td><td>1. 해답이 타당하다는 생각이 드는가.
2. 해답에서 무엇을 알았는가.
3. 발전적으로 생각해 보아라.</td><td>1. 검토해 보아라.
2. 해답을 다시 살펴보아라.
3. 의견을 교환하여라.
4. 동형인 문제를 생각해 보아라.
5. 이와 비슷한 문제의 범위를 확장하여라.
6. 응용된 문제를 만들어 보아라.</td></tr>
</table>

4. 문제해결 평가

문제해결에 성공 또는 실패하는 학생의 특성과 그 원인을 파악하는 것은 중요하다. 그리고 문제해결 능력의 향상을 위한 수업 후에는 반드시 수업 목표가 달성되었는지 여부를 평가해야 한다. 문제를 해결할 때, 문제해결자는 문제를 이해하고 해결 계획을 세우며 계획을 실행하고 반성하는 과정에서, ① 문제를 인지하고 형성하기, ② 전략, 자료, 모형 사용하기, ③ 해결 절차를 만들고 확장하고 수정하기, ④ 추론하기, ⑤ 풀이의 타당성과 옳음을 판단하기, ⑥ 풀이를 일반화하기 등의 행동 특성을 나타낸다(강옥기, 박교식, 강문봉, 1991, pp. 81－82). 따라서 문제해결력 평가에서는 답이 맞았는가를 판단하는 것뿐만 아니라 그 과정을 평가해야 한다. 또한 문제해결 능력의 향상은 단기간의 지도로 이루어지기 어렵기 때문에 그 평가가 일시적이어서는 안 된다. 학생이 문제해결을 수행하는 동안 그 과정을 수시로 평가하고, 이에 대한 적절한 피드백을 제공해야 한다. 과정을 평가하기 위해서는 문제를 해결하는 동안 해결 과정을 소리 내어 말하여(think aloud) 사고 과정이 드러나게 하고 그것을 관찰 · 분석하거나 문제를 해결한 즉시 면담을 하는 것이 가장 효과적이지만, 그러기에는 많은 시간과 복잡한 면담 기법이 요구된다.

1) 문제해결 평가 유형

문제해결의 과정과 질을 평가하고자 하는 시도로, 1990년대 후반부터 수행평가가 강조되고 있다. 수행평가란 선택형 지필평가 이외의 다른 모든 방법으로 평가하는 방식(McTighe & Ferrara, 1998)으로, 주어진 과제를 수행하는 과정을 평가하는 '과정 중심 평가'다. 수학과에서는 수행평가의 방법으로 서술형 검사법, 프로젝트법, 실험 · 실습법, 관찰 체크리스트 작성법, 구술 및 심층 면접법, 포트폴리오법 등을 주로 활용하고 있다. 서술형 검사법이란 학생들에게 문제의 해결 과정을 기술하도록 하여, 그들이 문제해결 과정을 올바르게 이해하고 있는가를 파악하고자 하는 평가 유형이다. 프로젝트법은 주어진 과제에 대해 무엇을 할 것인가의 계획과 자료수집, 계획의 실행, 결과 산출, 그리고 보고서 작성에 이르기까지 하루 이상 또는 몇 주에 걸쳐 실시되는 학습자 주도의 평가 방법이다. 실험 · 실습법은 구체적 조작물이나 학습 교구 등 다양한 자료를 이용하여, 수행과제를 적절한 조작과 활동을 통하여 수학적으로 해석하고 설명하게 하고 이를 평가하는 방법이다. 관찰 체크리스트 작성법은 형식적인 평가에서는 파악할 수 없는 학생들의 수학적 태도나 사고 과정 및 행동을 평가하기 위하여, 학습 활동을 하는 동안 개인이나 소그룹 또는 학급 전체를 관찰하면서 미리 계획된 체크리스트에 따라 평가하는 방법이다. 구술법은 학생들에게 수학적인 내용이나 주제에 대하여 자신의 의견이나 생각을 발표하게 하고, 이를 통하여 수학적 성향과 사고 과정, 그리고 표현력 · 판단력 · 의사소통 능력 등을 평가하는 방법이다. 심층 면접법은 평가자와 학생 사이의 대화를 통해 학생의 수학적 능력이나 이해에 대한 자료와 정보를 수집하는 평가 방법이다. 그리고 포토폴리오법은 학생들이 만든 작품을 누가적이면서도 체계적으로 모아 둔 작품집을 이용한 평가 방법이다.

문제해결의 평가 요소 중 어느 항목에 초점을 두고 있는가에 따라 평가 유형을 나누기도 한다.

(1) 문제의 난이도에 따른 평가

[그림 8－7]은 학생이 문제해결 과제 카드로 작업한 점수를 작성하는 점수 기록지이다. 왼쪽에 있는 숫자는 카드 넘버이다. 학생들은 한 번에 카드 하나를 짝활동으로 작업하며, 다음 카드로 넘어가기 전에 교사로부터 해답에 대한 피드백을 받는다. 점수는 각 카드에 기록된 문제의 난이도에 따라 부여된다. 수업 종료시점에 학생들은 점수를 합산하고, 점수 기록지를 제출한다. 이 평가 유형은 문제의 최종 답만을 평가한다.

		______
13) ______		
14) ______		Total Score
15) ______	blue	☐
51) ______	× 2	
52) ______	☐	
53) ______		
29) ______		
30) ______		
31) ______	white	
32) ______	× 3	
33) ______	☐	
34) ______		
48) ______		
49) ______		
50) ______	red	
86) ______	× 4	
87) ______	☐	
88) ______		

[그림 8—7] 문제의 난이도에 따른 평가지

출처: Grouws & Cramer, 1989, p. 155.

(2) 의사소통에 초점을 둔 평가

이것은 문제해결 전략이나 해법을 명확하게 말할 수 있는 능력을 중요하게 생각하는 교사가 사용하는 평가 유형이다. 예를 들어, 그 교사는 다음과 같은 문제에 대해 해법을 어떻게 표현할 수 있는지를 보이는 데 수업 시간을 할애했다.

문제

화학자가 50mL 용액을 담을 수 있는 두 개의 동일한 튜브를 가지고 있다. 그는 48mL 용액이 담긴 비커에 정확히 42mL만 담고자 한다. 이를 위해 어떻게 해야 하는가?

교사는 학급 전체가 처음 몇 단계를 발견하도록 한 후, 학생들이 발견한 해법을 어떻게 기록하면 되는지를 보여 주었다. 그는 학생들이 발견한 처음 몇 단계를 다음과 같이 칠판 위에 기록하였다.

1. 48mL를 두 개의 시험 튜브에 반씩 옮겨 담는다.
2. 한 개의 시험 튜브에 있는 용액을 비커 하나에 모두 옮겨 담는다.
3. 비커의 용액을 비어 있는 비커에 반을 옮긴다.

그런 다음 교사는 각 단계에 해당하는 그림을 어떻게 그릴 수 있는지를 보여 주었다. 이 교사는 학생들이 하나의 해에 어떻게 도달했는지를 분명하게 말할 수 있는 능력을 매우 중요하게 생각했으며, 점수에는 이러한 가치가 반영되었다. 예를 들어, "체커 보드에 정사각형이 몇 개나 있는가?"라는 문제에 240이란 답은 5점을 주었지만, 답을 도출하는 데 도움을 준 패턴을 제시한 경우는 20점을 주었다. 이 평가 유형은 이런 식으로 답과 과정 모두를 강조했다.

(3) 문제해결 과정에 초점을 둔 전체 학급 평가

문제해결 수행을 평가하고 학생들에게 책임감을 주기 위한 또 다른 시스템은 답을 덜 강조하는 것이다. 학생들은 문제를 해결하기 위해 얼마나 협동적이었는지, 해법을 학급에 어떻게 발표했는지, 제시된 해법에 대해 어떻게 토론했는지 등에 대해 평가받는다. 이 시스템을 사용한 교사는 단위 수업에서 한 문제만 제시했다. 그는 [그림 8-8]을 학급 전체에 제시하고, 학생들이 볼 수 있도록 상단에 문제의 제목을 기록하였다. 그런 후, 학생들에게 목표 점수를 결정하도록 했다. 학생들은 최대 17점에서 최소 12점을 선택할 수 있다.

한 조는 4명으로 무작위로 구성되며, 모든 구성원들은 T, E, A, M 중의 한 문자를 받게 된다. 문제에는 T−1, E−3과 같이 번호가 적혀 있는데, 이는 해법을 발표할 사람과 '미스터리 인간'을 무작위로 선발하기 위함이다.[1] 미스터리 인간은 수업 내내 관찰되고, 그가 과제를 훌륭히 완수할 경우 학급은 2점을 별점으로 얻게 된다.

Today's Goal

Class Points

____ 1. Work Period ____(5)
—on task
—
—
—

____ 2. Presentations ____(5)
—clear
—strategy used
—support for position
—

____ 3. Class Discussion ____(5)
—appropriate remarks and questions
—

Total ____

Mystery Person ____

[그림 8−8] 해결 과정에 초점을 둔 평가지

출처: Grouws & Cramer, 1989, p. 157.

구체적인 절차는 다음과 같다. 교사는 문제를 학급에 제시하고, 문제 이해를 위한 몇 가지 질문을 한다. 교사는 모둠 활동에 허용된 시간(분)을 기록하고, 'work period' 밑에 자신이 학생들에게 바라는 사항들을 기록한다. 이 내용은 문제에 따라 달라진다.

1) 예를 들어, 문제 E−3를 선택했을 경우, 문자 E는 발표자, 숫자 3은 미스터리 인간이 된다. 누가 발표자이고 누가 미스터리 인간인지는 그룹 발표 전에 공개된다.

12	1. Work Period ________ (5)
	−on task
	−listening
	−courteous
	−everybody working on the problem

위의 경우는 모둠 활동을 12분 동안 하였고, 만점은 5점이며, 교사가 바라는 것은 과제에 대해 작업하고, 잘 듣고, 예의 바르게 행동하고, 문제에 모든 사람들이 참여하는 것임을 의미한다.

이후 교사는 학생들에게 점수에 대한 피드백을 주고, 점수를 잃은 이유를 알려 준다. 그러고 나서 발표 준비를 위해 몇 분을 허락한다. 발표자는 무작위로 선출되기 때문에 각 모둠은 모든 구성원들이 해법을 이해하고 있는지를 확인해야 한다. 이때 교사는 [그림 8−8]에 있는 2번 항목에 대한 내용을 기록한다. 예를 들면 다음과 같다.

________	2. Presentation ________ (5)
	−clear
	−strategy used
	−support for your position
	−drawings, math work used

발표 동안 나머지 학생들은 매우 정중했으며, 이따금 박수를 치기도 했다. 발표자의 수는 남은 시간에 의해 결정되었다. 발표 후에 교사는 학생들에게 피드백을 했고 점수를 주었다. 질문은 발표 동안 금지되었고, 이후 학급 토론에서 가능했다. 그러나 "정답이 무엇입니까?"라는 질문은 할 수 없었다. 수업은 학급 토론에서 얻은 점수와 미스테리 인간이 획득한 점수를 확인하면서 끝난다. 학생들은 점수의 합이 자신들이 수업 초에 설정한 목표 점수에 도달했는지를 확인한다.

2) 문제해결의 채점방법

수행평가에서는 여러 방법으로 실시한 학생들의 수행 정도를 어떤 기준으로 평가할 것인가가 매우 중요하다. 수학과 수행평가에서 가장 보편적으로 활용하는 채점법으로는 총괄적 채점법과 분석적 채점법이 있다.

(1) 총괄적 채점법

총괄적 채점법이란, 과제를 해결한 전체적인 완성도에 따라 정해진 점수를 부여하는 방법이다. 다음 〈표 8−3〉에서 제시한 Malone(말론)의 5단계 평가 방법은 총괄적 채점법의 대표적인 예다.

〈표 8−3〉 Malone의 5단계 평가 기법

점수	측정의 관점
0	〈시작도 하지 않은 경우〉 문제를 전혀 이해하지 못하여 해결의 실마리를 잡지 못하고 무의미한 기록만 제시되어 있다.
1	〈접근〉 의미 있게 문제에 접근하여 어느 정도 문제를 이해하고 있음을 나타내고 있으나 일찍 곤란에 부딪혔다.
2	〈본질〉 합리적인 답에 도달하였다는 충분한 세부적 증거가 있으나 중요한 실수나 잘못된 해석으로 답을 구하지 못하였다.
3	〈결과〉 문제가 거의 해결되었으나 약간의 실수로 타당하지 않은 답을 얻었다.
4	〈반성〉 적절한 방법으로 문제를 바르게 해결하였다.

TIMSS 2007의 구성형 문항의 채점이나 KICE의 국가수준 학업성취도 평가의 채점에서는 총괄적 채점법을 활용하고 있다.

〈수학과 수행평가 문항과 채점 방법 예시 ①〉

<table>
<tr><th>과목</th><th colspan="2">서술형 문항</th><th colspan="2">단답형 문항</th></tr>
<tr><td rowspan="3">수학</td><td>2점</td><td>완전한 정답, 문제에서 요구하는 수학적 개념이나(과) 절차에 대한 이해를 통해 구체적으로 응답한 경우
• 학생들은 수학적으로 논리적인 풀이 과정을 거쳐 정확하게 문제를 해결함
• 문제에서 요구하는 경우 분명하고 완전한 설명이나 적합한 풀이 과정을 보임</td><td>1점</td><td>완전하고 정확한 정답</td></tr>
<tr><td>1점</td><td>부분 정답, 수학적 개념이나(과) 과정에 대해 부분적인 이해를 보인 경우
• 주어진 과제에 대한 일부 요소들은 정확하게 나타내었지만 과정이나 개념상의 오류를 포함함
• 부정확하고 무관하거나 적합하지 않은 설명이나 풀이 과정을 보였지만 정답을 씀
• 수학적으로 적합한 풀이 과정을 통하여 문제를 해결하였지만 답이 틀림</td><td rowspan="2">0점</td><td rowspan="2">오답</td></tr>
<tr><td>0점</td><td>오 답</td></tr>
</table>

[그림 8-9] TIMSS 2007 수학과 구성형 문항에 대한 채점 기준

출처: 김경희 외, 2008.

미현이는 비커의 물이 95℃에서 70℃까지 식는 데 걸리는 시간을 알아보기 위하여, 물의 온도가 5℃ 식을 때마다 걸린 시간을 측정하였다.

기록 간격	냉각 시간
95℃~90℃	2분 10초
90℃~85℃	3분 19초
85℃~80℃	4분 48초
80℃~75℃	6분 55초
75℃~70℃	9분 43초

비커에 있는 물이 95℃에서 70℃까지 식는 데 걸린 전체 시간을 분으로 어림 계산하고, 그 풀이 과정을 쓰시오.

어림 계산 결과: ______________

풀이 과정:

[그림 8-10] TIMSS 2007 수학과 공개형 문항

출처: 김경희 외, 2008.

분류 기호	응답 유형
	정답 (2점)
20	27분, 각각의 시간을 정수로 옳게 반올림하고 덧셈을 함 (예: 2+3+5+7+10)
21	27분, 각각의 시간을 5, 10, 15, 30초 단위로 옳게 반올림함
22	27분, 분끼리 더하여 24분을 구하고 초를 어림하여 3분을 계산함
23	27분, 올바르게 더하여 26분 55초를 계산하고 이를 반올림함
24	27분, 풀이 과정에 계산을 하지는 않았으나, 가장 가까운 분으로 '반올림해서' 또는 '올리거나 내려서' 또는 그와 유사한 표현이 있는 경우
29	이외의 정답
	부분정답 (1점)
10	덧셈을 하기 전에 각각의 시간을 정수로 옳게 반올림했지만, 답이 틀린 경우
11	각각의 시간을 5, 10, 15, 30초 단위로 옳게 반올림했지만, 답이 틀린 경우
19	어떤 설명이나 풀이 과정 없이 27분이라고 쓴 부분정답
	오답 (0점)
70	각각의 시간을 반올림하였지만, 하나 이상의 반올림이 틀린 경우
71	26분 55초, 반올림하지 않은 경우
72	25분 75초, 25.75분 또는 25.75분에서 반올림한 경우(또는 이와 같은 값을 갖는 다른 표현)
79	기타 오답(지웠거나, X표시를 했거나, 방황한 흔적, 읽기 어렵거나, 제대로 답을 하지 못한 경우 포함)
	무응답 (0점)
99	공란

[그림 8-11] TIMSS 2007 수학과 공개형 문항 채점 기준

출처: 김경희 외, 2008.

〈수학과 수행평가 문항과 채점 방법 예시 ②〉

유정이네 분단의 윗몸일으키기 횟수를 조사한 자료입니다. 물음에 답하시오. [5점]

윗몸일으키기 횟수 (단위: 회)

37	22	45
31	10	41
34	32	41
17	29	23

(1) 조사한 자료를 보고 줄기와 잎 그림을 완성하시오. [1점]

윗몸일으키기 횟수 (단위: 회)

줄기	잎		
1	0	7	
2	2	9	3
3			
4			

(2) 완성한 줄기와 잎 그림을 보고 알 수 있는 것을 한 가지 쓰시오. [1점]

(3) 민영이는 윗몸일으키기를 22회 하였습니다. 민영이는 유정이네 분단에서 윗몸일으키기를 많이 한 편입니까? 적게 한 편입니까? 그렇게 생각한 이유도 쓰시오. [2점]

〈답〉 민영이는 윗몸일으키기를 __________ 한 편입니다.

〈이유〉 ____

[그림 8-12] 2008 KICE 국가수준 학업성취도 평가 수행평가 문항

문항번호		코드	채점 기준
3_(1) [2점]	2점	20	정답인 경우(줄기별로 순서는 무관함)
	1점	10	1개의 줄기에 대해 정답인 경우(줄기별로 순서는 무관함)
	0점	00	무응답
		01	그 외의 오답
3_(2) [1점]	1점	10	정답인 경우
	0점	00	무응답
		01	그 외의 오답
3_(3) [2점]	2점	20	답과 그 이유가 모두 옳은 경우(예시 1)로 답한 경우
		21	답과 그 이유가 모두 옳은 경우(예시 2)로 답한 경우
	1점	10	답은 옳으나 그 이유가 타당하지 못한 경우
		11	답은 옳으나 그 이유를 제시하지 않은 경우
		12	이유를 옳게 제시하였으나 답을 잘못 제시한 경우
		13	이유를 옳게 제시하였으나 답을 제시하지 않은 경우
	0점	00	무응답
		01	그 외의 오답

[그림 8-13] 2008 KICE 국가수준 학업성취도 평가 수행평가 문항 채점 기준

(1)

줄기	잎			
1	0	7		
2	2	9	3	
3	7	1	4	2
4	5	1	1	

(2)

(예시) 줄기 3의 잎이 가장 많습니다.
줄기 1의 잎이 가장 적습니다.
윗몸일으키기 횟수는 30회대가 가장 많습니다.
45(41)회를 한 학생은 이 분단에서 윗몸일으키기를 잘한 편입니다.
10(17)회를 한 학생은 이 분단에서 윗몸일으키기를 못한 편입니다.
윗몸일으키기를 가장 적게 한 학생은 10회를 하였습니다.
윗몸일으키기를 가장 많이 한 학생은 45회를 하였습니다.
줄기는 4개입니다.
줄기 1의 잎은 2입니다(줄기 2의 잎은 3입니다. 줄기 3의 잎은 4입니다. 줄기 4의 잎은 3입니다).
이 분단의 학생들은 윗몸일으키기를 약 30회 정도 하였다고 볼 수 있습니다. 등등
줄기에 따른 윗몸일으키기 개수
제일 적게 한 수와 제일 많이 한 수를 알기 쉽다.
가장 적게 한 수부터 많이 한 수까지 한눈에 볼 수 있다.

〈오답〉 구체적이지 않고 추상적이거나 막연한 표현, 완성된 그래프에 기초하지 않은 경우(몇 회를 했는지 한눈에 알 수 있다, 많이 한 편인지 아닌지 알 수 있다 등), 자료를 보고도 알 수 있는 경우(총 12명을 조사함, 사람 수를 알 수 있음), 줄기를 단위라고 표현한 경우

(3)

민영이는 윗몸일으키기를 적게 한 편입니다.

(예시 1) 줄기와 잎 그림에서 줄기 3이 그림의 중심을 이루고 있으며 22는 줄기 2로 중심보다 적은 편이므로 민영이는 윗몸일으키기를 적게 한 편이라고 할 수 있습니다.

(예시 2) 순위의 개념으로 설명한 경우(민영이의 22회는 3번째로 적게 하였으므로 적게 한 편이라고 할 수 있습니다, 반도 하지 않았기 때문에, 대다수의 어린이들이 민영이 보다 많이 해서)
평균을 구하거나 구체적인 수치를 언급하고 평균보다 적다고 말한 경우

〈오답〉 진술이 불분명하거나 오류인 경우(제일 많이 한 사람과 차이가 너무 난다, 최대회인 45의 반도 못 돼서, 평균보다 낮기 때문에, 아이들이 거의 다 많이 해서 등)

[그림 8-14] 2008 KICE 국가수준 학업성취도 평가 수행평가 문항 예시 답안

(2) 분석적 채점법

분석적 채점법은 과제가 포함하고 있는 문제해결 단계 또는 성취 행동과 같이 평가 기준표에 열거한 평가 요소와 배점에 따라 각각의 점수를 할당하고 요소별 득점을 합산하여 총점으로 평가하는 방법이다. Putt의 평가 방법(〈표 8-4〉)은 분석적 채점의 대표적인 예이다.

〈표 8-4〉 푸트의 3단계 평가 방법

	점수	측정의 관점
문제의 이해	0	문제를 완전하게 오해한다.
	1	문제의 일부분을 오해한다.
	2	완전하게 이해한다.
전략의 선택과 실행	0	전혀 시도하지 않았거나 전혀 부적당한 전략
	1	올바르게 해석한 문제의 일부분에 대한 부분적인 올바른 전략
	2	실수가 없다면 정답을 이끌어 낼 수 있는 전략
답하기	0	답을 하지 않았거나 부적당한 해결 전략에 의한 틀린 답
	1	이기 잘못, 계산 잘못, 많은 답을 가지는 문제에 대한 부분적인 답, 틀리게 호칭된 답
	2	정답

이때 문제해결 평가 요소로는 학생이 문제를 형식화하고 해결 과정에서 사용하는 전략, 문제를 해결하고 결과를 확인하며 해석하고, 해를 일반화하는 능력, 수학적 의사소통 능력 등을 들 수 있다. 그리고 이러한 평가 요소에 맞게 학생들의 문제해결 능력을 평가하기 위해서는 문제해결 과정에 나타나는 학생의 다양한 반응과 학생의 문제 취급 방법을 관찰해야 하고, 학생들에게 자신의 해결 방법을 친구들에게 설명하게 하거나 가르쳐 보게 해야 한다.

김민경 등(2008)은 국내외에 있는 수학과의 채점법과 평정법, 그리고 평가 기준 개발 관련 문헌들을 참고하여 수학과 서술형 평가의 공통 평가준거 요소를 분석하고 이를 바탕으로 서술형 평가의 평가 기준을 개발하였다. 그들은 평가준거 영역을 문제이해, 문제해결 과정, 의사소통의 3영역으로 나누어 각 영역별로 채점 기준을 제시하고 있는데, 문제이해 영역에서는 문제 속에 포함되어 있는 수학적 개념을 어느 정도 이해하고 있는지와 함께 문제를 해결하기 위해 문제에 제시된 정보를 이해하고 활용하는 정도, 문제해결 과정 영역에서는 학생들이 주어진 문제를 해결하기 위하여 문제해결 전략을 세워 실행하는 정도의 정확성 및 자신이 세운 전략을 수행한 후, 문제 상황에 알맞은 형태로 답을 기술하거나 해석하는 정도, 의사소통 영역에서는 학생들의 풀이 과정에 드러난 수학적 내용과 아이디어 및 기호 등에 대한 표현이 정확, 혹은 명확하거나 세련된 정도와 함께 문제해결 과정을 어느 정도로 충분히 설명하고 있는가를 평가하고자 하였다. 다음 〈표 8−5〉는 이 연구에서 개발한 평가 기준 기본 구성이다. 김민경 등은 수행평가를 위한 문항을 개발하고, 이 기본 구성을 바탕으로 각 문항별 특징을 반영한 문항별 평가 기준을 제시하였다.

〈표 8−5〉 서술형 평가 문항의 평가 기준 기본 구성(중등)

평가 준거	문제이해	문제해결 과정	의사소통/표현
의미	−문제 속에 내포된 수학적 개념의 이해 정도 −문제에 제시된 조건의 이해 및 활용 정도	−문제해결 전략 선택의 적절성 −문제풀이 과정의 적절성 및 정확성 −전략 수행 후, 문제 상황에 맞게 답을 기술하거나 해석하는 정도	−문제해결 과정에서의 논리성 및 정확성 −문제해결 과정에서 사용된 연산, 식, 기호 등의 정확성
척도별 구체적인 특징			
	2	6	2
	−문제와 관련된 수학적 개념을 완전하게 이해하고 문제해결을 위하여 그 개념을 적절히 활용함 −문제에 제시된 정보들 중에서 문제해결에 필요한 정보들을 취사선택하여 적절히 활용함	−문제해결을 위한 모든 단계를 성공적으로 수행함 −전략 수행 과정이나 문제해결 과정에서 계산상의 오차나 오류가 없음 −문제 상황에 맞게 답을 정확하게 표현함	−문제해결의 모든 단계나 과정에 대한 설명이 충분함 −문제해결 과정에 사용된 수학적 용어, 기호 등의 표현이 정확함

1	4	1
−문제와 관련된 수학적 개념을 부분적으로 이해하는 데 그침 −문제에 제시된 정보들을 부분적으로 활용하여 완전한 문제해결로 이어지지 않음	−문제해결을 위한 두 번째 단계까지 성공적으로 수행하였으나, 이후 단계를 충분히 수행하지 않아서 답에 이르지 못했거나 오답을 제시함 −두 번째 단계까지는 성공적으로 수행하고 정답을 제시하였지만 ① 이후 단계의 풀이 과정을 이해할 수 없게 썼거나 과정을 나타내지 않음 ② 이후 단계의 전략이 적절하지 못했거나 전략의 이행이 명확하지 않음 ③ 계산 과정에서 오류가 나타남	−문제해결 과정에 대한 설명에서 논리적인 비약이 부분적으로 나타남 −문제해결 과정에 사용된 수학적 용어, 연산, 기호 등이 정확하지 않음
	2	
	−문제해결을 위한 첫 번째 단계를 성공적으로 수행하였으나, 이후 단계를 충분히 수행하지 않아서 답에 이르지 못했거나 오답을 제시함 −첫 번째 단계까지는 성공적으로 수행하고 정답을 제시하였지만 ① 이후 단계의 풀이 과정을 이해할 수 없게 썼거나 과정을 나타내지 않음 ② 이후 단계의 전략이 적절하지 못했거나 전략의 이행이 명확하지 않음 ③ 계산 과정에서 오류가 나타남	

0	0	0
–문제에 제시된 정보를 옮겨 쓰는 수준은 넘었지만, 문제를 제대로 이해하지 못함 –문제를 제대로 이해하지 못하여 부적절한 개념을 활용함 –문제에 제시된 정보가 부적절하게 활용되거나 문제해결과 상관없음 –백지 또는 오답 이외에 아무것도 없음	–문제해결을 위한 시도는 하였으나, 정답을 제시할 만큼 전략을 실행하지 못함 –적절한 전략을 선택하지 못함 –오답 이외에 아무런 풀이 과정도 제시하지 않음 –문제해결을 전혀 시도하지 않음	–문제해결 과정에 대한 설명이 불완전하거나 명료하지 않아, 이해하기 어려움 –문제해결 과정에 대한 설명이 전혀 없음 –주어진 문제와 아무런 관련이 없는 문제해결 과정을 제시함

3) 문제해결 과정의 양적 평가와 질적 평가

앞에서 제시한 총괄적 채점법이나 분석적 채점법을 이용하여 학생들의 문제해결을 수량화하여 평가하다 보면, 무엇인가 부족함을 느낄 때가 있다. 다음 문항의 예시를 보자.

문제

다음 그림과 같이 4개의 부분으로 나누어진 과녁이 있어, 각 부분에 19, 22, 25, 28의 점수가 주어져 있다. 3개의 화살을 쏘아 얻은 점수의 합계가 66 또는 75가 되어야 우승한다고 한다. 우승하기 위해서는 어떤 부분에 3개의 화살을 맞혀야 하는가?

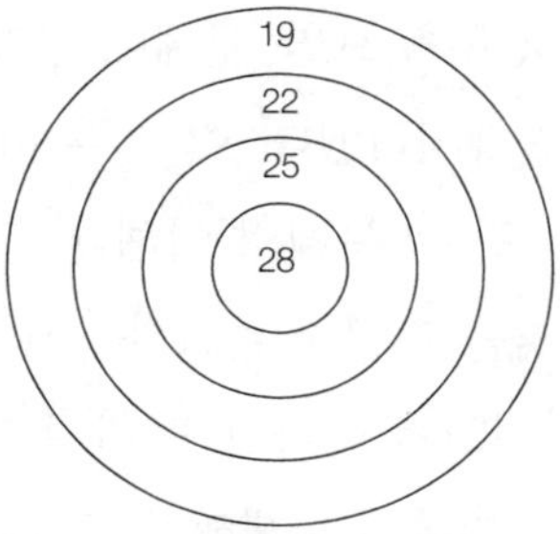

학생들에게 이 문항을 제시하고, 그들이 문제를 해결하는 과정을 평가하려고 한다면 어떤 평가 기준을 세울 수 있을까?

다음에 제시한 것은 이 문제를 해결한 학생들의 풀이 과정이다. 학생들의 문제해결 과정을 Malone이나 Putt의 평가 방법을 사용하여 평가를 하려고 한다. 학생 A의 경우는 문제를 어느 정도 이해했으나 모든 경우에 대해 확인해 보지 않았으므로 부분적인 답을 이끌어 내었다. 이 경우는 총괄적 채점이나 분석적 채점 모두 채점하기가 용이하다.

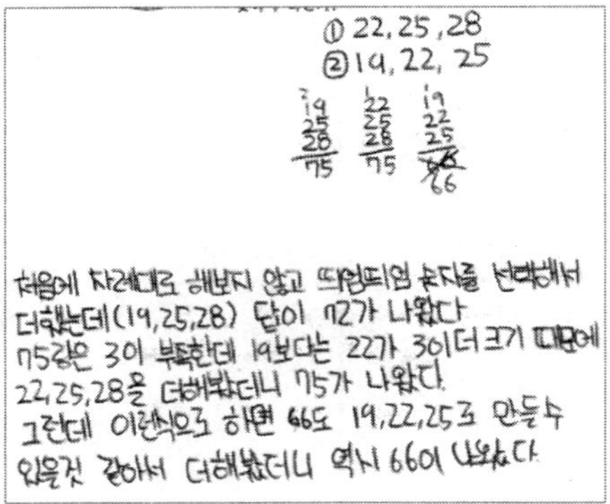

[그림 8−15] 학생 A의 풀이

출처: 이지영, 2007, p. 138.

그러나 학생 B와 학생 C의 경우를 보면, 문제해결 과정을 제시하지 않고 답만 제시하고 있으나 모두 옳은 답을 제시하였다. 이 경우 Putt의 3단계 평가 방법과 같이 문제해결 과정을 평가하려는 경우, 문제의 이해나 전략의 선택과 실행 단계에서 어떤 점수를 부여하는 것이 좋을 것인지 판단하기에 정보가 부족하다. 이처럼 학생들의 문제해결 과정을 평가하고자 한다면, 단지 문제를 서술형으로 제시하는 것만으로는 부족하다. 종이 위에 기록된 문제해결 결과는 학생들이 문제를 해결하는 과정에서 했음직한 수학적인 생각을 모두 말해 주지 못하기 때문이다. 따라서 만약 문제해결 과정을 평가하고자 한다면 문제해결 과정에 대한 세심한 관찰을 함께 해야 한다.

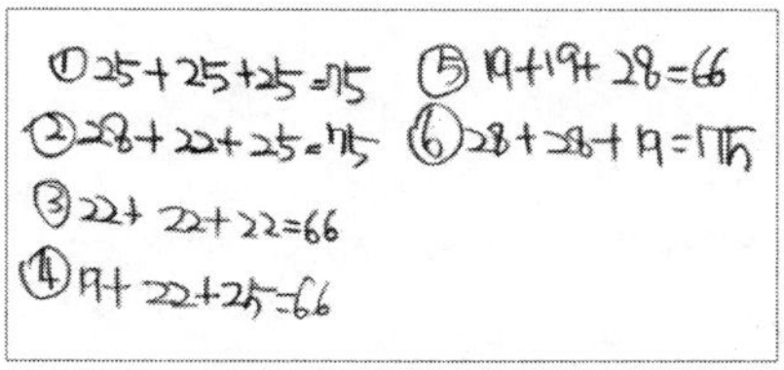

[그림 8-16] 학생 B의 풀이

출처: 이지영, 2007, p. 140.

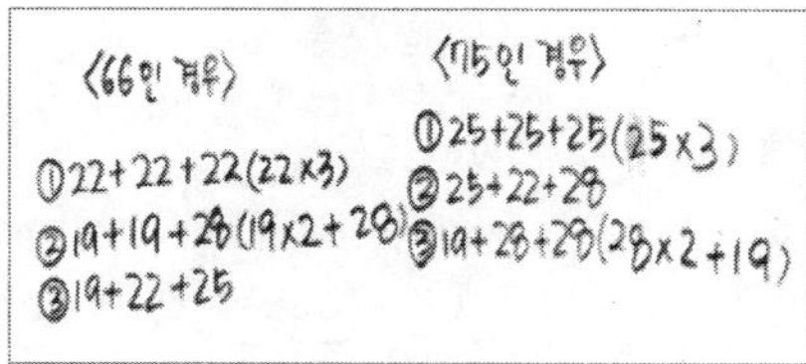

[그림 8-17] 학생 C의 풀이

출처: 이지영, 2007, p. 132.

학생 D와 학생 E의 풀이를 살펴보자. 이들은 둘 다 적절한 전략을 사용하여 문제를 해결하여 정답을 제시하였고, 자신들의 풀이 과정을 자세히 기록하고 있다.

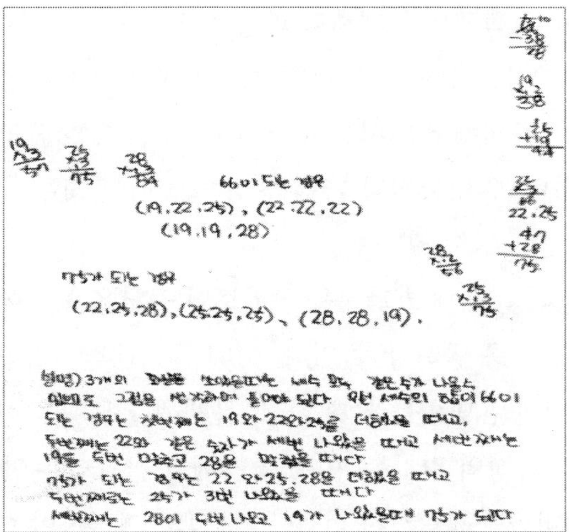

[그림 8-18] 학생 D의 풀이

출처: 이지영, 2007, p. 134.

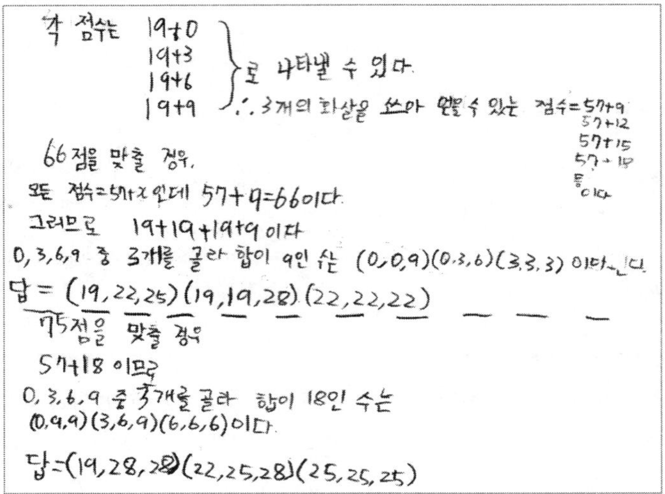
각 점수는 19+0
19+3
19+6
19+9 로 나타낼 수 있다.
∴ 3개의 화살을 쏘아 얻을 수 있는 점수=57+9
57+12
57+15
57+18
등이다
66점을 맞출 경우.
모든 점수=57+x 인데 57+9=66이다.
그러므로 19+19+19+9 이다
0,3,6,9 중 3개를 골라 합이 9인 수는 (0,0,9)(0,3,6)(3,3,3) 이다
답 = (19,22,25)(19,19,28)(22,22,22)
75점을 맞출 경우
57+18 이므로
0,3,6,9 중 3개를 골라 합이 18인 수는
(0,9,9)(3,6,9)(6,6,6)이다.
답=(19,28,28)(22,25,28)(25,25,25)

[그림 8–19] 학생 E의 풀이

출처: 김지원, 2003, p. 66.

그러나 이 경우에 두 학생의 문제해결 과정은 질적으로 상이함을 알 수 있다. 특히 학생 D의 풀이 과정을 살펴보면 시행착오를 통해 6가지 경우를 모두 찾은 반면, 학생 E의 경우는 문제에서 제시한 조건인 19, 22, 25, 28점의 과녁을 19를 기준으로 표현하고자 하였으며, 66점과 75점을 나오게 하는 모든 경우의 수를 연역적으로 찾으려고 한 것을 알 수 있다.

이와 같이 학생들의 문제해결 과정을 살펴보면 정답을 이끌어내었지만, 그 과정이 서로 다른 경우를 종종 발견할 수 있다. 이때 문제해결 지도의 목표가 학생들에게 '수학적으로 사고하는 방법을 알게 하고, 문제해결 능력을 함양하는 것'임을 상기한다면, 문제해결 과정의 평가는 평가 그 자체로 끝나서는 안 된다. 문제해결을 지도하고 이를 평가하였다면 반드시 적절한 피드백을 제공해야 한다. 만약 학생 D에게 정답에 대해 칭찬하고 더 이상의 피드백이 없다면 이후 다른 문제 상황에서도 비슷한 방법으로 해결하려고 할 것이다. 그러나 정답에 대해 칭찬을 한 후, 좀 더

간단하거나 효과적인 다른 방법을 생각해 보게 한다면 좀 더 일반화되고 우아한 해결 방법을 찾으려는 시도를 하게 될 것이다. 이런 과정을 통해 학생들은 수학적으로 사고하는 방법을 습득하게 될 것이다.

5. 문제해결 교실문화

구성주의 대두와 더불어 수학교실문화를 교사 중심에서 학생 중심으로 바꾸고자 하는 의지와 노력이 계속되고 있다. 수학수업에서 소그룹 활동을 구성하고, 놀이와 게임을 도입하고, 컴퓨터나 구체적 조작물을 이용하는 것은 모두 학생 중심의 교실문화를 지향하는 교사들의 의지가 반영된 것이다. 그러나 아직도 많은 교사들이 교실문화가 변화되어야 할 필요성을 인식하지 못하고 있거나, 혹은 필요성을 인식하고 교실문화의 변화를 의도해도 학생들의 수학적 사고 증진까지는 이끌어 내지 못하는 등 변화가 피상적인 수준에 머무는 경우가 많다. 따라서 이 절에서는 바람직한 교실문화란 무엇이며, 그러한 교실문화가 형성되도록 하기 위한 교사의 노력은 무엇인지에 대해 살펴보기로 한다.

1) 학생 중심의 교실문화

미국에서는 1980년 이래로 문제해결력 향상을 수학교육의 중요한 목표로 설정해 왔음에도 불구하고, 학생들의 문제해결력은 전반적으로 낮게 평가되었으며 기초적인 수학적 개념과 절차마저 피상적인 수준에서 학습하는 것으로 드러났다(National Assessment of Educational Progress, 1992). 이외에도 학년이 올라갈수록 부정적인 수학적 성향의 만연(Renga & Dalla, 1993)과 창의적인 수학적 사고력의 부족(Lappan & Schram, 1989) 등의 문제점이 꾸준히 지적되어 왔다.

이와 같은 문제점은 교육에 관한 전반적인 사회문화적 분위기, 교육과정의 편제와 운영, 교수 · 학습 방법 등 여러 가지로부터 그 원인을 추측해 볼 수 있는데, 여기서 상당 부분의 원인은 그 사회의 문화 및 가치와 밀접하게 관련되어 있어서 즉각적인 개혁의 변화를 불러일으키기 어렵다. 하지만 교수 · 학습 방법은 수학교육 개혁과 보다 직접적인 관련을 가진 요소라고 볼 수 있으며, 실제로 위에서 언급된 수학교육의 문제점은 수업의 전형적인 모형으로 인식되는 교사 중심의 수업 방식에서 비롯된 것이라 해도 과언은 아닐 것이다(방정숙, 2001, p. 11).

교사 중심의 수업 방식은 최근 구성주의 대두와 더불어 대체되어야 할 전통적인 수업 방식의 전형으로 비판받고 있는 것이 사실이다. 교사 중심이란 한마디로 수업의 중요한 아이디어가 교사에 의해 제시되고 설명되며 정당화되는 것을 의미한다. 이것은 학습자들이 스스로 수학 문제에 대해 생각하고 탐구하며, 문제를 해결하기 위해 의사교환하고 제시된 아이디어의 정당성을 타당한 근거에 기초하여 검증하는 일련의 수학적 활동을 경험할 것을 강조하는 새로운 수학교육 사조와 전혀 어울리지 못한다. 물론 교사 중심의 수업도 나름대로의 장점을 가지겠으나, 작금의 사회가 요구하는 새로운 변화를 충족시키기에는 충분치 못한 것이 사실이다. 따라서 당분간은 학생 중심의 교실문화로의 이행에 대한 관심과 노력이 불가피해 보인다.

NCTM이 제시한 미래 수학 교수 · 학습의 기본 방향은 다음과 같은 3가지 관점을 전제하고 있다.

① 수학교실은 단순히 물리적인 공간이나 개개 학생들의 집합체라기보다는 수학적 아이디어를 논의하는 수학 공동체다.

② 그러한 공동체 안에서 학생들은 주어진 수학 문제를 해결하기 위한 일련의 절차를 획득하기보다는 수학적 아이디어를 바탕으로 다양한 방법으로 접근하는 방법을 배워야 한다.

③ 교사의 일방적인 판단이나 교과서의 전통적인 권위보다는 수학에서 타당하다고 여겨지는 논리와 증거에 기초한 토론이 강조되어야 한다(방정숙, 2002, p. 415).

이와 같은 전제들은 명백히 학생 중심의 교실문화를 요구하는 것이다. 학생 중심이란 학생들의 참여와 토론이 수업의 초점을 이루는 것을 말한다. 즉, 수업에서 다룰 수학적 과제를 선택하거나 개발하고, 수학적인 논리 및 증거에 기초하여 문제를 풀고, 해결 방법 및 결과의 정당성을 판단하는 역할과 책임이 모두 학생에게 주어지는 것을 의미한다.

지금까지 논의한 내용들은 미국의 교육 현실에 관한 것이지만, 한국의 상황도 크게 다르지는 않다. 한국은 교육문화, 교육과정, 수업의 구조와 조직 등에서 미국과 많은 차이를 보이며, 수학성취도 면에서도 나쁘지 않은 결과를 기록하여 왔다. 그러나 수학에 대한 부정적인 태도와 성향은 심각하게 우려할 정도이며, 한국의 전형적인 수업은 여전히 교사 중심의 수업으로 분류되고 있는 것이 현실이다(김진규 외, 1996).

2) 새로운 교사의 역할

교사 중심의 수업에서 학생 중심의 수업으로 교실문화가 새롭게 정착되기 위해서는 교실에서의 교사와 학생의 참여와 역할에 대한 새로운 관점이 모색되어야 한다. 방정숙(2002)은 교실문화의 변화를 위해서는 교사의 인식 전환이 요구되지만, 그것만으로는 교실문화의 개혁을 이끌기에 충분치 못하며, 많은 경우 수학적 사고와 성향의 개발로 이어지지 못하고 있음을 지적하고 있다.

우리는 학생이 정답 여부에 관계없이 자신의 생각을 발표할 수 있는 분위기를 만들어 주고, 학생들의 흥미를 고려한 활동이나 과제를 제시하기도 하며, 교사의 일방적인 강의보다는 모둠별로 과제를 다양하게 해결해 보고, 그 방법을 발표할 수 있는 기회를 제공해 보기도 한다. 하지만, 이러한 일련의 시도는 교사나 학생의 참여 양상을 바꿀 수는 있지만, 수학적 성향의 발달이나 개념적 이해를 자동적으로 촉진하는 것은 아니라는 점에 주의를 기울여야 할 필요가 있다. 즉, 다양하고 재미있는 수학 활동에 참여하면서, 학생들은 긍정적인 수학 학습 경험을 가지면서도 개념적으로 수학을 배울 기회를 가지지 못할 수도 있으며, 특별히 수학적인 방법으로 사고하고 의사소통하며 가치를 부여하는 방법을 배우지 못할 수도 있다(pp. 429－430).

즉, 수업에서 학생들의 참여 양상에 변화를 주는 교수 기술은 쉽게 배울 수 있는 반면, 그러한 변화를 통해 학생들에게 수학적 사고 및 긍정적인 수학적 성향의 발달을 촉진하는 교수 기술을 배우는 것은 쉽지 않다는 이야기이다. 방정숙(2002)은 사회적 규범과 사회수학적 규범[2]이라는 틀로 교실문화의 변화를 시도하고 있는 미국 초등학교 교사들의 수업을 분석하였으며, 결론적으로 사회적 규범보다는 사회수학적 규범이 수학 수업을 보는 보다 중요한 관점이 되어야 함을 강조하고 있다.

2) '사회적 규범(social norms)'과 '사회수학적 규범(sociomathematical norms)'은 Cobb와 그 동료들이 개발한 개념이다. 먼저 사회적 규범이란 교실의 참여 구조를 구성하는 특징으로서, 교실 활동의 일반적인 패턴이나 교사와 학생의 기대, 의무, 역할 등을 예로 들 수 있다. 다음으로 사회수학적 규범은 학생들의 수학 활동에 제한된 전체 수업 토론의 규범적인 양상을 의미한다(Cobb & Bauersfeld, 1995; Yackel & Cobb, 1996). 학생 중심 수업을 예로 들면, 학생들이 자신의 문제해결 방법을 창안하여 발표하고 정당화하며, 교사는 학생의 발표를 주의하여 듣고, 전체 학생들을 위해 부연 설명하는 양상이 사회적 규범에 해당한다. 반면 사회수학적 규범은 학생들이 제시한 아이디어나 설명이 교실 공동체에서 수학적으로 받아들여질 수 있는 것인지, 어떤 설명이 쉽고 더 세련된 방법인지 등에 대한 이해와 합의 양식과 관련된다(Pang, 1998). 따라서 사회적 규범은 어느 교과에나 적용 가능한 일반적인 것인 데 반해, 사회수학적 규범은 수학 교과에만 적용 가능하다.

〈표 8-6〉 비교: 일반적인 사회적 규범

<table>
<tr><th>비슷함의 정도</th><th>사회적 규범</th><th>교사 E의 교실</th><th>교사 M의 교실</th></tr>
<tr><td rowspan="3">매우 많다.</td><td>전반적인 교실 흐름</td><td colspan="2">• 개방적, 허용적, 역동적인 교실 분위기
• 모둠별 활동 후 전체 토론 시간을 가짐
• 학생들의 참여를 유도하는 다양한 활동 방법을 적용함</td></tr>
<tr><td>교사의 기대 및 역할</td><td colspan="2">• 학생 개개인의 문제해결과 발표를 강조함
• 칭찬과 격려로 학생들에 대한 긍정적인 기대를 표현함
• 학생들의 설명을 필요에 따라 반복하거나 보충 설명함
• 학생들의 아이디어에 대해서 흥미를 보임
• 주어진 문제에 대해서 여러 가지 해결 방법을 유도함
• 필요할 때마다 구체적 조작물을 활용하고 연계함
• 정답보다는 학습 과정을 강조함
• 학생들에게 문제 만들기 기회를 제공함</td></tr>
<tr><td>학생의 참여 및 역할</td><td colspan="2">• 흥미진진함과 적극적인 참여
• 동료학생의 설명을 주의하여 들음
• 교사의 지시에 순응함
• 모둠별 활동을 위한 협동
• 학습과 관련된 다른 사람의 실수를 찾아냄</td></tr>
</table>

출처: 방정숙, 2001, p. 19.

〈표 8-7〉 비교: 사회수학적 규범

<table>
<tr><th>비슷함의 정도</th><th>사회수학적 규범</th><th>교사 E의 교실</th><th>교사 M의 교실</th></tr>
<tr><td rowspan="2">거의 없다.</td><td>무엇이 수학적으로 의미 있는가?</td><td>• 알고리즘 또는 특정한 방정식
• 정확성
• 자동성</td><td>• 개개 학생들의 이해</td></tr>
<tr><td>무엇이 수학적으로 받아들여지는가?</td><td>• 교사 E에 의한 확인</td><td>• 합당한 논쟁
• 논리적 설명
• 다른 사람을 납득
• 효과적인 교실 수학 공동체 형성</td></tr>
</table>

수학적 참여의 정도는 어떠한가?	• 교사 E의 반응을 점검 • 수학적 기능에 초점 • 기초적인 수학적 절차에 자신감 • 정답에 관한 흥미와 관심	• 자신의 고유 해결 방법 창안 • 학생들 자신의 수학적 논쟁 • 좀 더 도전적인 문제 요구 • 자율성

출처: 방정숙, 2001, p. 28.

〈표 8-6〉과 〈표 8-7〉은 미국의 초등학교 교사 E와 M의 수업을 사회적 규범과 사회수학적 규범으로 분석한 결과다. 두 개의 표를 비교해 보면, 사회적 규범의 틀로는 별반 다를 것이 없다고 판단되는 수업이 사회수학적 규범의 틀로는 매우 상이하게 판단될 수 있다는 것을 알 수 있다. 방정숙(2002)은 교사 M의 교실문화를 긍정적으로 해석하였으며, 효과적인 수학교실 공동체를 만들어 나가기 위해 교사 M이 사용한 방법을 5가지로 정리하였다. 그 내용을 간단하게 정리하면 다음과 같다.

첫째, 교사의 수업은 매우 구조적이다. 문제해결로 시작하고, 수학적인 활동을 안내한 후, 학생들로 하여금 직접 활동하게 하고, 마지막으로 그 경험에 대해 전체 토론 시간을 할당하는 방식이 일관되게 채택되었다. 이와 같은 수업의 흐름은 수학교육 공동체에서 강조하는 교수 모델을 그대로 적용했다기보다 자신의 교수 경력을 통해 학생들의 수학적 사고를 증진시키고자 노력한 결과로 개발된 것이다. 교사는 수년간 지역 구청에서 수학 전문가로서 봉사하면서 많은 수업을 관찰할 기회를 가졌고, 이것을 통해 수업의 일반적인 문제점 및 이를 개선하기 위한 방법을 스스로 개발하게 된 것이다. 그는 익힘책 위주의 수업보다는 게임과 활동을 적극적으로 활용하였으며, 게임이나 활동 그 자체만으로 수학을 학습하는 것이 아니라는 점을 깨닫고 학생들이 활동을 하기 전에 생각해야할 질문을 제기하고 활동 후에도 전체 토론의 기회를 제공하였다.

둘째, 교사는 게임을 적극 활용하였는데, 이는 어린 학생들에게 학습은 사회적인 것이며 놀이여야 한다는 신념이 반영된 것이다. 그는 학생들이 수학을 즐길 수 있도록 수업 목표에 부합하는 게임을 선택하거나 스스로 만들었으며, 학생들이 단순히 게임을 즐기는 것에 그치지 않고 수학적인 개념을 익히고 사고할 수 있는 기회를 가지도록 하였다.

셋째, 교사는 주어진 문제에 대해 여러 가지 다른 해결 방법을 생각해 보게 하고 자신의 사고 과정을 설명할 수 있는 기회를 많이 제공하였다. 그는 학생들의 설명을 끝까지 듣기 전에 실수를 수정해 주거나 학생들 간의 논쟁을 성급하게 방해하지 않았다. 대신 교사는 보다 생산적인 논쟁을 촉진하고 다른 학생들의 이해를 돕기 위해 논의 중인 주요 생각을 요약해 주었다. 또한 정답을 결정하는 데 있어 교사의 권위보다는 수학에 강한 학생의 공헌을 적절하게 활용하였다. 보다 특이한 점은 학생들이 이미 발표한 것보다 수학적으로 덜 세련된 방법을 발표하는 경우조차 받아들이는 경향이 있는 것이었다. 그는 어떤 방법이 수학적으로 다른지, 더 세련되었는지, 쉬운지 등의 논의를 별로 하지 않았는데, 이는 수학은 개개 학생들에게 의미 있어야 한다는 교사의 기본 생각과 관련된다. 그러나 학생의 해결 방법이 수학적 개념이나 절차의 이해와 직접적으로 관련이 되는 경우는 보다 능동적인 역할을 수행하였다.

넷째, 교사는 수업시간 동안 지속적으로 학생관찰(kid-watching)을 하였다. 교사는 학생 활동 시간 중 학생들이 주어진 과제를 잘 수행하는지, 주어진 문제를 어떤 방법으로 시도하는지를 파악하려고 노력했으며, 이때 얻은 정보를 이용해 전체 토론 시간에 어떤 문제를 제기할 것이며 자신이 보다 강조해야 할 내용이 무엇인지를 알아냈다. 학생 관찰에 대한 생각은 대학원 과정에서 익힌 Piaget의 연구와 유치원 교사로서의 이전 경험에서 비롯된 것으로, 학생들을 관찰하고 그들이 정말 아는 바를 조사하기 위해 적절한 발문을 하는 것이 얼마나 중요한지를 잘 알고 있었다. 한편 교사는 정규 수업 중의 관찰뿐만 아니라 개별 면담을 통해 학생들의 이해 정도를 평가하기도 하였다.

마지막으로 교사는 학생들이 스스로 앎의 양식을 발전시켜 나갈 많은 기회를 제공해 줌으로써, 자신의 수학 시간에 위험부담을 감내할 의지를 가지고 있었다. 면담 중, 수학 수업이 일반적으로 계획했던 대로 진행되는지 물어보았을 때, 교사는 학생들이 무엇을 발표할지 또는 어떻게 활동할지 예측할 수 없다는 점에서 학생들을 일종의 '폭탄'으로 묘사하였다. 그럼에도 불구하고, 교사는 수업에 대한 열정과 사랑, 그리고 자신감을 보였다.

위에서 언급한 교사의 우선순위는 효과적인 수학교실 공동체를 형성함으로써 학생들이 자연스럽게 긍정적인 수학적 성향을 개발하도록 촉진하는 것이지만, 개념적인 이해 역시 전적으로 등한시한 것은 아님을 알아야 한다. 교사는 수학 내용을 직접 가르치는 것보다는 안내자의 역할을 하였지만, 학생들의 아이디어가 개념적 이해와 직접적으로 연관되는 경우 적절하게 구체물을 연계시키거나 토론의 방향을 이끌어 나가면서 보다 능동적인 역할을 수행하였다. 또한 전체 토론에서 필요에 따라 조심스럽게 발표할 학생들을 선정함으로써 논의되는 주제와 관련된 수학적 개념이나 내용이 반영되도록 하였다.

3) 수업에서 상호작용의 질: 수학적 토의

(1) 의미

수학적 토의(Mathematical discussion)는 Pirie & Schwarzenberger(피리에 & 슈베르젠베르거, 1988)에 의해 처음으로 도입된 용어로서, 수학수업에서 학생과 교사의 역할과 책임에 대해 새로운 관점을 제시해 주고 있다. 전통적인 교실에서는 교사가 문제를 제기하면(Initiation by a teacher), 학생들이 그에 대해 응답하고(Response from a student), 다시 교사가 학생의 응답에 대해 피드백 해 주는(Feedback from a teacher) 소위 I－R－F 상호작용이 발생한다(Edwards & Mercer, 1987). 그러나 수학적 토의는 학생의 역할을 보다 적극적인 참여자로 가정한다. 학생들은 특정 수학 과제에 대한 의도적 담론에 참여하여 주도적으로 문제해결에 참여하고 동료 및 교사와 상호작용하게 된다.

John Richards(1991)는 수학적 토의를 구성주의적 관점에서 분석하였다. 그는 학생들이 수학적 소양을 갖춘 성인이 되기 위해서는 '탐구수학(inquiry math)'에 대해 말하는 법을 배워야 한다고 주장하였다. 탐구수학이란 수학적 문제를 묻고, 이전에 풀어 보지 못한 새로운 문제를 해결하고, 추측을 제시하고, 수학적 논의에 귀 기울이고, 수학 내용과 관련된 대중 기사를 읽고 도전하는 것 등을 포함한다. 그리고 교사는 학생과 더불어 토의로부터 배울 자세를 갖추어야 하며, 학생들이 수학을 구성하는 데 도움이 되는 맥락을 설계하기 위해 수학적 소양을 갖추어야 한다는 점을 강조하였다.

수학적 토의가 구성주의적 관점에서 논의되어도, 수학자들에 의해 몇 세기에 걸쳐 이룩된 수학을 몇 시간의 수업을 통해 학생들 스스로 구성할 수 있다는 가정에 기초하는 것은 아니다. 그보다는 수학 토픽에 대한 의사교환과 협상을 통해 합의 영역에 이르는 것이 최종목표다. 즉, 수학 토의가 추구하는 바는 학생들로 하여금 수학자들이 생산해 낸 동일한 결과를 구성하도록 하는 것이 아니라, 토의라는 수단을 통해 그들이 잠정적으로 합의할 수 있는 지점에 도달하도록 하는 것이다. 이러한 과정에서 학습에 대한 학습자의 책임의식은 더 커지게 된다.

(2) 이론적 배경: Vygotsky의 관점

Vygotsky(비고츠키) 이론은 교실 상호작용과 관련된 많은 문헌에서 빈번하게 인용되고 있다. 가장 보편적인 인용은 내면화(internalization)로, 대상에 초점을 둔 활동이 내적 의식 구조로 변형되는 것과 관련된다. 문화적 발달과 관련된 유명한 발생적 법칙은 다음과 같다.

> 어린이의 문화적 발달에 있어 어떠한 기능도 두 번 또는 두 수준에 걸쳐 나타난다. 우선 사회적 수준에서 나타나고, 그 다음에는 심리적 수준에서 나타난다. 처음에는 사람들 사이에서의 상호 심리 범주로서 나타나고, 그 다음은 어린이의 내부에서의 내적 심리 범주로 나타난다(Vygotsky, 1981, p. 163).

위의 내용은 친교를 위한 잡담에서부터 과학 심포지엄에서의 논쟁에 이르기까지 모든 토의에서 발생하는 개인 간 활동과 관련되어 인용되지만, 교실 상호작용에 관한 논문에서는 대화의 참여로부터 자기 자신과의 대화(예를 들면, 문제해결에서 자기에게 질문하는 것)로의 이동이라는 의미로 인용되고 있다. 학교환경에서도 내면화는 기능의 구분과 관련된다. 교사와 학생은 분리될 수 없는 활동에 참여하고 있을지라도, 그들의 기능은 같지 않다. 그들이 드라마에서 해야 할 역할은 다르다. 교사는 동료 중의 한 사람이 아니라, 근접 발달 영역(zone of proximal development)에 있는 안내자이다(Vygotsky, 1978).

Vygotsky의 관점에서 볼 때, 수학적인 토의가 효과적이 되려면 개인적인 수학적 개념이나 절차가 표출되기 쉬워야 한다. 다양한 의견이 제시될수록, 참여자들은 의미 있는 토의를 하게 된다. Bakhtin에 이어 James V. Wertsch(1991) 이후 'Voice'라는 용어는 개인적인 관점이나 특별한 문화와 사회적인 범주에 속한 사람들이 표현하는 말이나 생각이라는 의미로 사용되고 있다. 그러나 다양한 목소리가 모든 참여자에게 인정받기 위해서는, 그것을 더 명료하게 나타내기 위한 충분한 시간이 필요하다. 그러므로 매우 강력한 I－R－F 구조에 의해 교사가 주도하는 교실 대화는 이런 관점에서 무의미하다. 왜냐하면 기대되는 흐름과 다른 견해는 교사에 의해 관련이 없다거나 틀렸다는 평가를 바로 받게 되고, 집단 기억의 범위에서 제거되기 때문이다. 대화의 형태에도 불구하고, 전통적인 교실에서 이루어지고 있는 대부분의 교실 대화는 오로지 교사의 독백이다. 이와 반대로, 수학적인 토의의 가장 두드러진 특징은 음악에서의 다중음처럼 분명하게 표현되는 서로 다른 의견이 제시된다는 것이다.

어떤 형태의 수학적 토의는 교사에 의해 조직되고 주도되는 집단 논쟁이다. 이런 경우에, 교사는 어떤 대상에 대해 학생들이 제시하는 관점과 다른 관점을 제시하는 중요한 역할을 하게 된다. 이 경우, 수학 교수 · 학습 활동에서의 동기는 교사의 문화적 의견(voice)을 결정하는 강력한 요인이 되며, 이때 교사는 이 토의가 수학에 관한 것으로서 사회적 역사적 이슈에 대한 토론에서 관찰되는 것과는 매우 다르다는 사실에 근거하여 수학적 개념에 대한 인식론적인 기초와 개념 도입 전략을 분석한다. 이와 같은 논쟁 경험을 몇 개월 또는 몇 년 겪게 되면, 학급에서는 여러 가지 의견이 표출되며, 극단적인 경우는 개별 과제를 하는 개인에게서도 여러 가지 의견이 내면화되고, 자신에게 이야기하는 식이 된다.

(3) 수학적 토의 유형: 조화로운 토의

Bartolini Bussi(1998)는 수학적 토의 모델을 개발하기 위해, 1학년부터 8학년까지의 교실을 대상으로 교수실험을 장기간 시도하였다. 조화로운 토의(balance discussion) 모델은 그 실험결과에서 비롯된 것으로 수학적 토의의 특별한 유형이다. 조화로운 토의는 학생 개개인이 개발한 전략에 대한 사회화와 집단평가를 목적으로 하는 집단 토의 방식이다. 개별적인 문제해결 활동을 하고난 며칠 후 집단 토의를 하게 되는데, 시간의 지체는 학생들로 하여금 자신이 개발한 해법과 독립적인 느낌이 들도록 만든다. 교사는 학생들이 개발한 모든 전략들을 비교할 필요는 없고 구별되는 몇 가지 전형적인 전략만을 선택하면 된다. 또한 지체는 교사로 하여금 교실에서 발생하는 다양한 목소리를 개별화하여 장면으로 들어갈 준비를 조직적으로 하도록 돕는다. 조화로운 토의의 전형적인 줄거리는 다음과 같다.

↘ 제1막 – 진정한 조화: 개별 발표와 여러 가지 해법에 대한 집단평가

교사는 몇 개의 전형적인 해법을 제시한 학생들에게 발표를 요청하고, 이어서 유사한 해법을 제시한 학생들에게 부가 설명을 하게 한다. 반 전체는 정답과 오답 모두에 대해 토론하고, 그 가운데 정답에 대한 합의를 도출한다.

↘ 제2막 – 과정: 문제해결 과정의 개별적인 재구성

학생들에게 문제해결 과정에서 부딪힌 어려움과 그것을 극복한 방법, 효과적인 전략이나 폐기해야 할 전략 등을 언급하면서 자신의 문제해결 과정을 회상하게 한다.

↘ 제3막—새로운 학습: 새로운 학습을 집단으로 유도

교사는 활동을 통해 이미 새로운 어떤 것을 학습했음을 학생들에게 언급하고, 학생들이 이미 수행한 활동과 문제해결 이전 혹은 토론 후에 형성된 신념을 비교하게 하여, 그 어떤 것이 과연 무엇인지를 이야기해 보게 한다.

↘ 제4막—수용: 새로운 학습의 공식적 위상에 대한 진술

만약 학급 전체가 수용된 수학적 행위와 일치하는 하나 혹은 그 이상의 해결책으로 합의에 도달했다면, 그것은 교사에 의해 수용되며, 각자의 공책에 그 내용을 쓰는 방법 등을 통해 기억장치에 저장된다. 만약 합의에 도달하지 못했거나 합의된 내용이 받아들이기 어려운 것이라면, 아직은 공유할 수 있는 전략을 가지는 것이 불가능하므로 문제를 차후에 다시 다루어야 한다는 사실이 수용된다.

조화로운 토의의 단기 효과는 일군의 문제류에 공통적으로 적용될 수 있는 해법에 대해 집단 진술하는 정도로까지 개별적인 전략이 사회화되는 것이다. 그러나 장기적 효과로는 교사 발문의 비문어적 해석, 문제해결 과정에서 활성화되는 메타인지적 과정 모델의 내면화 등이 있다.

다음은 조화로운 토의의 보기로서, 5학년 학생들이 정수에 대해 토의한 내용을 발췌한 것이다. 교실 환경은 여느 때와 마찬가지로 학생들이 원으로 둘러앉아 있고, 분위기는 자유롭고 허용적이었다. 정수의 덧셈에 대한 문제로 어떤 학생이 $4+(-8)$를 제시했고, 학생들은 답이 (-4)라는 것에 합의했다.

1. **파비오:** 우리가 어렸을 때는 음수를 알지 못했어요. 즉, 0이 가장 작은 것으로 알고 있었어요. 하지만 그것은 자연수인 경우에만 사실이에요. 이제 우리는 소수, 음수를 배웠으니까, 덧셈이 아닌 다른 연산도 할 수 있어요.
2. **교사:** 그렇다면, 크리스찬(말하기를 요구하며), 어떤 다른 연산을 할 수 있지?
3. **크리스찬:** 마이너스 100 곱하기 3은 플러스 300일까요? 마이너스 300일까요?
4. **교사:** 마이너스 100 곱하기 3.
5. **크리스찬:** 제 생각으로는, 플러스 200입니다. 왜냐하면, 마이너스 곱하기 300은 100을 덜어 내야 해요. 하지만 곱하기 300을 한다면, 300 이상이죠.
6. **파비오:** 아니에요. 아주 쉬운 방법이 있어요. 100곱하기 3은 300이에요. 이것은 초과된 양이에요. 이제 마이너스 100이 있어요. 한 덩어리의 100이 있어서 0에 도달했어요. 이제 남은 200이 다른 쪽에 있어요(그는 손짓을 하면서 손가락으로 상상의 직선, 즉 수직선 위를 움직인다).
7. **교사:** 200.
8. **시몬:** (−100) 곱하기 3(놀라면서)?
9. **교사:** 그래요.
10. **시몬:** 흥(당황하면서)!
11. **도라:** 나도 동의해. 전에 말했기 때문에…….
12. **마테오:** 아니야. 나누기가 필요해(마테오는 항상 기초적인 생각을 가지고 있기 때문에 더 웃는다).
13. **교사:** 마테오의 이야기를 들어 보자. 왜 나누기가 필요하지?
14. **마테오:** 만약 100을 만든다면(말을 멈춘다).
15. **교사:** 하지만 수는 마이너스 100이야.
16. **마테오:** ……100으로 나누면 마이너스 1입니다. 앞으로 가는 것입니다(말을 멈춘다).
17. **교사:** 그래, 하지만 이것은 다른 예야. 크리스찬이 낸 문제는 마이너스 100 곱하기 3이 얼마인지를 질문했어.
18. **시몬:** 저도 그렇게 생각해요. 제 생각에도 그것은 마이너스 200이에요. 왜냐하면 마이너스 10 더하기 3은 마이너스 7이거든요.

19. **교사**: 맞아. 하지만 이것은 곱하기잖아?

20. **시몬**: 제 생각에는 200이 아니에요. 왜냐하면 나누기할 때 증명했듯이, 200 나누기 3은 마이너스 100이 아니거든요. 나머지가 있잖아요.

21. **마테오**: 그게 바로 정확히 내가 말한 바야. 답은 마이너스 300이야.

22. **교사**: 그래, 마테오. 네가 말한 것이 그런 뜻이었니?

23. **마테오**: 네.

24. **교사**: (웃으면서) 여러분은 스스로의 생각을 더 잘 표현하는 것을 배워야 합니다. 좋아요. 누군가 휴대용 계산기를 가지고 있다는 것을 알고 있어요. 그것을 이용했나요? 좋아요. 우리는 그것을 사용할 수 있어요. 그러나 그 전에 이유를 알아야 해요. 마테오는 마이너스 300이라고 했고, 다른 학생들은 200이라고 생각합니다.

25. **스테파노**: 마이너스 300입니다. 왜냐하면 100 곱하기 3을 할 수 있다면 마이너스 곱하기 3도 가능합니다(다른 입장을 지지하는 다른 학생들 사이에서 몇 가지 논쟁이 있다).

26. **세레나**: 저도 스테파노의 의견에 동의합니다. 왜냐하면 1학년, 2학년 때, 곱하기를 어떻게 해결했나요? 100 곱하기 3은 100 더하기 100 더하기 100입니다. 음수도 마찬가지입니다.

이 발췌문에서 드러나는 교사의 특징은 다음 몇 가지로 정리할 수 있다.

첫째, 교사가 몇 차례 중재하기는 했지만, 대부분의 언급은 학생들의 상호작용의 자발성을 해치지는 않았다. 예를 들면, 발췌문 2의 후반부를 보면 크리스찬이 이미 교사가 말하기도 전에 그 문제에 대해 생각하고 있었던 것으로 보이며, 그는 교사의 개입이 단지 자신이 말해도 된다는 암시로 해석한 것으로 보인다. 발췌문 19 또한 학생들의 동의 혹은 반대 의견에 개입한 것은 아니다.

둘째, 교사는 인내심이 있다. 교사는 학생들의 의견을 빨리 평가하지 않음으로써 학생들이 스스로의 주장을 발전시켜 나갈 충분한 시간을 주었다. 그리고 교사는 다른 학생들에 의해 논박되는 경우조차도 틀린 해법을 수용했다(발췌문 7, 9).

셋째, 논쟁의 흐름을 이어 가기 위해 여러 가지 의사소통 전략이 사용되었다. 예를 들면, 교사는 학생들에게 발표할 수 있는 권리를 주었다(2). 또한 학생들에게 경청할 것을 제안했다(13). 어떤 입장을 지지하지 않은 채 여태까지의 논쟁을 개괄했다(24). 그리고 그 문제로 다시 초점을 모았다(15, 17, 19). 학생들의 말을 반복해서 말함으로써, 논쟁을 계속 진행하는 것에 대한 책임감을 부과했다(4, 7).

그 외에도 교사는 어떠한 전략도 직접적으로 가르치지 않았고, 학생들의 의견에 대해서도 옳다거나 그르다는 평가를 직접적으로 하지 않았다. 오히려, 옳은 것이나 그른 전략들도 똑같은 방법으로 수용되었다. 전략의 사용을 금지한 것은 단 한 번이다(휴대용 계산기에 의지하는 것, 24). 그 때, 특별한 계약, 즉 계산기는 이유를 이해하고 난 다음에 사용하기로 제안했다. 이와 같은 식으로 교사는 수업을 통해 수학의 내용뿐만 아니라 교실문화도 지도한 셈이 되었다. 발췌문의 보기에서 학생들이 학습했을 것으로 추측되는 교실문화는 다음과 같은 것들이 있다.

① 학생들은 스스로의 문제를 만들 것을 허용하거나 권장한다는 것을 학습한다(3).
② 학생들은 교사가 직접적으로 요청하지 않아도 동의 혹은 반대를 다룰 수 있음을 학습한다(5와 6, 18과 20).
③ 학생들은 교사가 실제로 모르는 것이 아니라 토론을 계속 진행시켜 나가기 위해 지식을 숨기고 있음을 학습한다(24).
④ 학생들은 교실의 역사 속에 자신들이 놓이도록 하기 위하여 초인지적인 전략과 회상을 함께 사용한다(1, 26).
⑤ 일부 학생들은 내면화 대화를 한다(26).

제 9 장

문제해결 지도 사례

제 9 장

문제해결 지도 사례

1. 초등학교 지도 사례

1) 지도 소재

다음에 제시하는 몇 가지 수업 소재는 수학교육 연구 분야에 이미 널리 알려진 소재를 정리한 것이다. 여기 제시된 대부분의 소재들은 초등학교 5학년 혹은 6학년에게 적용하면 적당한 난이도를 가지고 있지만, 학습자의 수준이나 교사의 역량, 지도 목적에 따라 학년을 달리한 수업의 소재로도 활용 가능하다고 생각된다.

(1) 하노이 탑 속에 숨어 있는 수학을 찾아서 즐겨 보자!

이 제재는 Addenda Series Grades 5−8 *Patterns and Functions*(NCTM, 1994, pp. 11−12)에 제시된 내용이다. '하노이 탑' 문제를 상정하여 '재미있을 것 같다' '풀어 보고 싶다'는 호기심을 발동시키고 다양한 수준에서 접근하도록 하며, 여러 가지 해결 방법을 자유롭게 탐구하도록 하고, 원판의 수와 이동 횟수 사이의 일반적 결과를 알아보며 이를 정당화하도록 함으로써 단순화의 사고, 귀납적 사고, 발전적 사고, 연역적 사고, 일반화의 사고 등과 같은 수학적 사고의 경험 축적은 물론 단순화하기, 표 만들기, 규칙성 찾기, 논리적 추론 등의 문제해결 전략 학습에도 매우 유효하다.

문제

3개의 기둥이 있고 그중 맨 왼쪽 기둥에는 6개의 원판이 크기순으로 끼워져 있다. 이를 다른 기둥에 처음과 같은 크기 순서대로 옮겨 끼우려고 한다. 최소한 몇 번 이동해야 하는가?

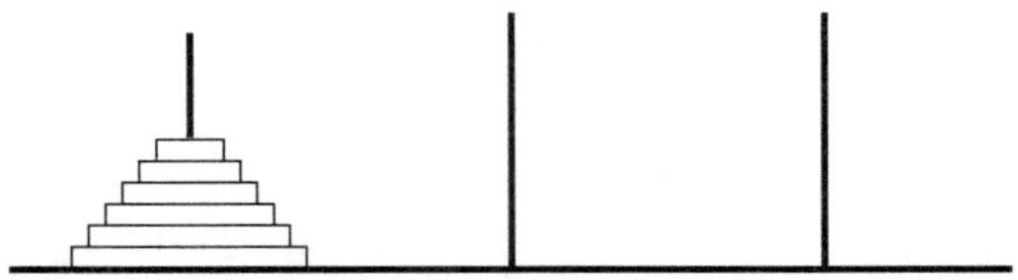

이 문제의 제시 방법은 여러 가지 있을 수 있으나, 특히 위와 같이 제시한 데는, 조건이 명확하지 않음에 따라 해결자 스스로 의문의 안목을 가지고 문제를 분명하게 형성하고자 하는 수학적 태도를 지니도록 하려는 의도가 있다.

(2) 타임머신을 타고 3,700년 전의 이집트로 가보자!

고대의 계산 방법에서 다양한 아이디어를 탐구하는 수업으로, *The Historical Roots of Elementary Mathematics*(Bunt, L. N. H. et al., 1988)로부터 발췌한 소재이다. 이집트 사람들이 21×34의 곱셈을 수행한 방법을 관찰하고 이에 내재한 아이디어에 대하여 논의하는 기회를 갖도록 수업을 구성할 수 있다. 이를 통해 자연수 및 그 연산에 관한 기본 성질을 발견하고 정당화하면서 유추적 사고, 연역적 사고를 경험하며, 규칙 찾기, 논리적으로 추론하기 등의 문제해결 전략을 학습하도록 하고, 고대 수학 내용을 다루어 봄으로써 수학사와 수학의 유용성을 인식하게 하여 수학에 대한 관심을 고양시킨다.

문제

오른쪽은 고대 이집트 사람들이 21×34의 답을 구하기 위해 계산한 방법을 나타낸 것이다. 이와 똑같은 방법으로 23×37을 계산하여라.

✔	1	34
	2	68
✔	4	136
	8	272
✔	16	544

$34+136+544=714$

(3) 축구공에 숨어 있는 수학을 찾아보자.

다음은 축구공에 담겨진 여러 가지 수학적 의미(정다각형, 꼭짓점, 모서리, 면, 각, 구, 정20면체, 준정다면체, 오일러 정리 등)와 그들 사이의 관계를 탐구하는 기회를 갖도록 수업을 구성할 수 있는 소재이다. 이의 탐구 활동을 통해 어떤 대상을 효과적으로 세는 아이디어를 개발하게 하고, 유사한 장면을 인식하고 이를 활용하는 유추적 사고, 대상들 사이의 의존 관계에 주목하는 함수적 사고, 구성 요소나 기본 성질을 바탕으로 추론하는 연역적 사고를 경험하게 하며, 생활 주변과 수학의 밀접한 관련성을 인식하게 한다.

문제

아래 축구공에서 어떤 것을 알아보고 싶은지 먼저 밝히고, 그것을 알아보자.

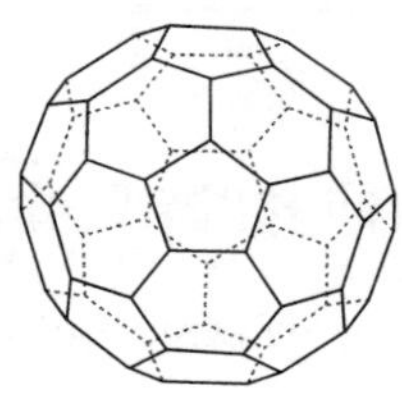

(4) 프랙털 도형에서 규칙성을 탐구하자!

자체 모양이나 색상과 같은 외형상의 아름다움은 물론 그 기하학적 구조 때문에 관심의 대상이 되고 있는 프랙털(fractal) 도형에서 '자기 닮음' 패턴을 탐구하고 이를 이용하여 문제를 해결하는 수업을 구상할 수 있다. 시어핀스키 삼각형(Sierpinski gasket) 그림에서 초등학생 수준의 다양한 해결이 가능한 넓이 문제를 다루면, 호기심을 자극하고 상상력과 창의력 신장을 도울 수 있다. 이를 통해 규칙적으로 변화하는 대상 사이의 관계를 간략한 식으로 나타내어 형식적으로 처리하고, 변화 양상의 파악을 통해 나타나게 될 그림과 그에 내재한 양적 정보를 추정하여 이를 문제해결에 활용함으로써, 수학적으로 다양하게 사고하는 경험을 가지게 할 수 있다. 또한 프랙털 도형의 외관적 형식미와 패턴의 보고라는 내적 심미성의 인식 과정을 통해 수학의 아름다움을 감지하는 기회를 가지게 할 수 있다.

문제

검은 정삼각형의 각 변의 중점끼리 연결하여 생기는 보다 작은 정삼각형 중 가운데 것을 오려 내 버리는 활동을 계속할 때 생기는 그림이다. 5번째 나타나게 될 그림에서 가장 작은 정삼각형 하나의 넓이를 1이라 할 때, 5번째까지 각각의 그림에서 검은 부분의 넓이를 구하여라.

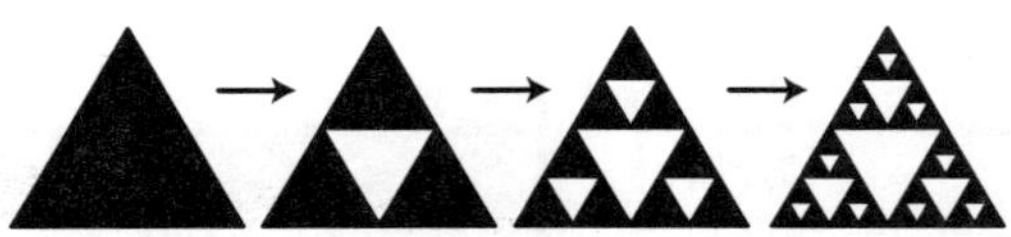

(5) 보도블록으로 피보나치수열을 즐기자!'

이 제재는 *Fascinating Fibonaccis*(Garland, 1986, pp. 55－56)에서 소개하고 있는 '벌의 이동 경로의 수'에 대한 아이디어를 생활 주변에서 쉽게 접할 수 있는 보도블록으로 상황을 변화시킨 것이다. 이 수업에서는 복잡한 문제를 단순화하고 사고와 표현의 효율성을 위해 기호를 사용하며, 규칙을 찾아 해결하는 과정을 통해 다양한 수학적 사고(귀납, 연역, 일반화, 기호화, 단순화 등)의 발달과 문제해결 전략의 신장을 도모한다. 더욱이 주어진 조건이 미흡한 상황에서 목적이나 내용의 명확화, 보다 나은 해법의 추구를 통한 수학적 태도의 견지 및 생활 속의 상황과 수학 사이의 관련성 인식을 통한 수학적 안목의 변화를 기대한다.

문제

다음은 본관에서 체육관으로 갈 때, 밟고 지나갈 수 있도록 12개의 육각형 보도블록을 깔아 놓은 그림이다. 블록을 밟고 지나가는 방법은 모두 몇 가지나 될까?

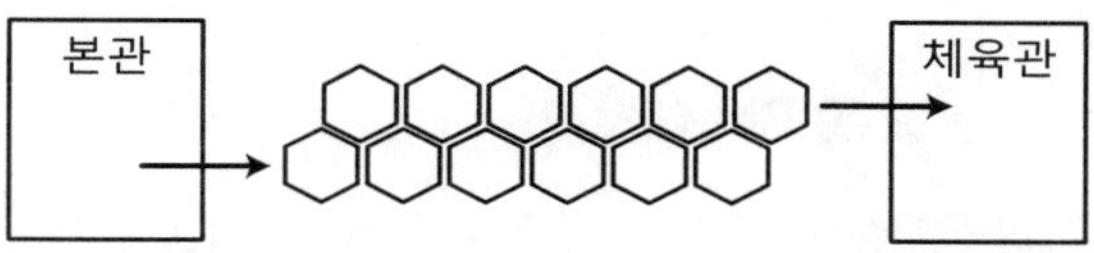

(6) 동전 삼각형 모양을 뒤집지 않고도 뒤집어 보자.

이 제재는 *Exploratory Problems in Mathematics*(NCTM, 1995, p. 58)에서 발췌한 것이다. 이것으로 수업을 구성하면, 동전 삼각형이 뒤집어진 결과를 예상하면서 방법의 탐구를 통해 공간 감각의 발달을, 옮겨야 하는 동전 개수를 알아보기 위한 패턴을 찾는 활동을 통해 수감각의 발달을 도모할 수 있다. 그리고 옮겨야 할 동전을 알아보는 장면에서 이미 알아낸 다른 경우를 이용하려는 유추적 사고, 단의 수를 줄여서 해결해 보려는 단순화의 사고, 이동 동전의 위치나 최소 개수에 나타나는 패턴을 인식하여 문제를 해결하려는 귀납적 사고, 단의 수가 어떻게 바뀌어도 해결할 방안을 찾으려는 일반화의 사고 등과 같은 다양한 수학적 사고를 경험할 수 있다.

문제

다음 그림과 같이 10단의 바른 삼각형 모양으로 배열된 동전 삼각형을 역삼각형 모양으로 바꾸려고 한다. 이때 이동해야 하는 동전은 최소한 몇 개인가?

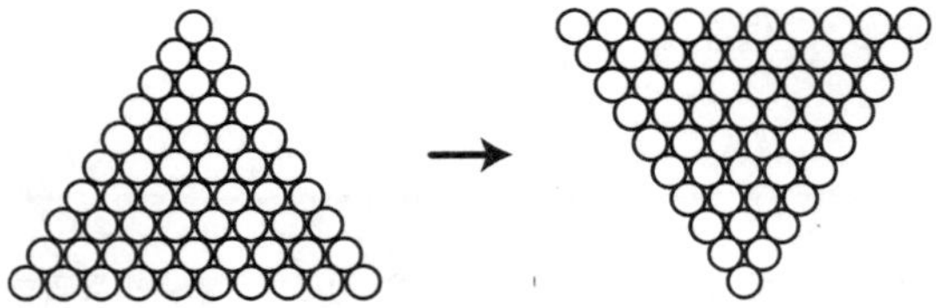

(7) 케이크를 나누지 못해 못 먹는대서야!

문제해결에서 때로는 필요한 지식을 갖추지 못하여 어려움을 겪기도 하지만, 이보다는 관련 지식을 이미 학습했다 하더라도 그것이 단편적 지식의 수준에 머물러 있을 뿐, 관계적으로 이해하고 있지 못하여 이를 바르게 활용할 수 없는 경우가 허다하다. 이 제재는 이미 학습한 평면 도형의 구적 공식을 통상적인 문제의 해결에 별 어려움 없이 활용할 수 있음에도 불구하고, 좀 색다른 문제 상황에 직면해서는 외우고 있는 공식만으로 그 해결에 상당한 장애를 가질 수도 있음을 느끼도록 한다. 이 제재를 통한 수업은 흔히 일상적이라 할 수 있는 다음과 같은 '케이크 분배' 문제를 소재로 하여 수학적 관심과 의욕을 고조시키고 수학적 사고의 경험과 태도를 견지하도록 구성한다. 먼저 보통의 케이크를 나누는 쉬운 경우부터 출발한 후 조건을 강화하여 그 표면에 초콜릿이 발라져 있는 정사각기둥 모양의 케이크를, 케이크 부분과 초콜릿 부분까지 등분하는 문제로 이행한다. 이와 같은 활동을 통해 문제의 조건에 대한 중요성을 부각하고 조건을 명확히 하려는 태도를 갖게 한다. 그리고 부피, 겉넓이, 둘레, 삼각형의 구적 공식의 바른 이해를 바탕으로 문제를 해결하고 연역적으로 설명하도록 하며, 찾아낸 방법이 조건을 달리해도 성립한다는 것을 알도록 하여 일반화의 장점을 인식하도록 한다.

문제

아래 그림과 같이 한 변의 길이가 21cm이고 높이가 6cm인 정사각기둥 모양의 표면에 초콜릿이 고르게 발라진 케이크가 하나 있다. 케이크 부분도 초콜릿 부분도 7명이 똑같이 나누어 먹으려면 어떻게 잘라야 할까?

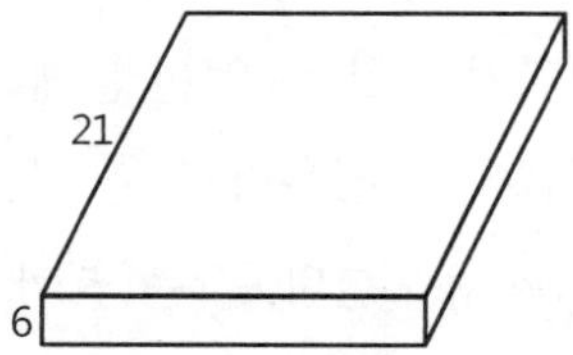

(8) 전화 연락망을 구성해 보자.

전화 연락망을 구성하는 상황을 이용해 효과적인 방법을 생각하게 한다. 이 제재를 이용하여, 문제의 조건(약속)을 명확하게 하고, 그에 따라 생각하는 것의 중요함을 알도록 하며(조건의 명확화), 얻어진 결과에 의문을 가져 보다 좋은 것을 얻도록 하고(보다 나은 해를 구하려는 태도), 몇 개의 자료(시간, 인원)로부터 규칙을 발견하도록 하며(귀납적 사고), 발견한 규칙을 정당화하고 그 좋은 점을 느끼도록(연역적 사고) 수업을 구성할 수 있다.

문제

1. 교사가 30명에게 전화로 연락한다고 하자. 교사로부터 전화 받은 학생이 다음 사람에게 전화한다. 이와 같이 전화 연락을 계속할 때 30번째 학생이 받은 전화가 끝나려면 몇 분 걸릴까? (단, 한 번 전화에 1분 걸린다고 한다.)
2. 먼저 교사가 두 명에게 전화하고, 전화 받은 학생이 각각 두 명씩에게 전화한다면 30명까지 몇 분 걸리는가?
3. 1분 더 있으면 전화 받는 사람이 몇 명 늘어날까를 생각해 보자. 그렇게 하기 위해 사람 수와 시간의 관계를 표에 정리해 보자.

(9) 계산기로 불가능한 계산! 그렇지만 계산기로 해 보자.

이 제재는 학생들에게 계산기에도 한계가 있다는 것을 알게 하고 이를 극복하기 위해 수학적 사고를 활용하도록 지도할 수 있다. 먼저 표시 창에 12자리 미만인 수만 나타낼 수 있는 계산기를 사용하는 것으로 하여 아래와 같은 문제를 제시한다. 이로써 계산기로 해결하기 어렵거나 할 수 없는 문제도 있음을 알게 하고 이의 해결 방안을 궁리하도록 한다. 수가 큰 경우라서 불가능하기 때문에 단순화하여 수를 작은 수로 줄여서 생각하도록 유도한다. 작은 몇 개의 수에 대하여 계산기로 계산한 결과를 고찰하는 활동을 통해 귀납적 사고에 따라 어떤 규칙을 찾도록 한다. 이 규칙에 따라 아무리 큰 수인 경우라 할지라도 해결할 수 있는 방법을 일반화하도록 한다. 그리고 이와 유사한 경우도 고찰해 봄으로써 발전적으로 사고하도록 한다.

문제

$$888888 \times 999999 = ?$$

2) 교수 · 학습 과정안

다음 몇 가지 교수 · 학습 과정안은, '경인초등수학교육연구회'가 국내 및 일본 동경의 '신산수 · 수학교육연구회'와 1993년부터 2009년까지 모두 22차례의 합동연구발표대회를 개최하였는 바, 그 가운데 최근 몇 년 동안의 합동발표대회에서 공개한 문제해결 지도 사례의 일부를 정리한 것이다.

(1) 다시 봐야 하는 곱셈구구[1)]

① 주제 설정의 취지

현행 7차 교육과정의 2－나 단계에서 다루는 곱셈구구는 어린이들의 수학 학습 과정에서 겪는 첫 번째 걸림돌이다. 이 걸림돌을 쉽게 뛰어넘은 어린이는 수학에 대한 자신감을 얻게 되며, 그렇지 못한 어린이는 처음으로 남보다 뒤쳐지게 되는 현상이 나타난다. 그러나 곱셈구구를 자신 있게 알고 있다는 어린이들도 곱셈구구의 원리, 즉 동수누가의 기본 원리를 깨우치고 습득한 경우와 그것을 단순히 암기하고 있는 경우로 나뉘며, 이들 두 부류의 어린이들이 수학을 대하는 태도는 분명히 다르다. 수학의 학습에서도 암기해야 할 것은 있으며 또 그렇게 함으로써 편리해지는 경우가 더러 있지만, 그 의미를 이해하지 못한 채 단순히 암기만 하는 것은 마치 앵무새가 의미 없이 소리만 흉내내는 것과 마찬가지라 할 수 있다.

이에 본 수업에서는 이미 다 알고 있고 또 여러 가지 문제해결에 활용해온 곱셈구구를 학습 소재로 하여 그것에 내포된 여러 가지 규칙을 다양한 방법으로 찾아 이를 식으로 나타내 보는 활동을 통하여 수의 구조에 대한 이해와 수감각을 심화하며, 식으로 나타내는 것의 장점을 인식하게 하고 수학 학습에 대한 흥미와 자신감을 갖게 하는 데 그 목적이 있다.

② 수업의 흐름

먼저 다음과 같은 곱셈구구표를 칠판에 제시하고 이를 이용하여 무엇을 알아보고 싶은지 생각하게 한다. 어린이들이 생각한 것을 발표하게 하여 이 시간의 학습 문제를 채택한다. 이 과정에서 이미 계획하고 있는 학습 문제가 채택될 수 있도록 필요에 따라서는 적절히 이를 유도한다.

본시의 학습 문제(곱셈구구표에서 곱을 나타낸 81칸의 모든 수의 합 구하기)를 확정하고, 이를 어떻게 해결하는 것이 가장 바람직할지에 대하여 각 모둠별로 논의하

1) 제10회 경인초등수학교육연구합동발표회/ 2006. 8. 19./경기도 부천시 삼정초등학교 6학년/수업: 박현웅, 정동권

게 한다. 이어서 모둠별 논의 결과를 바탕으로 각자 해결하도록 한다. 모둠별 지도에 임하면서 해결한 내용을 되도록 식으로 나타내게 하고, 달리 해결하는 방법도 알아보도록 권고한다.

각 모둠에서 대표적 해결 내용을 논의에 의해 선정하도록 하고 이를 발표하기 위해 큰 종이에 옮겨 적도록 한다. 모둠별 해결 내용을 참고하여 발표 순서를 정하고 발표하게 한다. 각 모둠의 발표 내용에 대하여 전체 어린이의 충분한 논의가 이루어지도록 보장한다.

끝으로 학습 내용을 정리하면서 수학자 Gauss의 어린 시절 일화 한 토막을 소개하여 어린이들의 문제해결 방법이 Gauss의 그것과 다르지 않음을 느끼게 하고, 수학 학습에 대한 자신감을 갖도록 격려한다.

	1	2	3	4	5	6	7	8	9
1	1	2	3	4	5	6	7	8	9
2	2	4	6	8	10	12	14	16	18
3	3	6	9	12	15	18	21	24	27
4	4	8	12	16	20	24	28	32	36
5	5	10	15	20	25	30	35	40	45
6	6	12	18	24	30	36	42	48	54
7	7	14	21	28	35	42	49	56	63
8	8	16	24	32	40	48	56	64	72
9	9	18	27	36	45	54	63	72	81

③ 본시의 교수 · 학습 목표

- 평균을 효과적으로 활용하여 필요한 합을 구할 수 있다.
- 수의 구조 및 다른 수와의 관계를 파악하는 활동을 통해 수감각을 심화한다.

• 수의 배열에 대한 규칙 발견, 이미 학습한 내용에 기초한 평균의 활용, Gauss(의) 방법의 활용, 그리고 부분적 규칙의 확장 등과 같은 학습활동을 통해 귀납적, 연역적, 유추적 및 일반화의 사고를 경험한다.

④ 준비물

• 학생: 모둠별 캔트지 1장, 유성매직, 개인별 학습지
• 교사: 곱셈구구표, 지시봉

⑤ 교수 · 학습 과정안

<table>
<tr><th>교사의 주된 발문</th><th>예상되는 어린이의 반응</th><th>지도상의 유의점</th></tr>
<tr><td>■ 준비 활동
T1. 칠판에 붙인 것이 무엇이라고 생각하는가?
T2. 이 곱셈구구표로 무엇을 해 보고 싶은가?
T3. 곱셈구구표에는 어떤 규칙이 있다고 생각하는가?</td><td>C1. 모르겠다.
C2. 곱셈구구표다.
C3. 19단표까지 확장해 보면 좋을 것 같다.
C4. 곱셈구구표에 숨어 있는 규칙을 찾아보면 재미있을 것 같다.
C5. 1, 4, 9, 16…의 대각선을 중심으로 대칭의 위치에 있는 수가 같다.
C6. 각각의 세로줄을 90도 돌려 놓으면 각각의 가로줄이 된다.
C7. 같은 줄에 있는 9개의 수의 평균은 한가운데 수이다.
C8. 서로 점대칭의 위치에 있는 수들끼리의 곱이 같다.</td><td>• 곱셈구구표를 제시한다.
<table>
<tr><td></td><td>1</td><td>2</td><td>3</td><td>4</td><td>5</td><td>6</td><td>7</td><td>8</td><td>9</td></tr>
<tr><td>1</td><td>1</td><td>2</td><td>3</td><td>4</td><td>5</td><td>6</td><td>7</td><td>8</td><td>9</td></tr>
<tr><td>2</td><td>2</td><td>4</td><td>6</td><td>8</td><td>10</td><td>12</td><td>14</td><td>16</td><td>18</td></tr>
<tr><td>3</td><td>3</td><td>6</td><td>9</td><td>12</td><td>15</td><td>18</td><td>21</td><td>24</td><td>27</td></tr>
<tr><td>4</td><td>4</td><td>8</td><td>12</td><td>16</td><td>20</td><td>24</td><td>28</td><td>32</td><td>36</td></tr>
<tr><td>5</td><td>5</td><td>10</td><td>15</td><td>20</td><td>25</td><td>30</td><td>35</td><td>40</td><td>45</td></tr>
<tr><td>6</td><td>6</td><td>12</td><td>18</td><td>24</td><td>30</td><td>36</td><td>42</td><td>48</td><td>54</td></tr>
<tr><td>7</td><td>7</td><td>14</td><td>21</td><td>28</td><td>35</td><td>42</td><td>49</td><td>56</td><td>63</td></tr>
<tr><td>8</td><td>8</td><td>16</td><td>24</td><td>32</td><td>40</td><td>48</td><td>56</td><td>64</td><td>72</td></tr>
<tr><td>9</td><td>9</td><td>18</td><td>27</td><td>36</td><td>45</td><td>54</td><td>63</td><td>72</td><td>81</td></tr>
</table>
• 다음과 같이 표의 일부분에 관심을 가지고 규칙을 찾아 이를 확장할 수 있도록 한다.
<table>
<tr><td></td><td>1</td><td>2</td><td>3</td><td>4</td><td>5</td></tr>
<tr><td>1</td><td>1</td><td>2</td><td>3</td><td>4</td><td>5</td></tr>
<tr><td>2</td><td>2</td><td>4</td><td>6</td><td>8</td><td>10</td></tr>
<tr><td>3</td><td>3</td><td>6</td><td>9</td><td>12</td><td>15</td></tr>
<tr><td></td><td></td><td></td><td></td><td></td><td></td></tr>
</table></td></tr>
</table>

<table>
<tr>
<td>T4. 곱셈구구표에서 재미있는 규칙들을 많이 찾고 있는데, 이와 같은 규칙들을 이용하여 해 볼 만한 것은 없을까?

T5. 이 시간에는 곱셈구구표에서 곱을 나타낸 81개의 칸에 들어 있는 수들의 총합을 구해 보도록 하자.</td>
<td>C9. 평균을 이용하여 합을 구할 수 있을 것 같다.
C10. 곱셈구구표에 있는 수들의 총합을 구해 보면 좋을 것 같다.</td>
<td><table><tr><td></td><td>1</td><td>2</td><td>3</td><td>4</td><td>5</td></tr><tr><td>1</td><td>1</td><td>2</td><td>3</td><td>4</td><td>5</td></tr><tr><td>2</td><td>2</td><td>4</td><td>6</td><td>8</td><td>10</td></tr><tr><td>3</td><td>3</td><td>6</td><td>9</td><td>12</td><td>15</td></tr></table>
⇨ C5는 공간 감각과 귀납적 사고로 곱셈의 교환성을 알아내었다.
⇨ C6은 수의 배열 상태를 공간시각화와 연결하고 있다.
⇨ C7, C8도 규칙 발견을 위해 귀납하고 있다.
⇨ C10은 위 표의 일부분에서 찾은 규칙을 확장하고 있다.</td>
</tr>
<tr>
<td colspan="2">■ 문제 제시

곱셈구구표에서 곱을 나타낸 81개의 칸에 들어 있는 수들의 총합은 얼마일까?</td>
<td></td>
</tr>
<tr>
<td>■ 해결 방법의 구상
T6. 어떻게 하면 이 문제를 해결할 수 있을지에 대해 각 모둠에서 생각해 보자.

■ 해결의 실행
T7. 지금부터 각 모둠별로 해결해 보자.
T8. 각 모둠에서 해결한 것 중 발표할 대표적 내용을 정리해 보자.</td>
<td>C11. 곱셈구구표에 있는 수들을 하나하나 더해 본다.
C12. 각 단별 합을 구해서 다시 총합을 구하면 될 것 같다.
C13. 평균을 이용하면 될 것 같다.
C14. 이미 알아본 규칙을 이용하면 쉽게 합을 구할 수 있다.
C. (한동안 해결에 임한다)</td>
<td>• 다양한 해법을 이끌기 위해 구상한 해결 방법을 전체를 대상으로 발표하지는 않도록 한다.
⇨ C13, C14는 바람직한 해법을 구상하고 있다.

• 모둠별 활동을 순회 지도한다.</td>
</tr>
</table>

■ 발표 및 논의		
T9. 모둠별 해결 내용을 발표해 보자.	C15. 수를 다 더해 보았다. 1단의 합은 1+2+3+⋯+9는 45, 2단은 90, 3단은 135, ⋯, 9단은 405이고 이들을 모두 더하면 2025이다.	• 각 모둠이 차례로 발표하도록 하며, 발표 내용은 칠판에 게시하여 다른 해결 방법과 비교할 수 있도록 한다.
	C16. 1의 단: (1+2+3+⋯+9)×1 2의 단: (1+2+3+⋯+9)×2 3의 단: (1+2+3+⋯+9)×3 ⋯⋯⋯⋯⋯⋯⋯⋯⋯⋯⋯⋯ 9의 단: (1+2+3+⋯+9)×9 이다. 따라서 (45×1)+(45×2)+(45×3)+⋯+(45×9)=2025이다.	⇨ C16은 수 감각을 이용하여 각 단의 수들 사이의 관계를 파악하고 있다.
	C17. 45씩 1부터 9까지의 합만큼 곱하는 것, 즉 45×(1+2+3+⋯+9)이므로 45×45=2025와 같다.	⇨ 간략한 식으로 표현할 수 있는 식의 조작이 능숙하다.
	C18. 우리는 1의 단의 합을 구할 때 한가운데 있는 수(5)를 중심으로 대칭의 위치에 있는 수들끼리 더하여 10을 만들었다. 즉, (1+9)+(2+8)+(3+7)+(4+6)+5=45와 같이, 그리고 다른 단의 경우에도 같은 방법으로 합을 구했다.	⇨ 덧셈 구조를 보다 간단한 곱셈 구조로 바꾸는 Gauss의 방법을 유추적 사고에 따라 이용하고 있다.
	C19. 우리 모둠에서는 1 + 2 + 3 + 4 +⋯+ 9 9 + 8 + 7 + 6 +⋯+ 1 10+10+10+10+⋯+10 90÷2=45와 같은 방법으로 다른 단의 합도 구했다.	⇨ 어울리는 수끼리의 합으로 동수 누가 형태(곱셈)를 구성하고 있다.

	C20. 우리는 (1단과 9단), (2단과 8단), (3단과 7단), (4단과 6단)에서 같은 위치에 수들끼리의 합에 대한 규칙을 이용하여 (10+20+30+⋯+90)×4를 구하고 이에 5의 단의 합만 추가하였다. 그래서 (450×4)+225=2025이다.	⇨ 수와 공간 감각 및 귀납적 사고를 바탕으로 알기 쉬운 식을 이끌고 있다.
	C21. 우리는 평균을 이용했다. 각 단마다 한가운데 수가 그 단의 평균이다. 따라서 1의 단의 합은 5×9=45, 2의 단의 합은 10×9=90, 3의 단은 15×9=135, ⋯, 9의 단은 45×9=405이다. 그러므로 총합은 2025이다.	⇨ 이미 학습한 평균의 개념에 기초하여 평균 구하기의 역 조작을 이용하고 있다.
	C22. 우리도 앞의 C21과 같은 방법으로 각 단의 합을 구했는데, 5의 단의 합인 225가 이 9개의 수(부분합)들의 평균임을 이용하여 총합은 225×9=2025라는 것을 알았다.	⇨ 수 감각이 바탕이 되어 평균의 개념을 보다 잘 이용하고 있다.
	C23. 우리도 평균을 이용했다. 곱셈구구표의 가로든 세로든 그 한가운데 수인 25가 전체 81개 수들의 평균이 된다. 따라서 25×81=2025이다.	⇨ 뛰어난 수 감각과 귀납 및 연역적 사고에 따라 가장 간단한 식을 유도하였으며, 준비 활동의 경우를 전체 곱셈구구표의 범위로 확장·일반화하고 있다.

	1	2	3	4	5	6	7	8	9
1	1	2	3	4	5	6	7	8	9
2	2	4	6	8	10	12	14	16	18
3	3	6	9	12	15	18	21	24	27
4	4	8	12	16	20	24	28	32	36
5	5	10	15	20	25	30	35	40	45
6	6	12	18	24	30	36	42	48	54
7	7	14	21	28	35	42	49	56	63
8	8	16	24	32	40	48	56	64	72
9	9	18	27	36	45	54	63	72	81

T12. 지금까지 발표한 내용에 대하여 느낀 점을 말해 보자.	C24. 식으로 나타내는 것이 말로 하는 것보다 어렵지만 생각을 잘 정리할 수 있어 좋은 것 같다.	⇨ C24는 식으로 표현하는 것의 좋은 점을 인식하고 있다.

	C25. 구구단을 그냥 외우기만 했는데 곱셈구구표 속에 여러 가지 규칙이 있다는 것을 이제 알았다.	⇨C25는 규칙에 대한 안목을 넓혀 가고 있다.
T13. 어느 방법이 가장 어려운가? 쉽다고 보는가? 또 간단한 것 같은가?	C26. 앞의 C15와 같이 해결하면 매우 번거롭고 답이 틀리기도 쉬울 것 같다. C27. 가장 간단한 것은 C17이다. C28. 마찬가지로 C23도 한 번의 곱셈만 하면 되니까 간단하다. C29. 수들끼리 짝을 맞춰 곱셈으로 바꾼 C18, C19도 기발한 것 같다. C30. 평균을 이용한 C21, C22, C23도 매우 좋은 방법이라 생각한다.	• 각 모둠별 해결 방법에 대한 비교 평가가 이루어질 수 있도록 배려한다. ⇨C27, C28은 식이 지니는 위력을 느끼고 있다. ⇨C29는 필요에 따라 곱셈이 덧셈보다 편리하다는 것을 인식하고 있다.
■ 정리 및 발전		
T14. 오늘의 학습에서, 도움이 된 생각이나 방법은 어떤 것이었는지 말해 보자.	C31. 생각을 깊이 할수록 문제를 쉽게 풀 수 있다는 것을 알았다. C32. 평균이 이렇게 많이 이용된다는 것을 알았다.	• 플래시 자료를 제시한다. http://www.science.go.kr/webzine/20050606/00262.html
T15. 지금으로부터 약 200년 전 사람인 Gauss의 일화를 잠깐 알아보도록 하자.	C. (플래시 자료를 본다)	
T16. 위대한 수학자인 Gauss가 해결한 방법과 여러분이 직접 해결한 방법을 비교할 때 어떤 생각이 드는가?	C33. 비슷하다. C34. 더 깊이 생각해 보면 Gauss의 방법보다 쉬운 방법도 있을 것 같다.	
T17. 여러분도 유명한 수학자가 생각했던 아이디어를 가지고 있기 때문에 수학자만큼 깊이 있게 생각한다면 보다 쉽게 문제를 해결할 수 있게 된다.		• 특별한 사람만 수학자가 되는 것은 결코 아님을 이야기하여, 수학에 대한 자신감을 갖도록 하면서 수업을 마친다.

곱셈구구, 다시 한 번 살펴봅시다.	삼정초등학교 6학년 (　　　)반
	이름

아래 곱셈구구표에서 곱을 적어 넣은 81개 칸의 모든 수의 합을 구해 보세요!

	1	2	3	4	5	6	7	8	9
1	1	2	3	4	5	6	7	8	9
2	2	4	6	8	10	12	14	16	18
3	3	6	9	12	15	18	21	24	27
4	4	8	12	16	20	24	28	32	36
5	5	10	15	20	25	30	35	40	45
6	6	12	18	24	30	36	42	48	54
7	7	14	21	28	35	42	49	56	63
8	8	16	24	32	40	48	56	64	72
9	9	18	27	36	45	54	63	72	81

[풀이]

(2) 점판에 숨어 있는 삼각형[2)]

① 본시 제재에 대한 개관

점판(geoboard)은 도형의 구성, 대칭성과 좌표기하의 기초 탐구, 도형의 이동 등과 같은 기하 영역에서의 활동은 물론, 넓이와 둘레, 각의 크기 등과 관련된 다양한 활동, 또 규칙성의 탐구 활동에 이르기까지 수학의 폭넓은 영역에서 그 활용도가 매우 높은 자료이다.

본시 수업은 $(n \times n)$ 점판을 특수한 경우로 단순화한 $(n \times 2)$ 점판에 삼각형을 구성하고 그에 대하여 탐구 · 논의하는 활동이다. $(n \times 2)$ 점판에 구성 가능한 삼각형의 개수를 알아보기 위해서는 우선 합동인 삼각형을 어떻게 처리할 것인지 결정할 필요가 있다. 이는 세어야 할 대상을 명확히 하는 것이다. 그런 다음 그 대상의 수를 정확하고 능률적으로 파악하여 세련되게 표현하기 위해서는 대상을 적당한 관점에 따라 분류할 필요가 있다.

여기서는 직각삼각형, 둔각삼각형 등과 같이 각의 크기에 따른 분류 관점이나 밑변의 길이가 1, 2, 3…인 삼각형 등과 같은 변(특히 밑변)의 길이에 따른 분류 관점을 생각할 수 있다. 이 두 가지 관점은 모두 구성 가능한 그리고 합동이 아닌 삼각형의 집합을 '분할'한다는 공통점을 지녔지만 어떤 관점이 보다 좋은가에 대해서는 논의의 여지가 있다. 또한 분류하여 셀 수 있다고 할지라도, 예컨대 (10×2) 점판의 경우와 같이 상황이 복잡해지면 세어야 할 대상을 중복 또는 누락 없이 구성하거나 식별하기가 어려워진다. 이때 그와 같은 대상을 일일이 구성하여 세지 않고도 개수를 파악할 수 있는 방법을 탐구해야 한다. 이것이 소위 '규칙성'이라는 것으로, 본 제재의 취급을 통해 학습시키고자 하는 주요 내용이다. 아울러 규칙성을 보다 쉽게 인식하기 위한 방법으로 단순화나 표 작성 등의 전략이 사용되는바, 이 또한 이 시간의 가치 있는 학습 내용이다.

---

2) 제10회 한일초등수학수학교육연구합동발표회/2007.08.18/인천 만수북초등학교 6학년/수업: 김소영, 정동권.

이와 같은 일련의 학습 활동을 통해 학생들은 알고 있는 것, 알아야 할 것, 그리고 알게 된 것에 대하여 활발하게 의사소통하는 기회를 가질 수 있다. 그럼으로써, 수학적으로 사고하는 것의 좋은 점을 인식하게 되고, 상호작용에 의한 지식 구성과 공유가 가능하여 본 제재가 갖는 교육적 가치를 구현할 수 있을 것이다.

학습문제

(10×2) 점판에 서로 합동이 아닌 삼각형을 모두 몇 가지나 만들 수 있는가?

② 해결의 논의 시에 유용한 표

구분 / 점판 종류	각의 입장에 따른 삼각형의 수		밑변의 길이에 따른 삼각형의 수									삼각형 개수의 합
	직각삼각형	둔각삼각형	1	2	3	4	5	6	7	8	9	
(2×2) 점판	1	0	1									1
(3×2) 점판	3	1	2	2								4
(4×2) 점판	4	4	3	3	2							8
(5×2) 점판	5	9	4	4	3	3						14
(6×2) 점판	6	15	5	5	4	4	3					21
(7×2) 점판	7	23	6	6	5	5	4	4				30
(8×2) 점판	8	32	7	7	6	6	5	5	4			40
(9×2) 점판	9	43	8	8	7	7	6	6	5	5		52
(10×2) 점판	10	55	9	9	8	8	7	7	6	6	5	65

③ 수업 전개의 개요

도입 | 문제 이해를 위한 예비 활동—(2×2), (3×2), (4×2) 점판에 삼각형 구성 및 약속하기

- 합동인 도형에 대한 논의
- 적당한 관점에 따른 삼각형의 구성과 그 개수 파악

전개 | Ⅰ. 문제제시—(10×2) 점판에 구성할 수 있는 삼각형 개수 알아보기

- 삼각형의 개수 예상
- 문제해결 방법 구상

Ⅱ. 문제해결의 실행—각자 자유롭게 해결하기

- 직접 해결의 곤란을 느끼고 다른 방법 모색
- 적당한 관점에 따라 분류하여 해결
- 기타 다른 방법으로 해결

Ⅲ. 발표 및 논의—여러 가지 해에 대한 토론 및 정당화하기

- 각자 해결 방법 및 결과 발표
- 발표 내용에 대한 활발한 의사소통과 상호작용

정리 | 학습 내용 정리 및 소감 발표

- 수학적으로 사고함에 따른 규칙 발견과 그 활용의 장점 인식
- 새롭게 알게 된 점, 궁금한 점 등에 대한 이야기로 수업 마무리

④ 본시의 교수 · 학습 목표

- 대상의 범주를 명확히 하고 그 대상을 목적에 맞게 분류 · 정리할 수 있다.
- 복잡한 상황을 간결하게 단순화하고 귀납적으로 규칙을 찾아 이를 문제해결에 활용할 수 있다.
- 식으로 표현하는 것의 장점을 알고, 이를 일반화의 실마리로 활용할 줄 안다.
- 해결 과정이나 결과를 말이나 글로 명확히 표현하여 수학적으로 의사소통할 수 있다.

⑤ 준비물

- 학생용: 매직펜, 자, 학습지
- 교사용: 자석, 교사용 점판, 교사용 점종이, 매직

⑥ 교수 · 학습 과정안

교사의 주된 발문	예상되는 어린이의 반응	지도상의 유의점
■ 예비활동 T1.(2×2) 점판, (3×2) 점판이란 무슨 뜻일까?	C1. 앞의 수는 가로 점의 개수, 뒤의 수는 세로 점의 개수인 것 같다.	⇨ 배열된 점의 개수에 따른 점판의 이름을 합리적으로 부여함으로써, 사용할 용어에 대한 약속을 명확히 한다.
문제 형성 및 파악 T2. 이와 같은 점판에서 점을 꼭짓점으로 하는 도형으로는 어떤 것을 만들 수 있는가?	C2. 삼각형 C3. 사각형(평행사변형, 직사각형 등)	⇨ 이와 같이 특수($(n\times2)$ 인 경우) 한 점판의 점을 꼭짓점으로 이용하여 구성 가능한 도형인 삼각형과 사각형에 관심 갖도록 한다.
T3. 이 시간에는 우선 삼각형만 생각하기로 하자. (2×2) 점판에 만들 수 있는 삼각형은 어떤 것이 있는가? T4. 합동인 것은 모두 하나로 보기로 한다. 그럼 (3×2) 점판에는 얼마나 많은 삼각형을 만들 수 있는가?	C4.  와 같은 4가지 C5. 이 4가지는 돌리거나 뒤집으면 서로 포개지는 것들이다. 그러니까 모두 서로 합동이다. C6. 합동인 삼각형을 어떻게 보아야 하는가? 합동인 것은 하나로 보아야 하는가? C7.  으로 모두 4가지 C8.  이므로 모두 5가지	⇨ 합동인 삼각형의 처리 방식을 확실히 한다. • C5는 공간 감각에 근거하여 주장한다. ⇨ ⊠을 만들어 8개라고 하는 반응도 예상되지만, 점판의 점에 꼭짓점이 있어야 함을 분명히 한다. ⇨ (3×2) 점판에서도 이 시간에 대상으로 삼아야 할 도형을 보다 확실히 한다.

T5. 이것(4가지)밖에 없다는 것을 어떻게 설명하겠는가? 삼각형들을 적당히 분류하여 말할 수 없는가?	C9. (C8에게) 두 번째와 5번째가 합동이다. 4가지밖에 없다.	• C9는 공간 감각을 바탕으로 합동인 도형을 식별한다. ⇨'이것뿐'임을 주장하는 방법으로 대상을 유별하여 정리하도록 유도하고, 찾은 도형은 칠판에 부착하여 설명하게 한다.
	C10. 직각삼각형 3개, 둔각삼각형 한 개밖에 안 생긴다. C11. 밑변의 길이가 1인 것 두 개, 2인 것이 두 개밖에 없다.	• C10과 C11은 각각 각의 크기와 변의 길이에 주목하여 분류한다.
T6. (4×2) 점판에서 한 번 더 찾아보아라. 어떻게 되는가?	C12. 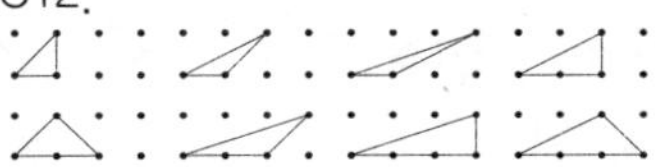 와 같은 8가지이다.	⇨ 찾은 도형을 칠판에 붙여 설명 자료로 삼는다.
T7. 마찬가지로 (4× 2) 점판에 만든 삼각형들도 적당히 분류하여 그 수를 말할 수 있는가?	C13. 각의 크기에 따라 직각삼각형 4개, 둔각삼각형 4개이다. C14. 밑변의 길이에 따라 1인 것 3개, 2인 것 3개, 3인 것이 2개이다.	⇨ 왜 예각삼각형은 없는지 묻는다. • C14는 본시 문제해결에 주요 전략인 조직적 자료 처리를 한다.

T8. 지금까지 알아본 것을 정리하여 다음과 같이 표로 나타내 보자.

점판 종류	각의 크기		합	점판 종류	밑변 길이			합
	직각	둔각			1	2	3	
2×2	1	0	1	2×2	1			1
3×2	3	1	4	3×2	2	2		4
4×2	4	4	8	4×2	3	3	2	8

⇨ 지금까지 알아본 것을 어떻게 정리하면 좋은지 발문하고, 표로 정리하여 판서함으로써, 바람직한 해결을 어느 정도 암시한다.

■ 문제제시

(10×2) 점판에 서로 합동이 아닌 삼각형을 모두 몇 가지나 만들 수 있는가?

⇨ 문제를 칠판에 게시하고, 문제의 이해 여부를 확인한다.

■ 개괄적인 구상 T9. 이 문제를 해결할 수 있겠는가? 삼각형을 몇 개쯤 만들 수 있을 것 같은가?	C15. 직접 해 봐야 알 것 같다. C16. (10×2) 점판이므로 20개? C17. 그보다 훨씬 많을 것 같다. C18. (10×2) 점판에 그려 봐야 한다.	⇨ 해결 방법이나 결과를 미리 예상해 보게 하고, 되도록 이미 학습한 내용을 활용할 수 있게 한다. 의도적으로 어느 한 가지 방법에만 치중하게 하지는 않는다.
T10. 어떻게 하면 해결될 것 같은가?	C19. 너무 복잡할 것 같다. 간단한 경우를 해 보고 규칙을 찾으면 될 것 같다.	• C19는 복잡할 것을 예상하고 단순화의 사고를 한다. ⇨ C19가 나타나지 않을 경우 이를 적당한 발문으로 유도한다.
	C20. 조금 전에 만든 표에서와 같이 직각삼각형과 둔각삼각형 수를 조사하여 더하면 될 것 같다.	• C20과 C21은 (3×2) 점판과 (4×2) 점판에서의 활동으로부터 유추하고 있다.
	C21. 표에서와 같이 밑변의 길이에 따라 삼각형이 몇 개씩 생기는지 알아보면 될 것이다.	⇨ 이런 반응의 유무에 따라 (5×2) 점판 활동을 추가할 수 있다.
	C22. (5×2) 점판에 만들어 보고 그 결과를 두 배 해도 될 것 같다.	• C22는 점판의 길이에만 주목하여 비례적 사고를 하고 있다.
■ 해결의 실행 T11. 각자 적당한 방법을 선택하여 해결해 보자.	C. (한동안 각자 자유롭게 해결하고 있다. 궤간 지도를 한다)	⇨ 궤간 지도를 통해 개별적 발문으로 해결을 돕는다. 발표해야 할 것을 선정하고 준비시킨다.
발표 및 논의 T12. 해결한 것을 발표해 보자.	C22. (10×2) 점판에 삼각형을 그리다가 복잡해서 마무리하지 못했다.	
	C23. 칠판의 표를 이용했는데, 직각삼각형은 10개이다. 둔각삼각형은 몇 개인지 알아내기 어렵다.	⇨ 왜 어렵다고 보았는지 설명하게 한다.
	C24. (5×2) 점판에 만들어 보았더니 삼각형이 14개였다. (10×2)점판에는 그 두 배인 28개가 된다.	⇨ (2×2) 점판의 경우 나타난 결과를 10배 하면 되겠는지 물어서 타당하지 않음을 알게 한다.

	C25. 밑변의 길이를 늘려 가면서 다음 표를 만들었다. (표 아래) (10×2) 점판의 경우 밑변의 길이가 9인 삼각형까지 만들 수 있고, 밑변의 길이가 1부터 9까지 각각 만들 수 있는 삼각형을 더하면 9+9+8+8+7+7+6+6+5=65(개)가 된다.	• 이 수준의 학생으로서 분류 · 정리하여 표로 나타낸 것이나, 수 감각을 이용하여 규칙을 읽어 낸 점으로 볼 때 가장 바람직한 해결이라 할 수 있다. ⇨ (20×2) 점판의 경우에도 이와 같이 하면 되겠는지 물어서 어느 정도의 일반화를 부추기고, 규칙을 찾은 구체적인 실마리는 무엇인지, 또 다른 규칙을 찾을 수는 없는지 묻는다.
	C26. 다음 표를 만들었다. (표 아래) 그 다음에는 +9, +10, +12, +13과 같은 규칙이 있을 것으로 보았다. 21+9=30, 30+10=40, 40+12=52, 52+13=65, 그래서 65개이다.	• C25와 비슷한 관점에 따라 해결한 것으로 볼 수 있으나, 각각의 점판에 대한 최종 결과에 관심을 가진 해결이다.
T13. 지금까지 발표된 내용에 대하여 함께 이야기해 보자.	C27. 앞의 C24와 같이 곱셈으로 구하는 것은 다른 삼각형이 많이 생기기 때문에 안 된다.	⇨ 이와 같은 논의는 해결에 대한 발표 중 또는 후에 이루어져 의사소통의 기회를 충분히 가지도록 배려한다.

C25의 표:

점판	밑변 길이					합
	1	2	3	4	5	
(2×2) 점판	1					1
(3×2) 점판	2	2				4
(4×2) 점판	3	3	2			8
(5×2) 점판	4	4	3	3		14
(6×2) 점판	5	5	4	4	3	21

C26의 표:

점판	삼각형 수	변화
(2×2) 점판	1	
(3×2) 점판	4	+3
(4×2) 점판	8	+4
(5×2) 점판	14	+6
(6×2) 점판	21	+7

	C28. (10×2) 점판에 삼각형을 모두 그려서 세는 것은 빠트리거나 중복되는 것을 알기 어려우므로 틀리기 쉽다.	⇨ C27부터 C32까지의 의견(가능한 다른 의견도 포함하여)이 나타나도록 유도하고 상호작용을 부추긴다.
	C29. 직각삼각형과 둔각삼각형을 찾는 것보다 밑변의 길이에 따라 삼각형의 수를 찾는 것이 훨씬 쉽다.	• 분류 · 정리의 관점 설정이 중요하다는 것을 느끼고 있다.
	C30. 앞의 C25의 해결이 잘 이해되지 않는다.	
	C31. (6×2)점판까지 알아보고 규칙을 찾은 것이다. 직접 해 보지 않아도 (7×2) 점판에서는 6, 6, 5, 5, 4, 4 (8×2) 점판에서는 7, 7, 6, 6, 5, 5, 4 (9×2) 점판에서는 8, 8, 7, 7, 6, 6, 5, 5 만큼의 삼각형을 밑변의 길이를 늘려 가면서 만들 수 있으므로, (10×2) 점판에서도 9, 9, 8, 8, 7, 7, 6, 6, 5를 모두 더한 개수가 만들어진다. 따라서 $9+9+8+8+7+7+6+6+5=65$와 같이 식으로 쓸 수 있다.	• 귀납적으로 규칙을 찾고, 답을 구하기 위한 식으로 나타내어 부분적 일반화를 하고 있다. ⇨ 다른 어린이들도 이를 이해할 수 있는지 확인하고, 필요시 칠판에 표를 작성하여 이해를 돕는다.
	C32. 규칙을 찾아서 해결한 C25와 C26이 직접 그려서 세는 것보다 시간도 절약되고 정답을 구하기도 쉬운 것 같다.	• 규칙을 찾아 해결하는 것의 장점을 인식하고 있다.
▪ 학습 정리 T14. 이 시간에 공부하면서 새로 알게 된 점이나 느낀 점, 그리고 궁금한 것이 있으면 말해 보자.	C33. (20×2) 점판의 경우에도 단번에 알아낼 방법은 없는지 궁금하다. C34. (10×2) 점판에 생기는 삼각형을 무조건 그려서 센다는 것이 너무 어려웠다.	⇨ 더 높은 수준의 일반화를 지향하고는 있으나 여기서는 무리이다. ⇨ 자신의 해결 방법을 다른 해결에 비추어 반성하고 있다.

	C35. 규칙을 찾아서 문제를 해결하는 것이 재미있다. C36. 표나 식으로 나타내면 규칙을 찾기 쉬워서 문제해결에 큰 도움이 된다는 것을 알았다.	⇨ C35나 C36의 반응은 다른 어린이들이 모두 느끼도록 부각시킨다.
	C37 가로나 세로로 점이 더 많아지는 경우도 구할 수 있을 것 같다. C38. 삼각형의 개수 대신 사각형의 개수를 알아보고 싶다.	⇨ C37과 C38은 조건이나 관점 변경에 따른 발전적 사고를 하고 있다.

활동지 1

생각하는 점종이 1

2×2 2×2 3×2 3×2 3×2

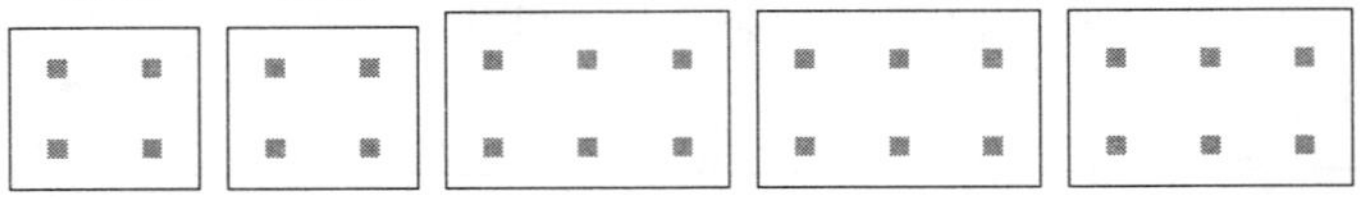

생각하는 점종이 2

3×2

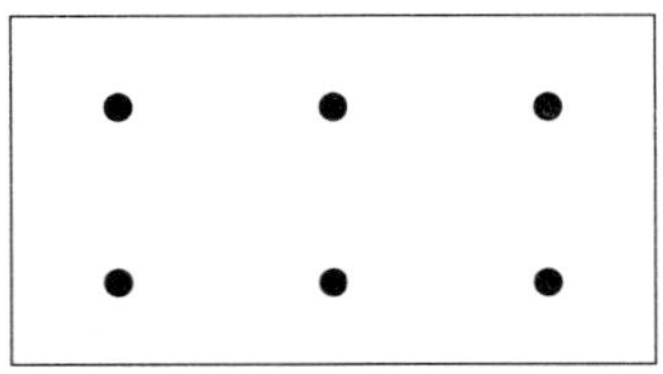

생각하는 점종이 3

4×2 4×2

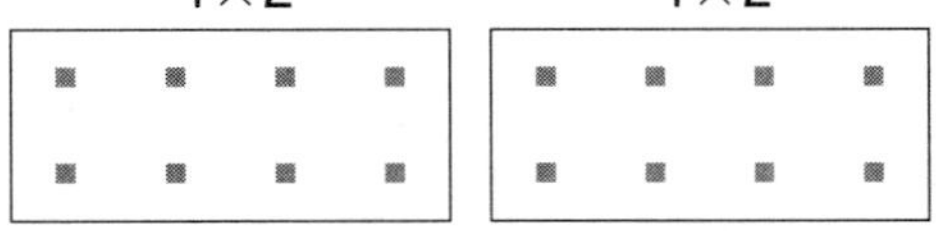

4×2 4×2

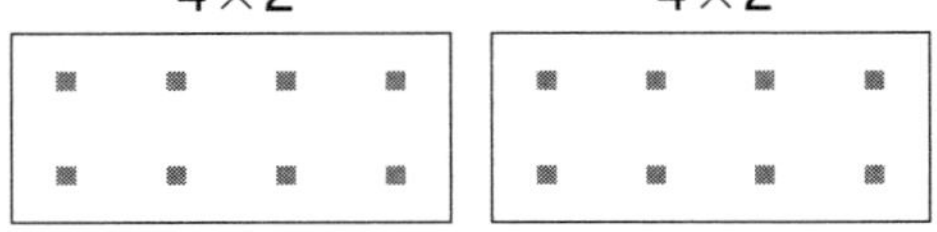

생각하는 점종이 4

4×2

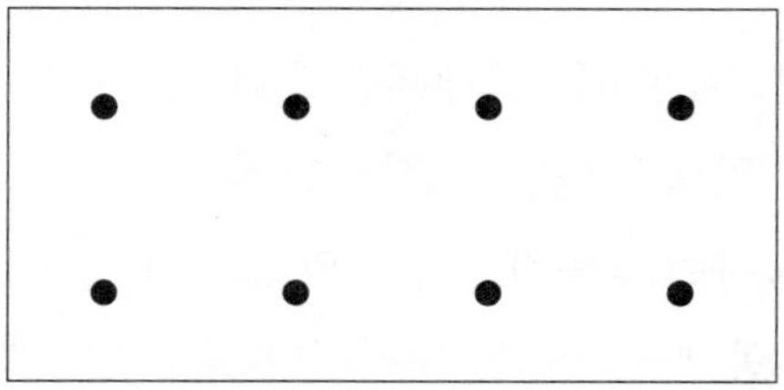

생각하는 점종이 5

10×2 이름:

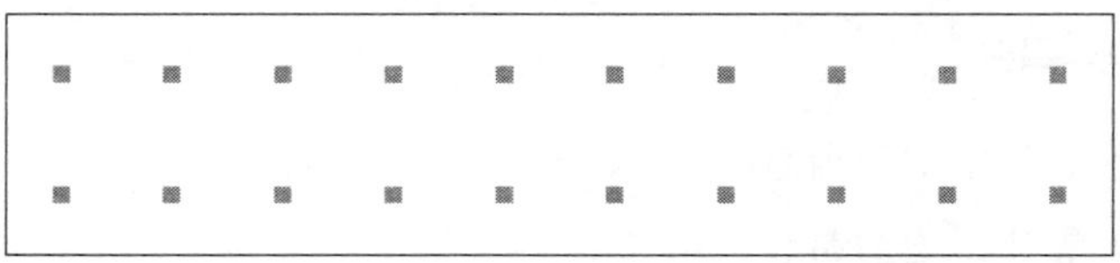

생각하는 점종이 6

5×2

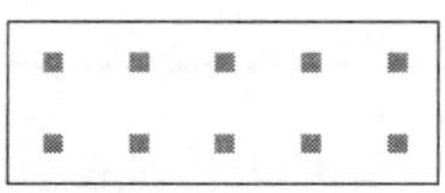

5×2

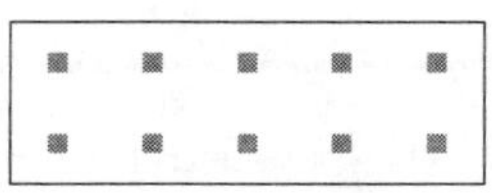

5×2

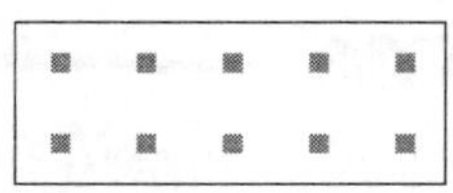

생각하는 점종이 7

6×2

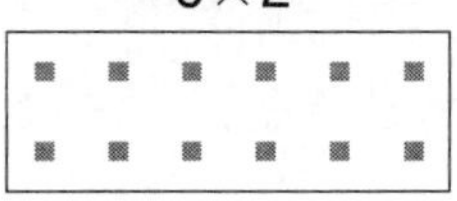

6×2

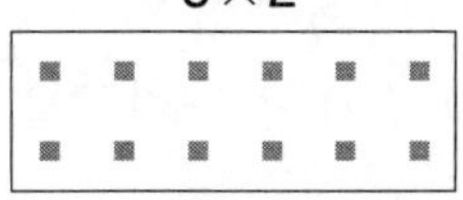

6×2

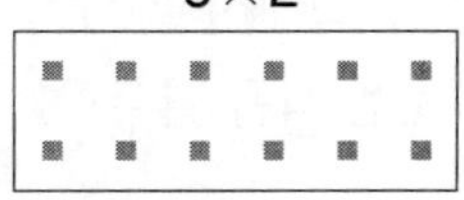

(3) 세 개의 덧셈식을 만들자 [3]

① 주제 설정의 이유

어느 시대나 주체적으로 생각하여 판단하고 행동할 수 있는 인간을 길러 낼 필요가 있다. 또(일본처럼 지도시수 삭감에 있어서도) 학력의 유지 및 향상은 항상 고려해야 할 문제다. 그러기 위해서는 문제해결에 자주 쓰이는 수학적인 생각에 초점을 맞추어 지도해야 할 필요가 있다. 수학적인 생각을 어떻게 기르느냐에 따라 자주적 · 주체적으로 생각하며 행동하는 인간의 기초가 형성될 수 있다고 생각한다. 또 문제해결의 방법이 몸에 익혀져야 지식이나 표현 처리의 능력을 활용할 수 있게 된다. 그리고 학습내용의 이해가 보다 확실해진다. 이와 같은 이유로 수학적인 생각을 기르는 것을 목적으로 본 단원을 설정하였다.

② 본 수업의 목표

- 귀납적인 생각을 경험시킨다.
- 연역적인 생각을 경험시킨다.

↘ 전개의 개요와 기르고 싶은 수학적인 생각

과제 1

1부터 10까지 카드 중에서 어느 한 장을 빼낸 9장의 카드로 덧셈 식을 3개 만든다. 어떤 카드를 빼냈을 때 3개의 덧셈 식을 만들 수 있는가?

- 여기서는 1에서 10까지 카드 중에서 어떤 한 장을 빼낸 9장의 카드를 써서 3개의 덧셈 식을 만든다. 그 결과 홀수 카드를 빼낸 경우는 할 수 있지만 짝수

3) 제10회 한일초등수학교육연구합동발표회/2007.08.18./인천 만수북초등학교 5학년/수업 広田敬一

카드를 빼낸 경우는 할 수 없다는 것을 발견한다. [귀납적인 생각]

- 홀수 카드를 빼낸 경우에는 2~3가지의 답이 존재한다. 답이 복수로 있다는 것을 1의 카드를 빼낸 경우의 결과로부터 유추하여, 하나의 답을 찾은 후 다른 답이 없나 생각해 본다. [유추적인 생각]

과제 2

짝수 카드를 빼낸 경우에는 3개의 덧셈 식을 만들지 못했는데, 만들지 못하는 이유를 설명할 수 있는가?

- 짝수 카드를 빼냈을 경우 3개의 덧셈 식을 만들어 낸 학생이 없어서, 만들 수 없다는 예상은 할 수 있지만 확실히 만들 수 없다고 단정할 수는 없다. 그래서 그것을 확실히 할 필요가 있다고 깨닫게 하여 설명하는 방법을 생각하게 한다.

  그때 만약 짝수 카드를 빼내면 나머지 카드의 합은 홀수가 되는데, 3개의 식의 합 부분(우변의 답)의 합계와 덧셈 식 부분(좌변의 식)의 합계가 같다는 점에 착안하여 사용하는 9장의 카드의 합이 짝수가 아니면 불가능이라는 것으로 설명한다. [연역적인 생각]

③ 지도의 전개

아래 맨 오른쪽 칸의 Ⓚ는 수학적인 생각을 하게 하려는 교사의 활동, Ⓗ는 '이러한 활동을 학생이 하면 그 학생은 수학적인 생각을 했다고 평가할 수 있다.'라는 것을 나타낸다. 또 Ⓞ는 그러한 활동을 하지 못했을 때의 지도 방법을 나타낸다.

<table>
<tr><th>교사의 활동</th><th>학생의 활동</th><th>수학적인 생각(K), 그 평가 (H), 방법(O), 유의점(■)</th></tr>
<tr><td colspan="3">1부터 10까지의 숫자 카드와 [+] [=]의 카드가 있습니다.

[활동 A] [1]에서 [9]까지 9장의 카드와 [+], [=]의 카드를 써서 3개의 덧셈 식을 만들 수 있을까요? 알아봅시다.</td></tr>
<tr><td>1. 카드를 사용하여 알아봅시다. 만든 사람은 3개의 식을 칠판에 써서 발표해 주세요.
2. 3개의 덧셈 식을 만든 사람이 있습니까? 만든 사람이 없을 것 같으니 다음 문제를 풀어 봅시다.</td><td>11. [1][+][8][=][9]
[2][+][5][=][7]
[3][+][4][=] ? 등</td><td></td></tr>
<tr><td colspan="3">[활동 B] [2]부터 [10]까지 9장의 카드와 [+], [=]의 카드를 써서 3개의 덧셈식을 만들 수 있을까요? 알아봅시다.</td></tr>
<tr><td>3. 만든 사람은 3개의 식을 칠판에 써서 발표해 주세요.</td><td>31. [2][+][7][=][9]
[3][+][5][=][8]
[4][+][6][=][10]

32. [2][+][6][=][8]
[3][+][7][=][10]
[4][+][5][=][9]</td><td>■ 답이 하나(3개의 덧셈 식) 나오면 다른 3개의 덧셈 식을 만든 사람은 없는지 알아보고, 답이 여러 개라는 것을 깨닫게 한다.</td></tr>
<tr><td colspan="3">[활동 C] [1]부터 [10]까지 카드 중에서 한 장의 카드를 빼낸 후 남은 9장의 카드로 덧셈 식 3개를 만듭니다. 어떤 카드를 빼냈을 때 3개의 덧셈 식을 만들 수 있을까요?</td></tr>
</table>

4. [활동 A]는 1부터 10까지 10장의 카드 중 10의 카드를 빼낸 9장으로, [활동 B]는 1의 카드를 빼낸 9장으로 3개의 덧셈 식을 만드는 문제였습니다. 이와 같이 10장의 숫자 카드 중 어느 한 장을 빼낸 9장으로 3개의 덧셈 식을 만드는 것인데, 3개의 덧셈 식이 만들어지는 것은 어떤 카드를 빼냈을 때인지 조사해 봅시다.	41. 3의 카드를 빼냈을 때 1+6=7 2+8=10 4+5=9 42. 3의 카드를 빼냈을 때는 다른 답이 있을지도 모른다. 1+8=9 2+5=7 4+6=10 43. 5의 카드를 빼냈을 때 1+8=9 2+4=6 3+7=10 44. 7의 카드를 빼냈을 때 1+8=9 2+3=5 4+6=10 45. 9의 카드를 빼냈을 때 1+7=8 2+3=5 4+6=10 등	■ 활동지를 배부하여 3개의 덧셈 식이 만들어지면 그 식을 활동지에 기입하게 한다. 42 Ⓚ **유추적인 생각** 1의 카드를 빼낸 경우에서 유추하고 있다.
5. 조사해 본 결과 어떤 것을 알게 되었습니까?	51. 홀수 카드를 빼냈을 때는 3개의 덧셈 식을 만들 수 있으나, 짝수 카드를 빼냈을 때는 만들 수 없다. 52. 홀수 카드를 빼냈을 때는 2개 또는 3개의 답이 있다. 53. 답 카드로는, 1의 카드를 빼냈을 경우 8, 9, 10, 3의 카드를 빼냈을 경우 7, 9, 10 5의 카드를 빼냈을 경우 6, 9, 10이고, 9와 10 이외의 카드는 1씩 작아지고 있다.	51, 52 Ⓚ **귀납적인 생각** 조사한 결과에 바탕을 두고 귀납적으로 규칙을 찾아내고 있다. Ⓗ 53, 55 Ⓚ **함수적인 생각** 빼낸 카드의 크기 순으로 3개의 덧셈 식을 비교하여 규칙을 찾아내고 있다.

<table>
<tr>
<td></td>
<td>54. [5]의 카드를 빼낸 경우 답 카드는 [7], [8], [10]이 되므로 규칙이 성립하지 않는다.
[1][+][9][=][10]
[2][+][6][=][8]
[3][+][4][=][7]
55. 답 카드 3장의 합이 27, 26, 25…로 1씩 작아지고 있다.</td>
<td></td>
</tr>
<tr>
<td>6. 짝수 카드를 빼낸 경우 3개의 덧셈 식을 만들 수 없는데, 만들 수 없는 이유를 설명할 수 있습니까?</td>
<td>61. 3개의 식의 답 카드 3장의 합과 덧셈 식 카드 6장의 합은 같으므로, 3개의 식을 만들 때 사용한 카드 9장의 합은 짝수가 된다. 그런데 짝수 카드를 빼낸 경우 나머지 카드 9장의 합은 홀수이므로, 3개의 식은 성립하지 않는다.
62. [1]에서 [10]의 카드 중에서 짝수 카드를 빼내면, 짝수 카드가 4장, 홀수 카드가 5장이 된다. 3개의 덧셈 식은

짝+짝=짝
짝+홀=홀
홀+홀=짝

짝+짝=짝
짝+홀=홀
짝+홀=홀

짝+홀=홀
짝+홀=홀
짝+홀=홀

짝+홀=홀
짝+홀=홀
홀+홀=짝

짝+홀=홀
홀+홀=짝
홀+홀=짝

홀+홀=짝
홀+홀=짝
홀+홀=짝

등의 경우이며, 짝수 카드가 4장이면 성립하지 않는다.</td>
<td>61, 62 Ⓚ 연역적인 생각
짝수 카드를 빼낸 경우 9장의 카드의 합이라든가, 짝수와 홀수의 합이 짝수인지 홀수인지 등에 착안하여 연역적으로 설명하고 있다.
Ⓞ 55의 생각이 나타나면 답 카드 3장뿐 아니라 카드 9장의 합이 어떻게 되어 있는지 생각하면 좋다는 것을 힌트로 하여, 9장의 카드의 합이 짝수라는 것에 착안할 수 있게 한다.
Ⓞ 55가 나타나지 않는 경우, 짝수 카드를 빼내면 3개의 덧셈 식에 사용된 카드 9장의 합이 어떻게 되는지 생각하도록 조언을 한다.
Ⓗ 발언 등으로부터, 짝수 카드를 빼낸 경우 불가능인 이유를 생각할 필요가 있다는 점에 대하여 인식하고 있는지 파악한다.</td>
</tr>
</table>

7. 이 시간에 공부하면서 어떻게 생각했던 것이 좋았습니까?	71. 몇 가지 경우를 조사해 보고 빼낸 카드가 홀수이면 가능하고 짝수이면 불가능이라는 규칙을 찾아내었다. 72. 짝수 카드를 빼낸 경우는 불가능이라는 것을 설명하여 이를 확실히 하였다.	

활동지 1

학년　반	이름

◎ 10장의 숫자 카드와 다른 카드 [+], [=]이 있습니다.

[활동 A]

1부터 9까지 아홉 장의 카드와 +, = 의 카드를 사용하여 덧셈 식 3개를 만들 수 있는지 알아봅시다.

3개의 덧셈 식을 만들 수 있다면 아래 칸에 써 봅시다.

□ + □ = □

□ + □ = □

□ + □ = □

[활동 B]

2부터 10까지 아홉 장의 카드와 +, = 의 카드를 사용하여 덧셈 식 3개를 만들 수 있는지 알아봅시다.

3개의 덧셈 식을 만들 수 있다면 아래 칸에 써 봅시다.

□ + □ = □

□ + □ = □

□ + □ = □

활동지 2

학년 반	이름

[활동 C]

1부터 10까지 카드 중에서 어느 한 장의 카드를 빼낸 후 남은 9장의 카드로 덧셈 식 3개를 만듭니다.

어떤 카드를 빼냈을 때 3개의 덧셈 식을 만들 수 있을까요?

빼낸 카드: □ □ + □ = □ □ + □ = □ □ + □ = □	빼낸 카드: □ □ + □ = □ □ + □ = □ □ + □ = □
빼낸 카드: □ □ + □ = □ □ + □ = □ □ + □ = □	빼낸 카드: □ □ + □ = □ □ + □ = □ □ + □ = □
빼낸 카드: □ □ + □ = □ □ + □ = □ □ + □ = □	빼낸 카드: □ □ + □ = □ □ + □ = □ □ + □ = □
빼낸 카드: □ □ + □ = □ □ + □ = □ □ + □ = □	빼낸 카드: □ □ + □ = □ □ + □ = □ □ + □ = □

활동지 3

학년　　반	이름

[활동 D]

앞의 [활동 C]에서 알아본 결과로 어떤 규칙을 찾아냈습니까? 찾아낸 규칙과 그 규칙이 성립하는 이유를 써 봅시다.

찾은 규칙

규칙이 성립하는 이유

◎ 이 시간에 공부하면서 느낀 점을 써 봅시다.

(4) 수 배열표로 수학적인 생각을 기른다 [4)]

① 주제 설정의 이유

어느 시대나 주체적으로 생각하여 판단하고 행동할 수 있는 인간을 길러낼 필요가 있다. 또(일본처럼 지도시수 삭감에 있어서도) 학력의 유지 및 향상은 항상 고려해야 할 문제다. 그러기 위해서는 문제해결에 자주 쓰이는 수학적인 생각에 초점을 맞추어 지도해야 할 필요가 있다. 수학적인 생각을 어떻게 기르느냐에 따라 자주적 · 주체적으로 생각하며 행동하는 인간의 기초가 형성될 수 있다고 생각한다. 또 문제해결의 방법이 몸에 익혀져야 지식이나 표현 처리의 능력을 활용할 수 있게 된다. 그리고 학습 내용의 이해가 보다 확실해진다. 이와 같은 이유로 수학적인 생각을 기르는 것을 목적으로 본 단원을 설정하였다.

② 본 수업의 목표

- 귀납적인 생각을 경험시킨다.
- 연역적인 생각을 경험시킨다.
- 발전적인 생각을 경험시킨다.
- 식으로 나타내거나 식을 읽는 생각을 경험시킨다.

---

4) 제10회 한일초등수학교육연구합동발표회/2007.08.18./인천 만수북초등학교 5학년/수업: 內藤和巳(이 수업안은 2006년도 소학교 산수교육연구 전국(가와사키)대회에서 실시한 片桐重男 교수의 특별공개수업에 기초하여 작성한 것이다.)

③ 전개의 개요와 키우고 싶은 수학적인 생각

과제 1

수 배열표에서 두 수의 합이 101이 되는 두 수는 어디 있을까요?

1	2	3	4	5	6	7	8	9	10
11	12	13	14	15	16	17	18	19	20
21	22	23	24	25	26	27	28	29	30
31	32	33	34	35	36	37	38	39	40
41	42	43	44	45	46	47	48	49	50
51	52	53	54	55	56	57	58	59	60
61	62	63	64	65	66	67	68	69	70
71	72	73	74	75	76	77	78	79	80
81	82	83	84	85	86	87	88	89	90
91	92	93	94	95	96	97	98	99	100

- 여기서 합이 101이 되는 수의 쌍을 찾아본다. 그것들에 공통인 배열 방법을 찾아낸다. [귀납적인 생각] 그 배열 방법을 화살표로 나타낸다. [기호화의 생각] '쌍을 이루고 있는 수는 표의 중심을 기준으로 서로 마주 보고 있다.'는 규칙을 알아챘다.
- 표의 모든 수가 둘의 합이 101로 되는 수일 수 있다는 것의 설명을 생각한다. [연역적인 생각]

과제 2

1부터 100까지 수의 합을 계산하는 방법에 대하여 생각해 봅시다.

- 수 배열표 전체에 대하여 말할 수 있는 '과제 1'의 성질을 발전시켜, 자연수의 합을 구할 수 있다는 것을 알게 한다. [발전적인 생각]

• 구하는 방법을 식으로 정리하여 그 식을 읽고, 10이나 60까지의 합을 구한다.
[식으로 나타내거나 식을 읽는 생각] [일반화의 생각]
• 본시를 되돌아보고 사고 방법에 초점을 맞추어 정리한다.

이 과제는 특별한 지식이나 기능을 필요로 하지 않는다. 생각하는 방법을 궁리함으로써 문제해결이 쉬워지게 된다. 이런 의미에서 사고 방법에 초점을 맞춘 과제라고 생각한다. 이와 같은 과제 해결에 몰두함으로써 수학적 사고 방법을 기를 수 있다고 생각한다.

④ 지도의 전개

다음 교수 · 학습 과정안에서 맨 오른쪽 칸의 Ⓚ는 수학적인 생각을 하게 하려는 교사의 활동, Ⓗ는 '이러한 활동을 학생이 하면 그 학생은 수학적인 생각을 했다고 평가할 수 있다.'라는 것을 나타낸다. 또 Ⓞ는 그러한 활동을 하지 못했을 때의 지도 방법을 나타낸다.

교사의 활동	학생의 활동	수학적인 생각(K), 그 평가 (H), 방법(O), 유의점(■)
수 배열표를 보고 두 수의 합이 101이 되는 두 수를 찾아봅시다.		
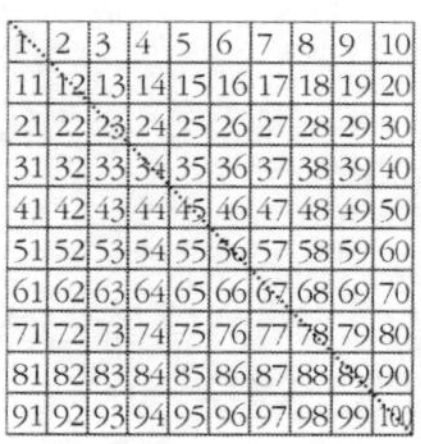		
1. 이 표에서 1+100=101인데, 그 밖에도 두 수의 합이 101이 되는 쌍이 있습니까?	11. 12+89, 23+78…은 모두 101입니다. 12. 10+91, 19+82… 13. 17+84, 32+69 등	■ 찾지 못할 경우에는, "2에 어떤 수를 더하면 101이 되는가?" 등으로 묻는다.

2. 찾아낸 쌍을 발표해 봅시다(칠판에 부착한 수 배열표에 표시한다). 이 수 배열표에서 무엇을 알 수 있습니까? 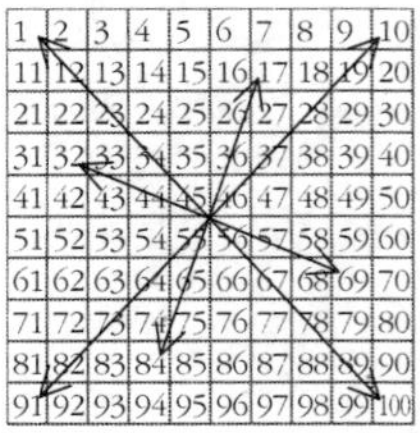	21. 한가운데 점을 기준으로 마주 보는 수가 쌍으로 되어 있다. 22. 수 배열표는 모두 두 수씩의 합이 101로 되어 있는 듯하다.	2 Ⓚ 귀납적인 생각 ■ 대응하는 수에 표시를 하고 화살표로 연결한다. 21, 22 Ⓗ 귀납하고 있다.
3. 그런 것 같네요. 모두 조사해 보지 않고서도 그렇다는 것을 설명할 수 없을까요? 4. 그렇군요. 그러니까 합이 101이 되는 두 수는 모두 다 이 표에 있다고 말할 수 있습니다.	31. 더해서 101이 되는 짝의 수를 찾는 데는 101에서 그 수를 빼면 꼭 찾을 수 있다. 32. 101에서 1～100의 어떤 수를 빼도 꼭 그 답이 1～100으로 된다.	3 Ⓚ 연역적인 생각 31, 32 Ⓗ 연역하고 있다.
5. 그러면 이를 이용하여 1부터 100까지의 합은 얼마가 되는지 계산할 수 없을까요?		5 Ⓚ 발전적인 생각

1부터 100까지 수의 합을 계산하는 방법을 생각해 봅시다.

(1＋2＋3＋ ⋯ ＋99＋100 ＝(100＋1)×100 ÷2라는 식을 정확하게 쓴다.	51. 101×50＝5050 52. (100＋1)×100÷2 53. 풀 수 없다.	51, 52 Ⓗ 발전적으로 생각했다. ■ 알고 있는 수(1과 100)를 사용하여 식으로 나타내도록 조언한다.

• 구하는 방법을 식으로 정리하여 그 식을 읽고, 10이나 60까지의 합을 구한다.
  [식으로 나타내거나 식을 읽는 생각] [일반화의 생각]
• 본시를 되돌아보고 사고 방법에 초점을 맞추어 정리한다.

이 과제는 특별한 지식이나 기능을 필요로 하지 않는다. 생각하는 방법을 궁리함으로써 문제해결이 쉬워지게 된다. 이런 의미에서 사고 방법에 초점을 맞춘 과제라고 생각한다. 이와 같은 과제 해결에 몰두함으로써 수학적 사고 방법을 기를 수 있다고 생각한다.

④ 지도의 전개

다음 교수 · 학습 과정안에서 맨 오른쪽 칸의 Ⓚ는 수학적인 생각을 하게 하려는 교사의 활동, Ⓗ는 '이러한 활동을 학생이 하면 그 학생은 수학적인 생각을 했다고 평가할 수 있다.'라는 것을 나타낸다. 또 Ⓞ는 그러한 활동을 하지 못했을 때의 지도 방법을 나타낸다.

교사의 활동	학생의 활동	수학적인 생각(K), 그 평가 (H), 방법(O), 유의점(■)
수 배열표를 보고 두 수의 합이 101이 되는 두 수를 찾아봅시다.		

1	2	3	4	5	6	7	8	9	10
11	12	13	14	15	16	17	18	19	20
21	22	23	24	25	26	27	28	29	30
31	32	33	34	35	36	37	38	39	40
41	42	43	44	45	46	47	48	49	50
51	52	53	54	55	56	57	58	59	60
61	62	63	64	65	66	67	68	69	70
71	72	73	74	75	76	77	78	79	80
81	82	83	84	85	86	87	88	89	90
91	92	93	94	95	96	97	98	99	100

교사의 활동	학생의 활동	수학적인 생각(K), 그 평가 (H), 방법(O), 유의점(■)
1. 이 표에서 1+100=101인데, 그 밖에도 두 수의 합이 101이 되는 쌍이 있습니까?	11. 12+89, 23+78⋯은 모두 101입니다. 12. 10+91, 19+82⋯ 13. 17+84, 32+69 등	■ 찾지 못할 경우에는, "2에 어떤 수를 더하면 101이 되는가?" 등으로 묻는다.

2. 찾아낸 쌍을 발표해 봅시다(칠판에 부착한 수 배열표에 표시한다). 이 수 배열표에서 무엇을 알 수 있습니까? 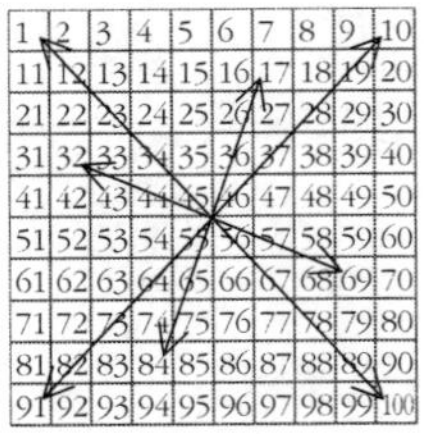	21. 한가운데 점을 기준으로 마주 보는 수가 쌍으로 되어 있다. 22. 수 배열표는 모두 두 수씩의 합이 101로 되어 있는 듯하다.	2 Ⓚ 귀납적인 생각 ■ 대응하는 수에 표시를 하고 화살표로 연결한다. 21, 22 Ⓗ 귀납하고 있다.
3. 그런 것 같네요. 모두 조사해 보지 않고서도 그렇다는 것을 설명할 수 없을까요?	31. 더해서 101이 되는 짝의 수를 찾는 데는 101에서 그 수를 빼면 꼭 찾을 수 있다. 32. 101에서 1～100의 어떤 수를 빼도 꼭 그 답이 1～100으로 된다.	3 Ⓚ 연역적인 생각 31, 32 Ⓗ 연역하고 있다.
4. 그렇군요. 그러니까 합이 101이 되는 두 수는 모두 다 이 표에 있다고 말할 수 있습니다.		
5. 그러면 이를 이용하여 1부터 100까지의 합은 얼마가 되는지 계산할 수 없을까요?		5 Ⓚ 발전적인 생각

1부터 100까지 수의 합을 계산하는 방법을 생각해 봅시다.

(1+2+3+ … +99+100 =(100+1)×100 ÷2라는 식을 정확하게 쓴다.	51. 101×50=5050 52. (100+1)×100÷2 53. 풀 수 없다.	51, 52 Ⓗ 발전적으로 생각했다. ■ 알고 있는 수(1과 100)를 사용하여 식으로 나타내도록 조언한다.

60까지의 합은, 이 식을 읽을 수 있도록 한다.)		53 Ⓞ "합이 101이 되는 쌍은 모두 몇 개 있는가로 생각되지 않나요?" 등으로 조언한다.
6. 그러면 1부터 60까지의 합도 구할 수 있을까요? (시간이 있으면 다른 수에 대해서도 해 본다)	61. $(60+1)\times 60\div 2=1830$ 62. 구할 수 없다.	6 Ⓚ 발전적인 생각 61 Ⓗ 발전적인 생각 62 Ⓞ "1부터 100까지의 합을 구할 때와 마찬가지로 생각해 보자." "60과 1의 합인 61의 쌍이 몇 개 있는지 생각해 보자." "1부터 100까지의 합을 구했던 식을 사용해 보자." 등으로 조언한다.
7. 이 시간에 어떻게 생각했던 점이 좋았습니까?	71. 처음에 몇 개인지 조사하여 규칙을 찾아냈다. 72. 규칙을 말하는 이유를 생각했다. 73. 규칙을 식으로 나타내어 다른 수에도 적용했다.	■ 판서를 계기로 되돌아본다. ■ 이상의 내용을 판서하여 공책에 정리시킨다.

학습지

수 배열표로 생각해 봅시다

학년 반 번

이름

1	2	3	4	5	6	7	8	9	10
11	12	13	14	15	16	17	18	19	20
21	22	23	24	25	26	27	28	29	30
31	32	33	34	35	36	37	38	39	40
41	42	43	44	45	46	47	48	49	50
51	52	53	54	55	56	57	58	59	60
61	62	63	64	65	66	67	68	69	70
71	72	73	74	75	76	77	78	79	80
81	82	83	84	85	86	87	88	89	90
91	92	93	94	95	96	97	98	99	100

깨달은 내용을 써 봅시다.

(5) ◇ 모양의 둘레 길이 구하기[5)]

① 본시 수업의 제재 및 전개 개요

문제

욕실 바닥에 합동인 정사각형 모양의 타일을 다음 그림과 같이 깔아 나갑니다. 마지막으로 9단계에 나타날 그림대로 깔고, 그 가장자리에 구리 띠를 둘러서 보기 좋게 만들려고 합니다. 이때 필요한 구리 띠의 길이는 얼마입니까?

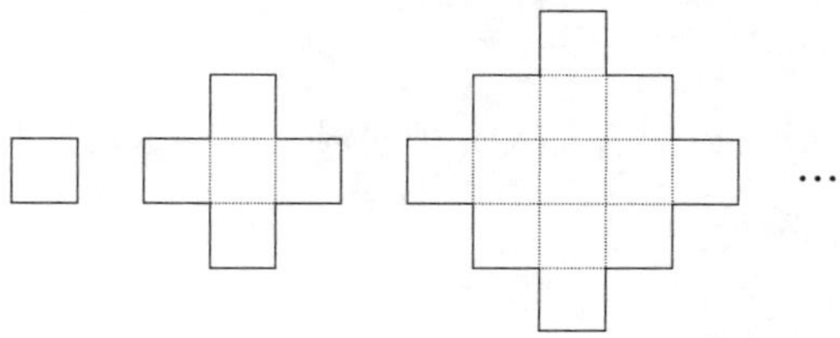

1단계　　2단계　　3단계

- 위 그림과 같은 문제를 제시하여 문제해결에 필요한 조건을 명확히 한다.
- 각자 자유롭게 문제를 해결해 보게 한 후 해결 방법 및 결과를 발표시킨다.
- 발표 내용을 검토 보완시킨다. 이를 통하여 학생들의 의사소통이 이루어지는 경험을 시킨다.
- 여러 가지 방법 중 어떤 것이 좋은지 서로 비교해서 말하게 한다. 좀 더 알고 싶은 점을 물어보고 발전시킨다.

② 본시의 교수 · 학습 목표

- 문제를 다양한 방법으로 해결하고 그 결과를 표현할 수 있다(조작의 생각, 표현의 생각).
- 문제를 해결하는 과정을 통해 규칙을 찾아낼 수 있다(귀납적인 생각).

5) 제11회 경인초등수학교육연구합동발표회/2008. 8. 22./경기도 파주시 동패초등학교 6학년/수업: 강연민, 정동권.

- 식으로 나타내고 식의 좋은 점을 인식한다(식에 대한 생각).
- 다양한 해결 방법을 찾으려고 하며, 규칙을 찾아 문제를 해결하는 방법의 장점을 인식한다.
- 문제해결에 대한 결과를 말이나 식, 표, 그림 등으로 명확히 표현하여 수학적으로 의사소통하는 경험을 축적한다.

③ 준비물

- 어린이용: 학습지, 발표용 학습지(A3), 매직펜
- 교사용: 학습 문제, 자석

④ 교수 · 학습 과정안

교사의 주된 발문	어린이의 예상되는 반응	지도상의 유의점
■ 문제제시 및 문제파악		
학습 문제 욕실 바닥에 합동인 정사각형 모양의 타일을 오른쪽 그림과 같이 깔아 나갑니다. 마지막으로 9단계에 나타날 그림대로 깔고, 그 가장자리에 구리 띠를 둘러서 보기 좋게 만들려고 합니다. 이때 필요한 구리 띠의 길이는 얼마인가요?	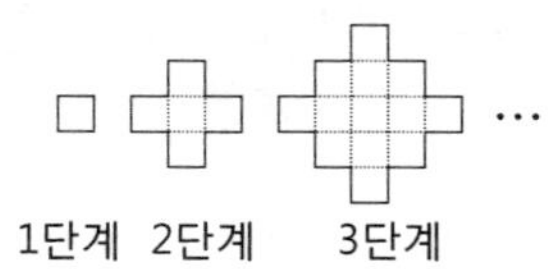	⇨ 학습 문제를 칠판에 제시한다.
T1. 문제에서 이해 가지 않는 점은 없나요?	C1. 네.	⇨ 이해 가지 않는 부분을 말하면 자세히 설명해 준다.

T2. 무엇을 구하려고 하나요?	C2. 9단계 그림의 가장자리에 구리 띠를 둘렀을 때의 길이를 구하려고 합니다.	⇨ 문제를 명확히 하려고 한다.
T3. 문제를 푸는 데 조건은 충분한가요?	C3. 타일의 한 변의 길이를 모릅니다.	
T4. 타일의 한 변의 길이는 1입니다. 또 필요한 것은 없나요?	C4. 네, 둘레의 길이를 구하는 데 필요한 조건은 더 없습니다.	
▪ 해결 방안의 구상		
T5. 둘레의 길이를 구한다는 것은 무엇을 구한다는 것인가요?	C5. (칠판의 도형에) 둘레를 표시하여 본다.	⇨ 도형의 둘레를 표시하게 함으로써 둘레의 길이의 개념을 확실하게 한다.
T6. 어떻게 놓아 갔는지 알 수 있나요?	C6. 중심의 정사각형 수가 1, 3, 5개와 같이 홀수로 늘어나고 늘어난 홀수보다 작은 홀수 개수만큼 위아래로 정사각형을 늘어놓아 십자 모양을 만들고 있습니다.	
T7. 9번째 도형의 둘레의 길이를 구할 수 있을까요?	C7. 직접 그려 보고 둘레의 길이를 구하면 됩니다.	
T7-1. 어떻게 하면 둘레의 길이를 좀 더 간단히 구할 수 있을까요?	C7-1. 규칙을 찾아 해결합니다. C7-2. 표를 그려 규칙을 찾아봅니다.	⇨ 다양한 해결 방법을 생각하도록 발문한다.
T8. 9번째 도형의 둘레의 길이는 대략 얼마정도 될 것 같나요?	C8-1. 글쎄요. C8-2. 80. C8-3. 잘 모르겠습니다.	
▪ 해결의 실행		
T9. 지금부터 각자 생각한 방법으로 해결해 보세요.	C9. (한동안 각자 자유롭게 해결한다. 궤간 지도를 한다)	⇨ 궤간 지도를 통해 개별적 발문으로 해결을 돕는다. 발표해야 할 것을 선정하고 준비시킨다.

■ 발표 및 논의

<table>
<tr>
<td>T10. 해결한 것을 발표해 보세요.</td>
<td>C10−1. 9번째 것을 학습지에 그려 변의 개수를 세어 둘레의 길이를 알아보았더니 68입니다.
C10−2. 처음부터 둘레의 길이를 재어 3번째까지 둘레의 길이를 알아보니 규칙이 생겨 다음과 같이 생각하여 9번째 것을 구했어요.
4, 12, 20, 28…
처음 4에서 계속 8씩 둘레의 길이가 늘어납니다. 9번째이므로 8이 8번 늘어나므로 $4+8\times8=68$입니다.</td>
<td>⇨ A3 학습지에 쓴 내용을 칠판에 붙여 발표시키고 칠판에 번호를 붙여 가며 게시하여 풀이를 비교하며 볼 수 있게 한다.</td>
</tr>
<tr>
<td></td>
<td>C10−3.
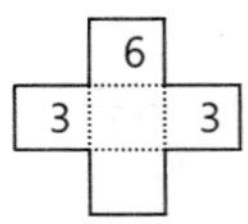

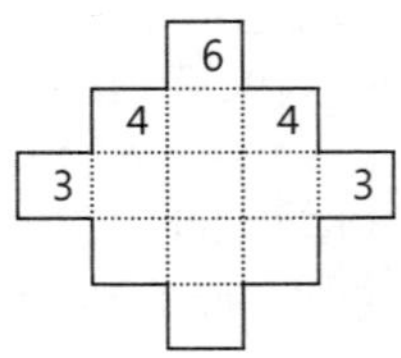

과 같이 두 번째는 $3\times2+6$, 3번째는 $3\times2+4\times2+6$, 4번째는 $3\times2+4\times4+6$이므로 9번째는 $3\times2+4\times14+6=68$입니다.</td>
<td>⇨ 다음과 같은 발문을 통하여 식을 세우고 식이 나타내는 생각을 알도록 한다.
T10−3−1. 16은 어떻게 해서 나왔나요?
C10−3−1. 3번째는 2, 4번째는 4와 같이 2씩 늘어나고 있습니다. 9번째는 2가 7번 늘어나므로 2×7을 하였습니다.
T10−3−2. 8을 9번째와 관련지어 나타낼 수는 없을까요?
C10−3−2. 있습니다. 3번째부터 2가 하나씩 늘어나므로 9번째는 총 7번입니다. $(9-2)$ 하면 됩니다.
T10−3−3. 그것을 이용해 식으로 나타내 볼까요?
C10−3−3. $3\times2+4\times(9-2)\times2+6=68$입니다.</td>
</tr>
</table>

C10－4

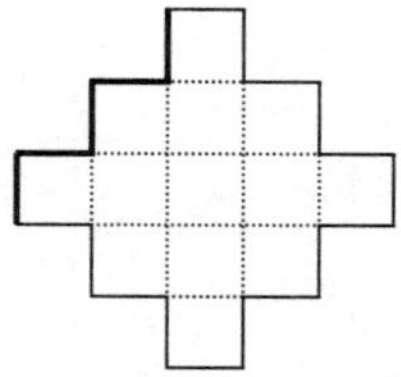

왼쪽 그림과 같이 둘레의 길이가 4개로 이루어집니다. 규칙을 살펴보면 처음부터 둘레의 길이가 2씩 늘어납니다. 9번째는 $1+8\times2=17$입니다. 그래서 $17\times4=68$입니다.

C10－5

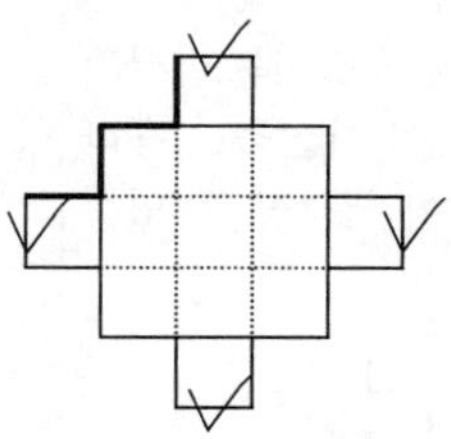

✓표시 4개에 굵게 표시한 부분 4번을 더하면 답이 나옵니다. 9번째이므로 $2\times(9-1)\times4+4=68$입니다.

C10－6

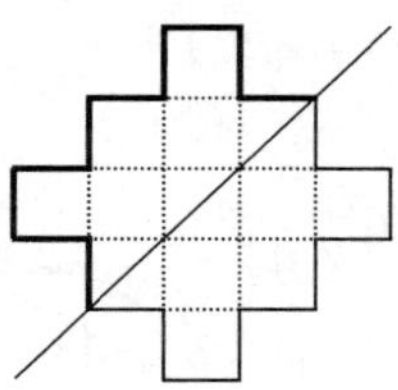

╱기준에 따라 반으로 나뉩니다. 9번째는 $[2+4\times(9-1)]\times2=68$입니다.

C10−7

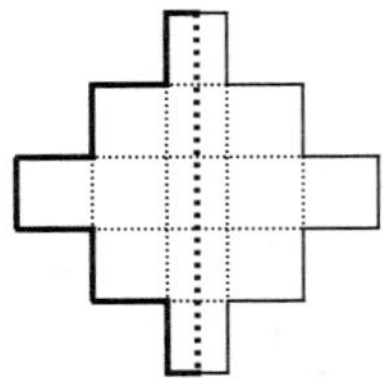

점선에 따라 반으로 나뉩니다. 10번째이므로 [2+(9−1)×4]×2=68입니다.

C10−8

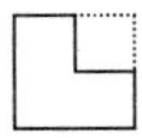

그림과 같이 꺾인 부분을 점선으로 된 부분으로 옮겨 둘레의 길이를 구해도 길이는 달라지지 않습니다. 이 사실을 이용하여 다음과 같이 생각할 수 있습니다.

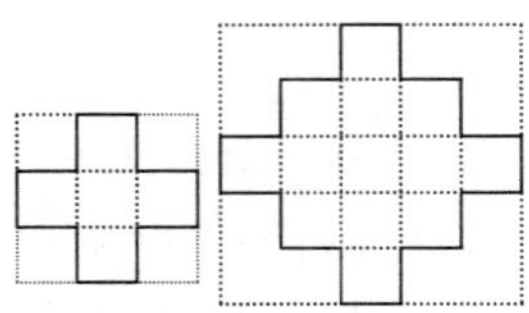

이렇게 되면 정사각형의 둘레의 길이를 구하는 문제가 됩니다. 9번째 정사각형의 둘레의 길이는 [1+(9−1)× 2]×4=68입니다.

⇨ 모두 발표 후 자신이 푼 방법은 어떤 형태였는지 손을 들게 해 보고 해당 풀이 방법에 학생 수를 적어 준다.

■ 학습 정리

T11. 지금까지 발표된 내용에 대하여 함께 이야기해 봅시다. 친구들이 발표한 여러 해결 방법들 중 어떤 것이 비슷한 점이 있나요?

C11−1. 모두 답이 같습니다.

C11−1. 첫 번째 것만 직접 그려서 알아보고 나머지는 규칙을 찾아 식을 사용하여 구했습니다.

T12. 여러 방법들 중 어떤 것이 왜 좋은지 서로 비교해 보면서 말해 보자.	C12. 규칙을 찾아 식으로 나타내어 푸는 방법이 좋습니다.	⇨ 자신의 해결 방법을 다른 해결에 비추어 반성하게 한다.
T13. 왜 그런가요?	C13－1. 그림 그리기가 힘들기 때문입니다. C13－2. 찾아낸 규칙의 수를 식에 넣어 계산만 하면 쉽게 답을 구할 수 있어서입니다.	⇨ 규칙을 찾아 해결하는 장점을 인식하게 한다.
T14. 이 시간에 공부하면서 새로 알게 된 점이나 느낀 점을 말해 보세요.	C14－1. 문제를 푸는 데 여러 가지 방법이 있다는 것을 알았습니다. C14－1. 횟수가 많아질수록 규칙을 찾아서 문제를 푸는 것이 실제 그리는 것보다 훨씬 간편하다는 것을 알았습니다. C14－3. 찾은 규칙을 식으로 나타내면 문제해결에 큰 도움이 되어 아무리 큰 수의 둘레의 길이도 구할 수 있음을 알았습니다.	
T15. 이와 같은 그림으로 또 다른 어떤 것을 알아보고 싶은가요?	C15－1. 테두리 안에 들어 있는 작은 정사각형의 개수를 알아보고 싶어요. C15－2. 도형의 넓이를 알아보고 싶어요.	⇨ 조건을 변경하여 새로운 문제를 만드는 발전적인 사고를 하게 한다.

활동지 1

욕실 바닥에 합동인 정사각형 모양의 타일을 오른쪽 그림과 같이 깔아 나갑니다. 마지막으로 9단계에 나타날 그림대로 깔고, 그 가장자리에 구리 띠를 둘러서 보기 좋게 만들려고 합니다. 이때 필요한 구리 띠의 길이는 얼마인가요?

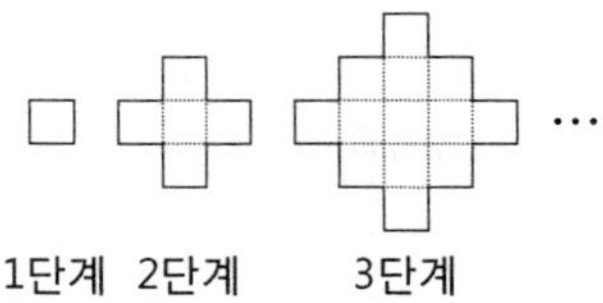

⇨ 필요하면 아래 모눈을 이용하세요.

(6) 보여 주지 않아도 볼 수 있어요! 6)

① 본시 수업의 제재

정육면체의 전개도는 한국에서 5학년, 일본에서 6학년 학습 내용으로 다루고 있다. 한국에서는 전개도의 개념과 직육면체의 전개도를 이해한 후 특수한 경우로 정육면체의 전개도에 대하여 학습하게 된다. 심화 학습으로 각 면의 무늬나 색깔이 다른 상자를 그대로 펼쳐 전개도에서는 어떻게 나타나는지 알아보기도 한다. 수학 영재교육에서는 정육면체의 전개도와 관련하여 교육과정을 뛰어넘는 발전 문제를 다루기도 한다. 그러나 한국과 일본의 초등학교 교육과정 운영에서는, 여러 방향에서 바라본 정육면체의 겨냥도를 바탕으로 각 면에 있는 무늬 또는 문자의 위치 관계나 방향까지 고려하여 정확한 전개도를 구성해 보는 경험을 시키기는 어렵다.

따라서 본시 수업에서는, 정육면체의 전개도와 관련하여 학생들이 이미 학습한 내용을 바탕으로 보다 정확한 전개도를 직접 구성해 보는 활동을 통해 공간에서의 도형의 이동에 대하여 상상하는 능력을 기르고 공간 감각을 풍부히 하고자 한다. 아울러 자신이 구성한 전개도에 대해 조리 있게 표현 · 설명하며, 다른 사람의 의견을 경청하고 이에 대해 수용 또는 반박하는 기회를 가짐으로써, 상호작용이 활발하게 이루어지도록 하고 이에 따라 수학적 의사소통 능력이 증진되도록 한다.

이를 위해 다음 문제와 〈자료 1〉을 제시하여 논의를 시작하게 하고, 조건 부족을 보완할 〈보충 자료〉를 추가로 제시하여 겨냥도를 바르게 이해하고 보다 정확한 전개도를 작성하도록 하는 것을 본시 학습 내용으로 하였다.

---

6) 제12회 경인초등수학교육연구합동발표회/2009.1.16./일본 동경 國分寺市立 弟4小學校 6학년/수업: 김상화, 정동권.

문제

'R'과 마주 보는 면에는 어떤 문자가 있을까?

〈 자료 1〉

[그림 1]

[그림 2]

〈보충 자료〉

[그림 3]

이 정육면체는 각 면에 R, E, A, S, O, N이 쓰인 주사위이다. 이들 문자를 평면도형으로 간주하고, 특히 공간 이동을 고려하여 대칭성의 관점에서 보면 다음 표와 같이 정리할 수 있다. 이와 같은 6개의 문자를 도입한 이유는 학생들이 전개도를 작성할 때, 선대칭이나 점대칭인 모양에 대하여 어떤 점을 고려해야 한다거나 고려하지 않아도 된다는 것을 바르게 이해하고, 이를 문제해결에 적절히 활용하거나 설명할 수 있도록 하기 위해서이다. 그리고 또 영어 단어 'REASON'은 이 수업에서 중시하고자 하는 '이성, 도리, 이치, 이유' 등의 뜻을 지니고 있기 때문이다.

특징		R	E	A	S	O	N
선대칭	가로 대칭축		○			○	
	세로 대칭축			○		○	
점대칭					○	○	○
대칭성과 무관		○					

② 본시 수업의 전개 개요

• 두 겨냥도([그림 1] [그림 2])를 보면서 R 과 마주 보는 면에 어떤 문자가 있는지 생각해 보고, 조건의 충족 여부에 대하여 논의하기
• 추가 조건([그림 3])까지 활용하여 각 문자가 있는 면의 마주 보는 면에 어떤 문자가 있는지 알아보고 그 이유도 함께 발표하기
• 전개도의 효용성을 떠올려, 전개도(R의 위치가 고정된)가 그려진 학습지로 짝끼리 논의하여 전개도 완성하기
• 완성한 전개도를 칠판에 제시하고 각각의 해결 방법에 대하여 토론하기
• 학습 내용 정리하기

③ 본시의 교수 · 학습 목표

• 정육면체의 겨냥도로 보이지 않는 부분에 대한 탐구 과정을 통해, 겨냥도에 대한 이해를 심화하고 공간에 대한 상상과 연역적 추론에 따른 정당화 능력을 육성한다.
• 겨냥도를 바탕으로 정확한 전개도를 구성하고 이에 대한 논의 과정을 거침으로써, 겨냥도와 전개도 사이의 관계를 바르게 이해하고 조리 있게 의사소통하는 경험을 풍부히 갖는다.

④ 준비물

• **칠판 제시용**: 문제제시 자료([그림 1] [그림 2] [그림 3]), [그림 1]의 형태인 정육면체, 아무것도 쓰인 것이 없는 정육면체, 학생들이 발표할 때 사용할 정사각형 문자 카드(R, E, A, S, O, N 각각이 쓰인 것) 6세트
• **학생용**: 학습지 1(〈자료 2〉와 R의 위치를 각각 달리한 정육면체의 전개도 6가지가 제시된), 학습지 2(학습지 1의 〈자료 2〉에 [그림 4]가 추가된) 가위(짝끼리 1개씩)

⑤ 교수 · 학습 과정안

교사의 주된 발문	어린이의 예상되는 반응	지도상의 유의점
■ 문제 형성 · 파악		
T1. 주사위를 본 적이 있는가? 어떻게 생겼는가? T2. 이 시간에는 각 면에 영문 알파벳이 쓰인 주사위로 활동해 보자.	C1－1. 정육면체 각 면에 눈이 있다. C1－2. 점이 1개부터 6개까지 있다. C1－3. 점 대신 숫자가 1부터 6까지 쓰여 있는 주사위도 있다.	• 문제를 제시하기 전에 정육면체 모양의 주사위를 본 경험을 이야기해 보게 한다. • [그림 1]과 [그림 2]의 두 겨냥도를 칠판에 제시한다.
학습 문제 R 과 마주 보는 면에는 어떤 문자가 있는가? 〈자료 1〉 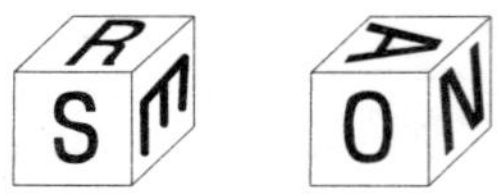 [그림 1] [그림 2]		• 〈자료 1〉만으로는 R과 마주 보는 면에 올 수 있는 문자가 명확하지 않음을 알게 한다.
T3. R과 마주 보는 면에는 어떤 모양이 있을까?	C3－1. A이다. C3－2. O나 N도 가능하다. C3－3. 이 그림만으로는 정확히 알 수 없다.	⇨ C3－3은 조건 부족임을 인식하고 있다.
T4. 왜 정확히 알 수 없는가?	C4－1. 하나의 겨냥도로 최대 3면밖에 볼 수 없는데, 두 그림에 중복되는 문자가 하나도 없으므로 6면의 모든 문자는 제시되었으나 각 문자의 위치관계가 분명하지 않다. C4－2. 두 그림의 관계를 맺어주는 정보가 부족하다.	⇨ C4－1은 조건 부족임을 조리있게 설명하고 있다. • 하나의 겨냥도가 더 필요하다는 것을 학생들이 논의를 통해 알아내도록 유도한다.
T5. 그렇다면 어떤 정보가 더 있어야 하는가?	C5. 이 두 그림과는 다르면서 3면을 볼 수 있는 그림이 하나라도 더 있으면 된다.	⇨ C5는 이 경우 6개 문자의 정확한 위치 및 방향을 알 수 있는 사실상의 필요충분조건을 말하고 있다.

T6. 좋아. 다음과 같은 [그림 3]을 추가하면 해결할 수 있는가?	C6. 해결할 수 있다.	• [그림 3]을 추가로 칠판에 제시한다.
학습 문제 R 과 마주 보는 면에는 어떤 문자가 있는가? 〈자료 2〉  [그림 1] [그림 2] [그림 3]		⇨ [그림 3]에는 [그림 1]과 [그림 2]에 나타난 문자가 함께 들어 있어서 교량 역할을 충분히 할 수 있다.
■ 해결 구상 및 실행		
T7. R 과 마주 보는 면에 무엇이 있는가?	C7-1. A이다. C7-2. (다른 의견)	
T8. 왜 A라고 생각하는가?	C8. [그림 1]과 [그림 3]에서 앞면이 모두 S인데 윗면이 서로 다르다. S는 점대칭도형으로 볼 수 있기 때문에 [그림 1]의 앞면과 뒷면의 중심을 잇는 선을 축으로 하여 180도 돌린 모양이 [그림 3]이다. [그림 3]의 윗면이 A이므로 이는 [그림 1]의 아랫면이었음에 틀림없다. 따라서 A가 R의 마주 보는 면에 있다.	⇨ C8은 논리 정연하고 매우 바람직한 반응(연역적 사고, 공간감각)이지만, 학생이 제시하기에는 다소 어렵다. • 적절한 후속 발문으로 C8과 같은 반응을 유도한다. • R과 마주 보는 면에 A 이외의 문자가 있다는 다른 반응에 대해서도 그 이유를 듣고, 정당한 반박이 가능토록 한다.
T9. 그럼 S와 E 각각의 마주 보는 면에는 어떤 문자가 있는가?	C9-1. S와 마주 보는 면에는 N이 있다. C9-2. E와 마주 보는 면에는 O가 있다.	
T10. 각자 이유를 설명해 보자.	C10-1. (C9-1이) [그림 2]에서 A의 오른쪽으로 90도 구부러진 면에 N이 있는데, 이는 [그림 3]에서 뒷면(S와 마주 보는 면)에 있다.	⇨ C10-1과 C10-2도 역시 공간 상상력을 바탕으로 연역적 사고에 따라 자신의 주장을 바람직하게 정당화하고 있다.

	C10−2. (C9−2가) [그림 1]과 [그림 3]의 S는 서로 뒤집혀 있는데, 그 오른쪽으로 90도 구부러진 면에 E와 O가 있다. 이는 이 두 문자가 서로 마주 보고 있음을 나타낸다.	
T11. 정육면체의 각 면에 어떤 문자가 있는지 한 눈에 알아보는 방법은 없는가?	C11−1. 정육면체의 각 면에 문자를 써넣고 그걸 돌리면서 보면 된다. C11−2. 그건 곤란하다. 6면을 한 눈에 볼 수 없다. C11−3. 그럼 C11−1의 생각대로 만든 정육면체를 펼쳐보면 된다. C11−4. 전개도를 그려 보면 된다. C12. 아래 6개 전개도 중 하나로 조별활동을 한다.	⇨ C11−1은 앞에서 학습한 내용을 간과하고 있다. ⇨좋은 대안을 제시하고 있다. • C11−3의 의견을 바탕으로 전개도의 의미를 떠올리게 한다.
T12. 좋아. 지금부터 짝끼리 협동하여 학습지에 있는 전개도를 정확하게 완성해 보도록 하자.	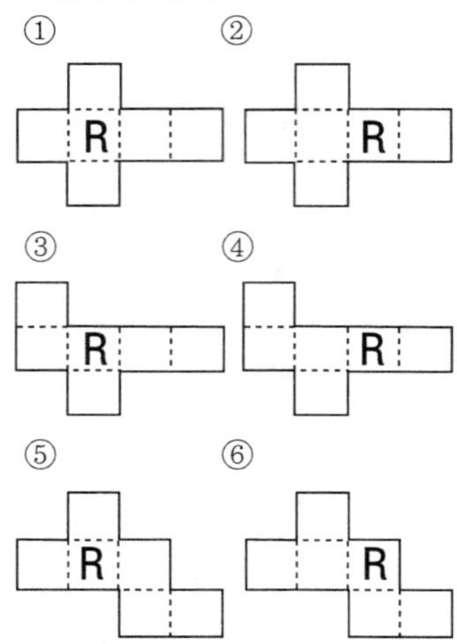	• '정확하게'란 각 문자의 위치뿐 아니라 방향도 함께 고려해야 된다는 것임을 강조한다. • 6종류의 학습지 중 각 조별로 의논하여 골라 가게 한다. • 활동 과정에서 각 면에 오게 될 문자에만 급급하여 그 방향을 고려하지 않는 경우가 더러 있을 것으로 예상되는 바, 궤간 지도를 통해 이를 일깨운다.
T13. 조별 활동 결과를 발표하고 그에 대해 이야기해 보자.	C13−1. 전개도 ① 	• 〈자료 2〉만으로 해결이 어려운 학생에게는 다음 [그림 4]가 추가된 학습지 2와 정육면체 모형(아무것도 표시되지 않은)을 제공한다.

우리는 [그림 1]을 보면서 R 아래 S, R 오른쪽에 E를 똑바로 그렸다. [그림 3]을 근거로 S를 보고 O의 방향을 알았으며, O를 보고 A의 방향을 알아서 그렸다. [그림 2]에 맞게 A를 보고 N을 그려 다음과 같이 완성했다.

C13－2. [그림 1]을 바탕으로 R 아래 S, S의 오른쪽에 90도 돌린 E를, R의 왼쪽으로 한 칸 건너 A를 그렸다. [그림 3]의 S와 O의 관계로부터 O의 위치와 방향을 알았고, [그림 2]로부터 N을 O와 방향이 같게 90도 회전하여 그렸다(전개도 ⑥).

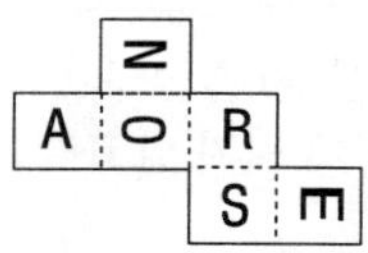

C13－3부터 C13－6. 전개도 ②부터 ⑤까지 각각의 제시와 설명

전개도 ②

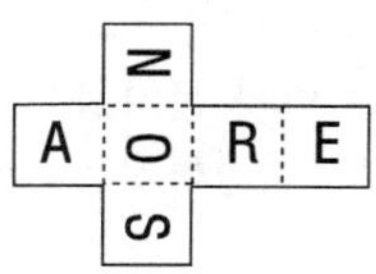

전개도 ③

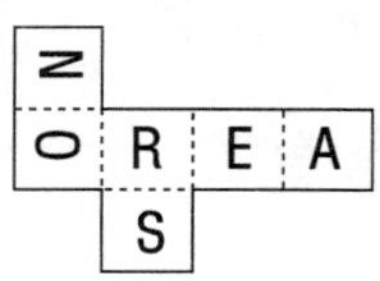

전개도 ④

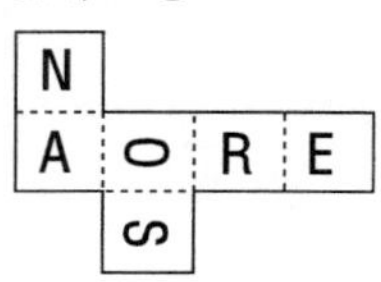

[그림 4]

⇨ C13－1은 도형의 공간 이동까지 상상하면서 전개도를 완성한 과정을 조리 있게 설명하고 있다. 이 밖의 방법에 따라 전개도 ①을 완성할 수도 있다.

⇨ C13－2도 바람직하고 조리 있게 전개도의 완성 과정을 설명하고 있다.

• (C13－2)에게 R의 왼쪽으로 한 칸 건너 A를 그린 이유를 설명하게 하여 연역적 사고와 정당화를 부추긴다.

• 전개도 ①과 ②는 같은 모양인데 R의 위치에 따라 나머지 문자의 위치 또는 방향이 달라졌다. 그 이유를 설명해 보게 하여 충분히 논의하도록 한다.

• (시간이 허용되면) 전개도 ③과 ④, 그리고 ⑤와 ⑥의 경우에도 마찬가지 활동을 해 보도록 한다.

	전개도 ⑤ 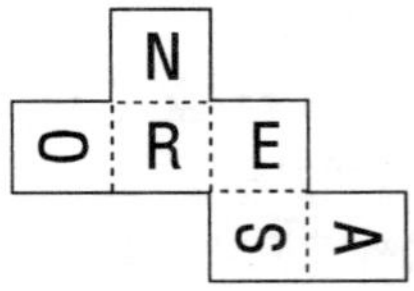	
■ 검토 및 정리		
T14. 짝끼리 완성한 전개도를 오려 내어, 그것을 접어서 정육면체를 만들어 보고, 겨냥도와 비교해 보자. 또 느낀 점이 있으면 말해 보자.	C14. (조별로 확인해 본다. 미처 생각하지 못해 틀렸던 점이나 보다 쉽게 해결했던 아이디어를 발표한다)	• 전개도를 접어 입체를 만들고 처음 겨냥도와 비교하게 함으로써, 두 대상 사이의 관계를 보다 잘 이해하도록 한다. 이와 같은 과정을 통해 정당화나 일반화를 부추긴다.
T15. 이 밖에 더 알아보고 싶은 것이 있는가?	C15–1. 이 시간에 다루지 않은 전개도에 대해서도 알아보고 싶다. C15–2. R의 위치를 다른 곳으로 옮겼을 때 어떻게 될지 알고 싶다. C15–3. 다른 입체도형에 대해서도 알아보고 싶다.	⇨ 모두 발전적으로 생각하고 있다(what–if–not).
T16. 이 시간에 공부하면서 새롭게 알게 된 내용이나 소감을 말해 보자.	C16–1. 같은 모양의 전개도라도 R의 위치에 따라 많이 달라진다. C16–2. 마주 보는 면의 문자를 안다 해도 전개도 완성하기는 어렵다. C16–3. 겨냥도 두 개만으로는 각 면의 모습을 정확히 알 수 없다.	• 다음과 같은 전개도 하나를 보여 주고, 본 수업에서의 활동 목적과 관련하여 이 영어 단어의 뜻을 알려 주면서 수업을 마무리한다. 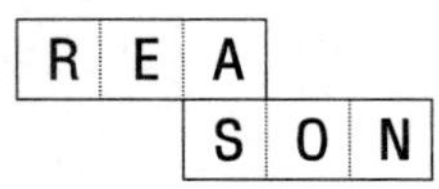

2. 중학교 지도 사례

1) 도형의 논증

이 지도안은 片桐重男(1988)의 『문제해결 과정과 발문분석』에서 발췌한 것으로, 수업은 1986년 5월 10일 일본의 横浜國立大學附屬横浜中學校 3학년을 대상으로 실시되었다.

① 지도 계획

증명 10시간(본시는 9/10차시), 작도 8시간

② 본시의 목표

- 도형에 관련된 문제에 대하여 증명하는 능력을 신장시킨다.
- 특수화하여 해결 방안을 구상하고, 특수화나 유추를 통해 증명 방법을 발견하는 능력을 신장시킨다.

③ 교수 · 학습 과정안

Ⅰ. 태도	Ⅱ. 사고 방법	Ⅲ. 지식 · 기능
■ 문제 파악 T. 이 문제를 생각해 보세요(문제를 제시한다.).		
[문제 1] 이등변삼각형 ABC의 변 BC 상의 한 점 P에서, 변AB, AC에 수선 PD, PE를 그으면, PD와 PE 사이에 어떤 관계가 있는가.		
T. 문제의 뜻을 알겠는가.	T. 그림을 그려 보아요(도형화).	T. 이 그림에서 P, D, 그리고 E는 어디에 있는가.

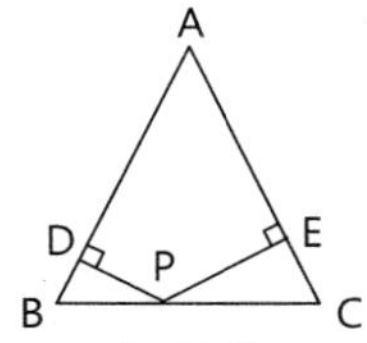

[그림 1]

한동안 생각하게 한다. 그러나 학생들은 풀지 못한다.

■ 해결 방안 구상

T. 해답을 예측해 보아요(합리적이고 줄이 맞게 생각한다.).

T. P의 위치가 특별한 경우를 생각해 보아요(특수화).

T. P가 점 B나 C에 일치하면 어떻게 되는가.

P가 B에 일치하면, PD=0이 되고, PE=h(높이)
P가 C에 일치하면, PE=0이 되고, PD=h가 된다.
(B, C에서 변 AC, AB에 내린 수선 BM, CL의 길이를 h라 한다.)
(이것으로부터 PD+PE=h로 된다고 추측한다.)

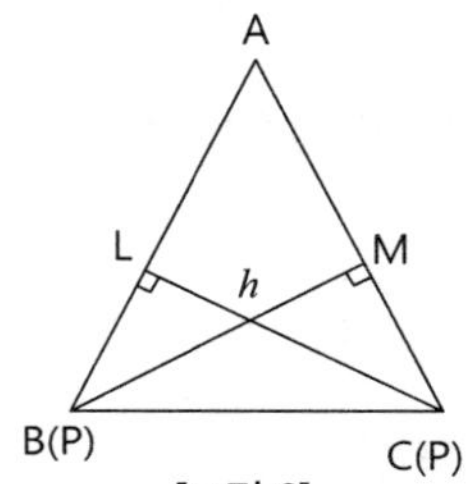

[그림 2]

■ 해결의 실행

T. 이 문제는 어떤 문제인가.

T. 무엇을 증명하면 되는가.

(P: PD+PE=h로 되는 것을 증명하면 된다.)
(잠시 그 증명을 시켜보고, 감을 잡지 못할 때)

T. 우선 아는 사실은 무엇인가(합리적이고 줄이 맞게).

T. 그림에서 h−PE는 어떻게 나타냈는가. 그리고 그림에서 PD+PE는 어떻게 표시했는가(도형화).

T. PE와 같도록 MG를 BM상에 잡아 보아요([그림 3]).
그리고 EP의 연장선상에 PG=PD를 잡아 보아요([그림 4]).

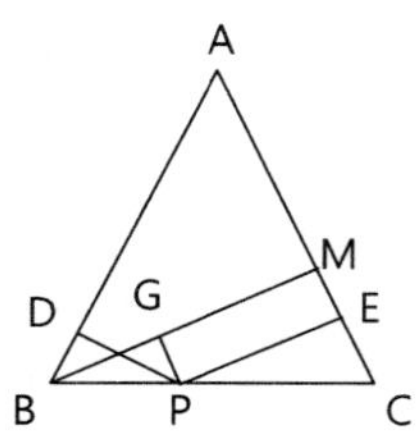

[그림 3]

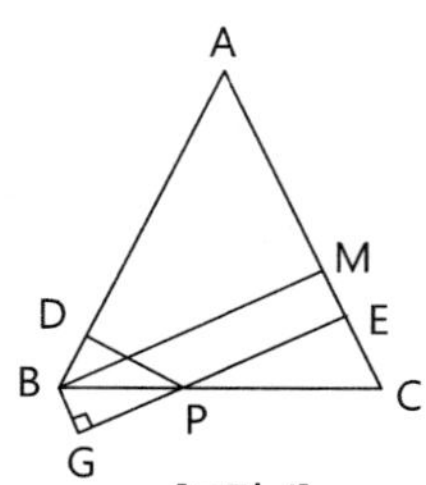

[그림 4]

T. 이 사실로부터 어떤 것을 알아내면 좋은가(합리적이고 줄이 맞게).

T. 이로부터 무엇을 증명하면 되는가(연역적)(의미를 바탕으로).

T. PD와 BG가 어떤 관계에 있는가를 증명하면 되는가([그림 3]). 그리고 GE와 BM이 어떤 관계에 있는가를 증명하면 되는가([그림 4]).

그리하여 △BPD≡△PBG([그림 3]), BG□□AC([그림 4])을 각각 증명하면 된다는 것을 밝히고, 이것을 증명한다(증명과 그의 요약 정리는 생략한다.).

■ 문제 파악 II

다음 문제를 낸다.

[문제 2] 정삼각형 ABC의 내부의 한 점 P에서, 각 변 AB, BC, CA에 수선 PD, PE, PF를 그을 때, PD, PE, PF 사이에 어떤 관계가 있는가.

T. 어떤 문제인가.

T. 그림으로 나타내 보아요(도형화).

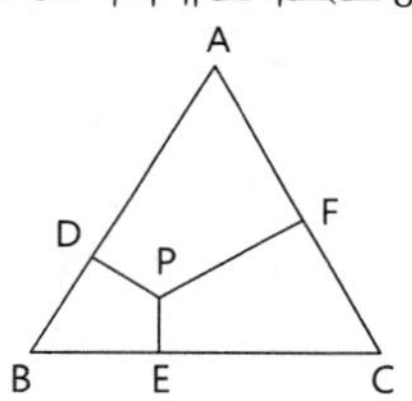

[그림 5]

T. (정삼각형과 점 P를 나타낸 그림을 주고서) 3개의 수선을 그어 보아요.

■ 해결 방안의 구상

T. 알고 있는 사실 가운데 이용할 만한 것은 없는가(해결 방안을 구상한다.).

T. 바로 앞 문제의 해결 방안과 같이 할 수 없는가(유추).

T. 바로 앞 문제와 같이 P가 BC 상에 있을 때를 생각해 보아요.

(PD+PE+PF=h임을 추측한다.)
(그리고 이 증명을 생각해 나가도록 한다.)

T. 지금까지 생각한 것을 이용할 수는 없겠는가(기습 내용을 활용한다.).

T. 지금 풀었던 문제로 손질할 수 없겠는가(연역적).

T. P가 정삼각형의 변 위에 있는 문제로 손질할 수 없을까. P를 지나고, BC에 나란한 직선을 그어 보아요.

■ 해결의 실행 II

이런 사실로부터

$$PD+PE+PF = PE+GI = PE+AH = AL(h)$$

임을 증명한다(오른쪽 그림).

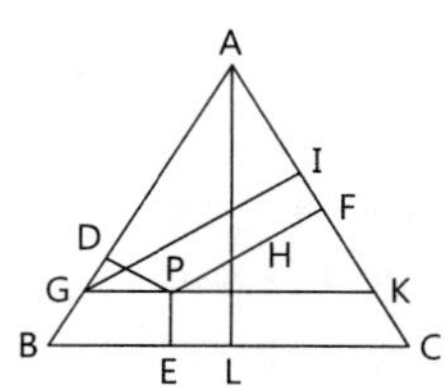

[그림 6]

<table>
<tr><td>■ 논리적 조직화
T. 해결 방법을 재검토하고 어떤 것이 중요한가를 정리해요(내용을 명확히 나타내려고 한다.).</td><td>T. 최초에 무엇을 했던가.</td><td>T. 점 P가 어디에 있을 때를 생각했던가.</td></tr>
<tr><td colspan="3">(문제해결에서 중요한 특수화나 유추, 연역적인 생각에 대하여 정리한다.)</td></tr>
<tr><td>■ 검증
T. 이 문제를 바탕으로 새로운 문제를 만들 수 없을까(보다 나은 것을 구한다.).
T. 어떤 유형의 경우가 있을까(분류해 보아요.).</td><td>T. P의 위치에 대한 조건을 변경하면 어떤 문제가 될까(함수적인 생각).
T. 삼각형의 외부에서 어디와 어디가 같은가.</td><td>T. P가 정삼각형의 밖에 있다면 어떤 문제가 될까.
T. P가 아래 그림의 가~바 중 어디에 있을 때 같다고 할 수 있는가(가와 라에 P가 있을 때만 생각하면 된다는 것을 안다.).</td></tr>
<tr><td>T. 어떤 경우를 생각하면 좋은지 분명히 해 보아요(문제를 명확히 한다.).</td><td>T. 삼각형의 각 등의 용어를 써서 분명히 말해 보아요(단위의 생각)(기호화).</td><td>T. 가와 라는 어떤 각의 내부인가.</td></tr>
<tr><td colspan="2">(P가 다음의 위치에 있을 때를 고찰하는 것으로 정리한다.)
① 각 A의 내부이면서, △ABC의 외부에 있을 때
② 각 A의 맞꼭지각의 내부에 있을 때
③ 변(CB)의 연장선(BX)상에 있을 때 ①에 대하여 생각한다.</td><td>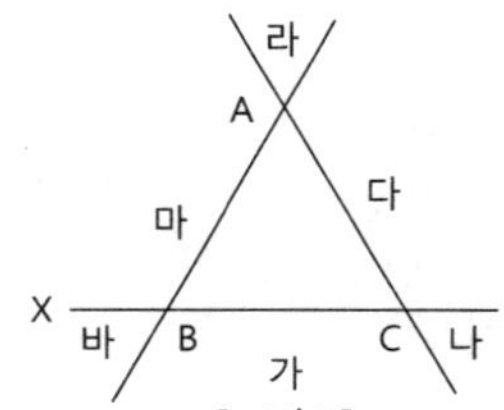
[그림 7]</td></tr>
<tr><td>T. 지금까지의 사실을 이용할 수 없을까(기습사항이 쓰이지 않는가).</td><td>T. 지금까지와 같이 할 수 없을까(유추).</td><td>T. P가 정삼각형의 변 위에 있을 때와 같이 할 수 없을까. P를 지나고 BC에 나란한 직선을 그어 보아요.</td></tr>
<tr><td colspan="2">(오른쪽 그림에서,
PD+PF=AH=AL+PE
∴ PD−PE+PF=h의 증명을 완성한다.)
②, ③에 대하여서도 마찬가지로 생각한다.
② −PD+PE−PF=h
③ −PD+PE+PF=h</td><td>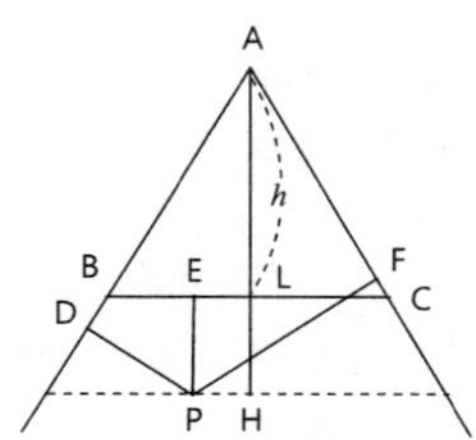
[그림 8]</td></tr>
</table>

2) 다각형의 대각선의 총 수

이 지도안은 김남희(2000)의 『수학적 사고 · 태도에 중점을 둔 학교수학의 구성 사례』에서 발췌한 것으로, 수업은 1999년 10월 1일 서울 소재 중학교 한 반 학생을 대상으로 실시되었다.

① 수업 소재

문제

다각형의 대각선의 총수를 구하여 보자.

② 본시의 목표

• 다각형에서 대각선의 총수를 구하는 방법을 알게 한다.
• 여러 가지 다각형의 대각선의 총수를 구할 수 있게 한다.
• 함수적 사고, 일반화의 사고를 경험하게 한다.

③ 준비물

노트, 필기도구

④ 교수 · 학습 과정안

문제 해결 단계	교사의 지도와 발문에 따른 학생의 학습 활동	수학적인 사고/태도
문제제시 및 문제파악	교사: (학습 문제 제시) 문제에 제시되어 있는 대각선이란 무엇인가요? 초등학교 때 배운 대각선을 도형 위에 그려 보세요. 학생들: (대부분이 정사각형이나 직사각형을 그리고 대각선을 그린다. 삼각형만 그려 놓은 학생도 몇몇 있다.)	문제를 명확히 하려고 한다. 구체화의 생각 (예를 들면 어떤 것인가?)

문제 제시 및 문제 파악	(학생 답안의 예) 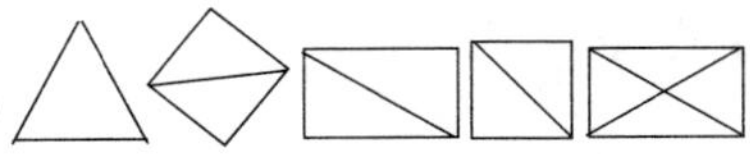 교사: (삼각형을 그려 놓은 학생의 예를 보고) 삼각형의 경우엔 대각선이 있나요? 있으면 그려 보세요. 학생들: 삼각형에는 대각선이 그려지지 않아요. 교사: 여러분이 그린 사각형에 다음과 같이 꼭짓점의 이름을 붙여 봅시다. 점 A에서 대각선을 그으면 점 B, C, D 중 어떤 점과 연결되나요? 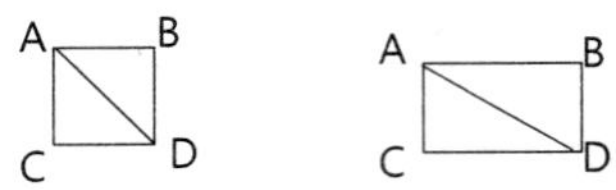 학생: 점 D입니다. 교사: 자! 점 A의 바로 옆에 있는 점 B나 C에 대각선을 그을 수 있나요? 학생: 그을 수 없어요! 바로 옆에 있는 점끼리 연결하면 대각선이 되지 않아요. 교사: 맞아요! ('바로 옆에 있는 점'에 대하여 '이웃하는 점'이란 용어를 사용할 것을 지도) 한 꼭짓점에서 이웃하는 두 꼭짓점과는 대각선을 그을 수 없어요(이때 교사는 대각선의 정의를 설명한다.). 다각형에서 대각선이란 이웃하지 않은 두 꼭짓점을 이은 선분이에요. 교사: 그럼 사각형에는 대각선이 모두 몇 개 있나 그려 보세요. 학생: 그려 보면 사각형에는 대각선이 총 2개 있습니다.  교사: 그럼, 오각형에는 대각선이 총 몇 개있나요? 학생: (오각형을 그리고 대각선의 개수를 센다.) 오각형의 대각선은 총 5개예요. 교사: 자! 오늘 우리가 해결해야 할 문제는 바로 사각형, 오각형 등의 여러 가지 다각형에서 대각선의 총 개수를 구하는 것이에요.	문제를 명확히 하려는 태도

<table>
<tr>
<td>해결
계획의
수립</td>
<td>교사: 자! 육각형의 대각선은 총 몇 개인지를 앞에서와 같이 그림을 그려서 알아볼까요?
학생: (육각형을 그리고 대각선의 수를 센다.) 9개예요.
교사: 사각형, 오각형의 경우와 비교하여 보면 대각선의 총 개수에 어떤 변화가 있나요?
학생: 변의 개수가 늘어나니까 대각선의 개수도 따라서 증가하네요.
교사: 그럼, 삼십이각형이나 오십각형 등의 대각선의 총 개수는 더 커질 텐데 그 개수를 그림을 그려서 쉽게 셀 수 있을까요?
학생: 아니요! 개수가 너무 많아 쉽게 구하기는 어려울 것 같아요.
교사: 그렇죠? 그러니까 대각선의 개수를 쉽게 구할 수 있는 방법을 궁리해 봅시다. 대각선의 총수를 구하는 데 일정한 규칙이 있는지 알아보면 어떨까요?
학생들: "좋아요!" 또는 "글쎄요!" (반응 없음)
교사: 방금 해 보았던 사각형, 오각형, 육각형의 몇 가지 경우에서 규칙이 있는지 찾아볼까요?
학생들: 사각형, 오각형, 육각형의 경우에서 규칙이 발견되었으면 좋겠어요.</td>
<td>구체화의 생각

보다 나은 방법을 구하려는 태도

합리적이고 체계적으로 생각한다.</td>
</tr>
<tr>
<td>해결의
실행</td>
<td>교사: 표를 그려 보면 규칙을 발견하기 쉽죠.
학생: 어떻게 표를 그리지요?
교사: 자! 표를 잘 만들어야 규칙을 쉽게 찾아 쓸 수 있어요(아래와 같은 표를 노트에 그리도록 지도).
<table>
<tr><th>다각형</th><th>사각형</th><th>오각형</th><th>육각형</th><th>…</th><th>n각형</th></tr>
<tr><td>한 꼭짓점에서 그을 수 있는 대각선의 수</td><td></td><td>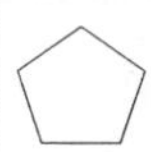</td><td>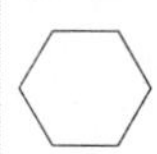</td><td>…</td><td>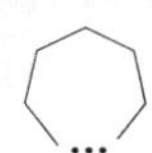</td></tr>
<tr><td>꼭짓점의 개수</td><td></td><td></td><td></td><td></td><td></td></tr>
<tr><td>대각선의 총수</td><td></td><td></td><td></td><td></td><td></td></tr>
</table>
교사: 각 도형의 한 꼭짓점에서 대각선을 그려 보세요.
학생: (각자 대각선을 그리고 교사의 안내에 따라 빈칸에 적당한 수를 적는다.)</td>
<td>간단한 경우를 생각해 본다(단순화의 생각).</td>
</tr>
</table>

해결의 실행

다각형	사각형	오각형	육각형	…	n각형
한 꼭짓점에서 그을 수 있는 대각선의 수	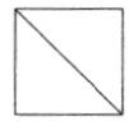 1개	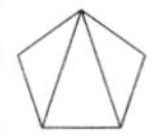 2개	 3개	…	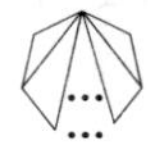 $(n-3)$개
꼭짓점의 개수	4개	5개	6개		n개
대각선의 총수	2개	5개	9개		

어떤 규칙이 있을 것 같은가? 자료를 모아보아라 (귀납적인 생각).

교사: 한 꼭짓점에서 그은 대각선의 수, 꼭짓점의 개수, 대각선의 총수 사이에는 어떤 관계가 있을까요?
한 꼭짓점에서 그은 대각선의 수가 꼭짓점의 수만큼 반복될 텐데(한 꼭짓점에서 그은 대각선의 수)×(꼭짓점의 수)가 바로 대각선의 총수가 되나요?

함수적 사고 (이들 사이에는 어떤 관계가 있는가)

학생: 아니요! 곱한 결과의 $\frac{1}{2}$ 이 대각선의 총수인데요.

교사: 왜 $\frac{1}{2}$ 을 해야 할까요. 그 이유는 무엇일까요? 꼭짓점 A, B, C, D를 따라 대각선을 차례차례 그려 보면서 잘 생각해 보세요.

합리적으로 생각하려는 태도(왜 이렇게 하는 것이 옳은가?)

학생: 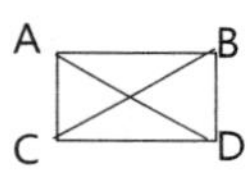

그려 보면 꼭짓점 A(B)에서 그린 대각선과 꼭짓점 D(C)에서 그린 대각선은 같은 것이에요.

교사: 그럼 꼭짓점마다 그릴 수 있는 대각선의 개수를 모두 합하여 반으로 나누어야겠군요. 사각형, 오각형, 육각형의 대각선의 총수를 식으로 나타내어 써 보면서 n각형의 경우에는 대각선의 총수가 어떤 식으로 나타나타나야 하는지 써 보세요(학생의 활동 유도).

알고리즘의 생각 (이런 것은 어떻게 처리하면 좋겠는가)

다각형	사각형	오각형	육각형	…	n각형
한 꼭짓점에서 그을 수 있는 대각선의 수	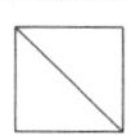 1개	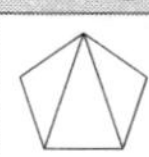 2개	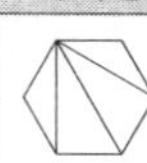 3개	…	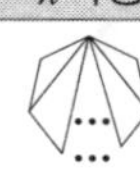 $(n-3)$개
꼭짓점의 개수	4개	5개	6개	…	n개
대각선의 총수	2개 $\frac{4\times1}{2}$	5개 $\frac{5\times2}{2}$	9개 $\frac{6\times3}{2}$	…	$\frac{n(n-3)}{2}$

일반화의 생각

	교사: 대각선의 총수를 구하는 식 $\frac{n(n-3)}{2}$ 에서 n은 무엇을 의미하는 것인가요?	명확하게 하려는 태도
	학생: 다각형의 변의 개수(또는 꼭짓점의 개수)지요.	
	교사: 그럼 사각형의 경우엔 꼭짓점이 4개니까 n의 값이 4가 되겠군요.	특수한 경우를 생각해 보아라(특수화의 생각).
	학생: 네!	
	교사: 대각선의 총수를 구하는 식 $\frac{n(n-3)}{2}$ 을 사각형의 경우에 적용해 볼 수 있을까요?	
	학생: 네 n 대신에 4를 써서 식을 구하면 되지요. 사각형의 대각선의 총수를 구하는 식은 $\frac{4\times1}{2}=2$(개)예요. 표에서 구한 답하고 같아요.	
해결의 실행	교사: 그럼! 오각형, 육각형의 경우에도 식 $\frac{n(n-3)}{2}$ 을 이용하면 표에서 구한 답과 같나요?	
	학생: 네! 표에서 구한 값과 식 $\frac{n(n-3)}{2}$ 으로 계산한 값이 같아요.	
	교사: 문자 n 대신에 4, 5, 6 … 등의 수가 들어갈 수 있으니까 식 $\frac{n(n-3)}{2}$ 은 n각형의 대각선의 총수를 구하는데 일반적으로 나타내는 식이 됩니다. 그럼 15각형, 50각형의 대각선의 총수도 구해 볼까요?	일반화의 생각 (일반화로 사용된 변수의 의미 파악)
	학생: (식 $\frac{n(n-3)}{2}$ 을 이용하여) 90개, 1175개요.	
	(이하 생략)	

강문봉 외(2008). 초등수학교육의 이해(제2판). 서울: 경문사.

강옥기, 박교식, 강문봉(1991). 교육의 본질 추구를 위한 수학교육평가체제 연구(II)-수학과 평가 모형 및 예시 도구 개발-. 서울: 한국교육개발원.

강옥기, 신성균, 강완, 류희찬, 정은실, 박교식(1985). 수학과 문제해결력 신장을 위한 수업 방법 개선 연구. 서울: 한국교육개발원.

교육과학기술부(2008). 2007년 개정 초등학교 교육 과정 해설 (IV)-수학, 과학, 실과. 서울: 교육과학기술부.

교육부(1994). 제6차 국민학교 교육과정 해설 (1). 서울: 대한교과서주식회사.

교육부(1997). 제7차 수학과 교육과정. 서울: 대한교과서주식회사.

교육부(1998). 제7차 초등학교 교육과정 해설 (IV)-수학, 과학, 실과. 서울: 대한교과서주식회사.

교육인적자원부(2004a). 수학 2-나. 서울: 대한교과서주식회사.

교육인적자원부(2004b). 수학 6-나. 서울: 대한교과서주식회사.

교육인적자원부(2007). 교육인적자원부 고시 제2007-79호 초·중등학교 교육과정 【별책 2】 초등학교 교육과정. 서울: 대한교과서주식회사.

교육인적자원부(2007). 교육인적자원부 고시 제2007-79호 초·중등학교 교육과정 【별책 8】 수학과 교육과정. 서울: 대한교과서주식회사.

국립국어원(2008). 표준국어대사전.

김경희 외(2008). TIMSS 2007 공개문항 분석 자료집. 한국교육과정평가원. 연구자료 ORM 2008-32.

김남희(2000). 수학적 사고·태도에 중점을 둔 학교수학수업의 구성 사례. 학교수학, 2(2), 403-426.

김민경 외(2008). 초·중등학교에서 문제해결력 신장을 위한 수학과 서술형 평가자료 개발연구. 2007년 교과교육 공동연구지원사업 연구결과 보고서 KRF-2007-721-B00059.

김선희(2004). 수학 문장제 해결에 영향을 주는 언어적·인지적 요인-혼합물 문제를 중심으로–. 수학교육학연구, 14(3), 267–281.
김수미(1996). 메타인지 개념의 수학교육적 고찰. 서울대학교 대학원 박사학위 청구논문.
김수미(2005). 미국 CGI 교사교육 프로그램의 이해와 한국 교사교육에서의 시사점. 과학교육논총, 18집. 경인교육대학교 과학교육연구소.
김지원(2003). 한 수학영재아의 수학적 사고 특성에 관한 사례연구. 경인교육대학교 교육대학원 석사학위 청구논문.
김진규 외(1996). 학력평가 국제비교연구: TIMSS 본검사 질문지 분석 연구보고서. 서울: 국립교육평가원.
나귀수(2005). PISA 2003에 나타난 우리나라 학생들의 수학적 소양의 특징. 수학교육학연구, 15(2), 147–176.
노국향, 최승현, 박경미(2001). PISA 2000 수학 평가 결과 분석 연구. 한국교육과정평가원. 연구보고 PRE 2001–9–3.
도종훈(2006). 중학교 기하영역에서의 수학적 창의성 교육 연구. 서울대학교 대학원 박사학위 청구논문.
박교식(1989). 폴리아의 생애와 그의 수학교육 이론. 수학교육, 28(1), 7–12.
박교식(2003). 문제해결력 키우기. 서울: 수학사랑.
박영태(1990). 과제유형, 연령 및 학력수준별 초인지 훈련 효과분석. 동아대학교 대학원 박사학위 청구논문.
방정숙(2001). 교실문화 비교를 통한 수학교육개혁에 관한 소고. 수학교육학연구, 11(1), 11–35.
방정숙(2002). 미국 초등학교 교사의 학생중심 수학교실문화 형성사례 및 교수법 개발에 관한 소고. 학교수학, 4(3), 415–433.
우미형(2003). 수학 문장제의 문장 분석. 한국교원대학교 대학원 석사학위 청구논문.
우정호(1998). 학교수학의 교육적 기초. 서울: 서울대학교출판부.
우정호(2000). 수학학습 지도–원리와 방법. 서울: 서울대학교출판부.
우정호(2004). 수학교육학개론. 서울: 서울대학교출판부.
이용길, 정동권(1997). 미완결 문제의 개발 · 활용을 통한 수학 학습지도의 실천적 연구. 대한수학교육학회 논문집, 7(1), 101–115.
이용률(1997). 지도 원리와 사례(修學能力을 기르기 위한 초등학교 수학의 지도 2). 서울: 경문사.
이지영(2007). 학생의 수학 문제해결 과정 사례 분석–Schoenfeld의 문제해결 과정 사례 분석. 경인교육대학교 교육대학원 석사학위 청구논문.
임문규(1992). 수학 교육에서 문제 설정과 문제 해결의 관련에 관한 연구. 1992년도 대한수학교육학회 춘계 수학교육학연구발표대회 논문집, 13-22.

임문규, 우정호, 조임호(2001). 초등 수학과 교수 · 학습 모형 및 자료 개발-초등 수학교육에서 문제 만들기 교수 · 학습의 체계화 및 자료 개발-. 연구보고 RR 99-Ⅱ-2 169-247. 한국교원대학교 부설 교과교육공동연구소.

장상호(1994). (Polanyi) 인격적 지식의 확장. 파주: 교육과학사.

전경희(2005). 수학 문장제 해결에서의 그림 그리기 전략 연구. 경인교육대학교 대학원 석사학위 청구논문.

정동권(1996). 학생의 발전적 사고력을 기르기 위한 Open-ended problem의 활용. 인천교육대학교 논문집, 29(2), 225-239.

정은미(2004). 수학과 개방형 문제의 개발 방안과 평가에 관한 연구. 경인교육대학교 교육대학원 석사학위 청구논문.

정은실(1995). Polya의 수학적 발견술 연구. 서울대학교 대학원 박사학위 청구논문.

조태근, 임성모, 정상권, 이재학, 이성재(2003). 수학 9-가. 서울: 금성출판사.

조태근, 임성모, 정상권, 이재학, 이성재(2001). 수학 7-가. 서울: 금성출판사.

竹内芳男(1984). 沢田利夫 編著. 問題から問題へ-問題の発展的な扱いによる算数·数学科の授業 改善-. 東洋館出版社.

片桐重男(1988). 数学的な考え方 · 態度とその指導 1-数学的な考え方の具体化. 東京: 明治図書出版 (이용률, 성현경, 정동권, 박영배 공역(1992). 数学的인 생각의 具体化. 서울: 경문사.)

片桐重男(1988). 数学的な考え方 · 態度とその指導 2: 問題解決過程と発問分析. 東京: 明治図書出版. (이용률, 성현경, 정동권, 박영배 공역(1992). 問題解決過程과 発問分析. 서울: 경문사.)

片桐重男(1996). 数学的な考え方を育てる興味ある問題の開発. 東京: 明治図書出版.

坪田耕三(1993). 関心 · 意慾を引き出す算数科オープンエンドアプローチ. 東京: 明治図書出版.

Arcavi, A. (2003). The role of visual representations in the learning of mathematics. *Educational Studies in Mathematics, 52*, 215-241.

Barrows, H. S., & Myers, A. C. (1993). *Problem-based learning in secondary schools*. Unpublished monograph. Springfield, IL: Problem-Based Learning Institute. Lanphier High School and Southern Illinois University Medical School.

Bartolini Bussi, M. G. (1998). Verbal interaction in the mathematics classroom: a Vygotskian analysis. In H. Steinbring, M. G. Bartolini Bussi, & A. Sierpinska (Eds.), *Language and communication in the mathematics classroom* (pp. 75–97). Reston, VA: National Council of Teachers of Mathematics.

Batanero, C., & Sanchez, E. (2005). What is the nature of high school students' conceptions and misconceptions about probability? In A. Johns (Ed.), *Exploring probability in school–Challenges for teaching and learning* (pp. 241–266). Springer.

Becker, J. P., & Shimada, S. (1997). *The Open–ended approach: a new proposal for teaching mathematics.* Reston, VA: National Council of Teachers of Mathematics.

Behboud, A. (1994). Greek geometrical analysis, *Centaurus, 37*, 52–86.

Bjorklund, D. F., & Harnishfeger, K. K. (1990). Children's strategies: their definition and origins. In D. F. Bjorklund (Ed.), *Children's strategies: contemporary views of cognitive development* (pp. 309–322). Hillsdale, NJ: Lawrence Erlbaum Associates.

Brown, S. I., & Walter, M. I. (1983). *The art of problem posing.* Philadelphia, PA: The Franklin Institute Press.

Bunt, L. N. H., Jones, P. S., & Bedient, J. D. (1988). *The historical roots of elementary mathematics*, Dover Publications.

Burton, L. (1979). Mathematical thinking: The struggle for meaning. *Journal for Research in Mathematics Education, 15*(1), 35–49.

Burton, L. (1984). *Thinking things through problem solving in mathematics* (pp. 24–25). Basil Blackwell.

Butts, T. (1980). Posing problems properly. In S. Krulik & R. E. Reys (Eds.), *Problem solving in school in school mathematics* (pp. 23–33). Reston, VA: National Council of Teachers of Mathematics.

Carpenter, T. P., Fennema, E., Franke, M. L., Levi, L., & Empson, S. B. (1999). *Children's mathematics: cognitively guided instruction.* Portsmouth, NH: Heinemann.

Carpenter, T. P., Franke, M. L., & Levi, L. (2001). *Thinking mathematically: Integrating arithmetic & algebra in elementary school.* Portsmouth, NH: Heinemann.

Charles, R., & Lester, F. (1982). *Teaching problem solving: what why & how.* CA: Dale Seymour Publications.

Charles, R., Lester, F., & O'Daffer, P. (1997). *How to evaluate progress in problem solving* (강완, 김진호, 신혜진 공역(1997). 문제해결과정의 평가 기법. 서울: 동명사.)

Chi, M. T. H., Glaser, R., & Rees, E. (1982). Expertise in physics problem solving. In R. J. Sternberg (Ed.), *Advances in the psychology of human problem solving* (Vol. 1., pp. 7–75). Hillsdale, NJ : Lawrence Erlbaum Associates.

Cobb, P., & Bauersfeld, H. (1995). *The emergence of mathematical meaning: Interaction in classroom culture.* Hillsdale, NJ: Lawrence Erlbaum Associates.

Collins, A. M., & Quillian, M. R. (1969). Retrieval time from semantic memory, *Journal of Verbal Learning and Verbal Behavior, 8*, 240–247.

D'Ambrosio, U. (1985). *Da realidade a ação: relexões sobre educação e matemática.* São Paulo, Brazil: Summus Editorial.

Driscoll, M. (1999). *Fostering algebraic thinking: a guide for teachers, grades 6–10.* Heinemann.

Edwards, D., & Mercer, N. (1987). *Common knowledge: the development of understanding in the classroom.* London: Routledge.

English, L. D., & Halford, G. S. (1995). *Mathematics education: models and processes.* Lawrence Erlbaum Associates, Inc.

Garland, T. H. (1986). *Fascinating fibonaccis.* Dale Seymour Publications.

Garofalo, J., & Lester, F. K. Jr. (1985). Metacognition, cognitive monitoring, and mathematical performance, *Journal for Research in Mathematics Education, 16*(3), 163–176.

Goldenberg, E. P., & Walter, M. I. (2003). Problem posing as a tool for teaching mathematics. In H. L. Schoen, & R. I. Charles (Eds.), *Teaching Mathematics through Problem Solving: Grade 6–12*, Reston, VA: National Council of Teachers of Mathematics.

Greeno, J. G. (1978). Understanding and procedural knowledge in mathematics education. *Educational Psychologist, 12*(3), 262–283.

Grouws, D. A., & Cramer, K. (1989). Teaching practices and student affect in problem solving lessons of select junior–high mathematics teachers. In D. B. Mcleod, & V. M. Adams (Eds.), *Affect and mathematical problem solving: a new perspective* (pp. 149–161). New York & Berlin: Spring–Verlag.

Hadamard, J. (1945). *An essay on the psychology of invention in the mathematical field.* New York: Dover Publication.

Hashimoto, Y. (1997). An example of lesson development. In J. P. Becker, & S. Shimada (Eds.), *The open–ended approach: a new proposal for teaching mathematics* (pp 10–22). Reston, VA: National Council of Teachers of Mathematics.

Isaksen, S. G., & Treffinger, D. J. (1987). Creative problem solving: Three components and six specific stages. Instructional handout. Buffalo, NY: Center for studies in Creativity.

Jones, A. (1986). *Pappus of Alexanderia book 7 of the collection part 1.* Springer–Verlag.

Kilpatrick, J. (1987). Problem formulating: Where do good problems come from? In A. H. Schoenfeld (Ed.), *Cognitive science and mathematics education* (pp. 123–147). Hillsdale. NJ: Lawrence Erlbaum Associates.

Köhler, W. (1925). *The mentality of apes* (Translated from the second revised edition by E. Winter). London: Routledge & Kegan Paul Ltd.

Krulik, S., & Rudnick, J. A. (1980). *Problem solving: A handbook for teachers.* Boston: Allyn and Bacon, Inc.

Krulik, S., & Rudnick, J. A. (1984). *A Sourcebook for teaching problem solving.* Boston: Allyn and Bacon, Inc.

Krulik, S., & Rudnick, J. A. (1987). *Problem solving: A handbook for teachers.* Boston: Allyn and Bacon, Inc.

Lannin, L. K. (2003). Developing algebraic reasoning through generalization. *Mathematics teaching in the middle school, 8*(7), 342–348. Reston, VA: National Council of Teachers of Mathematics.

Lannin, L. K. (2005). Generalization and justification: The challenge of introducing algebraic reasoning through patterning activities. *Mathematical Thinking and Learning, 7*(3), 231–258. Lawrence Erlbaum Associates, Inc.

Lappan, G., & Schram, P. W. (1989). Communication and reasoning: critical dimensions of sense making in mathematics. In P. R. Trafton, & A. P. Shulte (Eds.), *New directions for elementary school mathematics* (pp. 14–30). Reston, VA: The National Council of Teachers of Mathematics.

Larkin, J. H. (1977). Problem solving in physics. Working Paper, University of California, Berkeley, Group in Science and Mathematics Education and Development of Physics.

Larkin, J. H., McDermott, J., Simon, D. P., & Simon, H. A. (1980). Expert and novice performance in solving physics problems. *Science, 208*, 1335−1342.

Lesgold, A. (1988). Problem solving. In R. J. Sternberg & E. E. Smith (Eds.), *The Psychology of Human Thought* (pp. 188−213). Cambridge: Cambridge University Press.

Lester, F. K. Jr. (1978). *Mathematical problem solving in the elementary school: Some educational and psychology consideration.* In L. L. Hatifield & O. A. Bradbard (Eds.), *Mathematical Problem Solving: Papers from a Research Workshop* (pp. 53−86). Columbus Ohio, ERIC/SMEAC.

Lester, F. K. Jr. (1985). Methodological considerations in research on mathematical problem solving instruction. In E. A. Silver (Ed.), *Teaching and Learning Mathematical Problem Solving: Multiple Research Perspective* (pp. 41−70). Lawrence Erlbaum Associates publishers.

Lester, F. K., Garofalo, J., & Kroll, D. L. (1989). Self−confidence, interest, beliefs, and metacognition: key influences on problem solving behavior, In D. B. Mcleod & V. M. Adams (Eds.), *Affect and mathematical problem solving* (pp 75−88). New York: Spring−Verlag.

Loftus, E. F., & Suppes, P. (1972). Structural variables that determine problem−solving difficulty in computer−assisted instruction. *Journal of Educational Psychology, 63*(6), 531−542.

Mandler, G. (1975). *Mind and emotion.* New York: Wiley.

McLeod, D. B. (1987). The role of affect in mathematical problem solving. In D. B. Mcleod & V. M. Adams (Eds.), *Affect and mathematical problem solving* (pp 20−36). Spring −Verlag.

McTighe, J., & Ferrara, S. (1998). *Assessing learning in the classroom.* Washington, DC: National Education Association.

Morrow, G. R. (1970). *Proclus: A commentary on the first book of Euclid's Elements,* Princeton University Press.

Moses, B., Bjork, E., & Goldenberg, E. P. (1990). Beyond problem solving: problem posing. In T. J. Cooney & C. R. Hirsh (Eds.), *Teaching and learning mathematics in the 1900s* (pp. 82−91). Reston, VA: National Council of Teachers and learning mathematics.

National Assessment of Educational Progress (1992). *Mathematics assessment.* Washington, DC: Author.

National Council of Supervisors of Mathematics. (1977). Position paper on basic skills. *Arithmetic Teacher, 25*(1), 18–22.

National Council of Teachers of Mathematics. (1980). *An agenda for action recomendation for school mathematics of the 1980's.* Reston, VA: Author.

National Council of Teachers of Mathematics. (1981). *Priorities in school mathematics.* Reston, VA: Author.

National Council of Teachers of Mathematics. (1989). *Curriculum and evaluation standards for school mathematics.* Reston, VA: Author.

National Council of Teachers of Mathematics. (1991). *Professional standards for teaching mathematics.* Reston, VA: Author.

National Council of Teachers of Mathematics. (1994). *Patterns and functions(Addenda Series Grades 5–8).* Reston, VA: Author.

National Council of Teachers of Mathematics. (1995). *Exploratory problems in mathematics.* Reston, VA: Author.

National Council of Teachers of Mathematics. (2000). *Principles and standards for school mathematics.* Reston, VA: Author.

Osborn, A. F. (1953). *Applied imagination.* New York: Scribners.

Pang, J. S. (1998). Significance of sociomathematical norms in mathematics education. *Proceedings of the ICMI–East Asia Regional Conference on Mathematics Education* (Vol. 3., pp. 503–513). Seoul, Korea: Korea Society of Mathematics Education.

Pirie, S. E. B., & Schwarzenberger, L. E. (1988). Mathematical discussion and mathematical understanding. *Educational Studies in Mathematics, 19,* 459–470.

Poincare, H. (1908). *Science and method.* Dover Publications, Inc.

Polya, G. (1945). *How to solve it: a new aspect of mathematical method.* Princeton: Princeton University Press.

Polya, G. (1954). *Mathematics and plausible reasoning: vol. 1. induction and analogy in mathematics.* Princeton : Princeton University Press.

Polya, G. (1957). *How to solve it: a new aspect of mathematical method* (2nd ed.). Garden City: Doubleday. (우정호 역(1986). 어떻게 문제를 풀 것인가. 서울: 천재교육.)

Polya, G. (1962). *Mathematical discovery. Vol. I.* New York: John Wiley & Sons, Inc.

Polya, G. (1965). *Mathematical discovery. Vol. II*. New York: John Wiley & Sons, Inc.

Polya, G. (1968). *Mathematics and plausible reasoning: Vol. II, patterns of plausible inference* (2nd ed.). Princeton: Princeton University Press.

Polya, G. (1971). *How to solve it: a new aspect of mathematical method* (2nd ed.). Princeton: Princeton University Press. (우정호 역(2002). 어떻게 문제를 풀 것인가. 서울: 교우사.)

Polya, G. (1981). *Mathematical discovery: On understanding, learning and teaching problem solving.* NY: John Wiley & sons, Inc.

Polya, G., et al. (1962). On the mathematics curriculum of the high school, *The American Mathematical Monthly, 69*(3), 189–192.

Putt, I. J. (1978). An exploratory investigation of two methods of instruction in mathematical problem solving of the fifth grade level. Doctoral dissertation Indiana University.

Renga, S., & Dalla, L. (1993). Affect: a critical component of mathematical learning in early childhood. In R. J. Jensen (Ed.), *Research ideas for the classroom: early childhood mathematics* (pp. 22–39). NY: Macmillan.

Resnick, L. B. (1987). *Education and learning to think.* Washington, DC: National Academy Press.

Resnick, L. B., & Ford, W. W. (1984). *The Psychology of mathematics for instruction.* Lawrence Erlbaum Associates Ltd.

Resnick, L. B., Pellegrino, J. W., Morris, L. L., Schadler, M., Mulholland, T., Glaser, R., & Blumberg, P. (1980). *Wertheimer revisited: information-processing analyses of invention in the area-of-a-parallelogram task.* University of Pittsburgh, Learning Research and Development Center.

Reyes, L. H. (1984). Affective variables and mathematics education. *The Elementary School Journal, 84*, 558–581.

Richards, J. (1991). Mathematical discussions. In E. von Glasersfeld (Ed.), *Radical construnctivism in mathematics education* (pp. 13–51). Dordrecht: Kluwer Academic Publishers.

Sawada, T. (1997). Developing lesson plan. In Becker, J. P., & Shimada, S., *The open-ended approach: a new proposal for teaching mathematics* (pp 23–35). Reston, VA:

National Council of Teachers of Mathematics.

Schoenfeld, A. H. (1980). Heuristics in the classroom. In S. Krulik & R. Reys (Eds.), *Problem solving in school mathematics* (pp. 9–22). Reston, VA: National Council of Teachers of Mathematics.

Schoenfeld, A. H. (1985). *Mathematical problem solving.* Orlando: Academic Press.

Schoenfeld, A. H. (1987). What's all the fuss about metacognition? In A. H. Schoenfeld (Ed.), *Cognitive science and mathematics education* (pp. 189–215). Hillsdale, NJ: Lawrence Erlbaum Associates.

Schoenfeld, A. H. (1988). When good teaching leads to bad results: the disasters of "well taught" mathematics classes. *Educational Psychologist, 23*, 145–166.

Schoenfeld, A. H. (1989). Explorations of students' mathematical beliefs and behavior. *Journal for Research in Mathematics Education, 20*, 338–355.

Schoenfeld, A. H. (1992). Learning to think mathematically: problem solving, metacognition, and sense making in mathematics. In D. A. Grouws (Ed.), *Handbook of research on mathematics teaching and learning* (pp. 334–370). New York: Macmillan.

Silver, E. A. (1979). Student perceptions of relatedness among mathematical verbal problems. *Journal for Research in Mathematics Education, 10*, 195–210.

Silver, E. A. (1993). On mathematical problem posing. *Proceedings of 17th International Conference for Psychology of Mathematics Education* (Vol. I., pp. 66–85). Tsukuba, Japan.

Silver, E. A., & Marshall, S. P. (1990). Mathematical and scientific problem solving: findings, issues, and instructional implications. In B. F. Jones & L. Idol (Eds.), *Dimensions of thinking and cognitive instruction* (pp. 265–290). Hillsdale, NJ: Lawrence Erlbaum Associates.

Splitter, L. (1988). On teaching children to be better thinkers. *Unicorn, 14*(1), 40–47.

Stacey, K. (1989). Finding and using patterns in linear generalizing problems. *Educational Studies in Mathematics, 20,* 147–164.

Stacey, K., & MacGregor, M. (1995). The effects of different approaches to algebra in students' perception of functional relationships. *Mathematics Education Research Journal, 20*, 147–164.

Stacey, K., & MacGregor, M. (2001). Curriculum reform and approaches to algebra. R.

Sutherland et al. (Eds.), *Perspectives on school algebra* (pp. 141–153). Kluwer Academic Publishers.

Stanic, G. M. A., & Kilpatrick, J. (1988). Historical perspectives on problem solving in the mathematics curriculum. In R. I. Charles & E. A. Silver (Eds.), *The teaching and assessing of mathematical problem solving* (pp. 1–22). Reston, VA: National Council of Teachers of Mathematics.

Tymoczko, V. M. (1990). *Stories about maxima and minima.* (Translated from the 1986 Russian original by Abe Shenitzer). The American Mathematical Society & Mathematical Association of America.

Van der Waerden, B. L. (1983). Inspiration and thinking in mathematics. In R. Groner, M. Groner, W. F. Bischop (Eds.), *Method of heuristics* (pp. 69–77). Lawrence Erlbaum Associates, Publishers: London.

Vygotsky, L. S. (1978). *Mind in society: The development of higher psychological processes.* Cambridge, MA: Harvard University Press.

Vygotsky, L. S. (1981). The genesis of higher mental functions. In J. V. Wertsch (Ed.), *The concept of activity in Soviet psychology* (pp 144–188). Armonk, NY: M.E. Sharpe.

Webb, N. L., Moses, B. E., & Kerr, D. R. (1977). Developmental activities related to summative evaluation (1975–1976) (Tech. Report IV of the Final Report of the Mathematical Problem Solving Project). Bloomington, IN: Indiana university, Mathematics Education Development Center.

Wertheimer, M. (1945). *Productive thinking.* New York: Harper & Row.

Wertsch, J. V. (1991). *Voices of the mind: a sociocultural approach to mediated action.* London: Harvester Wheatsheaf.

Wieschenberg, A. A., & Polya, G. (1987). A Conversation with George. *Mathematics Magazine, 60*(5), 265–268.

Yackel, E., & Cobb, P. (1996). Sociomathematical norms, argumentation, and autonomy in mathematics. *Journal for Research in Mathematics Education, 27* (4), 458–477.

http://en.wikipedia.org/wiki/George_P%C3%B3lya

http://www.sci.uidaho.edu/polya/biography.htm

http://www-groups.dcs.st-and.ac.uk/~history/Biographies/Polya.html

[인 명]

[내 용]

| 저자 소개 |

■ 정동권

건국대학교 대학원 수학과 위상수학전공(이학박사)
현 경인교육대학교 수학교육과 교수

〈주요 저서〉
교사를 위한 현대수학개론(공저, 교학연구사, 1993)
수학과 수행중심평가(공저, 학문출판주식회사, 2002)
초등수학교육의 이해(2판, 공저, 경문사, 2007)

■ 김수미

서울대학교 대학원 수학교육과 수학교육전공(교육학박사)
현 경인교육대학교 수학교육과 부교수

〈주요 저서 및 역서〉
수학 과학 학습과 직관(공역, 경문사, 2006)
초등수학교육의 이해(2판, 공저, 경문사, 2007)

■ 김지원

경인교육대학교 교육대학원 초등수학교육전공(교육학석사)
이화여자대학교 일반대학원 수학교육학과 박사과정 수료
현 경인교육대학교 수학교육과 강사

경인교육대학교 특성화사업단
T-멘토링 총서 6

수학 문제해결 지도의 이해

2010년 1월 7일 1판 1쇄 인쇄
2010년 1월 12일 1판 1쇄 발행

지은이 • 정동권 · 김수미 · 김지원
펴낸이 • 김진환
펴낸곳 • (주) 학지사
121-837 서울특별시 마포구 서교동 352-29 마인드월드빌딩 5층
대표전화 • 02)330-5114 팩스 • 02)324-2345
등록번호 • 제313-2006-000265호

홈페이지 • http://www.hakjisa.co.kr
커뮤니티 • http://cafe.naver.com/hakjisa

ISBN 978-89-6330-121-1 94370
978-89-6330-100-6 (set)

정가 16,000원